21世纪高职高专精品教材·报关与国际货运专业

海关商品归类基础

Classification of Import and Export Commodities

瞿启平 主编

东北财经大学出版社
Dongbei University of Finance & Economics Press
大连

图书在版编目（CIP）数据

海关商品归类基础 / 瞿启平主编．—大连 ：东北财经大学出版社，2012．4
（21 世纪高职高专精品教材．报关与国际货运专业）
ISBN 978-7-5654-0758-1

Ⅰ．海… Ⅱ．瞿… Ⅲ．①进口商品-分类-高等职业教育-教材 ②出口商品-分类-高等职业教育-教材 Ⅳ．F746

中国版本图书馆 CIP 数据核字（2012）第 045833 号

东北财经大学出版社出版
（大连市黑石礁尖山街 217 号 邮政编码 116025）
教学支持：（0411）84710309
营 销 部：（0411）84710711
总 编 室：（0411）84710523
网 址：http：//www. dufep. cn
读者信箱：dufep @ dufe. edu. cn

大连北方博信印刷包装有限公司印刷 东北财经大学出版社发行

幅面尺寸：185mm×260mm 字数：306 千字 印张：15
2012 年 4 月第 1 版 2012 年 4 月第 1 次印刷

责任编辑：张晓鹏 李丽娟 责任校对：吴 媚
封面设计：张智波 版式设计：钟福建

ISBN 978-7-5654-0758-1
定价：26.00 元

前　言

本书以2011年版《进出口商品名称与编码》八位数编码为基础，结合编者多年的商品归类教学经验并参考国内大量相关资料编写而成，旨在使读者轻松、熟练地掌握进出口商品归类知识和技巧。

本书知识结构体系完整、脉络清晰，对各章商品归类要点进行了详细阐述。同时，以够用为度；突出重点、难点，对许多归类重点、难点进行了归纳总结，并附上典型例题讲解；注重讲、练结合。此外，每章都附有大量商品归类练习题及参考答案，每类都附有历年报关员考试商品归类试题及答案。

本书内容分为3章：第1章介绍了《商品名称及编码协调制度》和我国进出口税则的构成，以及我国进出口商品归类的海关行政管理。第2章阐述了《商品名称及编码协调制度》归类总规则和商品归类操作方法，对每一个规则进行了具体解释，为了便于读者掌握，还附上了针对性的例题解析及巩固练习，总结了一套简单易懂的商品归类操作方法。第3章开篇即对有关优先归类的品目进行了说明，然后对每一类、每一章的商品范围、商品知识的重点、难点、归类要点进行了详细归纳，部分章还介绍了加工程度及关联商品，并尽可能避免与编码表的注释内容重复，尤其对第十一类的纺织品，分成两大部分进行讲解，以表格的形式概括了有关的归类重点和难点，最后通过“第十一类归类总结”和例题解析详细阐述了纺织品的归类方法和步骤。在编写各个部分的练习题时，既考虑了题目与本类/章内容衔接的紧密性和涵盖知识点的全面性，又兼顾了不同类/章商品知识的融会贯通，达到实用性和应试适用性的统一。

本书主要适合高职院校报关与国际货运专业、国际商务专业、国际经济与贸易等专业的学生作为报关员资格考试的辅导用书，也适合在职报关人员、海关工作人员以及其他从事外贸相关工作的人员参考使用。

在编写过程中，作者参考、借鉴了一些最新资料，在此谨向相关专家、同仁表示衷心的感谢。由于作者水平有限，书中难免存在疏漏，希望业界专家、同仁及广大读者批评、指正，并提出宝贵意见。

瞿启平

2012年1月

目　录

第1章

《商品名称及编码协调制度》及我国进出口货物商品归类的海关行政管理

1.1 《商品名称及编码协调制度》

1.1.1 《商品名称及编码协调制度》概述

《商品名称及编码协调制度》（The Harmonized Commodity Description and Coding System，以下简称《协调制度》或“HS”）于1983年6月由海关合作理事会（现名世界海关组织）主持制定，是在原海关合作理事会商品分类目录和国际贸易标准分类目录的基础上，协调国际上多种商品分类目录而制定的一部多用途的国际贸易商品分类目录。该目录采用6位数编码，包括品目和子目及其相应的数字编码，类、章及子目注释，以及商品的归类总规则。

HS于1988年1月1日正式实施，每4年修订1次。世界上已有200多个国家使用，全球贸易总量90%以上的货物都是以HS分类的。

《协调制度》的诞生为海关的商品归类赋予了通用性及广泛适用性，使其在关税、进口环节税及国内税的征收，国际贸易统计数据的收集，原产地规则的应用，贸易谈判的依据，对受控物质进行监控的标准及国际物流等各个不同的领域均具有基础性的决定作用。

我国自1992年1月1日起正式采用以《协调制度》为基础编制的中国进出口税则和统计目录，并于1992年6月23日加入《协调制度公约》。这是我国海关与国际接轨较早的制度。

1.1.2 《协调制度》的结构

《协调制度》是一部科学、系统的国际贸易商品分类目录。其总体结构包括三大部分：

1）商品名称和编码表

（1）商品名称和编码表的总体结构。商品名称和编码表是HS商品分类目录的主体，它将国际贸易商品分为21类、97章（第77章是空章，保留备用）、5 000多个6位数级编码。

（2）商品名称和编码表的组成。商品名称和编码表由商品编码和条文（商品名称）两部分组成，见表1—1。

表 1—1 商品名称和编码表

商品编码	商品名称
62.02	女式大衣、短大衣、斗篷、短斗篷、带风帽的防寒短上衣（包括滑雪短上衣）、防风衣、防风短上衣及类似品，但品目 62.04 的货品除外：
	—大衣、雨衣、短大衣、斗篷、短斗篷及类似品：
6202.11	—— 羊毛或动物细毛制
6202.12	—— 棉制
6202.13	—— 化学纤维制
6202.19	—— 其他纺织材料制
	— 其他：
6202.91	—— 羊毛或动物细毛制
6202.92	—— 棉制
6202.93	—— 化学纤维制
6202.99	—— 其他纺织材料制

其一，商品编码。《协调制度》采用的结构式商品编码由 6 位阿拉伯数字组成，其中，前 4 位称为“品目”，后 2 位称为“子目”。品目的前 2 位数代表该货品所在的章，后 2 位代表该货品在该章的排列次序。例如 6202.12，表示该货品位于第 62 章第 2 个品目下的第 1 个一级子目下的第 2 个二级子目，其中，“6202”称为品目，其后的“12”称为子目。

一个品目号可以代表一种商品，也可表示一组相关的商品。例如，品目号 04.09 仅代表天然蜂蜜一种商品，而品目号 08.04 却代表鲜的或干的椰枣、无花果、菠萝、鳄梨等多种商品。

一些品目被细分为一级子目，一级子目用 5 位数码表示，第 5 位数码表示它在所属品目中的顺序号；一些一级子目被进一步分为二级子目，用 6 位数码表示；没有设一级或二级子目的品目，商品编码的第 5 位或第 6 位数码为 0，如 0501.00。

未列名商品的第 5 位或第 6 位数码用数字 9 表示，不代表它在该级子目中的实际序位，其间的空序号是为在保留原有编码的情况下，适应日后增添新商品而设立的，如表 1—1 中的 6202.19。

应该注意，我国进出口商品名称和编码表中的商品编码数字是 8 位，其中后 2 位是根据我国国情而增设的，如 6202.1210。

其二，条文（商品名称）。条文即各级商品编码所对应的商品名称。品目条文是指 4 位数级商品编码对应的商品名称，是《协调制度》中具有法律效力的归类依据，在进行品目归类时，居于优先使用的地位。例如，品目 62.02 的条文即 62.02 所对应的商品名称为“女式大衣、短大衣、斗篷、短斗篷、带风帽的防寒短上衣（包括滑雪短上衣）、防风衣、防风短上衣及类似品，但品目 62.04 的货品除外”。

子目条文是指 5 至 6 位数级（我国为 5 ~ 8 位数级）商品编码对应的商品名称，也是《协调制度》中具有法律效力的归类依据，在进行子目归类时，居于优先使用的地位。

(3)《协调制度》的分类原则。

其一，从分类来看，基本上是按社会生产的分工（或称生产部类）分类的。它将属于同一生产部类的产品归在同一类里，如农业在第一、二类，化学工业在第六类，纺织工业在第十一类，冶金工业在第十五类，机电制造业在第十六类等。

其二，从每类内章次来看，基本上按商品的自然属性或功能、用途来划分。第 1 ~ 83 章（第 64 ~ 66 章除外）基本上是按商品的自然属性来分章的。例如，第 1 ~ 5 章是活动物和动物产品；第 6 ~ 14 章是活植物和植物产品；第 50 章和第 51 章是蚕丝、羊毛及其他动物毛；第 52 章和第 53 章是棉花、其他植物纺织纤维和纸纱线；第 54 章和第 55 章为化学纤维。商品之所以按自然属性分类是因为其种类、成分或原料比较容易区分，同时也因为商品价值的高低往往取决于构成商品本身的原材料。第 64 ~ 66 章和第 84 ~ 97 章是按货物的用途或功能来分章的，如第 64 章是鞋，第 65 章是帽，第 84 章是机械设备，第 85 章是电气设备，第 87 章是汽车，第 89 章是船舶等。这样分章的原因有：一是因为这些物品由各种材料或多种材料构成，难以将这些物品作为哪一种材料制成的物品来分类。例如鞋、帽，有可能是皮的，也可能是布的或塑料的，有些还可能是由几种材料构成的；再如运动鞋，其外底是橡胶的，鞋内底是泡沫塑料的，鞋面底是泡沫塑料的，鞋面是帆布的等。二是因为商品的价值主要体现在生产该物品的社会必要劳动时间上。例如一台机器，其价值一般主要看生产这台机器所耗费的社会必要劳动时间，而不是看机器用了多少金属材料等。

其三，从品目来看，同一章内，一般原材料商品在前，半成品居中，制成品居后；加工程度低的产品先于加工程度高的品种；列名具体的先于列名一般的品种。如在第 44 章内，品目 4403 是原木；品目 4404 ~ 4408 是经简单加工的木材；品目 4409 ~ 4413 是木的半制成品；品目 4414 ~ 4421 是木的制成品。

2）注释

为了使人们在商品归类上不至于发生争议，《协调制度》还为每个类、章甚至品目和子目加了注释。

注释是为限定《协调制度》中各类、章、品目和子目所属商品的准确范围，简化品目条文文字，杜绝商品分类的交叉，保证商品归类的正确而设立的，是商品归类的法律依据。注释分为三种：位于类标题下的注释，简称类注（Section Notes）；位于章标题下的注释，简称章注（Chapter Notes）；还有位于类注、章注或章标题下的子目注释。在进行子目归类时，子目注释优先于类注和章注。

3）归类总规则

归类总规则又称解释性总规则。为完善归类制度，确保每一种商品都可以准确无误地归入某一固定编码，排除其他模棱两可的情况，《协调制度》设置了六条归类总规则。这六条归类总规则位于《协调制度》的开头，它们是指导并保证商品归类统一的法律依据。其具体内容将在本教材第 2 篇中进行详细描述。

1.1.3 《协调制度》的优点

（1）完整。《协调制度》目录将迄今为止世界上国际贸易的主要商品全部分类列出，包括目前还无法预计到的新产品都能在目录的体系中归入合适的位置，无论任何一种商品都不会被排斥在该目录范围之外。

（2）系统。《协调制度》的分类原则遵循了一定的科学原理和规则，将商品按照人们所了解的自然属性、生产部类和不同用途来分类排列，同时，还照顾了商业习惯和实际操作的可能。

（3）通用。目前世界上已有200多个国家（地区）采用，而且还有许多国家（地区）正准备采用。

（4）准确。《协调制度》目录所列品目的概念明确，内涵和外延明了、不重复，各品目的范围都非常清楚。

1.2 《中华人民共和国进出口税则》

《中华人民共和国进出口税则》（以下简称《进出口税则》）是在《协调制度》的基础上，结合我国实际情况的产物。《进出口商品名称与编码》是海关总署编写委员会针对报关员资格全国统一考试而专门编写的应试教材，是《进出口税则》的简化本。

1.2.1 我国进出口税则的构成

《进出口税则》的内容和结构与HS相同，只是增设了税率栏，“商品编码”改成“税则号列”，“税则号列”增设了三、四级子目，即由HS的6位数编码增至8位数编码（见表1—2）。还有部分商品编码数字是10位数（报关资格证考生只需掌握8位数编码即可）。

表1—2 《进出口税则》的内容和结构

税则号列 Tariff Item	货品名称	最惠国（%）MFN	协定（%）			普通 Gen	增值税率 VAT	出口退税 ED	计量单位 Unit	监管条件 SC	Article Description
			东盟 CA	中巴 CP	中智 CC						
	—植物材料制										—Of vegetable materials
4602.1100	——竹制的	9	5		0	100	17	13	千克	AB	——Of bamboos
4602.1200	——藤制的	9	5		0	100	17	13	千克	AB	——Of rattans
	——其他										——Others
4602.1910	——草制的	9	5		0	100	17	13	千克	AB	——Of grass or straw
4602.1920	——玉米皮制的	9	5		0	100	17	13	千克	AB	——Of maize-shuck
4602.1930	——柳条制的	9	5		0	100	17	13	千克	AB	——Of osier
4602.1990	——其他	9	5		0	100	17	13	千克	AB	——Other
4602.9000	—其他	9	5		0	100	17	13	千克	AB	—Other

1.2.2 我国商品编码（税则号列）的含义

下面以0301.9210为例，解释我国商品编码（税则号列）的含义，见表1—3。

表1—3 我国商品编码（税则号列）的含义

03	01	9	2	1	0	鳗鱼苗
章次	顺序号	一级子目 5位数级子目	二级子目 6位数级子目	三级子目 7位数级子目	四级子目 8位数级子目	子目条文
与《协调制度》完全一致				国产子目		

1.2.3 商品归类（税则归类）

商品归类是商品分类的逆运用，是指在《商品名称及编码协调制度公约》商品分类目录体系下，以《进出口税则》为基础，按照《进出口税则商品及品目注释》、《进出口税则本国子目注释》以及海关总署发布的关于商品归类的行政裁定、商品归类决定的要求，确定进出口货物商品编码的活动。

商品归类是海关正确执行国家关税政策、贸易管制措施和准确编制海关进出口统计的基础和保障。因此，正确进行商品归类在进出口货物的通关中具有十分重要的意义。

1.3 我国进出口货物商品归类的海关行政管理

1.3.1 商品归类的依据和报关要求

1）对进出口商品进行归类的依据

（1）根据《中华人民共和国海关进出口货物商品归类管理规定》，商品归类的法律依据包括：①《进出口税则》（以下简称《税则》）。其结构和内容与《协调制度》基本相同，包括归类总规则和类注、章注、子目注释等。②《进出口税则商品及品目注释》（以下简称《税则注释》）。③《中华人民共和国进出口税则本国子目注释》（以下简称《本国子目注释》）。④海关总署发布的关于商品归类的行政裁定、商品归类决定。

（2）同时，鉴于商品归类的涉及面不仅仅限于关税领域、进出口通关所使用的商品编码为10位编码而不仅仅为8位、部分商品在《税则》及《税则注释》等依据中可能还缺乏明确的认定标准等实际情况，以下依据也可作为商品归类的补充依据：①海关总署及其他部委联合颁布的与货物进出口管理有关的公告；②《统计商品目录》；③进出口通关参数数据库中的《综合分类表》；④与进出口商品相关的国家标准。但这些补充依据如与《归类管理规定》所明确的法律依据产生矛盾，应以法律依据为准。

2）商品归类工作对货物申报的要求

商品归类是一项技术性很强的工作。因此，申报的货物品名、规格、型号等，必须要能够满足归类的要求，报关人员应向海关详细提供归类所需要的货物的形态、性质、成分、加工程度、结构原理、功能、用途等技术指标和技术参数。

1.3.2 约束性预归类制度

1）约束性预归类的含义

约束性预归类是指一般贸易的货物在实际进出口前，申请人以海关规定的书面形式向海关提出申请并提供商品归类所需要的资料，必要时提供样品，海关依法做出具有法律效力的商品归类决定的行为。

2）预归类申请的提出

预归类申请人应是在海关注册的进出口货物的经营单位或其代理人。预归类申请书内容包括：

（1）申请人名称、地址，在海关注册的企业代码，联系人姓名及电话等；

（2）申请约束性预归类商品的中英文名称（其他名称）；

(3) 申请约束性预归类商品的详细描述，包括商品的规格、型号、结构原理、性能指标、功能、用途、成分、加工方法、分析方法等；

(4) 预计进出口日期及进出口口岸；

(5)“申请书”必须加盖申请单位印章。

3) 申请人应按海关要求提供足以说明申报情况的资料

说明申报情况的资料包括：进出口合同复印件、照片、说明书、分析报告、平面图等，必要时应提供商品样品，以及证明申请人是在海关注册的进出口货物的经营单位或其代理人的相关材料（海关备案复印件）。申请所附文件如为外文，申请人应同时提供外文原件及中文译文。所提供资料与“申请书”必须加盖骑缝章。

4) 预归类申请注意事项

(1) 申请人应按海关要求提供足以说明申报情况的资料，如进出口合同复印件、照片、说明书、分析报告、平面图等，必要时提供商品样品。申请所附文件如为外文，应同时提供中文译文。

(2) 申请人应对其所提供资料的真实性负责，不得向海关隐瞒或向海关提供影响预归类准确性的倾向性资料。

(3) 如实际进出口货物与“决定书”所述及的商品不相符，申请人应承担法律责任。一份预归类“申请书”只应包含一项商品，申请人对多项商品申请预归类的应分别提出。

(4) 申请人不得就同一种商品向两个或两个以上海关提出预归类申请。

(5) 申请人可向海关申请对其进出口货物所涉及的商业秘密进行保密。在预归类决定书的有效期内，申请人对归类决定持有异议，可向作出决定的海关提出复核。

(6)“申请书”必须加盖申请单位印章，所提供资料与“申请书”必须加盖骑缝章。

5) 预归类决定的作出

海关根据规定对预归类申请进行审查，下列情况海关可以不予受理：不能满足预归类条件的申请、所提申请与实际进出口无关的。

6)“决定书”的失效

海关在作出预归类决定后，不得随意更改。因海关原因需要改变预归类决定的，由直属海关发出“变更通知书”，原“决定书”自“变更通知书”送达之日起失效。下列原因造成归类决定改变时，原“决定书”即行失效：

(1) 申请人提供的商品资料不准确或不全面，造成原预归类决定需要改变的。

(2) 申请人补充资料或提交新资料，海关需按新提交的预归类申请重新审核，造成原“决定书”失效的。

(3) 国家政策调整、法律法规变化引起预归类决定改变的，申请人可持原决定书到原申请地海关申请换发“决定书”。

1.3.3 商品归类行政裁定

海关行政裁定是指海关在货物实际进出口前，依据对外贸易经营者的申请，对有关海关法律、行政法规和规章在海关事务中的具体应用问题依法做出的具有普遍约束力的解释。商品归类的行政裁定是海关行政裁定在进出口商品归类中的具体应用。

(1) 行政裁定的申请。其包括：①申请海关作出行政裁定的申请人应当是在海关注册登记的进出口货物的经营单位，申请人可以委托他人向海关提出申请。②申请商品归类行政裁定应当在货物拟作进口或出口的 3 个月前向海关总署或其授权的海关提交书面申请。③申请人不得就同一项海关事务向两个或者两个以上海关提出行政裁定申请。④申请人应提交行政裁定申请书以及提供足以说明申请情况的文件，海关认为必要时，还应提供样品。⑤申请人应对其所提供的资料的真实性、完整性负责，不得隐瞒和提供虚假材料。

（2）行政裁定的受理和作出：①海关不受理行政裁定申请的，会书面通知申请人，并说明不受理的理由。②海关在受理申请之日起 60 日内作出商品归类行政裁定并通知申请人和对外公布。③海关接受补充材料的，以补充的事实和资料为依据重新审查，作出行政裁定的期限可以顺延。④海关作出的行政裁定自公布之日起在中华人民共和国关境内具有法定效力。⑤进口或出口相同情形的货物，适用相同的裁定。

（3）行政裁定的失效和撤销：①海关作出行政裁定所依据的法律、行政法规及规章中的相关规定发生变化，影响行政裁定效力的，原行政裁定自动失效。②下列情况海关将撤销原行政裁定：原行政裁定错误；因申请人提供的申请文件不准确或者不全面，造成原行政裁定需要撤销的；其他需要撤销的情况。

海关撤销原行政裁定，应当通知原申请人和对外公布，决定自公布之日起生效。

1.3.4 商品归类争议处理

1）归类争议的处理方式

报关人与海关的归类争议可通过磋商或行政复议的方式解决。

（1）下列情形可通过磋商途径解决：①已向海关申报，货物尚未放行的；②应税货物未缴纳税款的；③证件管理部门的归类与海关归类不一致的；④对海关的预归类决定有异议的。

（2）下列情况的归类争议应通过复议途径解决：①应税货物已缴纳税款的；②经磋商途径仍无法解决的；③海关已作结关处理的。

2）归类争议的处理程序

产生归类争议的，应按照以下处理程序办理：

（1）归类争议由申报人以书面形式向货物进出口地海关提出。

（2）进出口地海关接到申报人提出的归类争议后，复核原始资料并作出明确的处理意见。

（3）申报人不服该处理意见的，进出口地海关应将争议的材料报直属海关归类职能部门处理。

（4）直属海关归类职能部门对报送的争议材料核实后，能够明确归类的，直接作出处理决定，对归类不明确的，填写"归类问答书"上报海关总署（归类分中心）。申报人对直属海关归类职能部门或海关总署（归类分中心）的处理结果仍不服的，可就根据该归类决定做出的涉税、涉证具体行政行为提起行政复议。

3）其他要求及说明

（1）如申请人与接收申请的海关所在地海关不在同一直属海关关区的，申请人应提供所在地直属海关开具的允许异地申请证明，证明申请人所申请约束性预归类的同一种商品未向两个或两个以上海关提出约束性预归类申请；

（2）申请人应对其所提供资料真实性负责，不得向海关隐瞒或提供影响预归类准确性的倾向性资料，可申请对其进出口货物所涉及的商业秘密进行保密；

(3) 直属海关作出的预归类决定在本关区范围内有效，期限均为一年，到期可再申请。

练习题

一、判断题

1.《协调制度》采用的是8位编码。 ( )

2. HS采用结构性商品编码，编码的第6位数字通常表示此二级子目在所属一级子目的实际序位。 ( )

3. 注释、条文都是具有法律效力的归类依据，在使用时二者处于同等优先的地位。 ( )

4. 商品编码子目中的数字“9”是指该商品在该级子目中必处于第9位。 ( )

二、查商品编码

1. 重1 500克的食用活鸡。

2. 重150克的改良种用珍珠鸡。

第2章

《商品名称及编码协调制度》归类总规则和商品归类操作方法

所有进出口货物在《协调制度》中的归类都必须遵循以下原则，并且在使用时，必须注意以下两点：

第一，须按顺序使用每一条规则。当规则一不适用时才使用规则二，规则二不适用时才使用规则三，依此类推。

第二，在实际使用规则二、三、四、五时要注意条件，即注意相关注释和条文是否有特别的规定和说明。如有特别规定，应按注释或条文的规定归类，而不能使用规则二、三、四、五。

2.1 规则一

2.1.1 规则一原文

类、章及分章的标题，仅为查找方便而设；具有法律效力的归类，应按品目条文和有关类注和章注确定，如品目、类注或章注无其他规定，按以下规则确定。

2.1.2 规则一解释

规则一说明了三个问题：

(1) 类、章及分章的标题对商品归类不具有法律效力。《协调制度》系统地列出了国际贸易的货品，将这些货品分为类、章及分章，每类、章或分章都有标题，这些标题尽可能确切地列明了所包括货品种类的范围，但并不意味着该类、章或分章只有标题所述的货品，也不意味着标题所述的所有货品都尽数列在该类、章或分章中。

(2) 具有法律效力的归类依据是首先是品目条文、类注和章注；许多货品的归类无须运用归类总规则二、三、四、五。例如，活马（品目01.01）、第30章注释三所述的医药用品（品目30.06）。

(3) 只有在品目条文和类、章注释无其他规定时，才可依次使用规则二、三、四、五的规定办理。品目条文及任何相关的类、章注释是最重要的，换言之，它们是在确定归类时应首先考虑的规定。例如，第31章的注释规定该章某些品目仅包括某些货品，因此，这些品目就不能根据规则二（二）扩大为包括该章注释规定不包括的货品。

2.1.3 例题及巩固练习

1）例题解析

（1）流动马戏团的狮子。

第一步，根据编码目录选定备选章：第1章“活动物”；

第二步，查阅类注释和章注释：第一章章注指出，流动马戏团、动物园或其他类似巡回展出用的活动物，不包括在第一类里面，应归入第95章9508。

所以说，“类、章及分章的标题，仅为查找方便而设”，不能作为归类的法律依据，但可以作为参考。

（2）针织女式束腰带（聚酯纤维制）。

第一步，确定备选章：第61章“针织或钩编的服装及衣着附件”；

第二步，查阅类注释和章注释：第61章注二提到“本章不包括（一）品目6212的货品”；

第三步，查阅6212品目条文，6212品目条文明确指出束腰带无论是否针织，一律归入6212。

【特别提醒】必须记住某些特殊品目！必须随时查阅有关注释！

2）课堂巩固练习（查找品目）

（1）非改良种用幼马。

（2）用废牛毛制成的毛片。

（3）辣椒干（未磨）。

（4）每袋净重500克的条状奶油夹心巧克力。

（5）婴儿速食肉泥（含70%牛肉、20%鹅肝及部分调味料，塑料真空包装，每袋重200克）。

2.2 规则二

2.2.1 规则二原文

（1）品目所列货品，应视为包括该项货品的不完整品或未制成品，只要在进口或出口时该项不完整品或未制成品具有完整品或制成品的基本特征，还应视为包括该项货品的完整品或制成品（或按本款可作为完整品或制成品归类的货品）在进口或出口时的未组装件或拆散件。

（2）品目中所列材料或物质，应视为包括该种材料或物质与其他材料或物质混合或组合的物品。品目所列某种材料或物质构成的货品，应视为包括全部或部分该种材料或物质构成的货品。由一种以上材料或物质构成的货品，应按规则三归类。

2.2.2 规则二解释

（1）规则二（一）解决了不完整品、未制成品和未组装件（散件）三种商品的归类。规则二（一）仅适用于第七至二十一类。它将不完整品、未制成品和未组装件（散件）视为完整品、制成品、已组装品归入相应品目，条件是不完整品和未制成品必须具有相应完整品或制成品的基本特征，而未组装件也必须达到相应的要求，具体如下：

第一，不完整品如果缺少的是非关键的零部件，则按完整品归类，如汽车少了一个轮胎仍按汽车归类。

第二，未制成品即所谓“毛坯”，是指已具有制成品或制成零件的大概形状或轮廓，但还不能直接使用的物品。除极个别的情况外，它们须经进一步完善方可作为制成品或制成零件使用。例如，做手套用的已剪成手套形状的针织棉布、已具备制成品大概外形或轮廓的坯件。尚未具有制成品基本形状的半制成品（如常见的杆、盘、管等）不应作为“毛坯”对待。

第三，散件必须是因运输、包装等原因而被拆散或未组装，其零件可通过紧固件（螺钉、螺母、螺栓等），或通过铆接、焊接等组装方法便可装配起来的物品。组装方法的复杂性可不予考虑，但其零件必须是无需进一步加工的制成品。例如，“为便于运输而装于同一包装箱内的两套摩托车未组装件”，可视为摩托车整车。

注意：这里的未组装件或拆散件包括上述不完整品或未制成品的未组装件或拆散件；对于超出整套散件的多余零件，即使在同一包装箱内，仍须按零件单独归类。

（2）规则二（二）解决由“主料+辅料”而构成的混合/组合物与混合材料制品的归类。

①如果一种混合/组合物是由某单一材料或物质添加辅助材料或物质混合/组合而成，只要该混合/组合物仍然具备原单一材料或物质的特征，则按单一材料或物质归类。例如，“加维生素的牛奶”，主料为牛奶，维生素只是添加的辅料，商品仍具有牛奶的特征，因此按牛奶归类归入第4章“乳品”；“天然软木制成，外层包纱布的热水瓶塞子”，该热水瓶塞子虽然包了纱布，但是并没有改变这个瓶塞是软木制品的特征，因此还是归入4503“天然软木制品”。

②如果一种混合材料制品是由某单一材料或物质添加辅助材料或物质混合制成，只要该混合材料制品仍然具备原单一材料或物质的制品特征，则按单一材料或物质的制品归类。例如，“添加了防腐剂的午餐肉罐头”，仍按主料午餐肉制成的罐头归入第20章，不需考虑辅料防腐剂的存在。

运用规则二（二）时须注意：由于注释和品目条文的规定，有少数品目本身即包括混合物，此时不应考虑混合物中各种成分的主次，例如“添加了1%可可的脱脂奶粉”，不能因可可是辅料而按乳品归入0402，而应归入1806“其他含可可的食品”，因为第18章章注二规定“品目18.06包括含有可可的糖食及注释一以外的其他含可可的食品”。

（3）在因混合或组合导致商品失去原有特征的场合，应按规则三办理。

2.2.3 例题及巩固练习

1）例题解析

（1）摩托车未组装件。

第一步，确定备选章：参阅类、章标题名称，摩托车及其零部件属第87章“车辆及其零件、附件”；

第二步，按规则一查阅类、章注释和品目条文，第87章的相关类注、章注及品目都未提到是否包括待归商品；

第三步，使用按规则二（一），未组装件（散件）应按制成品归类。

因此，待归商品按“摩托车”归入第87章，最终根据品目条文确定品目8711。

（2）由50%月桂叶、30%咖喱、20%丁香配制而成的调味香料。

第一步，确定备选章：第9章“调味香料”；

第二步，按规则一规定查阅第 9 章类、章注注释，第 9 章章注一规定：品目 09.04 ~ 09.10 所列产品的混合物，应按下列规定归类：（一）同一品目的两种或两种以上产品的混合物仍应归入该品目；（二）不同品目的两种或两种以上产品的混合物应归入品目 09.10。查阅待归商品的各种成分的所在品目：月桂叶，09.10；咖喱，09.10；丁香，09.07。

因此，根据章注一的解释，归入品目 09.10，子目 0910.9100。

注意：此题若直接使用规则二（二）按基本成分归入“月桂叶”0910.9900，则犯了“滥用规则”的错误。

【特别提醒】在规则一不适用即使用注释和品目条文不能解决待归商品的归类时，才能使用规则二！

2）课堂巩固练习

（1）缺少四个轮子的高尔夫球车。

（2）缺少螺钉的塑料制眼镜架。

（3）心脏起搏器成套散件。

（4）皮革制分指手套、口上镶有兔毛皮装缏条。

（5）外部敷有彩色糖衣的巧克力豆（零售包装）。

2.3 规则三

2.3.1 规则三原文

当货品按规则二（二）或由于其他原因看起来可归入两个或两个以上品目时，应按以下规则归类：

（1）列名比较具体的品目，优先于列名一般的品目。但是，如果两个或两个以上品目都仅述及混合或组合货品所含的某部分材料或物质，或零售的成套货品中的某些货品，即使其中某个品目对该货品描述得更为全面、详细，这些货品在有关品目的列名应视为同样具体（简称“具体列名”）。

（2）混合物、不同材料构成或不同部件组成的组合物以及零售的成套货品，如果不能按照规则三（一）归类时，在本款可适用的条件下，应按构成货品基本特征的材料或部件归类（简称“基本特征”）。

（3）货品不能按照规则三（一）或（二）归类时，应按号列顺序归入其可归入的最末一个品目（简称“从后归类”）。

2.3.2 规则三解释

必须注意，规则三的 3 条规则应按次序使用。

1）规则三（一）：具体列名

含义：列名比较具体的品目，优先于列名一般的品目。对具体和一般可理解为：

（1）与类别名称相比，商品的品种名称更具体，如塑料碗就比塑料制品更为具体。例如“紧身胸衣”，看起来既可归入 62. 08“女内衣”品目下，又可归入 62. 12“妇女紧身内衣”品目下。由于根据相关注释和品目条文均无法解决该商品的归类，规则二不适用，故考虑使用规则三：比较两个名称，女内衣是类名称，属一般列名，妇女紧身胸衣是商品品种名称，是具体列名，故本商品应归入品目 62.12。

（2）所列名称明确包括某一货物的品目，比所列名称未明确包括该货品的品目更具体。例如，“飞机用钢化玻璃制的安全玻璃”，按材料应归入第 70 章 7007“钢化或层压玻璃制的安全玻璃”，按飞机零部件应归入第 88 章 8803“8802 所列货品的零件”。比较而言，前者更具体，故归入 7007.1110。

（3）对具有单一功能的机器设备，在判定具体列名与否时，可按下述规定操作：①按原理、功能列名的比按用途列名的具体。例如，电视机归类时，“视频信号接收设备”比“家用电器”更具体。②同为按用途列名的，则以范围小、关系最直接者为具体。例如“空调压缩机的零件”与“空调的零件”相比，前者更具体。

2）规则三（二）：基本特征

规则三（二）解决三种商品的归类：混合物、不同材料或不同部件的组合货品、零售的成套货品，在归类时应按构成材料或部件的基本特征归类。不同的货品，确定其基本特征的因素会有所不同。例如，可根据其所含材料或部件的性质、体积、数量、重量或价值来确定货品的基本特征，也可根据所含材料对货品用途的作用来确定货品的基本特征。

（1）混合物的归类。例如，“蔬菜熟食罐头，含西红柿 40%，蘑菇 60%”，由于相关注释和品目都未提及此种混合物的归类，所以按规则三（二）基本特征即比例较大者“蘑菇熟食罐头”归类归入 2003。

（2）组合物的归类。所谓组合物，不仅包括不同材料或部件相互固定组合在一起，构成了实际不可分离整体的货品，还包括其部件可相互分离的货品，但这些部件必须是相互补足、配合使用，构成一体并且通常不单独销售的。这类组合货品的部件一般都装于同一包装内。例如，“手表，带计算器装置”，很明显，这是一种由手表和计算器组合成的商品，但其主要功能即基本特征是手表，因此应按“手表”归入 9102，而不能按“计算器”归类（8470）；又如由一个特制的木架子及四个形状、规格相配的瓷质调味料瓶子组成的家用调味架，很明显应按“瓷质调味料瓶”归入 6911，而不能按木制品归类。

（3）零售的成套货品的归类。

规则三（二）所称零售的成套货品是指为了某种需要或开展某项专门活动将可归入不同品目的两种或两种以上货品包装在一起，无需重新包装就可直接零售的成套货品。所谓零售成套货品，必须同时符合下列三个条件：①零售包装，适于直接销售给用户而货物无需重新包装的（如装于盒、箱内或固定于板上）。②由归入不同品目号的货品组成。例如，“六把乳酪叉”不能作为本款规则所称的成套货品。③用途上相互补充、配合使用，是为了迎合某项需求或开展某项专门活动而将几件产品或物品包装在一起。例如，“碗装的方便面，由面饼、调味包、塑料小叉构成”，按照上述定义，这个商品属于零售的成套货品，由于面饼构成了这个商品的基本特征，所以应该按“方便面饼”归入 1902。

必须注意，本规则不适用于将可选择的不同产品包装在一起组成的货品，这样的组合货品，应将每种产品分别归入其相应品目。例如“放在礼品盒内的一块电子表（9102）和一条贱金属项链（7117）”就不能按规则三（二）办理，而应分别归入各自的品目。

运用规则三（二）时须注意：根据注释和品目条文的规定，有少数品目本身即包括混合，此时不应考虑混合物中各种成分的比例大小，例如品目 1517 的混合食用油、3105 的混合肥料等。还有，对于品目条文或注释已有规定的成套物品，也不能依此规则办理，如第 82 章章注三就规定了"由品目 82.11 的一把或多把刀具与品目 82.15 至少数量相同的物品构成的成套货品应归入品目 82.15"。

【特别提醒】注释和品目条文的归类效力永远高于归类总规则二～五！

3）规则三（三）：从后归类

只适用于不能按规则三（一）、三（二）归类的货品。在此种情况下，货品应归入诸多有关品目中居于商品编码表最末位置的品目，即从后归类。例如，"由 50% 燕麦和 50% 大麦构成的混合物"。首先，确定燕麦和大麦都属于第 10 章；然后，使用规则一，查阅相关注释和条文，并未提到该种混合物的归类；再使用规则二，因含量相等，似既可按燕麦归类，也可按大麦归类，前者应归入 1004，后者应归入 1003，无法确定品目，因此，只能依规则三（三）从后归类的原则，该商品归入末位的品目即 1004。

2.3.3 例题及巩固练习

1）例题解析

（1）电动理发推子。

第一步，确定备选章：第 82 章"贱金属工具"和第 85 章"电机、电器设备"；

第二步，按规则一查阅这两章所在的类、章注释：第十五类类注排除了第十六类（包括第 85 章）的货品，而第十六类类注也明确排除了第 82 章的货品，因此从注释无法判断该归入哪章；

第三步，查阅品目条文，看能否确定归类：在第 82 章可归入品目 8214"贱金属制理发推子"，在第 85 章可归入品目 8509"家用电动器具"及 8510"电动毛发推剪"；

第四步，使用规则二～五：显然，规则二不适用，应使用规则三（一），与待归商品相比较，品目 8510 的条文描述比 8214 和 8509 更加具体。

因此，电动理发推子应归入 8510.2000。

（2）含铜、锡各 50% 的铜锡合金。

第一步，确定备选章：参阅类、章标题名称，铜合金属第 74 章，锡合金属第 80 章；

第二步，按规则一参阅第 74 与 80 章所在的类、章注释及相关品目条文，均未提到该种合金的归类；

第三步，依次使用规则二～五：若使用规则二按主要成分归类，因铜锡含量相等，则既可按铜合金归类，也可按锡合金归类，前者应归入 7403，后者应归入 8001，还是无法确定；接着使用规则三，显然，规则三（一）、（二）都不适用，因此，只能依规则三（三）从后归类的原则，该商品按锡合金归类归入 8001.2090。

2）课堂巩固练习

（1）多选题：下列货品属于 HS 归类总规则中所规定的"零售的成套货品"的是（ ）。

A. 一个礼盒，内有咖啡一瓶、咖啡伴侣一瓶、塑料杯子两只

B. 一个礼盒，内有一瓶白兰地酒、一只打火机

C. 一个礼盒，内有一包巧克力、一个塑料玩具

D. 配制一餐面条的成套货品，由装于一纸盒内的一包未煮的面条（品目 19.02）、一小袋乳酪粉（品目 04.06）及一小罐番茄酱（品目 21.03）组成

（2）商品归类练习。

①速冻馄饨（带有小调料包及小压缩蔬菜包，零售包装）。

②家庭用电熨斗（功率 500 瓦，带有一个钢铁制的熨斗架及一个塑料制的加水漏斗，零售包装）。

③由 300 克的奶糖和 200 克巧克力糖果混合而成的一袋 500 克的糖果。

④由 200 克的奶糖和 200 克巧克力糖果混合而成的一袋 400 克的糖果。

⑤一瓶威士忌酒及一瓶陈醋包装在一起。

2.4 规则四

2.4.1 规则四原文

根据上述规则无法归类的货品，应归入与其最相类似的货品的品目。

2.4.2 规则四解释

“最相类似”指名称、特征、功能、用途、结构等因素，需要综合考虑才能确定。因协调制度品目多设有“其他”子目，多数章单独列出“未列名”货品品目以容纳特殊货品，并且规则四只适用于品目条文、注释均无规定，且很少使用归类总规则一、二、三解决商品归类的场合，所以此项规定很少使用。

2.4.3 例题

（1）手动羊毛剪。该商品在编码表中没有注释和品目列名，因此，无法直接归入与其相适应的品目。通过对该商品的分析得知，手动羊毛剪是贱金属制的，但它不同于理发用的剪子、裁缝用的剪子及一般家庭用的剪子（8213）。其属于农业专用的手工工具，具体为剪羊毛用的剪子，所以，应将其归入 8201（其他农业、园艺、林业用手工工具）。

（2）一氧化碳。编码表中只有二氧化碳具体列名，一氧化碳无注释说明和具体列名，因此，无法直接归入与其相适应的品目。通过对该商品的分析得知，一氧化碳属于碳化物，为无色无味的有毒气体，所以，应将其归入 2811（其他非金属无机氧化物）。

2.5 规则五

2.5.1 规则五原文

除上述规则外，本规则适用于下列货品的归类：

（1）制成特殊形状仅适用于盛装某个或某套物品并适合长期使用的照相套、乐器盒、枪套、绘图仪器盒、项链盒及类似容器，如果与所装物品同时进口或出口，并通常与所装物品一同出售的，应与所装物品一并归类。但本款不适用于本身构成整个货品基本特征的容器。

（2）除规则五（一）规定的以外，与所装货品同时进口或出口的包装材料或包装容器，如果通常是用来包装这类货品的，应与所装货品一并归类。但明显可重复使用的包装材料和包装容器可不受本款限制。

2.5.2 规则五解释

规则五是解决货品包装物归类的专门条款。本规则概括了四种包装容器（以下简称容器）的归类原则。

1）可长期使用的专用容器与货物一并归类

规则五（一）解决“可长期使用的专用容器”的归类。这种容器如果与所装物品同时进口或出口，即使未与所装物品装在同一包装箱内，也应与所装物品一并归类。所谓“可长期使用的专用容器”，其含义强调的是“一件商品、一个容器”即“一对一”的专用性及长期性。

例如，“一个照相机，装在一皮革制的相机套内”，此处相机套就属于“可长期使用的专用容器”。具体来讲，“可长期使用的专用容器”是指同时符合以下五条规定的容器：①制成特定形状或形式，专门盛装某一物品或某套物品，即专门按所要盛装的物品进行设计的容器。有些容器还制成所装物品的特殊形状。②适合长期使用的，其使用期限与盛装物品的使用期限相称的容器，在物品不使用时（如运输或储藏期间），容器可起保护物品的作用。本条标准使其与简单包装区别开来。③必须与所装物品同时进出口，为运输方便可与所盛物品分开包装。④通常与所装物品一同出售。⑤包装物本身不构成整个物品的基本特征。例如，“佳能数字照相机 1 000 台，每台相机配备皮革照相机套，一同进口，装在不同的纸箱”，报验或报关时，照相机套不需要单独归类，只需将数字照相机（8525）进行归类即可。

2）容器为基本特征的按容器归类

应注意的是，规则五（一）不适用于本身构成整个货品基本特征的容器，如“装有普通茶叶的银质茶叶罐”，因为银罐价值远高于所装茶叶，已构成整个货品的基本特征，应按银质品归入 7114。

3）非长期使用的容器与货物一并归类

规则五（二）是对规则五（一）规定的补充，它解决非长期使用的容器的归类。这种包装容器只是一种暂时性的保护性包装，通常不能长期使用，也不能重复使用，例如电器的纸板箱包装，如与电器一同进出口，应与电器一并归类。

4）可重复使用的容器单独归类

明显可以重复使用的包装材料或包装容器，应与所装货物分别归类。所谓可重复使用，指的是该容器并非专用于某一特定货物，而可以盛装其他货物；不是专用容器的“一对一”，而是“一对多”。例如，“液化天然气，钢铁罐装，每罐 2 000 立方厘米”，由于钢铁罐可在这罐气用完后再盛装其他气体，可重复使用，所以，液化天然气和钢铁罐应分别归类，前者归入 2711，后者归入 7311。

【特别提醒】无论何种包装容器，只要与适宜盛装的货品分别进出口，则应分别归类。

2.5.3 巩固练习

（1）以下哪些包装容器应单独归类？

①一瓶 2.5 升金龙鱼油；②听装旺仔牛奶；③装有液化气的钢瓶；④装有眼影的眼影盒；⑤一瓶 1 千克装的洗洁精。

（2）查编码。

①绿茶（未发酵，零售铁筒包装，净重每筒 200 克）；②折叠雨伞套（尼龙面料

制，单独进口）；③皮革制小提琴盒和适于装在该盒内的小提琴（同时报验）；④皮革制手枪套单独进口；⑤装在回收玻璃瓶内的0.2升瓶装啤酒（麦芽酿造）；⑥200立方厘米瓶装液化丁烷（供香烟打火机充气用，瓶子由铝合金制成）；⑦瓶装氩气（零售包装）。

2.6 规则六

2.6.1 规则六原文

货品在某一品目下各子目的法定归类，应按子目条文或有关的子目注释以及以上各条规则来确定，但子目的比较只能在同一数级上进行。除本制度目录条文另有规定的以外，有关的类注、章注也适用于本规则。

2.6.2 规则六解释

规则六为解决某一品目下各子目的法定归类而设。它规定五位数级子目的商品范围不得超出所属四位数级品目的商品范围，六位数级子目的商品范围必须在所属的五位数级子目的商品范围之内。也就是说，在确定了商品的四位数级编码后，才可确定五位数级编码，再进一步确定六位数级编码。规则六有四层意思：

（1）子目归类首先按子目条文和子目注释确定；

（2）类注、章注也适用于子目归类，但子目注释的归类效力高于类注、章注；

（3）如果还无法确定归类，则上述各规则（规则二～规则四）的原则同样适用于子目的确定（如“具体列名”、“基本特征”、“从后归类”的原则等）；

（4）确定子目时，应遵循“同级比较”的原则，即一级子目与一级子目比较，二级子目与二级子目比较，依此类推，先确定一级子目，再依次确定二级、三级、四级。

2.6.3 例题

（1）“中华绒毛蟹种苗”，在归入品目0306项下子目时，步骤如下：

第一步，先查看是否有相关子目注释：本章无子目注释。

第二步，先确定一级子目。0306下有2个一级子目：“冻的”和“未冻的”。根据题意，归入第2个一级子目0306.2“未冻的”。

第三步，再确定二级子目，即将0306.2下的5个二级子目“龙虾”、“大螯虾”、“小虾及对虾”、“蟹”、“其他”进行比较，根据题意归入第4个二级子目0306.24“蟹”。

第四步，然后确定三级子目，即将0306.24下的2个三级子目“种苗”与“其他”进行比较后归入第1个三级子目0306.241“种苗”。

第五步，最后确定四级子目。三级子目下未设四级子目，所以最终归入0306.2410。

（2）“脱水黄油”，在归入品目0405时，步骤如下：

第一步，先查看是否有相关子目注释：第4章子目注释“二、子目号0405.10所称‘黄油’，不包括脱水黄油及印度酥油（子目号0405.90）”。由此得知“脱水黄油”归入0405.90。

第二步，接着确定8位数级子目：经查阅编码表，最终归入0405.9000。

2.7 商品归类操作方法

2.7.1 商品归类操作一般步骤

1）先确定品目

第一步，确定备选章次：根据商品名称，分析货品特征，找准中心词，判断所归入的类、章，并记下备选章次。

第二步，使用类注、章注、品目条文：快速查阅备选类、章的类注、章注、品目条文，如提及待归类商品则可直接确定品目，如未提及待归类商品则进行下一步。

第三步，依次运用归类总规则二～五来确定品目。

2）确定品目后，再依次确定各级子目

各级子目的归类方法与上述品目归类类似：先子目条文/子目注释，再章注/类注，最后是归类总规则二～四。商品归类的操作顺序如图 2—1 所示。

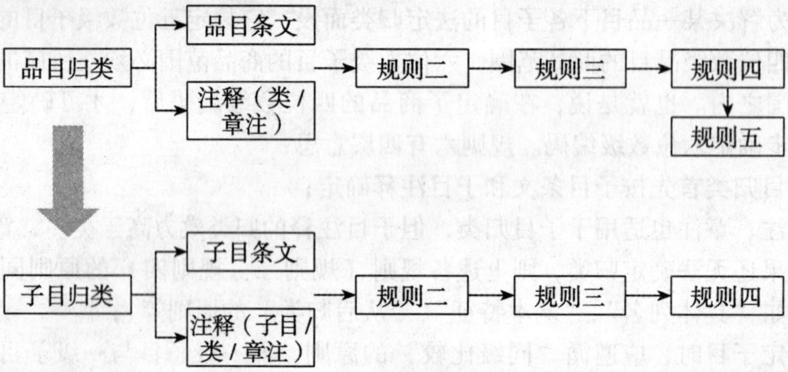

图 2—1　商品归类的操作顺序

2.7.2 例题解析

需要说明的是，根据上述商品归类操作步骤，由于条文与注释的归类效力相同，没有先后顺序，所以，在进行品目归类时，确定了商品的备选章次后，接下来可以采取两种不同的方法：一种是可以先查阅相关章的类注、章注，再查阅品目条文；另一种是可以先将所有备选章次的有关品目找出来，再查阅相关章的类注、章注。两种方法皆可，只是查找的速度会略有不同，且因题而异。以下的例题 1）描述了这两种方法的不同步骤。

1）人造石墨制的滑动轴承

方法一：

（1）分析特征，确定备选章。①从材料上看：货品属于人造石墨制品，应归入第 68 章“石材、石膏……及其制品”。②从用途上看：属于机器、机械零件，应归入第 84 章“机器、机械器具及零件”。

（2）查阅备选章次的类注、章注：看是否提及如何归类。分别查阅第 68 和 85 章的类注、章注，可以找到第 84 章章注一“本章不包括：（一）第 68 章的石磨、石碾及其他物品”，由此确定待归商品归入第 68 章。

（3）确定品目：查阅上述章次的品目条文，待归商品归入 68.15“其他品目未列名的石制品及其他”。

方法二：

（1）分析特征，确定备选章。①从材料上看：人造石墨制品，归入第68章“石材、石膏……及其制品”。②从用途上看：机器、机械零件，归入第84章“机器、机械器具及零件”。

（2）确定备选品目：查阅上述备选章次的品目条文，确定备选品目。①6815“其他品目未列名的石制品及其他”。②8483“……滑动轴承……”。根据品目条文无法判断应归入哪个品目。此时切勿直接使用规则三（一）“具体列名”将其归入8483，因为还未使用注释。

（3）查阅备选章次的类注、章注，看是否提及如何归类。分别查阅第68和85章的类注、章注，可以找到第84章章注一“本章不包括：（一）第68章的石磨、石碾及其他物品”，由此确定待归商品归入第68章。

（4）确定品目：查阅上述备选章次的品目条文，待归商品归入68.15“其他品目未列名的石制品及其他”。

2）船舶用舵机

（1）分析特征，确定备选章：①按功能原理：具转向功能的机器，归入第84章；②按用途：船舶的零件，归入第89章。

（2）查看备选章次的类注和章注，未提及待归货品。

（3）查看备选章次的品目，确定备选品目：①84.79“本章其他品目未列名的具独立功能的机器及机械器具”；②第89章，找不到相关品目。

（4）确定答案：84.79。

【特别提醒】切记规则勿滥用：首先使用注释与品目条文，然后才考虑规则二~五。

商品归类练习

（1）“豆油70%、花生油20%、橄榄油10%的混合食用油”（第15章）。

（2）“每包毛重10千克的过磷酸钙”（第31章）。

第3章

《进出口商品名称与编码》主要内容

3.1 目录概况

《进出口商品名称与编码》（以下简称《编码》）是海关总署报关员资格考试教材编写委员会根据2011年版《中华人民共和国进出口税则》编写的考试必备工具书。《编码》中的商品分为21类共97章（其中第77章为空章），21类商品如下：

第一类，活动物；动物产品（第1~5章）。

第二类，植物产品（第6~14章）。

第三类，动、植物油、脂及其分解产品；精制的食用油脂；动、植物蜡（第15章）。

第四类，食品；饮料、酒及醋；烟草、烟草及烟草代用品的制品（第16~24章）。

第五类，矿产品（第25~27章）。

第六类，化学工业及其相关工业的产品（第28~38章）。

第七类，塑料及其制品；橡胶及其制品（第39~40章）。

第八类，生皮、皮革、毛皮及其制品；鞍具及挽具；旅行用品、手提包及类似品；动物肠线（蚕胶丝除外）制品（第41~43章）。

第九类，木及木制品；木炭；软木及软木制品；稻草、秸秆、针茅或其他编结材料制品；篮筐及柳条编结品（第44~46章）。

第十类，木浆及其他纤维状纤维素浆；回收（废碎）纸或纸板；纸、纸板及其制品（第47~49章）。

第十一类，纺织原料及纺织制品（第50~63章）。

第十二类，鞋、帽、伞、杖、鞭及其零件；已加工的羽毛及其制品；人造花；人发制品（第64~67章）。

第十三类，石料、石膏、水泥、石棉、云母及类似材料的制品；陶瓷产品；玻璃及其制品（第68~70章）。

第十四类，天然或养殖珍珠、宝石或半宝石、贵金属、包贵金属及其制品；仿首饰、硬币（第71章）。

第十五类，贱金属及其制品（第72~83章）。

第十六类，机器、机械器具、电器设备及其零件；录音机及放声机，电视图像、声音的录制和重放设备及其零件、附件（第84~85章）。

第十七类，车辆、航空器、船舶及有关运输设备（第86~89章）。

第十八类，光学、照相、电影、计量、检验、医疗或外科用仪器及设备、精密仪器及设备；钟表；乐器；上述物品的零件、附件（第 90 ~ 92 章）。

第十九类，武器、弹药及其零件、附件（第 93 章）。

第二十类，杂项制品（第 94 ~ 96 章）。

第二十一类，艺术品、收藏品及古物（第 97 章）。

3.2 各类、章商品介绍及归类要点

3.2.1 有关优先归类品目的说明

在学习各类、章的商品知识及归类要点之前，需要熟悉整个《协调制度》中的优先归类品目，以便在实际商品归类工作中及时、准确地运用。

（1）凡符合第六类品目 2844 或 2845 规定的货品（放射性矿砂除外，其归入第五类），应分别归入这两个品目而不归入本《编码》的其他品目（见第六类类注一）；

（2）除上述第一款另有规定的以外，凡由于按一定剂量或作为零售包装可归入品目 3004 ~ 3006、3212、3303 ~ 3307、3506、3707 或 3808 的货品，应分别归入以上品目，而不归入本《编码》的其他品目（见第六类类注二）；

（3）除第 71 章章注三规定的外，凡全部或部分由贵金属（包括符合第 71 章注释规定的贵金属合金）或包贵金属、天然或养殖珍珠、宝石或半宝石制成（超出仅作为小零件、小附件的范围）的货品，均应归入第 71 章（见第 71 章章注一）；

（4）除第 97 章章注一规定的外，凡可归入第 97 章（艺术品、收藏品及古物）的物品，应归入该章的相应品目而不归入本《编码》的其他品目（见第 97 章章注四）。

3.2.2 第一类 活动物、动物产品（第 1 ~ 5 章）

3.2.2.1 本类概述

本类商品全部是动物类货品，大致可分为以下 3 类（见表 3—1）。

表 3—1 **第一类商品范围及章次分布**

序号	商品范围	本类章次分布
1	活动物	1、3
2	食用（有个别可非供食用）动物产品	2、3、4
3	非食用（有个别可供食用）动物产品	5

3.2.2.2 第 1 章——活动物

1）本章商品范围

本章全部是活动物（食用或其他用途），但并未包含所有的活动物。不归入本章的活动物见本章章注。

2）商品知识及归类要点

（1）改良种用动物。本章所称“改良种用”，仅包括由本国主管部门认定为“纯种”的种用动物，在申报时，应提供省级以上部门出具的相关证明。

（2）重量。本章各子目所列重量是指每一个动物个体的重量。

（3）01.05 家禽，即鸡、鸭、鹅、火鸡及珍珠鸡。品目 01.05 仅包括所列的这 5 种活

家禽，不包括其他活禽，例如，鹧鸪、野鸡、鸽、野鸭、大雁等（品目01.06）。

（4）关于畜养和野生。除01.05的家禽外，其他品目的动物不论畜养或野生，也不论其用途如何（例如，繁殖、饲养、育肥、育种、屠宰）都归入相同品目，如01.02的“牛”包括所有的牛属动物（普通黄牛、水牛、西藏牦牛、野牛等），01.03的“猪”包括野猪等。

（5）01.06其他活动物。本品目主要包括下列畜养或野生的活动物：水生哺乳动物（鲸、海豚、海狮、海象、海豹等）；猫及狗；狮、虎、熊、象、骆驼、斑马、猴及爬行动物（参见本章注释第三项所述不包括的流动马戏团、动物园的动物）；家兔；野兔；鹿、羚羊、臆羚等；鹧鸪、野鸡、鹌鹑、丘鹬、沙锥鸟、鸽、松鸡、圃鹀、野鸭、大雁、鸫、乌鸫、云雀、燕雀、山雀、鹦鹉、蜂鸟、孔雀、天鹅及其他品目01.05未列名的禽鸟；蜂（不论是否在流动蜂箱、蜂笼或蜂房）及其他昆虫；乌龟、甲鱼（海水或淡水）、蛙；狐、貂及其他饲养的毛皮动物。

（6）动物尸体的归类。运输途中死亡的动物，如果适合供人食用的按“肉及食用杂碎”归入品目02.01～02.05、02.07或02.08，其余的归入品目05.11。

商品归类练习

（1）可食用的活野鸭。（2）供食用的活甲鱼。（3）活信鸽（非改良种用）。（4）鳄鱼苗（改良种用，附证明）。（5）鲸鱼。（6）供食用的活乌鸡，重2千克。（7）蚕种。（8）供食用的中华绒毛蟹。

3.2.2.3 第2章——肉及食用杂碎

1）本章商品范围

（1）除品目0209（“未炼制或用其他方法提取的不带瘦肉的肥猪肉、猪脂肪及家禽脂肪，鲜、冷、冻、干、熏、盐腌或盐渍的”）的货品不论是否可供食用都归入本章外，本章全部是第1章动物的可供食用的动物产品。

不适合供人食用的肉及杂碎归入05.11（“其他品目未列名的动物产品；不适合供人食用的第一章或第三章的死动物”）或第41章（生皮及皮革）；不适合供人食用的肉及杂碎的细粉、粗粉和团粒归入23.01（“不适于供人食用的肉、杂碎、鱼、甲壳动物、软体动物或其他水生无脊椎动物的渣粉及团粒”）。

（2）易归入本章的货品。本章基本全部包含了第1章动物的所有可供食用的初级产品，但以下2项除外：动物（鱼除外）的肠、膀胱、胃（0504）和动物血（0511或3002）无论是否可供食用都不归入本章（参见章注二）；猪脂肪及家禽脂肪以外的其他脂肪，例如牛的脂肪应该归入到第三类第15章（参见章注三）。

2）本章商品的加工程度及关联商品

（1）形状：①整头（即有头或无头的动物躯体）或整个的食用杂碎。②半头动物（整头纵向切开而得）。③连腿块肉、肉块等。④切割、剁碎（绞碎）的肉及食用杂碎。⑤肉及食用杂碎的粗粉或细粉。

（2）其他加工。本章仅包括下列状态的肉及食用杂碎（不论其是否烫洗或作类似处理，但未经烹煮的）：①鲜的（包括运输途中用盐临时保藏的肉及食用杂碎）。②冷的，即产品温度一般降至0℃左右，但未冻结的。③冻的，即冷却到产品的冰点以下，使产品全部冻结的。④盐腌、盐渍、干制或熏制的。⑤以上①～④种加工的肉及食用杂碎，皆允许在表面撒糖或糖水。⑥以上①～④种加工的肉及食用杂碎，不论是否用解朊酶（如木瓜酶）进行过嫩化处理。⑦本章唯一允许深加工的产品：品目02.09的“可供食用的肉或食用杂碎的细粉、粗粉”，可以由事先烹煮过的肉或食用杂碎制得。⑧此外，本章内不同品目产品的混合/组合物（不包括配制品，例如品目02.07的“家禽肉”用品目02.09的“肥猪肉”包裹）仍归入本章（按基本特征归类）。⑨上述加工的产品，均允许经密封包装（如“干猪肉罐头，未经其他加工”归入02.10）。

必须注意，在对密封包装的产品进行归类时，一定要注意该产品的加工程度，因为在大多数情形下，密封包装的产品一般用本章所列加工范围以外的方法制作或保藏，此时，它们应归入第16章，例如“红焖猪肉罐头”应归入品目16.02。

（3）关联商品。

第一，超过上述加工的本章产品通常归入第15、16章，例如，经炼制的猪脂肪及家禽脂肪（第15章）；香肠及类似产品，不论是否烹煮（品目16.01）；用任何方法烹煮（煮、蒸、烤、炸、炒）及用非本章所列加工方法制作或保藏的肉或食用杂碎，包括仅用面糊或面包屑包裹、加香菇或用胡椒和盐等调味的肉及食用杂碎，以及肝酱（品目16.02）；肉的精、汁（品目16.03）。

第二，本章不同产品混合/组合制成的配制品，或本章产品与其他章产品混合/组合制成的配制品及其他制品酌情归入第四类（主要是第16、19、20、21章），例如，由猪肉（含量20%以上）、糙米、切块鲜番茄、干红辣椒、盐组成的速冻盘装菜（品目16.02，见第16章章注二），猪肉馅馄饨（品目19.02），由猪肉（含量不超过20%）、糙米、切块鲜番茄（含量50%）、干红辣椒、盐组成的速冻盘装菜（品目20.02），含鸡肉丁、豆豉、辣椒等配料的“老干妈”调味酱（品目21.03）。

3）商品知识及归类要点

（1）“杂碎”。杂碎的分类及归类如下：

第一，主要供人食用的杂碎（例如，头及头块（包括耳）、脚、尾、心、舌、厚横隔膜、薄横隔膜、胎膜、咽喉、胸腺）；鲜、冷、冻、干、熏、盐腌或盐渍的，除不适合供人食用的应归入品目05.11以外，其余均归入本章。

第二，专供制药用的杂碎（例如，胆囊、肾上腺、胎盘）。如为鲜、冷、冻或用其他方法临时保藏的，归入品目05.10；如经干制的，则归入品目30.01。

第三，既可供人食用，又可供制药用的杂碎（例如，肝、肾、肺、脑、胰腺、脾、脊髓、卵巢、子宫、睾丸、乳房、甲状腺、脑下腺）。①临时保藏（例如，用甘油、丙酮、酒精、甲醛、硼酸钠临时保藏）以供药用的，归入品目05.10。②干制供药用的归入品目30.01。③供人食用的，归入本章；不适合供人食用也不适合供药用的，归入品目05.11。

第四，既可供人食用，又有其他用途的杂碎（如皮张，可供制革用）。适合供人食用的可归入本章；不适合供人食用的一般归入品目05.11或第41章。

第五，动物（鱼除外）的肠、膀胱、胃，鲜、冷、冻、干、熏、盐腌或盐渍的，不论是否可供食用，均归入品目05.04。

（2）“冷”、“冻”。《编码》所称“冷”，是指产品的温度一般降至0℃左右，但产品尚未冻结；“冻”，是指温度降至产品的冰点以下，产品全部冻结。

（3）“羔羊”。子目0204.1000及0204.3000所称“羔羊”，是指不超过12个月大的绵羊，其肉质纹理细嫩，外观柔软光滑，呈粉红色，宰好后每头重量不超过26千克。

(4)“肥肝”。子目0207.3400所称“肥肝”是指鹅或鸭的肝。肥肝与其他肝的区别在于其个大、量重、结实、脂肪多，其颜色从米白色至淡栗色不等，而其他肝通常是深红色或淡红色。

(5)品目02.09“未炼制或用其他方法提取的不带瘦肉的肥猪肉、猪脂肪及家禽脂肪，鲜、冷、冻、干、熏、盐腌或盐渍的”是本章唯一一个可以不适于食用（例如工业用）的品目。

本品目的猪脂肪仅限于不带瘦肉的脂肪，主要包括猪脏腑周围的脂肪。正常供食用的肉不归入本品目（酌情归入品目02.03或02.10，例如五花肉和带有大量肥肉的类似肉，以及带有一层瘦肉的肥肉）。本品目所指“家禽脂肪”，包括家禽或野禽（例如鹅或雁）脂肪。

(6)品目02.10“肉及食用杂碎，干、熏、盐腌或盐渍的；可供食用的肉或杂碎的细粉、粗粉”的第二部分“可供食用的肉或杂碎的细粉、粗粉”是本章唯一可以经过烹煮深加工的产品。

商品归类练习

(1)冻带骨猪肉块。(2)鲜猪肝，供食用。(3)冻猪肝，供药用。(4)猪脂肪（未炼制）。(5)猪脂肪（已炼制）。(6)羊脂肪（未炼制）。(7)羊脂肪（已炼制）。(8)冻整鸡。(9)冻生鸡腿（零售塑料袋装，每袋6个）。(10)冻鸡爪。(11)冻鸡胗（鸡肫）。(12)冻鸭掌。(13)冻田鸡腿。

3.2.2.4 第3章——鱼、甲壳动物、软体动物及其他水生无脊椎动物

1)本章商品范围

(1)本章货品可分为三类：①活的及死的鱼、甲壳动物、软体动物及其他水生无脊椎动物，供食用、工业用（如药用）、观赏用、产卵用皆可。因其种类或鲜度不适合供人食用的死物应归入第5章。②这些动物的可供食用的肉、细粉、粗粉、团粒。不适合供人食用的肉归入0511；不适合供人食用的细粉、粗粉、团粒归入2301。③可供食用的鱼肝、鱼卵。不能供人食用的鱼肝、鱼卵归入0511。

(2)易归入本章的货品。鲸、海豚，海豹、海狮、海象等水生哺乳动物，以及可在水中生活的龟、鳖、水蛭（蚂蟥）、蛙、鳄鱼等动物应归入第1章。

其他详见章注“本章不包括”的内容。

2)本章商品的加工程度及关联商品介绍

(1)第3章商品的加工程度与第2章大体相同。①第3章货品不论是否切割、剁碎、绞碎、磨碎等，均应归入本章。②品目03.05、03.06及03.07的细粉、粗粉及团粒也允许用事先烹煮过的鱼、甲壳动物、软体动物或其他水生无脊椎动物制得。③本章产品，均允许经密封包装（例如“听装干鲑鱼，未经其他加工”归入品目03.05)。④本章不同产品的混合/组合物（不包括配制品，例如品目03.02~03.04的鱼与品目03.06的甲壳动物相混合）也归入本章。

(2)第3章的加工范围在第2章的基础上有所扩大，体现在以下两个品目：①品目03.05的第二部分：“熏鱼，不论在熏制前或熏制过程中是否烹煮”；②品目03.06的第二部分：“蒸过或用水煮过的带壳甲壳动物，不论是否冷、冻、干、盐腌或盐渍的”。

(3) 关联商品。①与第2章"肉及食用杂碎"类似，超过本章允许加工范围的产品(如仅用面糊或面包屑包裹的鱼片，煮过的鱼)通常归入第16章；②第3章不同产品混合/组合制成的配制品，或第3章产品与其他章产品混合/组合制成的配制品及其他食品酌情归入第四类第16、19、20、21章。例如，由含量20%以上的鱼肉、糙米、切块鲜番茄、干红辣椒、盐组成的速冻盘装菜归入16.04(见第16章章注二)，鱼汤归入21.04。

3) 商品知识及归类要点

(1) 鱼、甲壳动物、软体动物及其他水生无脊椎动物。鱼：各种鱼，包括海龙、海马。甲壳动物：虾、蟹。软体动物：各种贝(包括螺、蚌、牡蛎/蚝、海扇、贻贝、鲍鱼等)、墨鱼、鱿鱼、章鱼、蜗牛等。其他水生无脊椎动物：海参、海蜇、海胆、沙蚕、珊瑚虫、海星。

(2)"观赏鱼"。子目号0301.1000所称"观赏鱼"，是指因其色彩或形态特殊而通常养于水族箱中以供观赏的活鱼。

(3) 03.02"鲜、冷鱼，但品目03.04的鱼片及其他鱼肉除外"。本品目包括鲜或冷的鱼，为了运输途中临时保鲜，这些鱼可以加盐、加冰或喷洒盐水。包装时加有少许糖或几片月桂叶的鱼仍归入本品目。本章其他品目同理。

(4) 03.05"干、盐腌或盐渍的鱼；熏鱼，不论在熏制前或熏制过程中是否烹煮；适合供人食用的鱼的细粉、粗粉及团粒"。①用以腌制成盐渍鱼的盐可以加有亚硝酸钠或硝酸钠。腌咸鱼时可用少量糖，它不影响其归入本品目。②经过两种或两种以上本品目所列方法制作的鱼，以及适合供人食用的鱼粉(不论是否脱脂或经过热处理)、鱼丸，均归入本品目。③本品目还包括简单干制但未去皮的鲨鱼翅以及干制前浸入热水，去皮或撕丝的不完整鲨鱼翅。④熏鱼在熏制前或熏制中(热熏)有时进行热处理，使鱼肉部分或全部煮熟，如果未经其他任何使其失去熏鱼特征的加工，其归类不受影响，仍归入本品目。⑤药用的干海龙、干海马仍应归入本品目(0305.5910)。

(5) 03.06"带壳或去壳的甲壳动物，活、鲜、冷、冻、干、盐腌或盐渍的；蒸过或用水煮过的带壳甲壳动物，不论是否冷、冻、干、盐腌或盐渍的；适合供人食用的甲壳动物的细粉、粗粉及团粒"。本品目也包括不完整的甲壳动物(例如，龙虾及淡水小龙虾的"尾部"，蟹钳)，只要这些去壳产品的加工方法未超出本品目允许范围。

注意：此处只允许带壳的甲壳动物经过蒸煮，若去壳的甲壳动物经过了蒸煮，应归入1605。

(6) 03.07"带壳或去壳的软体动物，活、鲜、冷、冻、干、盐腌或盐渍的；不属于甲壳动物和软体动物的水生无脊椎动物，活、鲜、冷、冻、干、盐腌或盐渍的；适合供人食用的水生无脊椎动物(甲壳动物除外)的细粉、粗粉及团粒"。本品目也包括不完整的软体动物或其他水生无脊椎动物(例如，海胆的性腺)，只要它们的加工方法未超出品目允许范围，还包括蚝卵(即养殖用的牡蛎苗)。

商品归类练习

(1) 冻带鱼(每盘5千克)。(2) 冻带鱼子。(3) 煮熟的对虾(未去壳、未冻)。(4) 水煮后经冷冻的去壳对虾。(5) 冻的小虾仁。(6) 干鱼翅。(7) 鲜海蜇。(8) 盐腌制的海蜇。(9) 明矾腌制的海蜇。(10) 干海马。(11) 熏制的大西洋鲑鱼。(12) 熏鱿鱼。(13) 水煮过的龙虾。(14) 冷冻的对虾虾仁。(15) 水煮后经冷冻的去壳对虾。

3.2.2.5 第4章——乳品；蛋品；天然蜂蜜；其他食用动物产品

1）本章商品范围

（1）乳品（品目0401～0406）。

（2）禽蛋及蛋黄（品目0407～0408）。

（3）天然蜂蜜（品目0409）。

（4）未列名食用动物产品（品目0410）。

但是本章不包括第30章的药品。

2）本章商品的加工程度及关联商品介绍

①0401～0404乳品的加工范围。本章乳品，除本章注释和品目条文有规定及含有天然乳成分（例如含有天然维生素或天然盐乳）的以外，还允许添加以下物质：液态运输时为保持其天然浓度而加入的少量稳定剂（例如，磷酸二钠、柠檬酸三钠、氯化钙）；少量抗氧剂；乳中没有的维生素；加工所需的少量化学品（例如，碳酸氢钠）；成粉状或粒状的乳品可含有防结素；0402的奶粉可含有添加的少量淀粉（重量不超过5%）。添加淀粉主要是为了保持再造乳的正常物理状态。

②品目0405“黄油及其他从乳中提取的脂和油，乳酱”的加工范围。用黄油和少量草本植物、调味料、香料、大蒜等混合制成的产品（但这些产品必须具有本品目所列产品的特征）仍归入本品目；本品目的“乳酱”还可含有某些配料，如无害乳酸菌培养物、维生素、氯化钠、糖、动物胶、淀粉、食用色素、香料、乳化剂、增稠剂和防腐剂。

③品目0406“乳酪及凝乳”的加工范围。乳酪可以与奶油或其他乳品、盐、调味香料、香精、色素及水混合、溶化和乳化制作而成（0406.3000加工乳酪）；乳酪加有肉、鱼、甲壳动物、草本植物、调味香料、蔬菜、水果、坚果、维生素、脱脂奶粉等后，如果仍保持乳酪特征的，其归类不受影响。裹面糊或面包屑的乳酪，不论是否预煮，只要仍保持乳酪的特征，仍应归入本品目。

以本章的乳品为基本成分，添加本章不允许的物质而制成的食品不归入本章（主要归入19.01或第21章），例如：“由奶粉（60%）和大豆粉（40%）混合制成的豆奶粉”归入1901，“牛奶冰淇淋”归入2105，“由乳脂和植物油构成的冰淇淋粉”归入2106。

④品目0407～0408禽蛋的加工范围。本章的禽蛋，可以经过烹煮、制成型等深加工，允许加糖或其他甜物质，也不论是否供食用或工业用（例如，鞣皮）。但是其不包括：蛋黄油（品目15.06）；含有调味品、调味香料或其他添加剂的蛋制品（品目21.06）；卵磷脂（品目29.23）；分离蛋白（禽蛋白）（品目35.02）。

⑤0409“天然蜂蜜”。本品目包括蜜蜂或其他昆虫所产的蜂蜜，不论是离心分离、仍存于蜂巢内或是带有蜂巢碎块，但不得加糖或其他任何物质。天然蜜和人造蜜的混合制品归入1702，天然蜂蜜与蜂王浆的混合制品归入2106.9030“蜂王浆制剂”。

⑥0410“其他品目未列名的食用动物产品”。归入本品目的其他品目未列名的食用动物产品，若是与前述品目商品类似的未列名货品，按前述规定处理。例如，食用海龟蛋的加工范围与品目0407～0408禽蛋的加工范围相同。对其他未列名货品，一般不允许与其他物质混合。例如0410.0041的“鲜蜂王浆”，若添加了蜂蜜或其他物质，通常归入2106.9030“蜂王浆制剂”。

3）商品知识及归类要点

（1）0407“带壳禽蛋，鲜、腌制或煮过的”。其包括新鲜（含正在孵化的）、腌制或烹煮的带壳家禽蛋或其他禽蛋。注意：可供食用的龟、鳖、蛇等爬行动物的蛋归入0410。

（2）0410“其他品目未列名的食用动物产品”。0410.0010“燕窝”，报验时可以未经处理，也可以将羽毛、绒毛、灰尘或其他杂物除去以使其适于食用。0410.0020“鲜蜂王浆”与2106.9030“蜂王浆制剂”的区别为，后者是蜂王浆与蜂蜜或/和其他物质的混合物。0410.0090主要包括供食用的龟、鳖、蛇等爬行动物的蛋。

商品归类练习

（1）经消毒、杀菌的牛奶，未加其他物质，含脂2%。（2）加糖的奶粉，含脂2%。（3）含脱脂奶粉、豆粉、酵母维生素等添加物婴幼儿食用奶粉（供零售包装）。（4）天然蜂蜜。（5）人造蜜。（6）鲜蜂王浆。（7）加入蜂王浆的天然蜂蜜。（8）天然黄油（零售包装）。（9）人造黄油（非液态）。（10）乳清粉。（11）咸鸭蛋（带壳，且用水煮过）。

3.2.2.6 第5章——其他动物产品

1）本章商品范围

除品目0504和0511的货品外，本章全部是非供食用的动物初级产品。本章几乎囊括了所有非供食用的动物初级产品，但有少数非供食用的动物初级产品不在本章范围内，主要包括：虫胶（品目13.01）；第15章的动物脂肪（无论是否供食用）；供动物学研究用的收集品，即剥制或用其他方法保藏的动物、蝴蝶及其他昆虫、蛋、卵等（品目97.05）。其他详见章注“本章不包括”的内容。

2）本章商品的加工程度及关联商品介绍

（1）加工程度。未经加工或仅经过简单加工。

（2）关联商品。超过本章允许加工程度的货品酌情归入第59、65、67、96章，具体见下述商品归类要点。

3）商品知识及归类要点

（1）0501“未经加工的人发，不论是否洗涤；废人发”。①加工程度：“未经加工”，可经洗涤，包括按长度整理（见章注二）。若更深加工（例如，按发梢和发根整理；染色、漂白、卷曲或为制作假发进行加工的人发），应归入6703或6704。②相关产品归类。人发制的滤布归入5911；人发制的发网归入6505；其他人发制品一般归入6703或6704。

（2）0502“猪鬃、猪毛；獾毛及其他制刷用兽毛；上述鬃毛的废料”。“其他制刷用兽毛”包括黄鼬、松鼠及貂的毛。加工程度：可以散装、松扎成捆或紧扎成束（鬃毛平行排放、根端较为平齐），也可以未经加工，或经洗涤、漂白、染色或消毒。若经更深加工（如成束、成簇，可直接装于刷柄上）应归入9603（见章注一（四））。

（3）0504“整个或切块的动物（鱼除外）的肠、膀胱及胃，鲜、冷、冻、干、熏、盐腌或盐渍的”。本品目货品无论是否可供食用。鱼的内脏归入05.11。加工程度超出品目所列加工或保藏方法的不归入本品目（一般归入第16章）。相关产品：无菌外科肠线（品目30.06）、网球拍弦（品目42.06）、乐器弦（品目92.09）。

（4）0505“带有羽毛或羽绒的鸟皮及鸟体其他部分；羽毛及不完整羽毛（不论是否修边）、羽绒，仅经洗涤、消毒或为了保藏而作过处理，但未经进一步加工；羽毛或不完整羽毛的粉末及废料”。加工程度超出本品目所列范围（例如，漂白、染色、卷曲）或制成标本的鸟皮及鸟体其他部分、羽毛及不完整羽毛制品等一般归入67.01（参见该品目条文）；已加工羽管及其制品应按其主要特征归类，例如，钓鱼浮子归入95.07，牙签归入96.01。

（5）0506~0508。若超出品目条文所列加工的一般归入9601或其他列名更为具体的品目。

（6）0510“龙涎香、海狸香、灵猫香及麝香；斑蝥；胆汁，不论是否干制；供配制药用的腺体及其他动物产品，鲜、冷、冻或用其他方法暂时保藏的”。本品目产品一般供药用，注意本品目四种货品的不同加工程度。超出本品目规定加工程度的（如干制的或萃取物）一般归入第30章。例如，药用鲜猪肝归入0510，而药用干猪肝归入3001；冷藏的牛胎盘归入0510，而干牛胎盘归入3001。0510.0010的“黄药”系指作为中药材使用的动物结石，主要品种有猴枣、马宝、狗宝、牛黄等。

（7）0511“其他品目未列名的动物产品；不适合供人食用的第1章或第3章的死动物”。本品目包括：不论是否供食用的动物血（但药用动物血归入3002）；生、干、咸鱼鳔，用于调制鱼胶或适合于供人食用；用于制胶等的鱼肠及鱼皮（制革用鱼皮归入第41章）；鱼头及其他鱼废料；生皮或生毛皮的边角废料，等等。注意0511.9940“马毛”概念的扩展（参见章注四）。相关产品：马毛皮/马皮（第41章），马毛纱线（品目51.10）。

商品归类练习

（1）鸭绒（用于制作羽绒服或羽绒被）。（2）盐渍的山羊肠衣。（3）羊的胚胎。（4）犀牛角。（5）牛骨粉。（6）柞蚕种子。

第一类历年考题

（1）供食用的活珍珠鸡（重量大于2千克）。答案：0105.9993

（2）鲜整头乳猪肉（重量不足10千克）。答案：0203.1110

（3）冻整鸡。答案：0207.1200

（4）装入肠衣的熏腌牛肉（未经绞碎，未经调味，供食用）。答案：0210.2000

（5）冷大马哈鱼。答案：0302.1220

（6）冷藏的中华绒螯蟹。答案：0306.2491

（7）盐渍海蜇。答案：0307.9990

（8）猴枣。答案：0510.0010

（9）活的淡水小龙虾。答案：0306. 2990

（10）全脂奶粉（脂肪含量23%，未加糖，450克/袋）。答案：0402.2100

（11）活的海参。答案：0307.9199

3.2.3 第二类 植物产品（第6~14章）

3.2.3.1 本类概述

本类商品全部是植物类货品，大致可分为以下3类（见表3—2）。

表3—2 **第二类商品范围及章次分布**

序号	商品范围	本类章次分布
1	种植或装饰用（个别除外）的活植物及其部分品	6
2	通常可供食用的植物产品	7~11
3	其他植物产品	12、13、14

3.2.3.2 第 6 章——活树及其他活植物；鳞茎、根及类似品；插花及装饰用簇叶

1）本章商品范围

根据章注一，本章包括由苗圃（包括园林）或花店供应的适于种植或装饰用的各种活植物以及菊苣植物及其根（即使其通常不由苗圃或花店提供）。

（1）本章仅包括四部分货品。

第一，适于种植或装饰用的各种活植物。注意：此处强调的是本章的活植物必须是种植或装饰用，包括树、灌木、植物幼苗（包括移植用的蔬菜秧）、植物根茎等，但并非所有种植或装饰用活植物都归入本章，见下文"易归入本章的货品"。

第二，菊苣植物及其根（但是，莱用菊苣归入第 7 章，可作咖啡代用品的菊苣植物的根应归入 1212（未烘焙）或 2101（已烘焙））。

第三，装饰用的插花和花蕾、簇叶、枝干及植物其他部分，鲜、干、染色、漂白、浸渍或用其他方法处理的。

第四，花束、花圈、花篮及类似的花店制品。

（2）易归入本章的货品。

第一，最易与本章商品发生混淆的是食用和药用根、茎，主要有：马铃薯、萝卜、葱、蒜等根茎类蔬菜，无论是种植用、食用还是其他用途，一律归入第 7 章"食用蔬菜、根及块茎"；生姜作为调味品归入第 9 章；天麻、何首乌、当归、麦冬等通常作药用的根茎，无论是种植用、食用还是其他用途，都归入第 12 章。

第二，不适于制花束或装饰用（或报验时的状态已不适合制花束或作装饰用）的花、花瓣、花蕾、枝、叶或其他部分（包括草、苔藓及地衣）也不归入本章：主要用作香料、药料、杀虫、杀菌或类似用途的归入第 9 章或第 12 章；供编结用的通常归入 1401（例如竹、芦苇）。

第三，本章也不包括品目 97.01 的拼贴画及类似的装饰板。

2）本章商品的加工程度

未加工或简单加工，具体见章注及品目条文。

3）商品知识及归类要点

（1）06.01"鳞茎、块茎、块根、球茎、根颈及根茎，休眠、生长或开花的；菊苣植物及其根，但品目 12.12 的根除外"。本品目含两部分货品：

①根、茎。本品目包括主要供种植用或装饰用的根、茎，不论报验时是否装于盆、盒内，其品种主要如下：

A. 观赏类植物的：秋海棠、美人蕉、大丽花、风信子、鸢尾、百合花、观音兰、水仙、虎眼万年青、郁金香等。

B. 只能用于种植的食用蔬菜、药用植物或其他植物的根、茎：芦笋根颈、大黄根颈、番红花球茎、竹子根颈等。

子目 0601.1091 种用休眠的鳞茎、块茎、球茎、根颈及根茎，系指用于推广繁殖的、其顶芽或腋芽处于休眠期尚未长出花茎的鳞茎、块茎、球茎、根颈及根茎。某些不能区别其为食用或种植用的鳞茎、块茎、球茎、根颈及根茎（如洋葱、青葱、大蒜、马铃薯、洋蓟、生姜等）不能归入本子目。如前所述，其他可食用或药用的根、茎，无论实际用途，皆不归入本章。

②“菊苣植物及其根”。此处的菊苣植物及其根不限来源，即可以不由苗圃（包括园林）或花店提供。

(2) 06.02“其他活植物（包括其根）、插枝及接穗；蘑菇菌丝”。本品目的树木、灌木及其他植物报验时，其根部可以裸露或用泥包成球形，也可以栽在盆、桶、盒或类似容器中。活根应按植物归入其相应的子目号。

(3) 06.03“制花束或装饰用的插花及花蕾，鲜、干、染色、漂白、浸渍或用其他方法处理的主要用作香料、药料、杀虫、杀菌或类似用途的花、花瓣及花蕾”，如果其报验时的状态已不适合制花束或作装饰用，不能归入本章而通常归入第9章或第12章，如肉桂花（品目09.06）、药用菊花（品目12.11）、药用干玫瑰花（品目12.11）等。

(4) 06.04“制花束或装饰用的不带花及花蕾的植物枝、叶或其他部分，草、苔藓及地衣，鲜、干、染色、漂白、浸渍或用其他方法处理的主要用作香料、药料、杀虫、杀菌或类似用途的植物及其部分品（包括草、苔藓及地衣）”，如果其报验时的状态已不适合制花束或作装饰用，不能归入本章而通常归入第9章或第12章，如月桂叶（品目09.10）、薄荷叶（品目12.11）等。

商品归类练习

(1) 由鲜花和部分塑料花组成的花篮。(2) 养殖开花的水仙花。(3) 鲜啤酒花。(4) 干花蕾（装饰用）。(5) 干玫瑰花（药用）。(6) 蘑菇菌丝。(7) 天然圣诞树。

3.2.3.3 第7章——食用蔬菜、根及块茎

1）本章商品范围

(1) 本章仅包括两部分商品：①蔬菜（品目07.01~07.13）。本章的蔬菜包括本章注释二所列各种蔬菜（包括马铃薯和甜玉米）。归入本章的鲜或干的蔬菜，可以供食用、种用或种植（例如，马铃薯、洋葱、青葱、大蒜、豆类蔬菜），但不包括移植用的蔬菜秧（品目06.02）。②可食用的高淀粉/菊粉的根茎、西谷茎髓（品目07.14）。

(2) 易归入本章的货品：①有时用于烹饪的某些草本植物，由于主要用途是作香料、药料，不应归入本章。例如，生姜归入品目09.10，罗勒、琉璃苣、海索草、各种薄荷、迷迭香、芸香、鼠尾草及牛蒡干根等应归入品目12.11。②食用海草及其他海藻（品目12.12）。

其他详见章注“本章不包括”的内容。

2）本章商品的加工程度及关联商品介绍

(1) 形状。粉状及粉状以下的任何形状，包括脱壳、去皮、切块、切片、切丝、切碎、捣碎、磨碎、制成团粒、粉状。但有例外：干豆粉、甜玉米粉和粒、马铃薯粉和粒、其他根茎粉归入第11章“制粉工业产品”（见章注三）。

(2) 其他加工。

其一，鲜、冷、冻、干（包括脱水、蒸干或冻干）或经临时保藏处理。所称冷藏，是指产品的温度一般降至0℃左右，但未冻结的。但是有些产品（如马铃薯），其温度降至并维持在10℃时，也可视作“冷藏”。所称冷冻，是指温度降至产品的冰点以下，产品已全部冻结。例外，品目07.10“冷冻蔬菜（不论是否烹煮）”，且允许在冻前加盐或糖。

其二，本章的蔬菜允许使用密封容器包装（如听装洋葱粉），但不得超过如上的允许加工。

其三，本章不同产品的混合/组合物（不包括配制品）仍归入本章（如冷冻什锦蔬菜）。

（3）关联商品。

第一，超过上述加工方法制作或保藏的本章货品，通常归入第20章（如醋泡菜、番茄酱、油炸土豆条）。

第二，本身经均化的产品不能作为本章产品归类，而应归入第20章。

第三，本章不同产品混合/组合制成的配制品，或本章产品与其他章产品混合/组合制成的配制品及其他食品，通常归入第四类。例如："由60%马铃薯片和40%其他蔬菜制成的速冻盘装蔬菜"归入2004.1000（因为都是蔬菜成分，而马铃薯居多），"由含量20%以上猪肉、60%切块鲜番茄、糙米、干红辣椒、盐组成的速冻盘装菜"归入品目16.02（因为猪肉已经超过了20%，根据第20章章注一，动物原料超过20%应归入第16章）。

3）商品知识及归类要点

（1）07.06 鲜或冷藏的胡萝卜、萝卜、色拉甜菜根、婆罗门参、块根芹、小萝卜及类似的食用根茎。此品目"类似的食用根茎"有：块根芹（萝卜根芹或德国芹菜）、雅葱、辣根、甘露子、牛蒡根及防风根等，不论其叶是否已去除。但通常作药用的牛蒡干根应归入品目12.11。

（2）豆类蔬菜的归类。

①豆类蔬菜的范围。本章的豆类蔬菜包括：豌豆，包括青豌豆及饲料豌豆；豇豆、菜豆，包括利马豆、绿豆、可连荚食用的豆（亦称肾形菜豆、法国菜豆、红花菜豆、豆角、蜡豆或劈啪豆）及牛豆（包括黑眼豆）；蚕豆、马蚕豆及扁豆；鹰嘴豆（格巴恩韶豆）；兵豆；瓜尔豆。本章不包括大豆（如黄豆、黑豆、青豆，归入品目12.01）。

②豆类蔬菜的品目归类。鲜、冷、冻或经临时保藏处理的豆类蔬菜归入相应蔬菜的品目；脱荚的干豆归入07.13。

（3）辣椒的归类。《编码》所称"辣椒"，包括甜椒或柿子椒（通常作色拉菜食用），也包括辛辣的长辣椒及小辣椒（多用作食品调味），还包括牙买加辣椒（又称为丁香胡椒、多香果或英国胡椒）。

鲜、冷、冻或经临时保藏处理的辣椒归入相应蔬菜的品目；干的、捣碎或研粉的辣椒不归入本章而归入品目09.04。

（4）07.10 冷冻蔬菜（不论是否烹煮）。它是指冷冻前可以蒸过或用水煮过，还可以在冻前加盐或糖。但本品目不包括以其他方法烹煮过的蔬菜（第20章）或与其他物料一起制作的蔬菜（第四类）。

子目0710.2210的红小豆，又名红豆、小豆、赤豆、赤小豆，古名小菽、赤菽。成熟荚长筒形无毛，有浅黄、浅褐、深褐、黑、白等色，子粒为矩圆或圆柱形，脐白色，长条形不下凹，粒色有红、白、杏黄、绿、褐、黑、花斑和花纹等。但该子目仅包括上述子粒中粒色为红色的小豆。

（5）07.12 干蔬菜，整个、切块、切片、破碎或制成粉状，但未经进一步加工的。

①本品目包括经干制（包括脱水、蒸干或冻干），即用各种方法使其所含天然水分去掉的品目07.01~07.09的蔬菜。其主要品种有马铃薯、洋葱、蘑菇、块菌、胡萝卜、卷心菜及菠菜。通常制成条、片，有的单一品种，有的数种混合。本品目还包括干菜碎片或

干菜粉，如芦笋、菜花、欧芹、细叶芹、洋葱、大蒜，一般作调味料或制汤料。

②本品目主要不包括：脱荚的干豆（品目07.13）；辣椒干、辣椒粉（品目09.04），甜玉米细粉、粗粉、粉末、粉片、颗粒及团粒（品目11.02～11.04），马铃薯细粉、粗粉、粉末、粉片、颗粒及团粒（品目11.05），用品目07.13的干豆磨成的细粉、粗粉及粉末（品目11.06）；以干菜为基料的汤料（品目21.04）。

(6) 0714“鲜、冷、冻或干的木薯、竹芋、兰科植物块茎、菊芋、甘薯及含有高淀粉或菊粉的类似根茎，不论是否切片或制成团粒；西谷茎髓”。

本品目包括因含有高淀粉或高菊粉而用于生产食品或其他工业产品的块茎及根，还包括西谷茎髓。在某些情况下，这些块茎及根直接供人或动物食用。团粒可直接挤压或通过加入黏合剂（糖蜜、浓缩亚硫酸盐碱液等）制成，但所加黏合剂比例按重量计不得超过3%。

除本品目条文列名植物的块茎及根外，本品目还包括竽艿、薯蓣及荸荠属植物的可食用球茎（通称为荸荠）。

商品归类练习

(1) 生的盐水蘑菇（伞菌属，非小白蘑菇）。(2) 鲜辣椒。(3) 甜椒（冷藏的）。(4) 辣椒干。(5) 鲜马铃薯。(6) 冷冻马铃薯（蒸煮过）。(7) 冷藏的马铃薯。(8) 冷冻马铃薯（用油半炸过）。(9) 马铃薯细粉。(10) 马铃薯淀粉。(11) 用二氧化硫气体保藏的小黄瓜。(12) 用醋酸保藏的小黄瓜。(13) 冻的红小豆。(14) 冷藏的红小豆。(15) 西红柿种子。(16) 黄大豆种子。(17) 绿豆种子。(18) 生姜。(19) 大蒜头。

3.2.3.4 第8章——食用水果及坚果；柑橘属水果或甜瓜的果皮

1) 本章商品范围

(1) 本章仅包括三部分商品。本章仅包括通常供人食用（不论是报验时即可食用或经加工后方可食用）的水果、坚果及柑橘属果皮或甜瓜（包括西瓜）皮。

(2) 易归入本章的货品。本章不包括在其他章已具体列名的植物产品，虽然其在植物学上也作为果实，主要有：①油橄榄、番茄、黄瓜、小黄瓜、菜葫芦、南瓜、茄子及辣椒（第7章）；②第9章的咖啡、香草果、杜松果及其他产品；③花生、瓜子及其他含油果实，杏仁、桃仁及类似果实，以及主要供药用或制香料用的果实，刺槐豆（第12章）；④可可豆（品目18.01）。

2) 本章商品的加工程度及关联商品介绍

(1) 形状。本章的水果及坚果可以加工成粉状（品目11.06）以外的任何形状，包括完整的、切片、切碎、切丝、去核、捣浆、磨碎、去皮或去壳的。

(2) 其他加工。其包括：①新鲜的（包括冷藏的）；②冻的（不论是否事先蒸过或用水煮过或含有甜物质）；③干制的（包括脱水、蒸干或冻干），但本章不包括用渗透脱水法保藏的水果（品目20.08）；④也可以作不适合直接食用的暂时保藏（如使用二氧化硫气体、盐水、亚硫酸水或其他防腐液）；⑤本章的果实如果仅加入少量的糖，不影响其商品归类；⑥本章不同产品的混合/组合物仍归入本章（如什锦坚果）；⑦可以使用密封包装（如听装梅脯或干坚果），只要加工或保藏方法不超过允许的范围。

(3) 关联商品。其包括：①果粉（品目11.06）；②本身经均化的产品不能作为本章产品归类，而应归入第20章；③超出上述方法制作或保藏的食用水果、坚果、甜瓜皮及柑橘属的果皮（第20章）；④烘焙果实及坚果（例如，栗子、杏仁及无花果），不论是否磨碎，一般用作咖啡代用品（品目21.01）。

3）商品知识及归类要点

（1）08.01“鲜或干的椰子、巴西果及腰果，不论是否去壳或去皮”。本品目商品属于坚果，包括椰子干，即用于烹饪的干椰丝；但不包括干椰肉，即用于榨椰子油而不适合供人食用的干椰子肉（品目12.03）。

（2）08.02“鲜或干的其他坚果，不论是否去壳或去皮”。本品目的坚果有巴旦杏（甜的或苦的）、榛子或榛果、核桃、栗子、阿月浑子果、山核桃及松子（意大利五叶松果）；还包括主要供咀嚼用的槟榔果，既可供咀嚼用又可作饮料基料用的可乐果，以及菱角；不包括荸荠（品目07.14）、花生（品目12.02）、葵花子（品目12.06）等。

（3）08.13“品目08.01至08.06以外的干果；本章的什锦坚果或干果”。此处所称“本章的什锦坚果或干果”包括本章各种坚果和/或干果的混合品（包括归入同一品目的坚果或干果的混合品）。因而它包括鲜或干的什锦坚果、什锦干果、鲜或干的坚果与干果混合品。这些什锦果品报验时常采用盒子、纤维袋等包装。

本品目的某些干果或什锦干果可包装（如用小香袋包装）为草本植物浸泡剂或草本植物“茶”，这些产品仍归入本品目。然而，本品目不包括由本品目的一种或多种干果与其他章的植物或植物部分品，或与一种或多种植物精汁等其他物质组成的混合物（以第9章产品为基本特征的归入第9章，否则一般归入品目21.03或21.06）。

商品归类练习

（1）牛油树果。（2）香蕉。（3）葡萄干。（4）生鲜板栗。（5）未去壳的冷冻栗子。（6）糖炒栗子（零售包装）。（7）干椰子。（8）干椰子肉。

3.2.3.5 第9章——咖啡、茶、马黛茶及调味香料

1）本章商品范围

（1）本章仅包括两部分商品：①咖啡、茶及马黛茶。②调味香料，即富含精油及芳香素的一组植物产品（包括籽仁等），由于其特有的味道，主要用作调味品。

（2）易归入本章的货品。①虽能用作调味香料，但多用于制造香料及药物的某些果实、籽仁及植物部分（品目12.11）（如肉桂果、迷迭香、野茉乔栾那、罗勒、琉璃苣、海索草、各种薄荷、芸香及鼠尾草）；②芥末籽（品目12.07）和芥末粉，不论是否调制（品目21.03）；③混合调味品（品目21.03）。

2）本章商品的加工程度及关联商品介绍

（1）形状。最高可以捣碎或制成粉末。

（2）其他加工。

第一，09.01的“咖啡”可以含有菊苣粉、坚果粉等咖啡代用品，但添加其他物质构成的混合制品一般归入2101。

第二，09.02的“茶”及09.03的“马黛茶（也称巴拉圭茶）”，允许在蒸制过程（例如，发酵过程）加入精油（例如，柠檬油或佛手柑油）、人造香精（可呈晶体状或粉末状）、各种芳香植物的某部分或果实（例如，茉莉花、干橙皮或干丁香）。

第三，本章品目09.04~09.10所列调味料的混合物，仍然归入本章（章注一）。同一品目的两种或两种以上产品的混合物仍应归入该品目；不同品目的两种或两种以上产品

的混合物应归入品目09.10，如辣椒粉（20%）与胡椒粉的混合物（子目0904.1200）。

第四，品目09.04～09.10所列调味料与其他章的调味料等物质构成的混合物，若该混合物的基本特征还是09.04～09.10的货品，仍然归入本章，如胡椒粉与少量食盐的混合物（0904.1200）。

（3）关联商品。品目09.04～09.10所列调味料添加其他章的调味料等物质构成的混合物，若该混合物的基本特征已不是09.04～09.10的货品，则不应归入本章而归入第21章。

3）商品知识及归类要点

（1）09.01“咖啡，不论是否焙炒或浸除咖啡碱；咖啡豆荚及咖啡豆皮；含咖啡的咖啡代用品”。本品目不包括：①咖啡蜡（品目15.21）；②咖啡精汁或浓缩物（有时称为速溶咖啡）及以这些汁、精或浓缩物为基本成分的制品（品目21.01）；③不含咖啡的焙炒咖啡代用品（品目21.01），如不含咖啡的烘焙菊苣归入品目21.01，但咖啡与烘焙菊苣的混合物归入品目09.01；④咖啡碱，即咖啡中的生物碱（品目29.39）。

（2）09.02“茶，不论是否加香料”。本品目仅包括从茶属（山茶属）植物获得的各种不同的茶，不包括虽名为“茶”，但却不是用茶属植物的叶制得的产品。例如：①马黛茶（也称“巴拉圭茶”或“耶苏兹茶”）（品目09.03）；②供制草本植物浸泡剂或草本植物“茶”（药用“茶”除外）的产品，它们应根据组成成分酌情归入品目08.13（组成成分为坚果、干果的单一品种或多种时）、09.09（以09.09的产品为基本特征时）、12.11（组成成分为品目12.11商品的单一品种时）或21.06（组成成分为其他品目不允许的混合品时），例如人参“茶”（一种掺乳糖或葡萄糖的人参精混合品）（品目21.06）；③构成品目30.03或30.04所列药品的药用“茶”（泻药、轻泻药等）。

（3）09.04“胡椒；辣椒干及辣椒粉”。胡椒包括黑胡椒及白胡椒、长椒、胡椒地脚。某些产品被误称为胡椒，而实际上是辣椒，例如印度辣椒、土耳其辣椒、西班牙辣椒、长辣椒及牙买加辣椒。

（4）09.07“丁香（母丁香、公丁香及丁香梗）”。母丁香是指丁香壳，公丁香是指从丁香树摘下并晒干的丁香花蕾。本品目不包括丁香树皮及树叶（品目12.11）。

（5）09.08“肉豆蔻、肉豆蔻衣及豆蔻”。所称“豆蔻”包括：葡萄豆蔻，也称白豆蔻、圆豆蔻；小豆蔻及中豆蔻；大豆蔻；非洲豆蔻。

商品归类练习

（1）生姜。（2）大蒜头。（3）干茶花。（4）芥子（非种用）。（5）芥子粉。

3.2.3.6 第10章——谷物

1）本章商品范围

（1）本章仅包括谷物，不论是否成捆或成穗。从未成熟的谷类植物打下的带壳谷粒按普通谷粒归类。新鲜谷物（第7章的甜玉米除外），不论是否适合作蔬菜用，仍归入本章。

（2）易归入本章的货品。符合第7章加工程度的甜玉米归入第7章。

2）本章商品的加工程度及关联商品介绍

（1）加工程度。要区别对待：①水稻：去壳、碾磨、上光、磨光、半熟或破碎；②其他谷物：必须带有谷粒，即最高程度为从谷穗上脱粒，不能进行去壳、碾磨等进一步加工。另外，本章不同货品的混合物一般仍归本章。

（2）关联商品。①超过上述第（1）款加工程度的一般酌情归入第 11 章、第 19 章，例如稻米细粉（品目 11.02）、高粱米（品目 11.04）、面条（品目 19.02）、爆米花（品目 19.04）；②本章货品（如谷物粉）与其他章商品混合制成的货品通常归入第四类的第 19 章（例如，燕麦粉与奶粉、糖制成的配制食品归入品目 19.01）。

3）商品知识及归类要点

（1）10.01 小麦及混合麦。所称“混合麦”，是小麦与黑麦的混合物，其混合比率一般为 2 ∶ 1。此处不包括黑小麦（小麦与黑麦的杂交品种）（品目 10.08）。

（2）10.06 稻谷、大米。此品目的货品加工程度较高，可以去壳、碾磨、上光、磨光、半熟或破碎。其包括稻谷、糙米、精米（白米），碎米，还包括营养米（用普通精米和很小比例（1%左右）的涂或浸有维生素物质的大米混合而成）、半熟米。

（3）10.07 食用高粱。本品目仅指名为食用高粱的品种，其子实可供人作为谷物食用，包括的高粱品种有喀非尔高粱、白高粱、棕高粱及中国高粱。本品目不包括：饲料高粱（用于制干草或青贮饲料）；草高粱（用作牧草），例如苏丹草；甜高粱（主要用于制糖浆），例如糖用高粱。这些述产品如作种用，应归入品目 12.09；否则，饲料高粱及草高粱应归入品目 12.14，而甜高粱则应归入品目 12.12。本品目也不包括帚用高粱（品目 14.04）。

商品归类练习

（1）玉米粒（非种用）。（2）干的甜玉米粒。（3）食用高粱米。（4）精大米（籼米）。（5）黑麦（非种用）。（6）宠物食用的玉米棒（将玉米经干燥高温灭菌后，在玉米芯内钻孔插入带有塑料挂钩的圆木棒，悬挂于兔笼内，供兔子啃食；外用丝网包装，每袋 2 支）。

3.2.3.7 第 11 章——制粉工业产品；麦芽；淀粉；菊粉；面筋

1）本章商品范围

（1）本章仅包括三部分货品：①碾磨第 10 章的谷物及第 7 章的甜玉米所得的产品。归入本章的谷物碾磨产品，应按照本章注释二（一）规定的淀粉及灰分含量标准与品目 23.02 的残渣区别开来。②将第 10 章的谷物按本章各品目所列方法（如麦粒发芽、提取淀粉或面筋等）加工的产品。③其他各章的原材料（第 7 章的干豆类、马铃薯、品目 07.14 的货品、第 8 章的果实）经过类似以上第①种或第②种所述方法加工的产品。

（2）易归入本章的货品。①去壳、半碾磨或全碾磨的大米（不论是否磨光、上光、半煮）及碎米（品目 10.06）。②作咖啡代用品的烘焙麦芽（品目 21.01）。③珍粉，以淀粉制得的珍粉及其代用品（品目 19.03）。④糊精及其他改性淀粉（品目 35.05）。⑤制成香粉及盥洗用品的淀粉（第 33 章）。⑥用淀粉制成的上光料或浆料（品目 38.09）及以淀粉为基料的胶（品目 35.05 或 35.06）。⑦作胶用或作纺织工业上光料或浆料用的面筋（品目 35.06 或 38.09）。

其他详见章注“本章不包括”的内容。

2）本章商品的加工程度及关联商品介绍

（1）加工程度。①最高可成粉（具体见各品目条文）；②可加有改良用的很少量的矿物磷酸盐、抗氧剂、乳化剂、维生素或发酵粉；③细粉、粗粉可经过热处理使淀粉预胶化

（如"膨胀"粉）；④麦芽可经过焙制加工；⑤本章产品的混合物一般仍归入本章。

（2）关联商品。

第一，经进一步加工的本章货品通常归入第19章，或第六类化工产品（第28至38章）。例如，面条、包子、馒头、饺子、馄饨等面食归入品目19.02，即食玉米片、燕麦片之类的烘烤谷物制品归入品目19.04，面包、饼干归入品目19.05，淀粉制成的胶归入品目35.05或35.06。

第二，本章产品与其他章产品混合/组合制成的配制品及其他食品归入第四类（食品饮料，第16至24章）。例如，"揉好的用于制饼干的面团"归入品目19.01，"包括预煮大米（50%）、马铃薯（10%）、猪肉酱和调味品的中国速冻米饭"归入子目1904.9000（因为预煮大米是主要成分），"包括预煮大米（20%）、马铃薯（50%）、猪肉酱和调味品的中国速冻米饭"则归入2004.1000（因为马铃薯是主要成分）。

3）商品知识及归类要点

（1）团粒。它是本章的碾磨谷物通过直接挤压或加入重量不超过3%的黏合剂制成的产品（参见第二类注释）。

（2）11.07"麦芽，不论是否焙制"。麦芽是发芽的麦粒（通常为大麦粒），发芽后在热气窑（麦芽窑）内加以烘干制得。本品目包括完整的麦芽、粗磨麦芽及麦芽细粉，还包括焙制麦芽（例如，啤酒着色用的麦芽），但不包括进一步加工的麦芽，例如品目19.01的麦精及其食品和作为咖啡代用品的焙制麦芽（品目21.01）。

（3）11.08"淀粉；菊粉"。淀粉的化学成分为碳水化合物，许多植物的细胞内均含有淀粉。淀粉最主要的原料是谷物（例如，玉米、小麦及大米）、某些地衣、某些块茎和根（如马铃薯、木薯、竹竽等）及西谷茎髓。淀粉为白色无味微细粉末，用手指搓捏时会发出轻微爆破声，遇碘通常呈深蓝色（支链淀粉则呈浅红棕色）。

商业上淀粉可加工成一系列归入其他品目的产品，例如改性淀粉、焙制的可溶淀粉、糊精、麦芽糖及葡萄糖。淀粉本身还可以在工业上广泛使用，尤其是用于食品、造纸、纸制品及纺织工业。菊粉的化学成分与淀粉类似，但遇碘不呈蓝色而呈浅黄棕色。它从菊芋、大丽花根及菊苣根提取而得，经长时间在沸水中煎煮水解后成为果糖（左旋糖）。

（4）11.09"面筋，不论是否干制"。面筋实质上是各种蛋白质的混合体，是用面粉通过简单水分法使其与其他成分（淀粉等）分离制得。面筋形成时为一种白色的黏性液体或浆糊（湿面筋）或乳白色粉末（干面筋）。面筋主要用于提高面粉的蛋白成分，以便制作某些类型的面包或饼干、通心粉及类似营养食品；也用作某些肉类食品的黏合剂，用于制某些胶及生产硫酸谷朊或磷酸谷朊、水解植物蛋白和谷氨酸钠之类的物品。

本品目不包括加有面筋的营养面粉（品目11.01）及作胶用或作纺织工业上光料或浆料用的面筋（品目35.06或38.09）。

商品归类练习

（1）已焙制的麦芽（非零售包装，非咖啡代用品）。（2）已焙制的麦芽（零售包装，咖啡代用品）。（3）玉米细粉。（4）大豆粉。（5）绿豆粉。（6）甜玉米细粉。（7）红薯粉。（8）珍粉。（9）番茄粉。

3.2.3.8 第 12 章——含油子仁及果实；杂项子仁及果实；工业用或药用植物；稻草、秸秆及饲料

1）本章商品范围

（1）本章共包括七部分货品：①通常供提取（用压榨或溶剂方法提取）食用或工业用油脂的各种子仁及果实，不论其报验时是否准备用于榨油、播种或其他用途（品目 12.01～12.08）。②种植用的子仁、果实及孢子（即使不能发芽）（品目 12.09）。③鲜或干的啤酒花，不论是否研磨或制成团粒，蛇麻腺（品目 12.10）。④主要用作香料、药料、杀虫、杀菌或类似用途的植物或这些植物的某部分（包括子仁及果实），鲜或干的，不论是否切割、压碎或研磨成粉（品目 12.11）。⑤鲜、冷、冻或干的刺槐豆、海草及其他藻类、甜菜及甘蔗，不论是否碾磨；主要供人食用的其他品目未列名的果核、果仁及植物产品（包括未焙制的菊苣根）（品目 12.12）。⑥未经处理的谷类植物的茎、秆及谷壳，不论是否切碎、碾磨、挤压或制成团粒（品目 12.13）。⑦芜菁甘蓝、饲料甜菜、饲料用根、干草、紫苜蓿、三叶草、驴喜豆、饲料羽衣甘蓝、羽扇豆、巢菜及类似饲料，不论是否制成团粒（品目 12.14）。

（2）易归入本章的货品：①第 7 章的干豆（品目 0713）、油橄榄。②第 8 章的坚果。③第 9 章的调味香料。④第 10 章的谷物。⑤可可豆（品目 18.01）。

2）本章商品的加工程度及关联商品介绍

（1）加工程度：①最高可以研磨成粉，具体见各品目条文。②含油子仁及果实可以进行热处理，主要是为了便于储存（如使解脂酶失去活性并部分除湿）、去苦味、钝化抗营养因子或便于使用。但热处理后子仁及果实的天然特征不得改变，也不得使子仁及果实改变一般用途而适用于某一特定用途。③品目 12.11 的香料、药料不得混合。

（2）关联商品。

第一，进一步加工的本章货品通常归入第三类（油脂及蜡，第 15 章）、第四类（食品饮料，第 16 至 24 章）或第六类（化工产品，第 28～38 章）。例如，从含油子仁及果实提取的植物油归入第 15 章；已焙炒/烹煮的花生、花生酱、芝麻酱归入第 20 章；从含油子仁及果实提取植物油后剩下的固体残渣归入品目 23.04、23.05 或 23.06；12.11 的药料植物制成的药品归入第 30 章；从 12.11 的香料、药料植物提取的精油归入第 33 章；由 1211 的植物制成的杀虫剂、杀菌剂、除草剂、消毒剂归入第 38 章。

第二，凡由于按一定剂量或作为零售包装而可归入品目 30.04～30.06、32.12、33.03～33.07、35.06、37.07 或 38.08 的货品，应优先归入以上品目，而不归入本《编码》的其他品目。

第三，品目 12.11 的香料、药料的相互混合品或与其他章的植物产品的混合品不归入本章，通常归入第 9 章（混合调味品，以第 9 章产品为基本特征时）、21.03（混合调味品）、21.06（杂项食品）或 30.03、30.04（药品）。

第四，品目 12.13 的“未经处理的谷类植物的茎、秆”，若已净、漂白或染色的归入品目 14.01，制成编结品的归入第 46 章。

3）商品知识及归类要点

（1）12.03“干椰子肉”。干椰子肉是用于榨取椰子油而不适合供人食用的干制椰子肉。本品目不包括椰子干，即用于烹饪的干椰丝（品目 08.01）。

（2）12.08“含油子仁或果实的细粉及粗粉，但芥子粉除外”。其包括用品目12.01～12.07的含油子仁及果实碾磨后制得的未脱脂或半脱脂细粉及粗粉，也包括脱脂的或用其本身的油料全部或部分复脂的细粉及粗粉（参见本章注释二）。

（3）12.09“种植用的种子、果实及孢子”。本品目包括除可归入其他品目外的所有种植用的子仁、果实及孢子，这些产品即使不能发芽的，也归入本品目。包括甜菜子、草子及其他草本植物种子（紫苜蓿子、驴喜豆、三叶草子、羊茅子、黑麦草子、草地早熟禾子、梯牧草子等）、观赏花卉的种子、菜子、林木种子（包括含子松果）、果树种子、巢菜子（蚕豆及马豆除外）、羽扇豆、罗望果子、烟草子以及生产品目12.11所列产品的植物种子（但本身不是主要用作香料、药料、杀虫、杀菌或类似用途的）。

本品目的产品（特别是草子）可与肥料微粒混合后铺于衬纸上面、然后盖上一层薄絮胎，并用一张塑料加强网固定。

归入其他品目的种子、果实因为通常是不作种用的，即使报验后要作种用，也应归入协调制度的其他品目，主要有：蘑菇菌丝（品目06.02）；豆类蔬菜及甜玉米（第7章）；第8章的果实；第9章的调味香料及其他产品；谷物（第10章）；品目12.01～12.07的含油子仁及果实；本身主要用作香料、药料、杀虫、杀菌或类似用途的子仁及果实（品目12.11）；刺槐豆（品目12.12）。

（4）12.10“鲜或干的啤酒花，不论是否研磨或制成团粒；蛇麻腺”。啤酒花为蛇麻植物的鳞片状圆锥花序或花朵，主要用于酿酒业，可使啤酒别具风味，也有用于医药的。啤酒花不论鲜或干，也不论是否研磨或制成团粒（即直接挤压或加入重量比例不超过3%的黏合剂制成的团粒），均归入本品目。

蛇麻腺是覆盖在啤酒花上的一层黄色粉状香脂腺，其所含苦味素和芳香素使啤酒花具有特性。它可在酿酒业上作为啤酒花的部分代用品，也可用于医药。干制后通过机械方法可以把它从啤酒花中分离出来。

本品目不包括：啤酒花浸膏（品目13.02）、废啤酒花（品目23.03）、蛇麻精油（品目33.01）。

（5）12.11“主要用作香料、药料、杀虫、杀菌或类似用途的植物或这些植物的某部分（包括子仁及果实），鲜或干的，不论是否切割、压碎或研磨成粉”。本品目包括主要用作香料、药料、杀虫、杀菌、杀寄生虫或类似用途的植物产品。它们可以是完整的植物、苔藓或地衣，也可以是部分品，例如、木、皮、根、梗、叶、花朵、花瓣、果实及子仁，还可以是机械处理后所剩的废料。

上述产品不论鲜、干、完整、切割、捣碎、磨碎、研粉或去壳的，均归入本品目。用酒精浸渍的这些产品也同样归入本品目。

树、灌木或其他植物及其部分品（包括子仁及果实），如果直接用于上述用途或用于生产上述用途所需的浸膏、生物碱或精油，应归入本品目；本品目的某些植物或植物的某部分（包括子仁及果实）可包装（例如，用小袋包装）成草本植物浸泡剂或草本植物“茶”，由单一品种的植物或植物某部分（包括子仁及果实）构成的这些产品（如薄荷“茶”）仍归入本品目。

具有本品目条文所述用途，但不能归入本品目的产品主要有：①品目12.01～12.07的含油子仁及果实。这些产品主要用于提取固定油类的子仁及果实，即使其油类要用于本品目所述用途，也仍归入原品目。②在《协调制度》其他品目列名更为具体的植物产品，即使其适于用作香料、药料等，也不归入本品目，例如，柑橘属果皮（品目08.14），香草兰豆、丁香、茴芹子、八角茴香及第9章的其他产品，啤酒花（品目12.10），菊苣根（品目12.12），天然树胶、树脂、树胶脂及香树脂（品目13.01）。③主要用作香料、药料、杀虫、杀菌或类似用途的木料只有成为削片、刨片、碎片或粉末状才归入本品目，其他形状的不应归入本品目（第44章）。④本品目不包括药品。⑤本品目不包括混合产品：由本品目的不同种类植物或植物某部分构成的混合物（品目21.03、21.06或30.03）；由本品目的单一或多种植物或植物某部分与其他章（例如，第7章、第8章、第9章、第11章等）的植物产品构成的混合物（以第9章产品为基本特征的归入第9章，否则通常归入品目21.03、21.06，作为药品时则归入第30章）。

(6) 12.12“鲜、冷、冻或干的刺槐豆、海草及其他藻类、甜菜及甘蔗，不论是否碾磨；主要供人食用的其他品目未列名的果核、果仁及植物产品（包括未焙制的菊苣根）”。

①刺槐豆。刺槐豆（或稻子豆）为地中海地区生长的一种小常青树（角豆树）的荚果，其荚棕色，内有大量子粒，主要用作蒸馏原料或作动物饲料。刺槐豆含糖量颇高，有时作为甜食。本品目包括刺槐豆胚乳、胚芽、子及胚芽粉，不论是否与其皮粉混合；不包括作为胶粘剂或增稠剂而归入品目13.02的刺槐豆胚乳粉。

②海草及其他藻类，包括各种不论是否可供食用的海草及其他藻类。它们可以是新鲜的、冷的或冻的、干制的或磨碎的。海草及其他藻类用途广泛，例如，可以制造药品、化妆品，供人食用，作动物饲料或肥料等。

本品目也包括海草粗粉及其他藻类粗粉，不论是否由各种不同的海草及其他藻类的粉混合而成。本品目不包括：琼脂及角叉藻胶（品目13.02）；已死的单细胞藻类（品目21.02）；培养微生物（品目30.02）；海草及其他藻类制成的植物肥料（品目31.01或31.05）。

③甜菜及甘蔗，不包括蔗渣，即甘蔗榨汁后剩下的纤维部分（品目23.03）。

④主要供人食用的其他品目未列名的果核、果仁及其他植物产品（包括未烘焙的菊苣根）。本款包括《协调制度》其他品目未列名的直接或间接供人食用的果核、果仁及其他植物产品。因此，本品目包括桃、杏及李的果仁（主要用作巴旦杏仁代用品），尽管这些果仁可用于提取植物油，但仍归入本品目。本品目还包括未烘焙的可作咖啡代用品的菊苣根，不论是鲜的或干的，整个的或切碎的。作为咖啡代用品的烘焙菊苣根不包括在本品目内（品目21.01），其他未烘焙菊苣根一般归入06.01。主要用于制蜜饯的当归梗茎也归入本品目，它们一般先临时用盐水浸渍保藏。本品目还包括主要用于制糖浆的糖用高粱。本品目不包括雕刻用的果核（如椰枣核，归入品目14.04）及烘焙果仁（若作为咖啡代用品归入品目21.01，否则归入第20章）。

(7) 12.13“未经处理的谷类植物的茎、秆及谷壳，不论是否切碎、碾磨、挤压或制成团粒”。本品目仅限于从谷物脱粒后未经加工而得的或剁碎、碾磨、压制或制成团粒（即直接挤压或加入按重量计比例不超过3%的黏合剂制成的粒状产品）但未进一步加工的谷类植物的草、秆及谷壳，但不包括已净、漂白或染色的谷类植物草、秆（品目14.01）。

(8) 12.14“芜菁甘蓝、饲料甜菜、饲料用根、干草、紫苜蓿、三叶草、驴喜豆、饲料羽衣甘蓝、羽扇豆、巢菜及类似饲料，不论是否制成团粒”。其包括：

第一，芜菁甘蓝、饲料甜菜、饲料萝卜、饲料胡萝卜（白色或淡黄色）及其他饲料用根。这些根即使其中某些品种适合供人食用，仍归入本品目。

第二，鲜或干、完整、切开、剁碎或压制的干草、紫苜蓿、三叶草、驴喜豆、饲料羽衣甘蓝、羽扇豆、巢菜及类似饲料（包括饲料高粱）。这些产品不论是否盐腌或在地窖进行其他防止发酵或变质处理，均归入本品目。所称“类似饲料”，仅指专门为饲养动物而种植的植物，但不包括用途相同的植物废料（品目23.08）。

本品目的饲料也可制成团粒状，即直接挤压或加入按重量计比例不超过3%的黏合剂制成的粒状产品。本品目不包括：第7章的胡萝卜（橘黄色）；谷类植物的草、秆及壳（12.03）；虽然用作动物饲料，但通常并非专为饲养动物而种植的植物产品，例如，甜菜叶、胡萝卜叶及玉米叶（23.08）；配制的动物饲料（如甜饲料）（品目23.09）。

商品归类练习

(1) 玉米（非种用）。(2) 玉米细粉。(3) 大豆粉。(4) 玉米膨制的爆米花。(5) 食用高粱（非种用，每包净重50千克）。(6) 食用高粱米（每袋净重25千克）。(7) 海带。(8) 干紫菜。(9) 黑木耳（干制，500克袋装）。(10) 鲜甘蔗（制糖用）。(11) 甘蔗原糖。(12) 甘蔗渣（供造纸用）。(13) 罗汉果。

3.2.3.9 第13章——虫胶；树胶、树脂及其他植物液、汁

1）本章商品范围

本章仅两个品目，主要包括虫胶、植物类胶、脂及制品，本章不包括的商品范围详见章注“本章不包括”的内容。

2）本章商品的加工程度及关联商品介绍

(1) 加工程度。

第一，虫胶可以脱色或漂白，然后扭成绞状。

第二，天然树胶、树脂、树胶脂、油树脂可以是天然的，也可以经洗涤、提纯、漂白、捣碎或研粉，但不包括加水加压处理、无机酸处理或热处理的。例如，加水加压处理成为可溶于水的树胶和树胶脂（品目13.02）；经硫酸处理成为可溶性树胶（品目35.06）；经热处理成为可溶于干性油的树脂（品目38.06）。

第三，植物液汁可以经增稠或固化，浸膏可以是液状、浆状或固体。允许在某些浸膏内添加某些物质以便于研粉（例如，将阿拉伯胶粉加入颠茄浸膏）或达到一定的标准浓度（例如，为了得到一种已知吗啡含量的产品，将一定量的淀粉加入鸦片内）。

第四，果胶物质可以是液状或粉状，不论是否加糖（如葡萄糖、蔗糖等）使其标准化，或加入其他产品以保证其使用时的永久活性，均归入本品目。它有时含有柠檬酸钠或其他缓冲盐。

第五，从植物产品制得的琼脂等胶液及增稠剂允许加糖（葡萄糖、蔗糖等）或其他产品（以保证其使用时的永久活性）以使其标准化。

除本章注释规定的以外，同一品目产品的混合物仍然归入本品目。

(2) 关联商品。①凡由于按一定剂量或作为零售包装而可归入品目3004～3006、3212、3303～3307、3506、3707或3808的货品，应优先归入以上品目，而不归入本《编

码》的其他品目。②植物液汁及浸膏如果加入了其他物质使其具有食品、药品等的性质，则不能归入本章。

3）商品知识及归类要点

（1）13.01“虫胶；天然树胶、树脂、树胶脂及油树脂（如香树脂）”。虫胶是由一种与胭脂虫同科的昆虫（紫胶虫）在几种热带树上分泌的树脂物质。本品目不包括琥珀（品目25.30）。

（2）13.02“植物液汁及浸膏；果胶、果胶酸盐及果胶酸酯；从植物产品制得的琼脂、其他胶液及增稠剂，不论是否改性”。

①植物液汁及浸膏。其包括《协调制度》其他品目未列名的植物液汁（通常为自然渗出、从切口流出或用溶剂提取的植物产品）（参见本注释一款末所列的不包括产品）。这些液汁和浸膏不同于33.01的精油、香膏及提取的油树脂，除了挥发性的芳香成分以外，它们所含的其他植物物质（如叶绿素、鞣酸、苦味素、碳酸化合物和其他提取物）的比例也高得多。

本品目不包括归入《协调制度》其他列名更为具体的品目的下列植物产品，例如麦精（品目19.01）、咖啡、茶或马黛茶的精汁（品目21.01）、制酒精饮料的植物液汁及浸膏（第22章）、烟草精（品目24.03）等。

②果胶、果胶酸盐及果胶酸酯。果胶物质（商业上通称为“果胶”）是多糖，其基本构造为多半乳糖醛酸，天然存在于植物特别是水果及蔬菜的细胞中，商业上多从苹果、梨、榅桲、柑橘、甜菜等的余渣中提取。果胶在制果酱及其他蜜饯中主要作凝固剂。果胶酸盐为果胶酯酸（部分甲氧基化的多半乳糖醛酸）的盐，而果胶酸酯为果胶酸（去甲氧基的果胶质酸）的盐。它们的性能和用途与果胶大致相同。

③用植物产品制得的琼脂、其他胶液及增稠剂，不论是否改性。用植物产品制得的胶液及增稠剂在冷水中会膨胀，在热水中会溶解，并且冷却后会生成均质无味的胶体。它们主要代替明胶用于制造食品、纺织品浆料和纸张上光料，澄清某些液体，培养细菌，制药及制化妆品。它们可经化学处理加以改性，例如，酯化，醚化，用硼砂、酸或碱处理。

琼脂，从主要生长于印度洋及太平洋的某些海藻提制而成，报验时通常为干的纤维状、薄片状、粉状或用酸处理后形成的凝胶状，商业上称为“琼脂糖”，也称日本植物胶（或苔）或冻粉。增稠剂，由用水加压或其他方式处理使其可溶于水的树胶或树胶脂制成。

商品归类练习

（1）中国产生漆。（2）制药用芦荟液汁。（3）甘草浸膏（含蔗糖8%）。（4）颠茄的浸膏。（5）除虫菊浸膏。（6）芦荟膏（护肤用，每支50g）。（7）琼脂。（8）阿魏。

3.2.3.10 第14章——编结用植物材料

1）本章商品范围

（1）本章仅有两个品目，包括：①主要用于编结的未经加工或简单加工的植物材料（品目14.01）。②主要用于制帚、制刷或作填塞、衬垫用的未经加工或简单加工的植物材料（14.04）。③用于雕刻、制扣及其他小商品的子、核、壳、果（品目14.04）。④未列名的其他植物产品（品目14.04）。

(2) 易归入本章的货品有：①未加工谷物草秆归入12.13。②主要用于制造纺织品的植物材料（不管如何制过）及其他加工成纺织材料用的植物物料（第十一类）。

2）本章商品的加工程度及关联商品介绍

(1) 加工程度：未经加工，简单加工。具体见本章注释。

(2) 关联商品：①经碾轧、捣碎、梳理或其他纺前加工的上述植物材料（品目53.03~53.05）。②进一步加工的本章货品按加工后的成品或半成品归入相应的章。例如，编结制品一般归入第46章；植物质雕刻制品、帚、刷、纽扣一般归入第96章；制刷、制帚用的成束、成簇的材料也归入第96章（品目96.03）。

3）商品知识及归类要点

(1) 14.01“主要作编结用的植物材料（例如，竹、藤、芦苇、灯心草、柳条、酒椰叶，已净、漂白或染色的谷类植物的茎秆，椴树皮）”。其包括主要用于编结草席、盘、各种篮筐（包括盛水果、蔬菜、牡蛎等的篮筐）、有盖大篮、袋、家具（如桌、椅）、帽子等物品的植物原料。这些植物原料也可用于制造刷、伞柄、手杖、钓竿、烟斗柄、粗绳等和纸浆，还可用作铺圈材料。

(2) 14.04“其他品目未列名的植物产品”。

①棉短绒。棉属植物某些品种的种籽经轧棉将棉纤维分离后，仍裹有一层纤细绒毛（通常不到5毫米长），这些纤维就是棉短绒，也称为棉籽绒。棉短绒因太短，不能纺纱，但由于其纤维素含量高，是理想的无烟火药、人造纤维（例如人造丝）及纤维素塑料的原料。它们有时也用于制造某些种类的纸张、滤块及在橡胶工业中用作填料。棉短绒不论其用途如何，也不论是天然或已净、漂白、染色、脱脂的，均归入本品目。报验时可以是散装的，也可以是压成板片状的。

②主要供染料或鞣料用的植物原料。这类产品主要直接用于染色或鞣革，或用于制造染料膏或鞣料膏。这些材料可以未经处理，也可以洁净、干燥、磨碎或研粉（不论是否压紧），但如经进一步加工（如提纯），则不归入本章，例如，植物鞣料膏及鞣酸（品目32.01），染料木及其他染料植物浸膏（品目32.03）。

③用于雕刻的硬种子、硬果核、硬果壳、坚果。这些物料主要用于制造纽扣、珠子、念珠及其他花哨小商品，主要包括相思豆种子、美人蕉种子、相思树种子（又称相思豆）、椰枣核、椰壳、核桃壳、巴西棕果、象牙果等。

以上产品不论是完整的或切片的（如象牙果或非洲姜果棕种子通常切割成片），只要未进行其他加工，均可归入本品目；经其他加工的不能归入本品目（一般归入品目96.02或96.06）。

④主要作填充或衬垫用的植物材料（例如，木棉、植物毛及大叶藻），不论是否制成有或无支承材料的层片，包括主要用于填塞家具、坐垫、床垫、枕头、鞍具及挽具、救生圈等的植物材料。这些植物材料即使有其他附带用途，仍归入本品目。

本品目不包括其他品目列名的填塞材料或主要作其他用途的植物物料，例如，木丝（品目44.05）、软木毛（品目45.01）、椰壳纤维（椰子皮纤维）（品目53.05）以及植物纺织纤维废料（品目53.01~53.05）。

⑤主要供制帚、制刷用的植物材料（如帚用高粱、纤维椈纤维、匍匐须芒草及龙舌兰纤维），不论是否成绞或成捆。即使它们有其他附带用途，仍归入本品目。所有这些植

物材料，不论是否切割、漂白、染色或梳理（纺前梳理除外），也不论是否成绞或成束。但不包括其他品目已列名的或主要不作制帚、制刷用的植物材料，例如，竹、芦苇及灯心草（品目14.01）。也不包括不用分拆（或仅需简单加工）即可配装于帚或刷之上的制好的纤维束或簇，这些物品归入品目96.03（参见第96章注释三）。

⑥其他植物产品（例如，丝瓜络，不能供食用且不能作饲料用的植物废料等）。

商品归类练习

（1）相思树种子。（2）相思树种子串成的项链。（3）核桃壳细粉。（4）用于雕刻的片状象牙果。（5）竹子（整根）。（6）棉短绒。（7）灯心草。（8）帚用高粱。（9）制糖用高粱秆。

第二类历年考题

（1）天然圣诞树（未经装饰）。答案：0604.9100

（2）"龙井"绿茶，150克塑料袋装（2005年）。答案：0902.1090

（3）晒干的莲子，500克袋装（2005年）。答案：1212.9994

（4）"达能"草莓果粒酸奶，125克/瓶（2007年）。答案：0403.1000

（5）普洱茶，净重1千克/包（2007年）。答案：0902.3020

（6）"长寿牌"西洋参片，干的，50克/盒（2006年）。答案：1211.2010

（7）由50%月桂叶、30%咖喱、20%丁香配制而成的调味香料（2009年）。答案：0910.9100

（8）燕麦片（非即食）（2009年）。答案：1104.1200

（9）绿豆，晒干的，非种用，2kg/袋（2010年）。答案：0713.3190

（10）一种印度咖喱粉，以丁香、小茴香籽、芥末、姜黄粉和辣椒粉等香料调配而成（2010）。答案：0910.9900

3.2.4 第三类 动、植物油脂及其分解产品；精制的食用油脂；动、植物蜡（第15章）

3.2.4.1 本类概述

本类商品全部是油脂类货品，均归入第15章，大致可分为以下8类（见表3—3）。

表3—3 **第三类商品范围及品目分布**

序号	商品范围	本类品目分布
1	单一动物油、脂	15.01～15.06
2	单一植物油、脂	15.07～15.15
3	化学改性（氢化、相互酯化、再酯化或反油酸化）油、脂（一）	15.16
4	混合食用油、脂	15.17
5	化学改性油脂（二）；混合非食用油、脂	15.18
6	粗甘油；甘油水及甘油碱液	15.20
7	单一动、植物蜡	15.21
8	炼油副产品：油鞣回收脂；加工处理油脂物质及动、植物蜡所剩的残渣	15.22

3.2.4.2 第15章——动、植物油脂及其分解产品，精制的食用油脂，动、植物蜡

1）本章商品范围

（1）本章共包括三部分产品：①各种动、植物油、脂及其分离品。除本章注释一所

列不包括的货品外，动、植物油、脂及其分离品不论是供食用，或是供技术或工业用（例如，供制肥皂、蜡烛、润滑剂、清漆或涂料用），均归入本章。②从油、脂所得的某些产品及残渣。③动、植物蜡。

（2）易归入本章的货品：品目02.09的未炼制或用其他方法提取的不带瘦肉的肥猪肉、猪脂肪及家禽脂肪，鲜、冷、冻、干、熏、盐腌或盐渍的。其他详见章注“本章不包括”的内容。

2）本章商品的加工程度及关联商品介绍

（1）加工程度：①除肥猪肉、猪脂肪及家禽脂肪外，其他的动物脂肪，可以是鲜、冷、冻、干、熏、盐腌或盐渍的。②动、植物油、脂，不论其是否是初榨的，纯净、精制的（例如，澄清、洗涤、过滤、脱色、脱酸、脱臭的），或用某些方法处理的（例如，熟炼、硫化或氢化）。具体见各品目条文。③有时还可能加入抗氧化剂以防酸败，或加入少量月桂叶或其他调味香料，如基本特征未改变，归类不受影响。④动、植物油、脂允许相互混合。混合食用油归入品目15.17，混合非食用油（包括变性的混合油）归入品目15.18。

（2）关联商品：①本章的动、植物蜡不允许混合。不同动物蜡的混合蜡，不同植物蜡的混合蜡，动、植物蜡的混合蜡，动、植物蜡与脂肪、树脂、矿物或其他材料（颜料除外）的混合物一般归入品目34.04或34.05等。②凡由于按一定剂量或作为零售包装而可归入品目30.04～30.06、32.12、33.03～33.07、35.06、37.07或38.08的货品，应优先归入以上品目，而不归入本《编码》的其他品目。

3）商品知识及归类要点

（1）变性。本章注释三所述“变性的油、脂及其分离品”，是指加入了变性剂，例如鱼油、酚、石油、松节油、甲苯、水杨酸甲酯（冬青油）、迷迭香油，使其不能供食用的油、脂。所加物质剂量很小（通常不超过1%），但能使油、脂或其分离品酸败、发酸、发苦、刺鼻。根据章注三的规定，品目15.18不包括变性的油、脂及其分离品，这些货品应归入其相应的未变性油、脂及其分离品的品目（品目15.01～15.15），即变性油脂与未变性油脂的归类相同。例如，添加1%甲苯变性的花生油仍然归入品目15.08。

（2）15.01“猪脂肪（包括已炼制的猪油）及家禽脂肪，但品目02.09及15.03的货品除外”。本章各品目所述“脂肪”，包括骨脂及从废料制得的脂肪。骨脂用于制肥皂、蜡烛或作润滑剂。从废料制得的油脂是牲油脂，即从动物其他废料及剩料（舌、肚、碎料等）或从废碎皮制得的脂肪。它们通常具有以下特征：色深，味难闻，游离脂肪酸（油酸、软脂酸等）、胆固醇及杂质等含量高，主要用于技术方面。

本品目包括固态或半固态的猪油，但不包括液体猪油（品目15.03）。本品目也不包括品目15.06的骨油。

（3）15.03“猪油硬脂、液体猪油、油硬脂、食用或非食用脂油，未经乳化、混合或其他方法制作”。猪油硬脂是猪油或其他炼制猪脂肪被压榨后所剩的白色固体脂肪，包括供食用或非供食用的猪油硬脂。非供食用猪油硬脂可作为润滑剂，或作为生产甘油、油精或硬脂精的原料。

（4）15.04“鱼或海生哺乳动物的油、脂及其分离品，不论是否精制，但未经化学改性”。鳕鱼、庸鲽鱼及其他鱼的肝脏所产的油富含维生素及其他有机物质，因而主要用于医药。鱼肝油不论是否通过幅照或用其他方法提高维生素含量的均归入本品目，但若鱼肝油被制成零售包装（30.04），或经过乳化或加有其他物质以供治疗疾病用（30.03）应归入第 30 章。

（5）15.06“其他动物油、脂及其分离品，不论是否精制，但未经化学改性”。本品目包括所有的动物油、脂及其分离品，但品目 02.09 及本品目以前本章各品目所列的除外。因此，本品目包括除猪、牛、家禽、山羊、绵羊、鱼、海生哺乳动物以外的所有动物脂肪，以及除液体猪油、食用或非食用脂油、鱼油、海生哺乳动物油、羊毛脂油以外的所有动物油。例如：①从马、河马、熊、兔、陆栖蟹、海龟等制取的脂肪（包括从这些动物的骨、骨髓及废料制取的脂肪）。②牛脚油及类似油，用烹煮牛、马、绵羊的脚或胫骨所得的油脂通过冷榨制得。③这类油呈米黄色，略带甜味，接触空气也不易变质，主要用作精密机械（例如，手表、缝纫机、火器等）的润滑剂。④骨油，通过压榨骨脂或用热水处理骨头所制得，呈淡黄色液态，无气味，不易酸败，用于精密机械的润滑及皮张的整理。⑤骨髓油，为白色或淡黄色产品，用于制药或制香料。⑥蛋黄油，通过压榨或用溶剂从煮熟的蛋黄中制得，油清澈，为金黄色或浅红色，有熟蛋的气味。⑦海龟蛋油，为米黄色，无气味，用于食品。⑧金蛹油，从蚕蛹制得，为棕红色，有非常难闻的特殊气味，用于制皂。

（6）15.10“其他橄榄油及其分离品，不论是否精制，但未经化学改性，包括掺有品目 15.09 的油或分离品的混合物”。本品目包括品目 15.09 以外的从橄榄制得的其他橄榄油，即包括橄榄渣油，即油橄榄经压榨产出品目 15.09 的油橄榄油后，用溶剂萃取其所剩残渣制得的油，还包括本品目与品目 15.09 的橄榄油或其分离品的混合油。最常见的混合油是由精制橄榄渣油与初榨油橄榄油混合的油。

（7）15.17“人造黄油；本章各种动、植物油、脂及其分离品混合制成的食用油、脂或制品，但品目 15.16 的食用油、脂及其分离品除外”。本品目包括本章的各种动、植物油、脂及其分离品混合制成的人造黄油及其他食用油脂或制品，但品目 15.16 所列（经过某些化学改性）的除外。这类混合食用油脂或制品通常为液体或固体，由以下成分组成：不同的动物油、脂及其分离品，或不同的植物油、脂及其分离品，或动物和植物油、脂及其分离品。

本品目的产品，其油、脂可预先经氢化，也可经乳化（例如，加脱脂乳）、搅拌、改变结构（改变组织或晶体结构）等，还可含有少量添加的卵磷脂、淀粉、色料、香料、维生素、黄油或其他乳脂。但本品目不包括按重量计含黄油或其他乳脂超过 15% 的制品（通常归入第 21 章），详见本章注释一（三）的规定。

人造黄油是一种塑性物质，通常为淡黄色，从动、植物油、脂或其混合物制得，是一种油包水的乳浊液，其外表、稠度、颜色等一般制成黄油状。

起酥油是指动、植物油、脂的食用氢化油、高级精制油或上述油脂的混合物，经过速冷捏和制造的固状油脂，或不经速冷捏和制造的固状、半固体状或流动状的具有良好起酥性能的油脂制品。

（8）15.20“粗甘油；甘油水及甘油碱液”。本品目不包括：①纯度≥95%（以干燥产品的重量计）的甘油（品目 29.05）；②制成药品或加有药料的甘油（品目 30.03 或 30.04）；③加有香水或化妆品的甘油（第 33 章）。

(9) 15.21“植物蜡（甘油三酯除外）、蜂蜡、其他虫蜡及鲸蜡，不论是否精制或着色”。本品目包括各种单一的植物蜡及动物蜡，不论是否精制或着色（加颜料）。本品目不包括：①商品名称为桃金娘蜡及漆蜡的产品（15.15）。②多种植物蜡的混合物、多种动物蜡的混合物（品目34.04或34.05）。③与动物蜡、矿物蜡或人造蜡混合的植物蜡，与植物蜡、矿物蜡或人造蜡混合的动物蜡（品目34.04或34.05）。④与脂肪、树脂、矿物或其他材料（颜料除外）混合的植物蜡或动物蜡（品目34.04或34.05）。

商品归类练习

(1) 由70%豆油、20%菜油、10%棕榈油调制的食用油。(2) 鱼肝油。(3) 经化学变性的棉籽油。(4) 鲸鱼油，未化学改性。(5) 用于化妆品霜膏中的无水羊毛脂。(6) 橙油。

第三类历年考题

(1) 精制的玉米油（2004年）。答案：1515.2900

(2) 初榨的亚麻籽油（2000年）。答案：1515.1100

3.2.5 第四类 食品；饮料、酒及醋；烟草、烟草及烟草代用品的制品（第16~24章）

3.2.5.1 本类概述

本类货品基本是以第一~三类货品为原料的加工产品，分为以下9部分（见表3—4）。

表3—4 **第四类商品范围及章次分布**

序号	商品范围	本类章次分布
1	肉类，鱼类，甲壳动物，软体动物和其他水生无脊椎动物及其制品	16
2	糖和糖果制品	17
3	可可和可可制品	18
4	谷物，各种植物粉，淀粉和牛奶制品；糕点制品	19
5	蔬菜，水果，坚果和植物其他部分的制品	20
6	杂项食品	21
7	饮料、酒和醋	22
8	食品工业残渣和废弃物；动物饲料制品	23
9	烟草和加工的烟草代用品	24

3.2.5.2 第16章——肉、鱼、甲壳动物、软体动物及其他水生无脊椎动物的制品

1）本章商品范围

(1) 本章共包括两部分货品。①以第2章产品（肉及食用杂碎），05.04的肠、胃，05.11的动物血为基本原料的加工产品（品目16.01~16.03）。②以第3章产品（鱼、甲壳动物、软体动物及其他水生无脊椎动物）为基本原料的加工产品（品目16.04~16.05）。

归入本章的货品，除了章注一说明的加工程度的要求外，还必须符合章注二的规定：“本章的食品按重量计必须含有20%以上的香肠、肉、食用杂碎、动物血、鱼、甲壳动物、软体动物或其他水生无脊椎动物及其混合物。对于含有两种或两种以上前述产品的食品，则应按其中重量最大的产品归入第16章的相应品目。但本条规定不适用于品目

19.02 的包馅食品和品目 21.03 及 21.04 的食品。”

注意：“20% 以上”，是以所述的“香肠、肉、食用杂碎、动物血、鱼、甲壳动物、软体动物或其他水生无脊椎动物及其混合物”（以下简称“动物原料”）的合并重量计。

（2）易归入本章的货品。①虽经过较深加工但不归入本章的包括以下 3 种动物产品：在熏制前或熏制过程中制熟的熏鱼（品目 03.05）；蒸过或用水煮过的带壳甲壳动物（03.06）；从制熟的肉或杂碎、鱼、甲壳动物、软体动物或其他水生无脊椎动物制得的细粉、粗粉及团粒（分别归入品目 02.10、03.05、03.06 及 03.07）。②有些食品，即使所含的“动物原料”的重量超过 20%，但不归入本章（参见章注二），有 3 个品目：品目 19.02 的包馅食品（如肉馅包子、馄饨、饺子）；品目 21.03 的调味汁及其制品、混合调味品、芥子粉及其调制品；品目 21.04 汤料及其制品、均化混合食品。③以肉、杂碎、鱼等为基料的配制动物饲料（品目 23.09）。

2）本章商品的加工程度及关联商品介绍

（1）本章包括超出第 2 章、第 3 章及品目 05.04、05.11 所列加工范围（参见各章相关内容）以外的经制作或保藏的产品。①制成香肠及类似产品；②煮、蒸、烤、煎、炸、炒或其他方法烹饪；③加工成精、汁；④制成鲟鱼子酱或鲟鱼子酱代用品；⑤制成“均化食品”（参见子目注释一）；⑥表面涂面浆、撒面包屑、加香菇、放作料（如放胡椒和盐）等；⑦由“动物原料”（超过 20%）与其他食材等组成配制食品（包括所谓配餐）。

（2）关联商品。①简单加工的肉、食用杂碎、鱼、甲壳动物、软体动物及其他水生无脊椎动物归入第 2、3 章，品目 05.04、05.11；②含“动物原料”但其含量等于或低于 20% 的食品不能归入本章，而应酌情归入本类的其他章（通常归入第 19、20、21 章）。

3）商品知识及归类要点

（1）1601“肉、食用杂碎或动物血制成的香肠及类似产品；用香肠制成的食品”。本章所称“食用杂碎”，包括了品目 05.04 的动物肠、胃，范围比第 2 章的“食用杂碎”的稍广。

①本品目包括：

· 香肠及类似品，即将动物血或剁碎、绞碎的肉及食用杂碎（包括肠及胃）灌入肠子、胃、膀胱、皮或类似肠衣（天然或人造）内制成的食品。有的并无肠衣，仅压成香肠特有的形状，即圆条状或类似形状，其截面为圆的、椭圆的或矩形的。

香肠及类似品可生可熟，不论是否熏制，还可加入脂肪、淀粉、调味料、香料等；除此之外，还可含有相当大块（如一口的量）的肉或食用杂碎。香肠及类似品不论是否切成片或用密封罐装，均归入本品目。

· 以香肠为基料的配制食品（包括所谓配餐）。

②本品目不包括：

· 未经剁碎或绞碎即灌入膀胱、肠或类似肠衣的肉，例如，腿肉卷（通常按加工程度分别归入品目 02.10 或 16.02）。

· 剁碎或绞碎但不含其他配料的生肉，不论是否已灌入肠衣（第 2 章）。

· 灌入通常不作为肠衣使用的肠衣状物品内的食品（一般归入品目 16.02），但如无肠衣状物品时该食品仍然归入本品目的除外。

· 煮熟后仅去骨的家禽，例如，火鸡卷（品目 16.02）。

（2）由“动物原料”与其他原料等组成的配制食品的归类。按照章注二的规定，此类由混合食材制成的商品在归入本章时，要求所含的“动物原料”按重量计超过20%。对于含有两种或两种以上“动物原料”的配制食品，应按其所含重量最大的配料归入第16章的相应品目；若无法确定哪种含量最大，从后归类。必须注意，在进行品目归类时，第16章同一品目的动物产品应合并计算。所述的重量，是指报验时的重量，而不是配制前的重量。

例：含羊肉30%、胡萝卜40%、白菜20%、洋葱10%的配制食品。

解析：分析本题，所含胡萝卜最多，似应按胡萝卜制品归入第20章。但是，查阅第20章的章注，发现第20章章注一规定“本章不包括含香肠、肉……（动物原料）超过20%的食品（第16章）”。分析题目，本题商品的动物原料（羊肉）已超过30%。因此本题应归入第16章，最终按羊肉制品归入子目1602.9090。

（3）均化食品。本章“均化食品”的概念见子目注释一：子目1602.10的“均化食品”，是指用肉、食用杂碎或动物血经精细均化制成供婴幼儿食用或营养用的零售包装食品（每件净重不超过250克）。为了调味、保藏或其他目的，均化食品中可以加入少量其他配料，还可以含有少量可见的肉粒或食用杂碎粒。归类时该子目优先于品目16.02的其他子目。除了本章有均化食品外，第20章和第21章也有所谓均化食品，注意三者的异同。

①相同点：经过精细均化制作；包装重量≤250克/每件；用途为婴幼儿食用或营养用。

②不同点：主料不同。

1602.1000“均化食品”的主料：肉、食用杂碎、动物血的含量超过20%。

2005.1000“均化蔬菜”的主料：蔬菜。

2007.1000“均化食品”的主料：果实。

2104.2000“均化混合食品”的主料：肉、鱼、蔬菜、果实中的两种或两种以上。

例：以牛肉和蔬菜为基本配料（其中牛肉占25%），制成细腻糊状，专供婴儿食用的食品，200克装。

解析：首先根据加工、包装重量和用途判断，该商品属于均化食品；其次根据主配料判断其品目。该均化食品含有肉和蔬菜，应按混合均化食品归入子目2104.2000。需要注意的是，不能因为动物原料（牛肉）超过了20%，而根据第16章的章注二归入到第16章，因为第16章章注二已经说明“本规定不适用于21.04”。若本题商品全部是牛肉制成，则可归入1602.1000。

商品归类练习

（1）装入肠衣的熏腌牛肉（未经绞碎、未经调味、供食用）。（2）双汇火腿肠（淀粉占70%、精瘦肉占25%，其他占5%，经调制）。（3）猪肉松。（4）鱼肉馅香肠（天然肠衣）。（5）牛肉制的午餐肉（由马口铁盒真空密封包装）。（6）冷冻生饺子（猪肉白菜馅，每袋净重500克）。（7）含牛肉22%、萝卜30%、黄豆18%、茄子30%的食品。（8）含牛肉15%、鱼块25%、猪肉5%、茄子55%的食品。（9）含牛肉10%、猪肉15%、鱼20%、马铃薯55%的罐头食品。（10）含猪肉18%、甜玉米22%、萝卜40%、马铃薯20%的罐头食品。（11）密封塑料袋装婴儿均化食品，成分含量：30%牛肉、65%

胡萝卜、5%其他配料，净重500克。

3.2.5.3 第17章——糖及糖食

1）本章商品范围

（1）本章共包括三部分货品：①糖（品目17.01、17.02）。②糖浆、人造蜜、焦糖、提取或精炼糖时所剩的糖蜜（品目17.02、17.03）。③糖食（品目17.04）。

（2）易归入本章的货品：①含任何比例的可可或巧克力（白巧克力除外）的糖食及甜可可粉（品目18.06）。②第19章至第22章的甜食品（例如，甜饼干（品目19.05）、蜜枣（品目20.06）、冰淇淋（品目21.05）、加糖的汽水（品目22.02））。③化学纯糖（蔗糖、乳糖、麦芽糖、葡萄糖及果糖除外）及其水溶液（品目29.40）。④含糖药品（第30章）。

2）本章商品的加工程度及关联商品介绍

本章的固体糖及糖蜜可含有添加的香料和色料。但含有添加的香料和色料的糖浆归入21.06。

3）商品知识及归类要点

（1）人造蜜（品目17.02）。17.02所称“人造蜜”，适用于以蔗糖、葡萄糖或转化糖为基料，通常还加入香料或色料混合制成的仿天然蜂蜜的产品。天然蜜和人造蜜混合品也归入本品目。

（2）焦糖（品目17.02）。焦糖是通过对糖（通常为葡萄糖或蔗糖）或糖蜜在温度120℃~180℃之间稍为延长熬煮时间制得的棕色非结晶物体，有芳香气味，为似糖浆状的液体或多为粉末状的固体。根据加工程序，可制得焦化糖（或糖蜜）本身到着色焦糖等一系列产品。焦化糖以干燥产品计含糖量通常很高（可达90%），而着色焦糖则含糖量很低。

（3）糖蜜（品目17.03）。糖蜜是提取或精制糖后所剩的物质，最常见的是在甜菜糖或甘蔗糖提取或精制后，或在玉米提取果糖后所剩的正常副产品，为棕色或黑灰色胶粘物质，含有相当大量不易结晶的糖。糖蜜也可呈粉末状。甜菜糖蜜一般不能直接供食用，但某些甘蔗糖蜜和玉米糖蜜可供人食用，作佐餐糖浆出售。糖蜜的主要用途是作为蒸馏酒精或酒精饮料（例如从甘蔗糖蜜制得的朗姆酒）的原料，用作牲口饲料及咖啡代用品，有时也用于提取糖。本章的糖蜜可以脱色、着色或加香料。

（4）17.04不含可可的糖食（包括白巧克力）。

①本品目包括大部分通常可供直接食用的糖制食品。该类食品商业上为固体或半固体形状，统称为糖食或糖果，主要包括：

· 含糖胶（包括甜味口香糖及类似品）。

· 硬糖（包括含麦精的在内）。

· 硬糖果、口香片、砂糖糖果、果仁糖、软糖、糖衣杏仁、拌砂软糖。

· 蛋白杏仁糖果。

· 喉片或止咳糖，主要含糖（不论是否加有明胶、淀粉或细粉等其他食物）及香料（包括具有药性的香料，如苯甲醇、薄荷、桉树脑及吐鲁香脂）。但如果喉片或止咳糖所含具有药性的物质并非香料，而且其含量比例足以起到预防或治疗疾病作用的，应归入第30章。

· 白巧克力，由糖、可可脂、奶粉及香料组成，绝不含可可（可可脂不应视为可可）。

· 含蔗糖重量在10%以上的甘草精（饼状、块状、条状、锭状等）。如果制成糖食，不论是否加香料，也不论其含糖量多少，均归入本品目。

·糖果包装的果子冻及果子膏。

·以糖为基料但不含（或稍含）脂肪的糖膏，不仅可直接制作本品目的糖果，而且还可做本品目或其他品目产品的糖馅。例如，用蔗糖、蔗糖浆、葡萄糖浆或转化糖浆制得的软糖膏，不论是否加香料，用于制软糖，或糖果及巧克力等的糖馅；果仁糖膏，即糖、水及胶状物（例如，蛋清）的充气混合物，有时也加有少量脂肪，不论是否加有果仁、水果或其他适当的植物产品，用于制果仁糖或做巧克力的夹心馅等；杏仁糖膏，主要用杏仁及糖制得，基本上用于制蛋白杏仁糖果。

②本品目不包括：

·含蔗糖重量在10%及以下的甘草精（未制成糖果的）（品目13.02）。

·含可可糖食（品目18.06）（可可脂在此不视为可可）。

·糖渍蔬菜、果实、果皮等的糖食（品目20.06）及果酱、果子冻等（品目20.07）。

·含替代糖的合成甜味剂（如山梨醇、木糖醇）的糖果、口香糖及类似品（主要供糖尿病患者用）；加有大量脂肪，有时还加有乳、果仁的糖膏，不适合供直接制糖食的（品目21.06）。

·第30章的药品。

商品归类练习

（1）酒心白巧克力（重1千克）。（2）化学纯乳糖。（3）化学纯山梨糖。（4）已加香料或着色剂的糖浆。（5）鲜甘蔗（制糖用）。（6）甘蔗原糖。（7）化学纯蔗糖。（8）口香糖（零售包装）。（9）大白兔牌奶糖块。（10）甘草浸膏（未含糖）。（11）甘草浸膏（按重量计蔗糖含量占15%）。（12）甘蔗渣（供造纸用）。

3.2.5.4 第18章——可可及可可制品

1）本章商品范围

（1）本章包括从可可豆荚到可可制品的各种货品。

（2）易归入本章的货品。

①虽然含可可但不能归入本章的货品（参见章注一）：

·品目04.03的酸奶及其他产品。

·按重量计含全脱脂可可在40%以下的细粉、粗粉、淀粉或麦精食品，以及按重量计含全脱脂可可在5%以下的04.01~04.04所列食品（品目19.01）。

·按重量计含全脱脂可可不超过6%的膨化或焙炒谷物（品目19.04）。

·含可可的糕饼点心、饼干及类似焙烘品（品目19.05）。

·含有任何比例可可的冰淇淋及其他冰制食品（品目21.05）。

·即可饮用的含可可饮料（如可可奶油），不论是否含酒精（第22章）。

·药品（品目30.03或30.04）。

②白巧克力（品目17.04）。

③从可可提取的一种生物碱，即可可碱（品目29.39）。

其他详见章注“本章不包括”的内容。

2）本章商品的加工程度及关联商品介绍

加工程度较为简单，具体见各品目条文。

3）商品知识及归类要点

（1）品目 18. 06 巧克力及其他含可可的食品。巧克力主要由可可膏及糖或其他甜物质组成，通常加有香料及可可脂，也有用可可粉及植物油替代可可膏的，有时还加入乳、咖啡、榛子、杏仁、橘皮等。巧克力及巧克力食品可制成块、片、条、锭、丸、粒、粉等形状，也有用奶油、果子、酒等夹心的。

本品目还包括各种含有任何比例可可的糖食（包括巧克力果仁糖食）、甜可可粉、巧克力粉、巧克力酱及所有含可可食品（但上文规定不包括的除外）。添加维生素的巧克力也归入本品目。

（2）夹心。子目 1806. 3100 所称“夹心”，包括用巧克力包裹，中心有馅（如用奶油、糖壳、干椰子肉、水果、果子膏、酒、蛋白杏仁糖果、坚果、牛轧糖、焦糖或上述产品的混合物做馅）的粒、块、条状食品。谷物、水果或坚果（不论是否成块）嵌于整个巧克力当中的实心块状或条状巧克力，不视为“夹心”。

商品归类练习

（1）含有可可的无酒精饮料。（2）含有可可的夹心甜饼干。（3）含有可可的酸奶。（4）蛋形巧克力（内装小玩具）。（5）外层裹薄层巧克力的甜饼干。（6）特殊形状巧克力（一口量的贝壳、动物形状）。（7）可可豆（未焙炒的）。（8）盒装白巧克力。（9）酒心巧克力（块状，每盒净重 1 千克）。（10）如图 3—1 所示特殊形状巧克力（零售包装，每块一口即食）。

图 3—1 特殊形状巧克力

3.2.5.5 第 19 章——谷物、粮食粉、淀粉或乳的制品；糕饼点心

1）本章商品范围

（1）本章主要是以第 10、11 章和品目 04. 01 ~ 04. 04 的乳品为原料制得的产品，具体有：①麦精及麦精制品（品目 19. 01）；②淀粉制的其他品目未列名的食品（品目 19. 01）；③品目 04. 01 ~ 04. 04 所列乳品制的其他品目未列名的食品（品目 19. 01）；④各种植物质粗粒、细粉、粗粉制的面食和其他品目未列名的食品（品目 19. 01 ~ 19. 02）；⑤珍粉及珍粉代用品（品目 19. 03）；⑥膨化或烘炒制成的谷物产品、其他品目未列名的预煮或其他加工的谷粒、谷物片等（品目 19. 04）；⑦糕饼（品目 19. 05）；⑧装药空囊、

封缄、糯米纸及类似制品（品目19.05）。

（2）易归入本章的货品。

①含香肠、肉、食用杂碎、动物血、鱼、甲壳动物、软体动物或其他水生无脊椎动物及其混合物重量超过20%的调制食品（其通常归入第16章，品目19.02所列包馅食品不受此限）。

②按重量计含脱脂可可在40%及以上的细粉、粗粉、淀粉或麦精调制食品和按重量计含脱脂可可在5%及以上的品目04.01~04.04所列产品的调制食品（品目18.06）。

③含任何比例咖啡的焙炒咖啡代用品（品目09.01）及其他焙炒咖啡代用品（如焙炒大麦）（品目21.01）。

④非以麦精、细粉、粗粉、淀粉或品目04.01~04.04所列产品为基料的制作奶制蛋糕、餐末甜点、冰淇淋或类似食品的食用粉（通常归入品目21.06）。

⑤用细粉或淀粉专门配制的动物饲料（如狗食饼干）（品目23.09）。

⑥第30章的药品及其他产品。

2）本章商品的加工程度及关联商品介绍

本章的食品有生有熟，详见各品目条文。

3）商品知识及归类要点

（1）19.01“麦精；细粉、粗粒、粗粉、淀粉或麦精制的其他品目未列名的食品，不含可可或按重量计全脱脂可可含量低于40%；品目04.01~04.04所列货品制的其他品目未列名的食品，不含可可或按重量计全脱脂可可含量低于5%”。

①其他品目未列名。《协调制度》所谓其他品目未列名，意味着有些商品若能够归入其他更为详细的品目，则归入那些品目，而不归入含有“其他品目未列名”文字的品目。例如，“小麦粉烘焙的饼干”，非常明显，归入品目19.05比归入品目19.01更为妥当；同理，“含麦精的糖食”，因为可以归入品目17.04“不含可可的糖食”，所以也不应按麦精制的食品归入品目19.01。

②麦精。麦精是通过浓缩麦芽水溶液制得的。不论是块状、粉状或稍黏液状，或加有卵磷脂、维生素、盐等的麦精，只要未成为第30章的药品，仍归入本品目。麦精主要用于配制婴幼儿食品、营养食品或烹饪用品，并可用于制药。胶黏状的可不需进一步加工，直接用于烘烤食品或用于纺织工业。

③以细粉、粗粒、粗粉、淀粉或麦精为基料的调制食品（其他品目未列名的）。品目19.01所述的“细粉”及“粗粉”，包括谷物粉、果粉等所有植物质细粉、粗粉（但干蔬菜、马铃薯和干豆类的细粉及粗粉除外，以这些粉为基料制的食品一般归入第20章）。

本品目包括许多种以细粉、粗粒、粗粉、淀粉或麦精为基料的调制食品，不论其所含的这些基料是否重量最重或体积最大，但这些基料构成了调制食品的基本特征。其他物质可作为辅料加入，例如，加入乳、糖、蛋、脂、油、胳蛋白、白蛋白、谷朊、香料、色料、维生素、果子或其他物质以增强其营养价值，也可加入可可，但按重量计全脱脂可可占整个食品含量应低于40%。

这些食品可以是液状，也可以是粉状、粒状、面团状或其他固体形状，例如条状或盘状。这类调制食品通常通过用乳或水简单混合或煮开，就可制成饮料、稀粥、婴幼儿食品、营养食品等，也可用于做饼、布丁、乳蛋糕或类似食品，或作为食品工业的中间产品。其主要包括：

·通过蒸发加了糖和细粉的乳所得的细粉；

·由蛋粉、奶粉、麦精及可可粉组成的调制食品；

·米粉香饼，由米粉、各种淀粉、甜橡果粉、糖及可可粉组成并用香草加味的调制食品；

·由谷物细粉与果子细粉（通常还含有添加的可可粉）或由果子细粉与添加的可可粉混合组成的调制食品；

·用奶粉和麦精（不论是否加糖）制成的麦精乳及类似食品；

·德式团子，其成分有硬麦粗粉、谷物细粉、面包屑、脂肪、糖、蛋、调味香料、酵母、果酱或水果，但以马铃薯细粉做基料的德式团子归入第 20 章；

·揉好的面团，主要由谷物细粉加糖、蛋、脂肪、水果组成（包括已模制或已制成最终产品形状的）；

·在比萨饼料（面团）的表面放上奶酪、西红柿、油、肉、鳀鱼等其他各种配料制成的未烘烤比萨饼，但预烘烤或已烘烤的比萨饼应归入品目 19.05。

除上文第①款列明的外，以下产品或由于加工程度不够，或由于其他品目有列名，而不应归入本品目：

·品目 11.01 或 11.02 的自行发酵及“膨胀”（预胶化）细粉；

·未经调制的混合谷物细粉（品目 11.01 或 11.02）、混合豆粉及混合果子粉（品目 11.06）；

·品目 19.02 的包馅面食及古斯古斯粉；

·珍粉及其代用品（品目 19.03）；

·全熟或半熟的烘焙糕饼，后者需要进一步烘熟才能食用（品目 19.05）；

·调味酱及其制品（品目 21.03）；

·汤料及其制品或均化混合食品（品目 21.04）；

·人造植物蛋白产品（品目 21.06）；

·第 22 章的饮料。

④品目 04.01～04.04 所列货品制的其他品目未列名食品，不含可可或按重量计含全脱脂可可低于 5%。本组食品不同于品目 04.01～04.04 所列的产品，它除含天然乳外，还含有品目 04.01～04.04 所不允许添加的配料，主要包括：供婴幼儿食用或营养用的粉状或液状食品，除含乳以外，还含有添加的辅料（如谷物片、酵母）；用某种物质（如油酸脂肪）替代一种或多种乳成分（如丁酸脂肪）制得的含乳食品。

本组产品可含糖或可可，但不包括具有糖食特征的产品（品目 17.04）、按重量计含全脱脂可可在 5% 及以上的产品（品目 18.06）及饮料（第 22 章）。本品目还包括制冰淇淋用的混合物及基料（如冰淇淋粉），但不包括不是以 04.01～04.04 的产品为主要材料制成的冰淇淋粉（品目 21.06），也不包括用牛奶做基料的冰淇淋及其他冰制食品（品目 21.05）。

（2）19.02“面食，不论是否煮熟、包馅（肉馅或其他馅）或其他方法制作。例如，通心粉、面条、汤团、馄饨、饺子、奶油面卷；古斯古斯面食，不论是否制作”。

①面食。所谓面食，指用各种植物粉（如谷物粉、淀粉、果粉、马铃薯粉等蔬菜粉、其他植物粉）制成的未发酵产品。这些粉（或混合粉）先用水混合，然后揉成面团，也

可加入其他配料（如菜蓉、菜汁、菜泥、蛋、乳、谷朊、淀粉酶、维生素、色料、香料），揉好的面团通过挤出后切割、滚轧后切割、压制、模制、在旋转筒内成团等方法加工成为特定形状（如管状、条状、丝状、蛤壳状、珠粒状、颗粒状、星状、弯肘状、字母状），加工过程中有时加少量的油。产品常因其形状而得名（如通心粉、面条等）。

本品目的面食可以煮熟，可以包有任何比例的肉馅、鱼馅、奶酪馅或其他料馅，或经其他方法制作（例如，制成含蔬菜、调味汁、肉等其他配料的菜式）。烹煮只是使面食松软，并不改变其原来的基本形状。包馅面食可完全包裹（如饺子）、尾端张开（如锥形奶油面卷）或层叠（如千层饼）。

②古斯古斯面食。本品目还包括古斯古斯面食，一种经热处理的硬麦粗粉。本品目的古斯古斯面食可经烹煮或用其他方法制作（例如，与肉、蔬菜及其他配料一起作为一个同样名为古斯古斯面食的菜式）。

③本品目不包括：除包馅面食外的其他含香肠、肉、食用杂碎、动物血、鱼、甲壳动物、软体动物或其他水生无脊椎动物及其混合物重量超过20%的食品（第16章）；带面食的汤料及其制品（品目21.04）。

（3）19.03“珍粉及淀粉制成的珍粉代用品，片、粒、珠、粉或类似形状的”。其包括用木薯淀粉、西米淀粉、马铃薯淀粉或类似淀粉（例如，从竹竽、欧白及、丝兰植物提取的淀粉）制取的食用产品。

用水将淀粉调至稠浆状，倒入滤网或带孔盘中，浆一滴滴漏出时落入温度为120℃～150℃的金属板上，成为小圆粒或小粉片。有时还将这些小圆粒或小粉片压碎或制成粒状。另一种方法是将淀粉浆倒入蒸汽加热的容器内使其凝结成形。作为商品的本品目产品呈粉片状、颗粒状、珠状、粉屑状或类似形状，用于做汤、布丁或营养食品。

（4）19.04“谷物或谷物产品经膨化或烘炒制成的食品（例如，玉米片）；其他品目未列名的预煮或经其他方法制作的谷粒（玉米除外）、谷物片或经其他加工的谷粒（细粉及粗粉除外）”。

①谷物或谷物产品经膨化或烘炒所得的食品（如早餐玉米片、早餐燕麦片、爆米花）。本组包括用经膨化或烘炒处理变得松脆的谷粒（如玉米、小麦、大米、大麦等）制得的一系列食品，主要用作加乳或不加乳的早餐食品。产品生产过程中或生产后可加入盐、糖、糖蜜、麦精、水果或少量的可可等（参见本章注释三）。本组还包括用膨化或烘炒细粉或糠麸制得的类似食物。

归入本组的玉米片是用去皮和去胚芽的玉米粒，加入糖、盐及麦精，用蒸汽蒸软，然后轧成片状，最后在旋转炉内焙烤而得。燕麦粒或其他谷粒也可用同样方法加工。爆米花及爆麦花也属于本组范围。它们的加工方法是将谷粒放入一只加压的潮湿热箱内，突然减压并将谷粒射入冷空气中，谷粒即膨胀至原体积的好几倍。

本组也包括把潮湿的谷粒（整粒或碎粒）通过热处理使其膨化，然后对这些食品撒上植物油、奶酪、酵母膏、盐和谷氨酸单钠所制成的咸脆食品。用油炸面团制成的类似食品不归入本品目（品目19.05）。

②未烘炒谷物片制成的食品及未烘炒的谷物片与烘炒的谷物片或膨化的谷物混合制成的食品。这些产品（经常称作“穆斯利”）可含有干果、坚果、糖、蜜等。它们通常作为早餐食品。注意：未烘炒谷物片本身应归入第11章（品目11.04）。

③预煮或经其他方法制作的其他谷粒，但玉米除外。本组包括速食谷粒或用其他方法加工的谷粒（包括碎谷粒），因而，本组包括完全或部分煮熟后脱水从而改变米粒结构的大米。全煮熟大米只需泡入水中煮沸即可食用，而半煮熟大米则需煮沸5~12分钟方能食用。同时，本组包括在速食大米中加入了蔬菜、调味料等配料的产品，但所加配料不得改变其大米食品的特征。

本组也包括呈谷物加工形状的布尔古小麦。制作时将硬麦粒先煮熟，然后干燥、去壳或去皮、破碎、粗磨或精磨，最后筛选出大粒或小粒的布尔古小麦。布尔古小麦也可为完整麦粒状。

本品目不包括：仅经第10章或第11章所列加工范围的谷粒（例如未经烘炒加工的玉米片、燕麦片归入品目11.04）；裹糖或用其他方法制成含糖的谷物，其含糖比例已使其具有糖食的特征（品目17.04）；经制作供食用的玉米棒子及玉米粒（第20章）。

(5) 19.05"面包、糕点、饼干及其他烘焙糕饼，不论是否含可可；圣餐饼、装药空囊、封缄、糯米纸及类似制品"。

①面包、糕点、饼干及其他烘焙糕饼，不论是否含可可。本品目包括各式烘焙的面包糕点（必须经过烘焙或至少经过预烘焙），主要有面包、饼干、馅饼、比萨饼。它们最常见的成分有谷物细粉、酵素及盐，也可含有其他成分，例如，谷朊、淀粉、豆粉、麦精、乳、罂粟籽、芫荽籽、八角茴香、糖、蜜、蛋、脂肪、奶酪、水果、任何含量的可可、肉、鱼、烘焙"助发剂"等。也可加入烘焙"助发剂"以助于面团的制作，加速发酵，改进产品的特征及外形，使产品更耐保存。本品目的产品也可以用马铃薯的细粉、粗粉、粉末和成的面团制成。

含香肠、肉、食用杂碎、动物血、鱼、甲壳动物、软体动物、其他水生无脊椎动物及其混合物重量超过20%的食品（例如，含肉食超过20%的比萨饼）不归入本品目（应归入第16章）；未经烘焙的糕饼也不归入本品目（一般归入品目19.01或19.02）。

②圣餐饼、装药空囊、封缄、糯米纸及类似制品。本品目包括一系列用细粉浆或淀粉浆制成的产品。这类产品通常烘焙成圆片状或其他薄片状，用途各异。

圣餐饼：将非常纯的面粉浆置于两块铁板中间烘焙制成的圆片状薄饼。装药空囊：用细粉浆或淀粉浆制成的小浅杯状产品，用时将两头套在一块构成一个容器。封缄：一种把粉浆烘制、干制（有时还着色）成薄片后切割成形的产品，这类产品还含有胶黏物质。糯米纸：将细粉浆或淀粉浆烘制或干制成薄片状的产品，用于作某些糖果（特别是果仁糖）的包装纸。

商品归类练习

(1) 猪肉馅包子（含猪肉25%、青菜75%）。(2) 未烘烤的比萨饼（表面放有奶酪、西红柿、油、肉等配料）。(3) 已烘烤的比萨饼（表面放有奶酪、西红柿、油、肉等配料）。(4) 用淀粉浆制的糯米纸。(5) 含脱脂奶粉、豆粉、植物油、矿物质和维生素的爱儿乐牌奶粉。(6) 早餐无糖燕麦片，已烘炒。(7) 方便面（零售袋装）。(8) 裹巧克力的甜饼干。(9) 玉米膨制的爆米花。

3.2.5.6 第20章——蔬菜、水果、坚果或植物其他部分的制品

1) 本章商品范围

(1) 本章产品是以第7章、第8章、品目11.05、品目11.06的产品为原料加工

而成。

（2）易归入本章的货品包括：①按重量计含香肠、肉、食用杂碎、动物血、鱼、甲壳动物、软体动物、其他水生无脊椎动物及其混合物超过20%的食品（第16章）；②用干豆粉、果粉等制的面食（品目19.02），如绿豆粉丝、蚕豆粉丝；③用面粉制作的糕点（品目19.05），如水果馅饼；④品目21.04的汤料及其制品和均化混合食品；⑤按容量计酒精浓度超过0.5%的水果汁或蔬菜汁（第22章）。

2）本章商品的加工程度及关联商品介绍

（1）加工程度。除章注一注明不包括的外，只要加工程度超出第7章、第8章、品目11.05、品目11.06及《协调制度》其他章所列加工范围，都可以归入本章，具体有：①用醋或醋酸制作或保藏（如腌菜、泡菜）；②用糖保藏；③经烹煮加工而成的果酱、果冻、柑橘酱、果（包括坚果）泥、果（包括坚果）膏；④经均化制作；⑤水果汁或蔬菜汁，未经发酵，也未加酒精的，或所含酒精浓度按容量计不超过0.5%的；⑥其他制作或保藏程度超出第7章、第8章、第11章及《协调制度》其他章所列加工范围的；⑦用渗透脱水法保藏的水果；⑧本章不同产品进行混合/组合；⑨由植物原料为基料与其他食材（动物原料含量≤20%）组成配制食品（包括所谓配餐）。

（2）关联商品。由植物原料与其他食材组成的配制食品（包括所谓配餐），若动物原料含量超过20%，一般应归入第16章。

3）商品知识及归类要点

（1）本章“蔬菜”的概念。本章所称“蔬菜”，范围比第7章“蔬菜”范围稍广，包括第7章的所有产品以及品目11.05、11.06（水果、坚果粉除外）的产品（参见本章注释三）。

（2）20.02“番茄，用醋或醋酸以外的其他方法制作或保藏的”。本品目包括番茄干量在7%及以上的番茄汁；番茄干量在7%以下的番茄汁归入品目20.09。但本品目不包括番茄沙司及其他番茄调味汁（品目21.03）和番茄汤料及其制品（品目21.04）。

（3）20.05“其他未冷冻蔬菜，用醋或醋酸以外的其他方法制作或保藏的，但品目20.06的产品除外”。本品目的食品一般有：①食用油橄榄，用苏打溶液专门处理或长时间用盐水浸泡制得（仅用盐水临时保藏的油橄榄仍归入品目07.11）；②德式泡菜，通过将盐腌卷心菜丝半发酵制得；③甜玉米棒子及甜玉米粒、胡萝卜、豌豆等，经过预煮或与黄油或调味汁一同包装的；④马铃薯细粉制成的长方形薄片产品，加盐和少量味精以及连续增湿、增稠使其部分糊精化制成。本产品在油里炸上几秒钟即可成为食用炸土豆片。

（4）20.06“糖渍蔬菜、水果、坚果、果皮及植物的其他部分（沥干、糖渍或裹糖的）”。本品目的产品是用下列方法制得的：先用开水处理蔬菜、水果、坚果、果皮或植物其他部分（可将产品软化以利于糖的渗透），然后将产品放入糖浆中反复加热至沸点，使糖浆逐渐浓缩，直至完全浸透产品，使其耐于保藏。用糖制作的主要产品有：整果（樱桃、杏、梨、李、栗（香草蜜饯栗子）、核桃等），果瓣或果块（柑橘、柠檬、菠萝等），果皮（香橼皮、柠檬皮、柑橘皮、甜瓜皮等），植物其他部分（当归、姜、薯蓣、甘薯等）及花（紫罗兰、含羞草等）。

沥干品：用暴露于空气中不结晶的糖浆（例如，转化糖或葡萄糖与一定比例蔗糖混合的糖浆）浸渍，浸糖后将多余的糖浆沥掉即得，产品黏手。

糖渍品：将沥干品浸入蔗糖浆，干后表面有一层薄薄的晶亮的糖衣。

饯糖品：让蔗糖浆渗入产品，干后糖在产品表面或整个产品中结晶。

但是，用糖保藏并浸于糖浆中的货品，不论包装如何，均不归入本品目（糖泡蔬菜归入品目 20.02、20.03 或 20.05；糖泡水果、坚果、果皮或植物其他食用部分，例如，糖泡栗子或姜，归入品目 20.08）。干果（如椰枣及梅），即使制作时加有少量的糖或裹有一层干的天然糖，外表看起来有点类似于本品目的饯糖品，仍归入第 8 章。

（5）20.07“烹煮制成的果酱、果冻、柑橘酱、果泥及果膏，不论是否加糖或其他甜物质”。果酱是通过将整果、果肉、某些蔬菜（如南瓜、茄子）或其他产品（如姜、玫瑰花瓣）用几乎等量的糖来烹煮制得。冷却后为浓厚酱状物，带有果肉碎块。柑橘酱是果酱的一种，通常用柑橘属水果制成。果冻是用糖和水果汁（压榨生果或烹煮水果而得）煮沸后冷凝而成的，呈冻状，透明，无果肉碎块。果泥是用过筛果肉或坚果粉加糖或不加糖烹煮后制成，呈较浓的酱状物。果泥不同于果酱，其果子含量更高，质地更为细腻。果膏（苹果、榅桲、梨、杏、杏仁等）是用果泥经蒸发加工制得固体或接近固体的产品。

本品目的产品通常用糖制成，也可用替代糖的合成甜味剂（如山梨醇）制成。

本品目不包括：①作为糖食或巧克力糖食的果冻及果膏（分别归入品目 17.04 或 18.06）；②用明胶、糖及果汁或人造果精制成的餐用果冻（品目 21.06）。

（6）20.08“用其他方法制作或保藏的其他品目未列名水果、坚果及植物的其他食用部分，不论是否加酒、加糖或其他甜物质”。本品目包括在其他章或本品目以前本章各品目所列加工范围以外的经制作或保藏的水果、坚果及植物其他食用部分，整个、切开或破碎的，混合品也包括在内。其主要包括：①干炒、用油或脂肪烘炒的杏仁、花生、槟榔子及其他坚果，不论是否含或裹植物油、盐、香料、调味香料及其他添加剂；②花生酱，用磨碎的炒花生制成的膏，不论是否加盐或加油；③用水、糖浆、化学品或酒精浸渍保藏的水果（包括果皮及子仁）；④消毒的果肉，不论是否烹煮；⑤捣碎及消毒的整个果子，如桃、杏、橘（不论是否去皮、去核、去子），不论是否加水或糖浆，但所加水或糖浆不足以使产品成为饮料供直接饮用的（能作为饮料直接饮用的归入品目 22.02）；⑥烹煮水果，但用汽蒸或水煮后冻藏的水果应归入品目 08.11；⑦浸于糖浆中或用其他方法制作或保藏的植物梗、根及其他食用部分（如姜、当归、薯蓣、甘薯、忽布苗、葡萄叶、棕榈芯）；⑧浸于糖浆中的罗望子果；⑨用糖保藏并浸于糖浆中的水果、坚果及植物其他食用部分（如糖泡栗子或姜，但不包括糖泡蔬菜），不论其包装如何。

本品目的产品可以用合成甜味剂（如山梨醇）替代糖来制作，或加入其他物质（如淀粉），但所加入的物质不应改变水果、坚果或植物的其他食用部分的基本特征。

本品目不包括由不同种类的植物或植物某部分（含子仁及果实）组成，或由单一品种或不同种类的植物或植物某部分与一种或多种植物精汁等其他物质混合组成的，用于制造草本植物浸泡剂或草本植物“茶”的产品。它们应根据组成成分酌情归入品目 08.13（组成成分为坚果、干果的单一品种或多种时）、09.09（以 09.09 的产品为基本特征时）或 21.06（组成成分为其他品目不允许的混合品时）。例如，人参“茶”（一种掺乳糖或葡萄糖的人参精混合品）归入品目 21.06，药用“茶”（泻药、轻泻药等）归入品目 30.03 或 30.04。

本品目还不包括由归入不同章（如第 7 章、第 9 章、第 11 章、第 12 章）的各种植物、植物某部分、子仁或果实（完整、切割、捣碎、磨碎或研粉的）混合组成的直接用作饮料香料或用于制造饮料的调制精汁物（以第9章商品为基本特征的归入第9章，否则归入21.06）。

(7) 20.09“未发酵及未加酒精的水果汁（包括酿酒葡萄汁）、蔬菜汁，不论是否加糖或其他甜物质”。关于未发酵及未加酒精的说明，参见本章注释五。本品目的水果汁及蔬菜汁一般通过压榨熟的而且质量好的新鲜水果或蔬菜制得。制作上可用机械“提取器”榨取（例如，压榨的柑橘属水果汁），其操作原理与家庭型柠檬榨取器相同。也可用压榨法榨取，不论压榨前是否经破碎或碾磨（尤其是对苹果）或用冷水、热水或蒸汽（例如，番茄、黑醋栗（黑加仑）及某些如胡萝卜、芹菜之类的蔬菜）处理制得。

所得的液汁通常经澄清、过滤、除气、均化、消毒等方法加工，使水果汁或蔬菜汁成为清澈透明未发酵的液体。然而，某些液汁（特别是从杏、桃、番茄等肉质水果制得的液汁）仍含有悬浮或沉淀的纤细果肉。

本品目还包括非常罕见的从干果中制取的果汁，这些干果必须是新鲜时含有果汁的果实。例如，“梅脯汁”，将梅脯放入浸提器，放水加热几小时将汁提出。但本品目不包括从那些几乎不含果汁的新鲜果实或干果实（如刺柏果、蔷薇果）用水加热制得的稍呈液状的产品，这类产品通常归入品目21.06。

本品目的液汁可以浓缩（不论是否冷冻），也可以为结晶体或粉末状，但其晶体和粉末必须完全或几乎完全溶于水。这类产品一般是通过热加工（不论是否在真空中加热）或冷加工（冻干）制得。同类或不同类的水果汁和蔬菜汁之间的混合汁仍归入本品目。

复制汁（即在浓缩汁中加入不超过非浓缩汁正常含量的水制得的汁）也归入本品目。本品目不包括：①番茄汁，其干量在7%及以上的（品目20.02）；②稀释汁，即在正常的水果汁或蔬菜汁中加入的水，或在浓缩汁中加入的水，若超出复制原天然汁所需的量，该稀释品应作为饮料归入品目22.02；③二氧化碳含量超过处理时所需正常含量的水果汁（充气水果汁）或蔬菜汁、柠檬水和果汁汽水（品目22.02）；④按容量计酒精浓度已超过0.5%的水果汁或蔬菜汁（第22章）。

商品归类练习

(1) 鲜榨菠萝汁（白利糖度值为30）。(2) 掺有80%水的鲜榨菠萝汁（白利糖度值为30）。(3) 浓缩的苹果晶（白利糖度值为30）。(4) 含30%土豆、30%甜玉米、30%脱荚菜豆、10%调味料的婴儿均化食品，包装净重260克。(5) 酿酒葡萄汁（已发酵，酒精含量1%，白利糖度值不超过20）。(6) 酿酒葡萄汁（未发酵，未加酒精，50升桶装，白利糖度值不超过20）。(7) 酿酒葡萄汁（未发酵，但加1%酒精抑制发酵的，50升桶装）。(8) 银丝蘑菇罐头。(9) 由50%鲜橙汁和50%鲜胡萝卜汁调制成的混合汁（未加糖及各种香料）。

3.2.5.7 第21章——杂项食品

1) 本章商品范围

本章包括了不能归入其他章的一些动、植物产品。本章不包括的商品范围详见章注“本章不包括”的内容。

2) 商品知识及归类要点

(1) 21.03“调味汁及其制品；混合调味品；芥子粉及其调制品”。

①调味汁及其制品，混合调味品。本品目所包括的制品，通常具有调味香料重的特点。它们用不同的配料（如蛋、蔬菜、肉、水果、细粉、淀粉、油、醋、糖、调味香料、芥末、香料等）制成，用于某些菜肴（肉、鱼、沙拉等）的调味。调味汁一般为液状，而调味制品一般为粉状，将其制成调味汁时只需加入乳、水等即可。

本品目包括某些以蔬菜或水果为基料的产品，但又不同于第20章的产品（特别是不同于品目20.01的产品）。它们主要以液体、乳浊液体、悬浮液体为主，几乎不含固体物质。

本章的混合调味品不同于品目09.04～09.10的调味香料及混合调味香料。混合调味品虽然也含有一种或多种归入第9章以外其他章的香料或调味料，但各种香料比例表明其基本特征已超出第9章所规定的范围之外（参见第9章章注一）。

现将本品目所包括的产品列举如下：蛋黄酱、沙拉油、荷兰式调味汁、波伦亚调味汁（由肉粒、番茄泥、调味香料等组成）、酱油、蘑菇酱油、辣酱油（通常用稠酱油作基料，注入加了香料的醋，然后加盐、糖、焦糖及芥末制成）、番茄沙司（用番茄泥、糖、醋、盐及调味香料制成）及其他番茄调味酱、芹盐（一种用食盐及精细研磨的芹菜籽混合而成的盐）、某些制香肠用的混合调味品，以及第22章的产品（品目22.09的产品除外）经配制后用于烹饪而不适于作为饮料的制品（如料酒及烹饪用干邑酒）。

②芥子粉及其调制品。芥子细粉及粗粉是通过研磨及筛选品目12.07的芥子制得。芥子粉不论是否研磨前脱脂或去皮，也不论其作何种用途，均归入本品目。本品目还包括用芥子细粉与少量其他配料（谷物细粉、姜黄、肉桂、胡椒等）混合制成的调制芥末，或用芥子细粉与醋、酿酒葡萄汁或葡萄酒混合制成的芥末酱。芥末酱可加盐、糖、调味香料或其他调味品。

③除在第9章及第20章各品目已列名的以外，本品目还不包括：肉、鱼、甲壳动物、软体动物或其他水生无脊椎动物的精汁（品目16.03）；汤料及制品（品目21.04）；水解蛋白质，主要为氨基酸和氯化钠的混合物，用作食品添加剂（品目21.06）；自溶酵母（品目21.06）；芥子（品目12.07）。

（2）21.04“汤料及其制品；均化混合食品”。

①汤料及其制品。其包括只要加水或乳等即可制成汤的汤料制品，以及加热后即可供食用的汤料。这些产品通常以植物产品（细粉、淀粉、木薯淀粉、通心粉、面条及类似品、大米、植物精汁等）、肉、肉的精汁、脂肪、鱼、甲壳动物、软体动物或其他水生无脊椎动物、蛋白胨、氨基酸或酵母萃为基料，还可含有大量的盐。它们一般制成片状、饼状、方块状、粉状或液状。

②均化混合食品。根据本章注释三的规定，本品目的均化混合食品是指两种或两种以上的基本配料，例如，肉、鱼、蔬菜或果实等，经精细均化混合制成供幼婴儿食用或营养用的零售包装食品（每件净重不超过250克）。除以上基本配料外，这类食品可含有少量奶酪、蛋黄、淀粉、糊精、盐或维生素等。含有这些添加物质是为了增加营养（饮食疗法用）、调味、保存或其他目的。这类食品还可含有可见的少量小块配料，但所加配料不得改变均化食品的特征。

本品目不包括单一基料（例如，肉、食用杂碎、鱼、蔬菜或水果）的均化食品，不论其是否含有为调味、保存或其他目的加入的少量任何配料（通常归入第16章或第20

章）。本品目还不包括含可可食品（一般归入品目18.06或19.01）。

（3）21.05“冰淇淋及其他冰制食品，不论是否含可可”。本品目包括通常用乳或奶油做基料的冰淇淋及其他冰制食品（如冰糕、冰棍），不论是否含任何比例的可可。但本品目不包括制冰淇淋用的混合物及基料，它们应按其基本材料归类（例如，基本材料为可可的冰淇淋粉归入品目18.06、基本材料为品目04.01～04.04乳品的冰淇淋粉归入19.01或基本材料为乳脂或其他物质的冰淇淋粉归入21.06）。

（4）21.06“其他品目未列名的食品”。

①本品目包括不能归入《协调制度》其他品目的食品，主要有：

· 直接供人食用或加工（例如，用水或乳等烹煮、溶解）后供人食用的制品；

· 全部或部分由食物组成的用于制造饮料或食品的制品。本品目包括由化学品（有机酸、钙盐等）与食物（细粉、糖、奶粉等）混合而成，可作为配料或为改善食品特征（外形、耐储性等）掺入食品的制品（参见第38章注释一（二））。

但本品目不包括含食物的酶制剂（例如，由加了右旋糖或其他食物的解朊酶组成的嫩肉粉）。这类制剂如果在《协调制度》其他品目未具体列名，则可归入品目35.07。

②本品目商品具体包括：

· 制造餐用奶油、果冻、冰淇淋或类似食品的粉，不论是否是甜的。应注意的是，以品目19.01所述的细粉、粗粉、淀粉、麦精或品目04.01～04.04所列货品作基料的上述粉，不论是否含可可，应按其可可含量（参见第19章注释二及19.01的品目条文）酌情归入品目18.06或19.01；其他含可可的粉归入品目18.06；制柠檬水或类似品用的具有加味糖或着色糖特征的粉则酌情归入品目17.01或17.02。

· 制饮料的香料粉，以碳酸氢钠、甘草甜或甘草精为基料，不论是否是甜的（作“可可粉”出售）。

· 以黄油或其他乳脂或乳油为基料的制品，用于制面包等。

· 以糖为基料的膏，加有相当大量的脂肪，有时还加乳或坚果，不适于直接制糖食，但可作巧克力、夹心饼干、馅饼、糕点等的馅或夹心料。

· 加蜂王浆的天然蜂蜜。

· 主要由氨基酸和氯化钠混合组成的水解蛋白质，用于制食品（例如，调味）；通过去除脱脂豆粉的某些成分而制得的浓缩蛋白质，用于增强食品中的蛋白质；改善了组织结构的大豆粉及其他蛋白质。但本品目不包括非组织化的脱脂大豆粉（品目23.04），不论是否适于供人食用，也不包括蛋白质纯分离体（品目35.04）。

· 制造各种无酒精饮料或酒精饮料用的无酒精或酒精制品（不是以芳香物质为基料的）。这些制品是用品目13.02的植物精汁与乳酸、酒石酸、柠檬酸、磷酸、防腐剂、发泡剂、果汁等混合制成，全部或部分含有某种饮料特有味道的香料成分，因此，有关饮料通常可以仅用水、葡萄酒或酒精对制品进行稀释制得，不论是否添加诸如糖或二氧化碳气体等物质。这些产品有的专门制成供家庭使用的，但更为广泛的是用于工业，以避免大量的水、酒精等作不必要的运输。这些制品报验时并不适于作饮料饮用，因而可与第22章的饮料区别开来。本品目不包括以一种或多种芳香物质为基料的制造饮料用的制品（品目33.02）。

· 以天然或人造香料（如香草）为基料的食用香片。

· 含替代糖的合成甜味剂（如山梨醇）的甜食、橡皮糖及类似品（特别是供糖尿病人用的)。

·由糖精及某种食物(如乳糖)组成的制品(如甜味片),用于增加甜味。

·自溶酵母及其他酵母萃,通过水解酵母制得。这些产品不能引起发酵,但含朊值很高,主要用于食品工业(如制某些调味品用)。

·制柠檬水或其他饮料用的制品,例如:香味或着色糖浆,即加有天然或人造香料的糖溶液,其香味类似于某些水果或植物等(木莓、黑醋栗、柠檬、薄荷等),不论是否含有添加的柠檬酸及防腐剂;用本品目所述复合制品来调香味的糖浆,特别是含有焦糖着色的可乐果精及柠檬酸或含有柠檬酸及水果精油(例如,柠檬或柑橘的精油)的糖浆;用果汁添加香味的糖浆,其果汁中添加物质(如柠檬酸、从水果中提取的精油等)的量明显破坏了天然果汁中所含各种成分的平衡状态;加有柠檬酸(其总含量明显大于天然果汁的柠檬酸含量)、水果精油、合成甜味剂等的浓缩果汁。这类制品仅简单用水稀释或作进一步处理即可作饮料饮用。某些这类制品则用于加入其他食品中。

·人参精与其他配料(如乳糖或葡萄糖)的混合物,用于制造人参"茶"或其他饮料。

·由不同种类的植物或植物某部分(含子仁及果实)组成,或由单一品种或不同种类的植物或植物某部分与一种或多种植物精汁等其他物质混合组成的,用于制造草本植物浸泡剂或草本植物"茶"的产品(能归入品目08.13和第9章的除外),包括据说能消除病痛或强身健体的上述产品。

·由归入不同章(如第7章、第9章、第11章、第12章)的各种植物产品混合组成的或品目12.11的各种不同植物产品混合组成的直接用作饮料香料或用于制造饮料的调制精汁物(以第9章的货品为基本特征而归入第9章的除外)。

·通称为食品补充剂的制品,以植物精汁、果子精、蜜、果糖等为基料,加维生素,有时还加微量的铁化合物制成,其包装上一般标明有强身健体的作用。但本品目不包括服(使)用一定剂量后对某种病痛具有防治作用的类似制品(品目30.03或30.04),也不包括品目20.08所列的用水果、坚果或植物的其他食用部分制作的食品,因为这些食品已经具有上述水果、坚果植物的其他食用部分的基本特征,品目21.02的微生物若作为食品补充剂出售仍然归入品目21.02。

商品归类练习

(1)由土豆30%、猪肉30%、香菜40%组成的婴儿食用的食品,制成细腻糊状,零售包装(240克/袋)。(2)由土豆30%、猪肉30%、香菜40%组成的婴儿食用的食品,制成细腻糊状,零售包装(260克/袋)。(3)盒装牛奶雪糕。(4)用于替代咖啡的烘炒麦芽。(5)混有咖啡伴侣的速溶咖啡。(6)由植物蜂花粉与乳糖制成的营养保健花粉制品。(7)味精。(8)酱油(袋装、供零售)。(9)陈醋(袋装、供零售)。(10)含肉25%、蔬菜干75%的汤料(加水后即可食用)。(11)盒装可可冰淇淋。(12)豆腐乳。

3.2.5.8 第22章——饮料、酒及醋

1)本章商品范围

(1)本章商品分为四大类:①水、其他无酒精饮料及冰;②经发酵的酒精饮料(啤酒、葡萄酒、苹果酒等);③经蒸馏的酒和酒精饮料(利口酒、烈性酒等)及乙醇;④醋及其代用品。

（2）易归入本章的商品：①第4章的液体乳制品；②品目20.09的水果汁及蔬菜汁，不论是否用作饮料，本章的产品（品目22.09的醋产品除外）经配制后，用于烹饪而不适于作为饮料的制品（例如，料酒及烹饪用干邑酒）（通常归入品目21.03）；③品目21.05的冰制食品及“碳酸雪”或“干冰”（即固体二氧化碳）（品目28.11）；④海水（品目25.01）及纯净水（品目28.53）；⑤品目30.03或30.04的药品；⑥以酒精为基料的固体或半固体燃料（通常作为“固体酒精”出售）（品目36.06）。

其他详见章注“本章不包括”的内容。

2）商品知识及归类要点

（1）无酒精饮料。22.02所称的“无酒精饮料”，是指按容量计酒精浓度不超过0.5%的饮料。含酒精饮料应分别归入品目22.03～22.06或品目22.08。

（2）22.04“鲜葡萄酿造的酒，包括加酒精的；品目20.09以外的酿酒葡萄汁”。

①鲜葡萄酒。归入本品目的葡萄酒是新鲜葡萄汁经酒精发酵制得的最终产品，主要包括：

·普通葡萄酒（红色、白色或玫瑰色）。

·掺酒精葡萄酒。

·汽酒，即最后发酵过程中在密封容器内加入二氧化碳的葡萄酒（原装汽酒），或装瓶后人工充气的葡萄酒（充汽酒）。

·餐后葡萄酒，其酒精含量高，通常从含糖量很高（仅有部分的糖通过发酵转化为酒精）的葡萄汁制得，也有在酒中或浓缩葡萄汁中掺入酒精以增加这些酒的酒精浓度。餐后葡萄酒主要有加那利葡萄酒、塞浦路斯葡萄酒、基督眼泪酒、马德拉岛白葡萄酒、马尔加什葡萄酒、马沙拉白葡萄酒、葡萄牙葡萄酒、浓烈白葡萄甜酒、萨摩斯葡萄酒及雪利酒。

②酿酒葡萄汁。酿酒葡萄汁是用新鲜葡萄压榨而得的，为青黄色浑浊液体，有香甜味。其自然发酵趋向可通过添加水杨酸或其他防腐剂、用二氧化硫渗透、添加酒精、冷藏等称为诱变的方法加以抑制。诱变可使发酵延迟甚至完全中止。如果不加抑制，会自然发酵（糖分会转化为酒精），经发酵的最终产品是葡萄酒。

应注意到的是，本款包括半发酵的葡萄汁（不论其发酵是否已经中止）以及加酒精的未发酵的葡萄汁，但两者的酒精浓度按容量计均须超过0.5%。本品目不包括未发酵或按容量计酒精浓度不超过0.5%的葡萄汁（品目20.09），不论其是否浓缩。

（3）22.05“味美思酒及其他加植物或香料的用鲜葡萄酿造的酒”。本品目包括用品目22.04的鲜葡萄酒和植物叶、根、果子等浸剂或芳香料浸剂制成的各种饮料（一般用作开胃酒或健身酒）。这些饮料可以添加维生素或铁质化合物，有时被称为“保健饮料”，用于强身健体。本品目不包括用葡萄干和芳香植物或物料制得的酒（品目22.06）。

（4）22.06“其他发酵饮料（如苹果酒、梨酒、蜂蜜酒）；其他品目未列名的发酵饮料的混合物及发酵饮料与无酒精饮料的混合物”。本品目的所有货品按容量计酒精浓度须超过0.5%。

本品目包括除品目22.03～22.05所列以外的各种发酵饮料，例如苹果酒、梨酒、蜂蜜酒（包括掺白葡萄酒、芳香料及其他物质的蜂蜜酒）、葡萄干酒、用鲜葡萄汁以外的果汁（无花果汁、椰枣汁、浆果汁）或蔬菜汁发酵而成的酒、麦芽酒、云杉酒、清酒或米酒、棕榈酒、姜啤酒及草药啤酒等。所有上述饮料都可自然发泡或人工充二氧化碳气体，不论是加入酒精还是进一步发酵以提高其酒精含量的，都归入本品目。

本品目还包括无酒精饮料与发酵饮料的混合物及第22章本品目以前各品目的发酵饮料的混合物，例如，柠檬水与啤酒或酿造酒的混合物、啤酒与酿造酒的混合物。这类饮料中有些还可含有添加的维生素或铁质化合物，有助于强身健体，有时被称为“保健饮料”。

(5) 22.07“未改性乙醇，按容量计酒精浓度在80%及以上；任何浓度的改性乙醇及其他酒精”。乙醇不作为其他无环醇归入品目29.05，参见第29章注释二第（二）款的规定。本品目包括中性酒精，即含水乙醇。

(6) 22.08“未改性乙醇，按容量计酒精浓度在80%以下；蒸馏酒、利口酒及其他酒精饮料”。本品目包括按容量计酒精浓度不超过80%的未改性酒精（乙醇及中性酒精），以及不论其酒精浓度如何的下列产品：①用蒸馏葡萄酒、苹果酒、其他发酵饮料、发酵粮食或发酵的其他植物产品但不加香料制得的烈性酒。该酒部分或全部保留次要成分（酯、醛、酸、高级醇等），因而各自具有独特的香味。②加香料的烈性酒、利口酒及柯迪尔酒。利口酒及柯迪尔酒通常还加有一定量的糖。③不归入以上本章其他各品目的其他所有酒精饮料。

(7) 22.09“醋及用醋酸制得的醋代用品”。

①醋。醋是一种酸性液体，它是用任何原料（包括各种糖或淀粉的溶液）经酒精发酵制得的酒精液体，在空气存在下和通常不超过20~30℃的恒定温度中，在醋杆菌的作用下，通过醋酸发酵制得。按其原料不同，有酒醋、啤酒醋和麦芽醋、水果醋、酒精醋，还有用谷物、糖蜜、水解马铃薯、乳糖清液等制得的醋。

②醋代用品。它是用水稀释醋酸制得的，通常用焦糖或其他有机色料着色。可用于食物的调味和腌制，本身也可用龙蒿等蔬菜或调味香料增加香味。

本品目不包括：含醋酸重量超过10%的水溶液（品目29.15）（参见第22章注释一第（四）款），但可用于食物的醋代用品的醋酸含量不限，这类溶液一般通常加有香料和色料，含醋酸重量一般在10%~15%之间；盥洗用醋（品目33.04）。

商品归类练习

(1) 啤酒（零售瓶装）。(2) 味美思酒（1 000毫升，玻璃瓶装）。(3) 瓶装红葡萄酒（1.25升）。(4) 壮骨追风酒。

3.2.5.9 第23章——食品工业的残渣及废料；配制的动物饲料

1) 本章商品范围

本章包括食品加工业所用植物原料的残渣及废料，还包括某些动物质产品。这些产品的大部分主要用作动物饲料，但有些也适于供人食用（例如油渣）。某些产品（例如，酒糟、粗酒石、油渣饼）则用于工业。

2) 商品知识及归类要点

(1) 23.01“不适于供人食用的肉、杂碎、鱼、甲壳动物、软体动物或其他水生无脊椎动物的渣粉及团粒；油渣”。

本品目包括：①不适于供人食用的细粉及粗粉：由加工完整的动物或除骨、角、壳等之外的其他动物产品（如肉或杂碎）所得，其原料主要来自屠宰场、水上渔业加工厂、罐头厂或食品加工厂等，通常经蒸汽加热后压制或用溶剂处理以脱去其油、脂。处理过的产品要经长时间加热使其干燥和消毒，最后经碾磨成粉或制成团粒。本品目的细粉、粗粉及团粒主要用作动物饲料，也有的用于其他方面（如作肥料）。②油渣：猪脂肪或其他动物脂肪煎熬后所剩的膜组织，主要用于制动物饲料（如狗食饼干），适于供人食用的油渣也归入本品目。

（2）23.08“动物饲料用的其他品目未列名的植物原料、废料、残渣及副产品，不论是否制成团粒”。

植物产品、植物废料和残渣以及植物原材料加工中在提取植物原材料的某些成分后所产生的副产品，如果可作为动物饲料，而且在协调制度其他品目又未列名，则应归入本品目。其主要包括：①橡果及七叶树果；②已脱粒的玉米芯、玉米秆及叶；③甜菜叶或胡萝卜叶；④蔬菜皮（豌豆或菜豆荚等）；⑤水果废料（苹果或梨的皮或芯）及水果渣（压榨葡萄、苹果、梨、柑橘等所得），用于提取果胶的也包括在内；⑥作为破碎芥子副产品的糠；⑦用谷物或其他植物材料制咖啡代用品所剩的残渣；⑧通过浓缩生产柑橘属果汁所剩残液制得的副产品，有时称为“柑橘糖蜜”；⑨水解玉米芯以制取2-糠醛所剩的残渣，通称为“水解玉米芯粉”。

（3）23.09“配制的动物饲料”。本品目包括甜饲料及由数种营养物质混合而成的配制动物饲料，常常制成团粒状。

①甜饲料。它是用糖蜜或其他类似的甜物质（一般超过总量的10%）和一种或多种其他营养物质混合而成，主要用于饲养牛、羊、马、猪。

②其他配制饲料。其主要包括：

·配制的猫食、狗食等，用肉、杂碎及其他配料混合制成，用密封容器包装，每件大约一餐的量。

·狗或其他动物的饲料饼干，通常用细粉、淀粉或谷物产品和油渣或肉粉混合制成。

·甜味配制饲料，不论是否含可可，专门用于喂狗或其他动物。

·配制的鸟食（如用谷子、加那利草子、去壳的燕麦及亚麻籽混合制成，用作鸟的主食或完全饲料）或鱼食。

本品目不包括：①单一材料制成的团粒或归入同一具体列名品目的多种材料混合制成的团粒，不论是否加入了按重量计不超过3%的黏合剂（糖蜜、淀粉物质等）（品目07.14、12.14、23.01等）。②谷粒的简单混合物（第10章）或谷物细粉、豆类细粉的简单混合物（第11章）。③从其性质、纯度及配料比例、生产过程中的卫生条件、包装上的说明以及有关使用的其他情况来看，既可用于喂动物，又可供人食用的制品（主要归入品目19.01及21.06）。④品目23.08的植物废料、残渣及副产品。⑤第29章的产品。⑥品目30.03或30.04的药品。⑦第35章的蛋白物质。⑧抗菌素生产过程中过滤及第一阶段提取时产生的中间产品及残渣，所含抗菌素一般不超过70%（品目38.24）。

商品归类练习

（1）甜菜叶。（2）配制鱼食（呈颗粒状，零售包装）。

3.2.5.10　第24章——烟草、烟草及烟草代用品的制品

1）本章商品范围

本章包括烟草原料、烟草制品和烟草废料，还包括不含烟草的烟草代用品的制品，但

不包括药用卷烟（第30章）

2）商品知识及归类要点

(1) 24.01“烟草；烟草废料”。本品目包括：①烟草，为天然状态（整株或烟叶）、已烤制过或已发酵的烟叶，整片或去梗、修剪或未修剪、破碎或剪切（包括切成一定形状但不能即供吸用的）。烟叶可以经混合、去梗并用适当混合的液体香料加味（“调味”或“浸泡”）以防发霉、发干及保持香味。②烟草废料，例如，在收拣烟叶或制造烟草产品时所剩的废料（烟草的茎、柄、梗、切边、末等）。

(2) 24.02“烟草或烟草代用品制成的雪茄烟及卷烟”。本品目仅包括用烟草或烟草代用品制的雪茄（包裹或未包裹）及卷烟。其他供吸用的烟（品目24.03），不论是否含有任何比例的烟草代用品，都不归入本品目。

烟草代用品制的雪茄及卷烟，例如用经专门加工既不含烟草，也不含尼古丁的某种莴苣叶制成的“卷烟”（“香烟”）。本品目不包括药用卷烟（第30章），但用专门配制的某些不具药物性质的产品制成的戒烟用卷烟仍归入本品目。

(3) 24.03“其他烟草及烟草代用品的制品；‘均化’或‘再造’烟草；烟草精汁”。

本品目包括：①供吸用的烟，不论是否含有任何比例的烟草代用品。例如，制成的烟斗或卷烟用烟。②咀嚼烟，通常是经高度发酵并加有大量香料。③鼻烟，多少加有香料。④制鼻烟用的加压或浸酒烟草。⑤制成的烟草代用品。例如，不含烟草的吸用烟混合品。但大麻之类的产品除外（品目12.11）。⑥“均化”或“再造”香烟，将精细切磨的烟叶、烟草废料或粉末聚合而成，不论是否附在衬背上（如用烟柄的纤维素片做衬背），通常为矩形片状或条状，可整片使用（作为包皮）或切丝、切碎（作为烟丝）。⑦烟草精汁，用潮润烟叶通过压力或用水煮废烟所提取的液汁，主要用于制杀昆虫或寄生虫的药物。

本品目不包括：尼古丁（从烟草提取的生物碱）（品目29.39）；品目38.08的杀虫剂。

商品归类练习

(1) 咀嚼烟。(2)“芙蓉王”牌香烟（卷烟）。(3) 未去梗烟草（烘烤干燥）。

第四类历年考题

(1) 美味鸭舌，一种风味小吃，真空包装，15克/包（2005年）。答案：1602. 3991

(2)“远洋”牌烤鱿鱼丝，用新鲜的鱿鱼配以白砂糖、盐、味精后烤制而成，125克/袋（2007年）。答案：1605.9090

(3) 日本手卷水果寿司，用紫菜裹以大米饭、少许水果丁和调料后切成小卷（2006年）。答案：1904. 9000

(4) 绿豆汤罐头，由绿豆煮熟并加糖制成，含固形物约35%（2005年）。答案：2005. 5110

(5) 韩式大麦茶，由大麦烘炒磨碎制得，每10克装于纸袋，食用时连袋一起在热水中浸泡（2006年）。答案：2101. 3000

(6)“女儿红”牌米酒（酒精浓度15%），用2升的陶罐盛装（2005年）。答案：2206.0000

(7) 一种韩国泡菜，将大白菜、萝卜先用盐腌制，然后配上由葱、洋葱、蒜、虾酱、

糖、辣椒等做成的调料，再经发酵一段时间即成，2千克/坛（2008年）。答案：2005.9999

(8) 一盒零售食品，内有少量薯条和番茄酱，以及一个牛肉汉堡（上下两层面包片，中间是牛肉，牛肉重量占60%）(2008年)。答案：1602.5090

(9)"王老吉"凉茶，易拉罐装，含有水、白砂糖、仙草、布渣叶、菊花、金银花、夏枯草、甘草等成分，有清热去火的功效（2008年）。答案：2202.9000

(10) 一次性瓶装葡萄酒（酒精浓度0.4%）(2009年)。答案：2202.9000

(11) 罐装苹果汁（由60%的苹果原汁和40%的水制成，白利糖度值小于20，即可饮用）(2009年)。答案：2202.9000

(12) 熟芦笋罐头（2010年）。答案：2005.6010

(13)"宝路"牌宠物专用罐头，由精细研磨的牛肉（占60%）、蔬菜（占30%）和其他营养成分混合而成，400克/袋（2010年）。答案：2309.1010

3.2.6 第五类 矿产品（第25~27章）

3.2.6.1 本类概述

本类商品全部是矿产品及其相关产品和副产品，分为以下3部分（见表3—5）。

表3—5 **第五类商品范围及章次分布**

序号	商品范围	本类章次分布
1	非金属矿（少数金属矿）	25
2	金属矿及矿渣、矿灰	26
3	燃料矿物及其制品；沥青物质；矿物蜡	27

3.2.6.2 第25章——盐、硫磺；泥土及石料；石膏料、石灰和水泥

1) 本章商品范围

(1) 本章货品绝大多数属于非金属矿。除本章注释和品目条文另有规定的以外，本章包括未经加工或仅经简单物理加工的非金属矿产品。

(2) 易归入其他章的货品。①经过较深加工但归入本章的产品：熟石膏（品目25.20）、生石灰（品目25.22）、水凝水泥（品目25.23）等，详见各品目条文及注释；②虽为纯净化学品（符合化学定义），但不作为纯净化学品归入第28章的商品：例如纯氯化钠（子目2501.0020）、某些形状的精制硫（子目2503.0000）、纯氧化镁（子目2519.9091）；③某些含金属矿也归入本章：例如品目25.02的未焙烧的黄铁矿、品目25.11的重晶石及毒重石、品目25.19的菱镁矿、品目25.30的稀土金属矿；④牙科用熟石膏（品目25.20）和矿物性药材（品目2530）。

(3) 易归入本章的货品。①凡符合品目28.44或28.45规定的货品（放射性矿砂除外，其归入第五类），应分别归入这两个品目而不归入本《编码》的其他品目（如放射性氯化钠归入品目28.44）；②除上述第1点外，由于按一定剂量或作为零售包装而可归入品目30.04~30.06、32.12、33.03~33.07、35.06、37.07或38.08的货品，应分别归入以上品目，而不归入本《编码》的其他品目；③单独的已有化学定义的纯净化学品通常归入第28、29章（如纯净的碳归入品目28.03）。本章不包括的货品参见章注二"本章不包括"的内容。

2）本章商品的加工程度及关联商品介绍

（1）加工程度。①天然的或经洗涤（包括用化学物质清除杂质但不改变产品本身结构的洗涤）、砸碎、磨碎、研粉、淘洗、细筛、粗筛以及用浮选、磁选或其他机械或物理方法（不包括结晶法）精选；可经加热，以除去水分、杂质或达到其他目的，但此种热处理不应改变产品的化学或晶形结构（参见章注一）。但品目条文（如品目25.13、25.17）及注释（章注四）规定能超过上述加工的除外。②本章产品可含有添加的防尘剂，其所加剂料并不使产品改变其一般用途而适用于某种特殊用途。③石材允许粗加修整并简单切割成矩形（包括正方形）。

（2）关联商品。超过品目条文及注释允许加工程度的本章产品一般归入以后的各章（例如，已焙烧的黄铁矿归入品目26.01）。①除品目条文另有规定的几种（氯化钠、某些硫、氯化镁）外，通过使产品提纯（例如再结晶）而符合化学定义的本章货品一般归入第28章；②本章同一品目或不同品目货品的混合物，通常归入第六类或第68章；③本章货品的制品（如石磨、砖瓦、机械零部件、雕刻品等），通常归入第六类，以及第68、95、96章等。

3）商品知识及归类要点

（1）25.01“盐（包括精制盐及变性盐）及纯氯化钠，不论是否为水溶液，也不论是否添加抗结块剂或松散剂；海水”。本品目所称的氯化钠，俗名称为盐，除用于烹饪（厨房或佐餐用食盐）外，还有许多其他用途。必要时还可改性，使其不适于供人食用。

本品目不包括：①加调味料的盐，如芹盐（品目21.03）；②装于安瓿的氯化钠溶液，包括海水以及其他制成药品的氯化钠（第30章）；③每颗重量不低于2.5克的培养氯化钠晶体（光学元件除外）（品目38.24）；④氯化钠光学元件（品目90.01）。

（2）25.04“天然石墨”。它又称“黑铅”，是碳的一种，特别之处是有光泽并且能在纸上留有明显印迹，因而被人用作铅笔芯，还用作抛光剂和用于制坩埚、其他耐火制品、炉用电极及其他电气零件。根据纯度不同，其表观比重各异，一般在1.9~2.26之间。最纯的天然石墨含碳量在90%~96%之间，而较差的则在40%~80%之间。

本品目不包括人造石墨（与天然石墨极为相似，但纯度较高而表观比重较低）、胶态或半胶态石墨及以石墨为基料的膏状、块状、板状材料及其他形状的半制成品（品目38.01），也不包括天然石墨制品（通常归入品目68.15、69.02、69.03或85.45）。

（3）25.05“各种天然砂，不论是否着色，但第26章的含金属矿砂除外”。除了有商业提取价值的金属矿砂归入第26章以外，本品目包括各种天然海沙、湖沙、河沙或碎石砂（即矿物天然分裂为细小的砂粒），但不包括人工（如破碎）制得的砂及粉（归入品目25.17或按有关石料归类）。本品目还不包括焦油砂或沥青砂（品目27.14）。

（4）25.08“其他黏土（不包括品目68.06的膨胀黏土）、红柱石、蓝晶石及硅线石，不论是否煅烧；富铝红柱石；火泥及第纳斯土”。本品目不包括：作为品目25.30所述颜料土范围的黏土、活性黏土（品目38.02）、制造某些陶瓷产品用的特殊制品（品目38.24）、膨胀黏土（用作轻质混凝土的集料或隔热材料，包括仅煅烧天然黏土制得的在内）（品目68.06）。

（5）25.09“白垩”。它是一种天然碳酸钙，主要成分为水生微生物的壳。本品目不包括：①磷酸白垩（品目25.10）；②块滑石或滑石（有时也称为“法国白垩”或“威尼斯白垩")(品目25.26);③制成牙粉的白垩粉(品目33.06);④品目34.05的金属抛光剂及类似制剂;⑤粉状碳酸钙,其粉粒为脂肪酸(硬脂酸等)防水膜包裹的(品目38.24);⑥桌球粉块(品目95.04);⑦书写用粉笔及裁缝用粉块(品目96.09)。

(6)25.14"板岩,不论是否粗加修整或仅用锯或其他方法切割成矩形(包括正方形)的板、块"。板岩易于剥成薄板,通常为蓝灰色,但有时也为黑色或紫黑色。本品目包括原状板岩、粗加修整的板岩以及仅用锯或其他方法(例如,绞线)剥成矩形(包括正方形)块状、板状的板岩。本品目还包括板岩粉末及废料。

本品目不包括品目68.02的镶嵌石(马赛克)及下列归入品目68.03的货品:①超出上述加工范围的块、板及片。例如,切或锯成矩形(包括正方形)以外其他形状,研磨、抛光、斜切或经其他加工。②铺屋顶、饰墙面及防潮用的板石,不论是否加工成本品目所列形状的。③黏聚板岩的制品。

本品目也不包括加工成书写或绘画用的板石及板石黑板(品目96.10),不论是否镶框,以及石笔(品目96.09)。

(7)25.15"大理石、石灰华及其他石灰质碑用或建筑用石,表观比重为2.5及以上,蜡石,不论是否粗加修整或仅用锯或其他方法切割成矩形(包括正方形)的板、块"。大理石是一种硬质的钙质石,结构均匀,颗粒精细,通常为结晶体,为不透明或半透明。大理石常因含氧化矿物质而有各种不同的颜色(颜色纹理的大理石、条纹大理石等),但也有纯白色的。石灰华是一种钙质石,由疏松多孔的石层组成。

本品目包括其他类似的碑用或建筑用坚硬钙质石,但其表观比重须在2.5及以上(即有效重量为每1 000立方厘米1千克)。表观比重低于2.5的碑用或建筑用钙质石归入品目25.16。本品目还包括石膏质蜡石及钙质蜡石,前者通常为白色的均匀半透明体,后者则为淡黄色的带条纹石料。

本品目仅限于列名的石料,报验时为原状、粗加修整或仅切、锯或用其他方法加工成矩形(包括正方形)的块状、板状。粒状、碎片状或粉状的则归入品目25.17。石块等如果经进一步加工,即经浮雕、用镐、锤、凿等修琢、砂光、磨光、抛光、切角等,归入品目68.02。制品的坯件亦应按此归类。

本品目也不包括明显用作马赛克砖或铺路石板的石料,不论是否制成本品目所列形状的(分别归入品目68.02或68.01)。

(8)25.16"花岗岩、斑岩、玄武岩、砂岩以及其他碑用或建筑用石,不论是否粗加修整或仅用锯或其他方法切割成矩形(包括正方形)的板、块"。本品目石料的加工方法和形状与品目25.15的相同。应注意到,制成铺路碎石的石头归入品目25.17,而明显为铺路用的长方砌石、路缘石、扁平石,即使仅制成本品目所列的形状,也应归入品目68.01。本品目的石料如果呈粒状、碎片状或粉状的,应归入品目25.17。

(9)25.17"通常作混凝土粒料、铺路、铁道路基或其他路基用的卵石、砾石及碎石,圆石子及燧石,不论是否热处理;矿渣、浮渣及类似的工业残渣,不论是否混有本品目第一部分所列的材料;沥青碎石,品目25.15、25.16所列各种石料的碎粒、碎屑及粉末,不论是否热处理"。

品目25.15或25.16所列石料的颗粒、碎片及粉末如果经人工着色(如供商店橱窗摆设),则归入品目68.02。根据本章注释三的规定,任何既可归入本品目,又可归入本章其他任何品目的产品，应一律优先归入本品目。

（10）25.23“硅酸盐水泥、矾土水泥、矿渣水泥、富硫酸盐水泥及类似的水凝水泥，不论是否着色，包括水泥熟料”。本品目不包括：①配制时须加入少量促进剂的精研高炉矿渣（品目 26.19）；但可即供使用的研磨矿渣与促进剂的混合物仍归入本品目。②牙科黏固剂及骨骼黏固剂（品目 30.06）。③品目 32.14 的胶黏剂。④以火泥或第纳斯土等为基料的耐火水泥及灰泥（品目 38.16）。⑤非耐火的灰泥及混凝土（品目 38.24）。

（11）25.24“石棉”。石棉是某些岩石分解而成的一种天然矿物质，其纤维结构非常特别，有时有丝绢光泽，颜色差异甚大，通常为白色，也有灰色、青色、蓝色或深棕色的，主要性能为耐热及耐酸。本品目适用于岩石状的天然石棉、天然石棉纤维及搅打或洗涤石棉纤维，不论是否按长度进行分拣，还适用于石棉粉片、粉末及废料，但不包括经进一步加工（梳理、染色等）的石棉纤维及石棉制品（品目 68.12）。

（12）25.25“云母，包括云母片；云母废料”。云母（白云母、金云母、黑云母等）是天然的复杂硅酸铝类，其特点是易于剥成有光泽的各种颜色透明的弹性薄片。

本品目包括天然云母、云母厚片、云母薄片，也包括云母废料及粉末。本品目不包括用云母厚片或薄片切割或模冲成形的产品（品目 68.14 或第 85 章）、黏合（组合）云母片（例如，层合云母板、组合云母片）或复制云母的制品（品目 68.14）。

（13）25.26“天然冻石，不论是否粗加修整或仅用锯或其他方法切割成矩形（包括正方形）的板、块；滑石”。天然冻石及滑石都是富含水合硅酸镁的矿物质，而冻石较为密质、粗大；滑石为页片状，手感更为柔软、滑腻。皂石是一种天然冻石，最常见的滑石为原状或粉状。所谓法国白垩，是指某些冻石粉或滑石粉。

本品目不包括冻石制的“裁缝划粉”（品目 96.09）。

（14）25.28“天然硼酸盐及其精矿（不论是否煅烧），但不包括从天然盐水析离的硼酸盐；天然粗硼酸，含硼酸干重不超过 85%”。本品目不包括所含硼酸干重超过 85% 的硼酸（品目 28.10），也不包括通过化学方法处理四水硼砂制得的硼酸钠（精制硼砂）以及通过蒸发某些盐湖的复盐水制得的硼酸钠（品目 28.40）。

（15）25.29“长石；白榴石；霞石及霞石正长岩；萤石（氟石）”。其由复合硅酸铝及碱金属或碱土金属组成，在陶瓷工业中用作助熔剂。本品目不包括长石砂（品目 25.05）。萤石（氟石）是一种天然氟化钙，为带有不同颜色条纹的硬石块或为各种颜色的集块晶体，主要用于提取氢氟酸及在冶炼工业中用作助熔剂。本品目还包括通过热处理已碎为微粒的萤石粉。

注意：本品目不包括作为宝石或半宝石的长石或萤石（第 71 章）。

（16）25.30 其他品目未列名的矿产品：

①土色料，不论是否煅烧或混合；天然云母氧化铁。归入本品目的土色料通常为天然混有白色或其他颜色矿物质（特别是氧化铁）的黏土，因其具有着色的特性，所以通常用作颜料。它们包括：赭石（黄色、棕色、红色、大红色等）、黄土（意大利黄土，褐色；富铁煅黄土，橙棕色等）、棕土（包括煅棕土）、黑钙土及天然铁棕（卡塞尔土及科隆土，但可溶性铁棕是一种配制颜料，应归入品目 32.06）、佛罗纳土及塞浦路斯土（绿色）。

煅烧或各种土色料的混合并不影响这些商品的归类，但与其他物质混合或制成水剂或油剂等的土色料应归入第32章。本品目不包括铁矿砂（品目26.01）及按重量计含化合铁（以三氧化二铁计）达70%及以上的土色料（品目28.21）。但是，主要用作防锈颜料的云母氧化铁尽管天然含有化合铁（按重量计）达70%以上，仍归入本品目。

②海泡石（不论是否磨光成块）及琥珀；黏聚海泡石及黏聚琥珀，模制后未进一步加工的板、条、杆或类似形状；黑玉。

·天然海泡石质极轻，是一种多孔的水合硅酸镁矿，有白色、淡黄色、灰色或粉红色的。该矿几乎只存在于小亚细亚地区，为小块状（石块各边很少有超过30厘米的）。石块先经洗涤、刮擦、呢绒抛光及干燥（晒干或烘干），然后再用法兰绒及蜡进一步抛光以改善其外观，最后确定其等级或质量。黏聚海泡石是用黏合剂（油、明矾等）将天然海泡石的刨片及其他废料加热黏聚制得。本品目只包括模制后未经加工的板、条、杆或类似形状的黏聚海泡石。

·琥珀是一种树脂化石，颜色一般为黄色至深橙色不等。应该注意，切勿将琥珀和龙涎香混淆。龙涎香是鲸鱼的分泌物，归入品目05.10。黏聚琥珀（再造琥珀）是一种不透明的矿物质，用废琥珀黏聚而成。本品目只包括模制后未经加工的板、条、杆或类似形状的黏聚琥珀。

·黑玉是一种密质的褐煤，颜色墨黑，容易雕琢，光泽度高。虽然黑玉用于制造珠宝首饰，但在《协调制度》中不把它作为一种宝石看待。

③菱锶矿（不论是否煅烧），但氧化锶除外。本款包括菱锶矿（天然碳酸锶）及煅烧菱锶矿（主要由不纯的氧化锶组成）。本品目不包括纯氧化锶（品目28.16）。

④未列名矿物质；破碎陶瓷。本款主要包括：

·天然硫化砷，其主要分为两类：雄黄，即二硫化二砷，鲜红色，用于制烟火；雌黄，即三硫化二砷，金黄色，用于制漆。本品目也包括毒砂（砷黄铁矿砂或硫代亚砷酸铁）。

·矾石，因其用于提取明矾而得名，石质，灰红色或浅黄色，摸后其色玷指。

·蛭石，一种与云母相关的矿物，其色与云母类似，但粉片通常小于云母；还有珍珠岩及绿泥石，其化学性质与蛭石相近。这些矿物质加热即膨胀，成为隔热料。膨胀的上述矿物（剥落鳞片状）应归入品目68.06。

·燧石板岩，一种坚硬异常、表面粗糙、纹理细致、颗粒均匀的深颜色石头，不怕酸。用燧石板岩制成的试金石（用于测试贵金属）应归入品目68.15。

·天青石（天然硫酸锶）；冰洲晶石（或方解石）及霰石，即晶体碳酸钙；鳞云母（锂云母）（氟硅铝酸钾及锂）及磷铝石（磷酸铝—氟化锂）。

·花园土、荒地土、沼泽土、泥灰土、冲积土及沃土，这些土壤不论是否天然含有少量氮、磷、钾，虽然用于农业，但不归入第31章（肥料）。

·火山灰、圣多林土、粗面凝灰岩及类似泥土，因其用于水泥生产，有时也称为天然水泥。

·天然状态的石灰石（通称为“石印石”，用于印刷业）。

·破碎陶器。

·稀土金属的矿砂（例如，氟碳铈镧矿、磷钇矿、硅铍钇矿），但不包括独居石及专门用于或主要用于提取铀或钍的其他矿砂（品目26.12）。

·搪瓷用遮光料，通过处理（用盐酸提纯后微化）锆砂制得。

·辉钼“精矿”，用洗涤、研磨、浮选等某些物理方法处理并通过热处理（煅烧除外）以除去其微量的油及水制得，非供冶炼用（润滑用）。

·软锰矿，一种含氧化锰重量不低于79%的锰矿砂，不是用于提取锰的冶金工业中，而是用于制电池。

·天然冰晶石，主要采自格陵兰岛，颜色雪白，偶尔也带颜色，有光泽，近乎透明，主要用作生产电解铝的助溶剂；天然锥冰晶石，与冰晶石一样，可作为一种氟铝酸钠。本品目不包括与冰晶石及锥冰晶石成分类似的用化学方法制取的氟化物（品目28.26）。

子目2 530.9010 矿物性药材，是指通常作药用的原产矿物和古动物化石，且归类时的状态未超出第25章章注一所规定的加工范围。本品目不包括第71章的宝石或半宝石。

商品归类练习

(1) 黄铁矿（未焙烧）。(2) 黄铁矿（已焙烧）。(3) 稀土金属矿。(4) 氧化镁（化学纯，非培养晶体，非光学元件）。(5) 精制硫磺（快速蒸馏自然硫所得）。(6) 沉淀硫磺（供医药用，非零售包装）。(7) 普通硅酸盐水泥。(8) 水泥熟料。(9) 水泥用添加剂。(10) 卵石（路基用）。(11) 牙科用熟石膏。(12) 硅铍钇矿砂。

3.2.6.3 第26章——矿石、熔渣及焚烧灰

1) 本章商品范围

(1) 本章货品全部为金属矿砂及精矿，还有矿渣和矿灰。本章的矿砂及精矿通常用于冶金工业中提炼以下金属（即使这些矿物实际上不用于冶金工业也应归入本章）：①第十四类（第71章）的贵金属，即银、金、铂、铱、锇、钯、铑或钌；②第十五类（第72~81章）的贱金属，即铁、铜、镍、铝、铅、锌、锡、钨、钼、钽、钴、铋、镉、钛、锆、锑、锰、铬、锗、钒、铍、镓、铪、铟、铌（钶）、铼、铊等金属；③品目28.05的水银；④品目28.44所列金属，即放射性元素、放射性同位素或含这些物质的化合物（有机或无机）及混合物；⑤在某些情况下，矿砂用于提取锰铁或铬铁之类的合金。

本章不包括不是以冶金工业正常加工方法处理的各种矿物。

(2) 易归入本章的货品。

①凡符合品目28.44或28.45规定的货品（放射性矿砂除外，其归入第五类），应分别归入这两个品目而不归入本《编码》的其他品目（如放射性氯化钠归入品目28.44）。

②除上述第①点外，由于按一定剂量或作为零售包装而可归入品目30.04~30.06、32.12、33.03~33.07、35.06、37.07或38.08的货品，应分别归入以上品目，而不归入本《编码》的其他品目。

③虽含金属，但属以下情况的矿砂也不归入本章：

·其他品目已经列名的，如未焙烧黄铁矿（品目25.02）、白云石（品目25.18）、菱镁矿（品目25.19）。

·所含金属无商业提炼价值的，如土色料、明矾石（品目25.30）。

·宝石或半宝石（第71章）。

·天然冰晶石及天然锥冰晶石（品目25.30）、光卤石（品目31.04）。

④品目28.05所列碱金属或碱土金属（即锂、钠、钾、铷、铯、钙、锶及钡）的矿物。

⑤含盐的上述矿物（品目25.01）、重晶石及毒重石（品目25.11）、菱锶矿、天青石、冰洲晶石及霰石（品目25.30）。

⑥从其脉石或杂矿石中分选出来的天然金属（例如，金属块或金属粒）及天然合金，它们归入第十四类或第十五类。

⑦品目25.30的稀土金属矿砂，用于干电池的调制软锰矿，用作润滑剂的辉钼矿，用作遮光料的微化锆砂。

⑧用作颜料的矿粉归入第32章，例如钛矿粉末。

⑨凡由于按一定剂量或作为零售包装而可归入品目30.04～30.06、32.12、33.03～33.07、35.06、37.07或38.08的货品，应分别归入以上品目，而不归入本《编码》的其他品目。

⑩其他参见章注一“本章不包括”的内容。

2）本章商品的加工程度及关联商品介绍

（1）加工程度。品目26.01～26.17的产品可经过包括物理、物理—化学、化学加工，只要这些工序在提炼金属上是正常的。除缎烧、焙烧或燃烧（不论是否烧结）引起的变化外，这类加工不得改变所要提炼金属的基本化合物的化学成分。

物理或物理—化学加工包括破碎、磨碎、磁选、重力分离、浮选、筛选、分级、矿粉造块（例如，通过烧结或挤压等制成粒、球、砖、块状，不论是否加入少量黏合剂）、干燥、煅烧、焙烧以使矿砂氧化、还原或使矿砂磁化等（但不得使矿砂硫酸盐化或氯化等）。化学加工（如溶解加工）主要是为了清除不需要的物质。

（2）关联商品。经煅烧或焙烧以外其他处理后改变了基本矿砂的化学成分或晶体结构的精矿通常归入第28章，也不包括由于多次物理变化（分级结晶、升华作用等）制得的几乎纯净的产品，即使其基本矿砂的化学成分并未发生变化。

3）商品知识及归类要点

（1）矿砂及其精矿。本章所称“矿砂”，适用于含金属矿物，这些矿物与相关的物质共存于矿藏之中并被一起开采出来；同时还适用于在脉石中的天然金属（如含金属砂）。矿砂极少未经冶炼前预加工就出售的，最重要的预加工是矿砂的精选。

品目26.01～26.17所称“精矿”，适用于用专门方法部分或全部除去异物的矿砂。这样做是因为异物有可能影响日后的冶炼或增加运输费用。

（2）含有一种以上矿物的矿砂及精矿的归类。除品目26.01和26.02的锰铁矿外，其他的一律按归类总规则三（二）“基本特征”或归类总规则三（三）“从后归类处理”进行归类。锰铁矿砂的归类：含锰小于20%的归入品目26.01，含锰大于或等于20%的归入品目26.02。

（3）锍的归类。锍是有色金属冶炼过程中生产出的各种金属硫化物的互溶体，是一种冶炼工业的中间产品。①钢锍归入品目26.19；②铜锍、镍锍、锌锍分别归入第74、75、79章；③其他锍归入品目26.20。

（4）26.12“铀或钍矿砂及其精矿”。铀和钍是放射性元素，几乎所有含铀或钍的矿物都归入此品目。但本品目不包括不是通过冶金工业的正常加工方法提取的，但商业上也称之为铀“精矿”的产品（品目28.44）。

（5）26.19“冶炼钢铁所产生的熔渣、浮渣（粒状熔渣除外）、氧化皮及其他废料”。

本品目不包括归入品目26.18的粒状熔渣（熔渣砂）。本品目包括的熔渣是在熔炼铁矿砂时或冶炼生铁或钢时所得的铝、钙或铁的硅酸盐（高炉渣或转炉渣）。本品目包括不论是否含有足以回收金属铁的熔渣，但不包括含磷熔渣（“碱性熔渣”或“托马斯炉渣”），这些熔渣是重要的肥料，应归入第31章。

熔渣及浮渣可用于制造水泥，作路基或筑路用。经破碎并粗略分级的筑路熔渣归入品目25.17。氧化皮是钢铁在锻打、热轧等工序所产生的氧化铁皮。本品目也包括高炉灰及冶炼钢铁所产生的其他废料，但不包括剪切、成形或其他金属加工工序中所产生的金属碎料，这些碎料归入品目72.04。

(6) 26.20“含有金属或金属化合物的矿灰及残渣（冶炼钢铁所产生的灰、渣除外）”。本品目包括含有金属或金属化合物的矿灰及残渣（品目26.18、26.19或71.12所列的除外）。这些矿灰、残渣是处理矿砂或冶金中间产品（如锍）时所得或从不属于机械加工金属的电解、化学或其他工序所得，在工业上，它们用于提取金属或作为生产金属化合物的基本原料。而另一方面，机械加工有色金属时所产生的主要为氧化物的金属皮仍归入本品目。

本品目的商品有：①锍（钢锍（品目26.19)、铜锍、镍锍或钴锍（第十五类）除外）及炉渣或浮渣，例如，富含铜、锌、锡、铅等的渣；②硬锌块，镀锌时浸锌所剩的残渣；③制取或精炼金属后所剩的电解槽泥渣及电镀泥渣；④蓄电池淤渣；⑤金属电解精炼所产生的块状残渣，干的或浓缩的；⑥生产硫酸铜所产生的残渣；⑦处理含银矿砂所产生的杂质氧化钴；⑧仅适合于提取金属或生产化工品的废催化剂；⑨主要用于提取氯化镁的光卤石碱液残渣。

本品目不包括：①第28章的已有化学定义的化合物。②机械加工第十五类的贱金属所剩的废料及残旧破烂的金属制品碎料（第十五类）。③贵金属或包贵金属的废碎料（包括废或破的铂合金网催化剂及主要用于回收贵金属的含贵金属或贵金属化合物的废碎料）（品目71.12)。

商品归类练习

(1) 氧化铁皮。(2) 钨矿砂。(3) 含有金或金化合物的灰（不含其他贵金属及其化合物)。(4) 精制海藻灰。(5) 钛酸铀铁砂。(6) 独居石（钍及稀土金属的磷酸盐)。(7) 未烧结的红赤铁矿砂（平均粒度0.5毫米)。

3.2.6.4 第27章 矿物燃料、石油及其蒸馏产品，沥青物质，矿物蜡

1) 本章商品范围

(1) 本章货品全部为有机矿产品。

(2) 易归入本章的货品。①凡符合品目28.44或28.45规定的货品（放射性矿砂除外，其归入第五类)，应分别归入这两个品目而不归入本《编码》的其他品目（如放射性氯化钠归入品目28.44)；②此外，由于按一定剂量或作为零售包装而可归入品目30.04～30.06、32.12、33.03～33.07、35.06、37.07或38.08的货品，应分别归入以上品目，而不归入本《编码》的其他品目；③单独的已有化学定义的有机化合物一般归入第29章，但甲烷及丙烷，即使是纯净的，也归入本章品目27.11；④品目30.03或30.04的药品；⑤品目33.01、33.02及38.05的不饱和烃混合物；⑥芳香料制品、化妆品或盥洗品（品目33.03～33.07)；⑦香烟打火机及类似打火器充气用的液体燃料或液化气体燃料，其包

装容器的容量不超过300立方厘米的（品目36.06）。

2）本章商品的加工程度及关联商品介绍

（1）加工程度。①本章的货品可以是天然的，也可以是精制的；②可以是各种物理状态，例如固态、液态或气态，粉化或黏聚等；③一般允许添加少量其他辅助物质，例如为完全、装卸或运输原因而添加水及乳化剂（表面活化剂）；④本章内货品的相互混合物通常归入本章（如各种石油气的混合物、各种矿物沥青的混合物、矿物蜡的相互混合物等）；⑤本章内货品与其他章货品的混合物，若以本章货品为基本特征，通常仍归入本章。

（2）关联商品。①本章内货品与其他章货品的混合物，若已经丧失了本章货品的基本特征，通常归入其他章（如柏油碎石归入品目15.17）；②本章的矿物蜡与其他蜡、脂肪、树脂、矿物或其他材料（颜料除外）的混合物一般归入品目34.04或34.05等；③本章某些货品制成的工业制成品通常归入后面章的相应品目（如瓶装凡士林护手霜归入品目33.04，成卷的沥青归入品目68.07，矿物蜡雕刻的模型归入品目96.02等）。

3）商品知识及归类要点

（1）27.01“煤；煤砖、煤球及用煤制成的类似固体燃料”。本品目包括加入少量分散剂（主要是表面活性剂）并用水和好的粉化煤，不包括黑玉（品目25.30）、褐煤（品目27.02）、焦炭及半焦炭（品目27.04）。

（2）27.02“褐煤，不论是否制成型，但不包括黑玉”。褐煤是一种处于煤及泥煤之间的燃料，不论是否脱水、粉化或黏聚。黑玉虽是褐煤的一种，但其归入品目25.30（根据第25章注释四）。

（3）27.03“泥煤（包括肥料用泥煤），不论是否制成型”。泥煤，由部分碳化的植物材料组成，一般分量很轻，为纤维质。本品目包括各种泥煤，含燃料用的干制或黏聚泥煤，用于厩圈、改良土壤或其他方面的碎泥煤、泥煤料等。本品目还包括具有泥煤基本特征的泥煤与沙或黏土混合物，不论是否含有少量的肥料元素氮、磷或钾，这类产品一般用作花泥。

本品目不包括：①制成供纺织用的泥煤纤维（名为“贝兰丁”纤维）（第十一类）；②花盘或其他泥煤制品，包括切割或模制成形的建筑用绝热片（第68章）。

（4）27.04“煤、褐煤或泥煤制成的焦炭及半焦炭，不论是否制成型；甑炭”。焦炭是在无空气存在下干馏（或碳化、气化）煤、褐煤或泥煤制得的固体产物。它用各种质量的烟煤在炼焦炉内炼得。半焦炭是经低温干馏煤或褐煤制得。本品目的焦炭及半焦炭可经粉化或黏聚。甑炭（气碳）是一种质硬、色黑、易碎的碳，敲之有金属响声，是从煤气厂或炼焦炉内所得的一种副产品。它积聚于炉壁或甑壁上，通常为不规则团块状。这些团块的表面根据甑的形状不同，可为平面或略呈弧形。在某些国家，甑炭被称为“人造石墨”，但将品目38.01的人工生产的石墨称为“人造石墨”才更为确切。

本品目不包括：沥青焦及石油焦（分别归入品目27.08和27.13）、电气用甑炭制品（品目85.45）。

（5）27.05“煤气、水煤气、炉煤气及类似气体，但石油气及其他烃类气除外”。煤气通常是在煤气厂或炼焦炉内在无空气存在下干馏煤制得。它是一种氢、甲烷、一氧化碳等的复杂混合物，用于照明和加热。

(6) 27.06“从煤、褐煤或泥煤蒸馏所得的焦油及其他矿物焦油，不论是否脱水或部分蒸馏，包括再造焦油”。焦油是由各种比例的芳族及脂族成分组成的复杂混合物，通常为干馏煤、褐煤或泥煤的产物。本品目也包括脱水或部分干馏的焦油以及将沥青与杂酚油或其他煤焦油干馏物混合制得的再造焦油。焦油主要用于进一步蒸馏，以产生一系列的油及其他煤焦油产品，也有用于制防水材料及铺路面等的。

本品目不包括用非矿物原料提取的焦油，例如木焦油（品目38.07）。

(7) 27.07“蒸馏高温煤焦油所得的油类及其他产品；芳族成分重量超过非芳族成分的类似产品”。本品目包括：①用稍宽馏分的高温煤焦油精馏制得的油及其他产品，这类煤焦油能产生以芳族烃及其他芳族化合物为主要成分的混合物。②以芳族成分为主的类似油及产品，通过精馏低温煤焦油及其他矿物焦油制得或通过汽提煤气、加工石油或其他方法制得。

上述油及产品，粗制或精制皆可，但单独的已有化学定义的纯净化合物或商品纯化合物不归入本品目而应归入第29章。对于苯、甲苯、二甲苯、萘、蒽、酚、甲酚、二甲苯酚、吡啶及某些吡啶衍生物，纯度的具体标准如下：2707.1000粗苯，重量纯度大于50%小于95%，重量纯度大于等于95%的归入品目29.02；2707.2000粗甲苯，同上；2707.3000粗二甲苯，同上；2707.4000奈，重量纯度大于50%且结晶点小于79.4℃，若结晶点大于等于79.4℃，则归入品目29.02；2707.6000酚，重量纯度大于50%小于90%，若重量纯度大于等于90%，则归入品目29.07。

(8) 27.08“从煤焦油或其他矿物焦油所得的沥青及沥青焦”。本品目所包括的沥青是蒸馏高温煤焦油或其他矿物焦油时所剩的一种残余物，它含有少量的重焦油，为黑色或棕色，质地柔软或易碎，用于制造电极、铺路焦油、防水混合物或黏聚煤粉等。经吹气氧化稍为改性的沥青与未吹气沥青相似，仍归入本品目。沥青焦是蒸馏高温煤焦油、低温煤焦油、其他矿物焦油及其沥青后残留的最终产品，用于制造电极或用作燃料。

(9) 27.09“石油原油及从沥青矿物提取的原油”。本品目包括石油及沥青矿物（如页岩、石灰石、矿砂）油的原油，即不论其成分如何，也不论其是否是从正常油田、凝液油田或干馏沥青矿物获得的天然产品。所得原油可以经过倾析、脱盐、脱水、稳定以使蒸汽压力正常化，消去极轻馏分使这些馏分重返油藏以利排放及保持压力，仅加入已在上述加工过程中用物理方法回收的碳氢化合物及任何次要的加工方法，只要这些方法不改变产品的基本特性。

(10) 27.10“石油及从沥青矿物提取的油类，但原油除外；以上述油为基本成分（按重量计不低于70%）的其他品目未列名制品；废油”。

①初级产品。本品目第一部分包括的产品可经过除品目27.09注释所列范围以外的任何加工。其包括：

·“拔顶原油”（蒸去了某些较轻馏分的原油）以及蒸馏稍宽馏分或炼制石油及沥青矿物的原油所得的轻油、中油及重油。这些油呈液状或半固体状，主要含非芳族烃，如链烷烃、环烷烃。这些油包括汽油、石油溶剂、煤油、粗柴油、燃料油、锭子油及润滑油、白油。本品目包括经进一步加工以清除杂质（如用酸或碱处理、用选择性溶剂、氯化锌、吸收土等处理或经再蒸馏加工）的上述馏分，只要处理后的产品不是纯的或商品纯的已有化学定义的单独化合物（第29章）。

·非芳族成分以重量计超过芳族成分的类似油。它们通过低温干馏煤或经氢化及其他任何加工（如裂化、重整）制得，包括混合烯烃，也称三聚丙烯、四聚丙烯、二异丁烯、三异丁烯等。这些混合物是由不饱和无环烃（辛烯、壬烯及其同系物和异构体等）及饱和无环烃混合组成。混合烯烃主要在化学合成中用作溶剂或稀释剂。由于其辛烷值高，在加入适当添加剂后，它们也可掺入汽油使用。

·加有不同物质以适合某些专门用途的以上一、二两款所述的油，只要这些产品含有按重量计在70%及以上的石油或沥青矿物油，而且《协调制度》的其他品目也未明确将其包括在内。

②废油。废油为主要含石油及从沥青矿物提取的油类的废料，不论其是否与水混合，详见章注三。其不包括：

·含铅汽油及含铅抗震化合物储罐的含铅汽油淤渣及含铅抗震化合物的淤渣，主要含有铅、铅化合物以及铁的氧化物，它们实际上不含石油，一般用于回收铅或铅化合物（品目26.20）。

·含石油或沥青矿物油重量低于70%的制剂，如品目34.03的纺织材料油脂处理制剂及其他润滑剂和品目38.19的闸用液压油。

·《协调制度》其他品目已列名的含任何比例（包括按重量计超过70%的）石油或沥青矿物油的制剂或非以石油及沥青矿物油为基料的制剂。它们有品目34.03的防锈剂，一种溶于石油溶剂的羊毛脂溶液（羊毛脂为基料，石油溶剂仅作为溶剂，使用后石油溶剂即挥发掉）；还有消毒剂、杀虫剂、杀菌剂等（品目38.08）；矿物油用的配制添加剂（品目38.11）；清漆用的复合溶剂及稀释剂（品目38.14）及品目38.24的某些制剂，例如，汽油机用启动燃料，含石油重量在70%及以上的乙醚或以乙醚为基料的其他成分。

（11）27.11“石油气及其他烃类气”。本品目包括从天然气或石油制得的气态粗制烃以及用化学方法生产的气态粗制烃。甲烷及丙烷不论是否纯净，均归入本品目。这些烃在温度15℃、压力1013毫巴（101.3千帕）时为气态，在压力下可以液态装于金属容器内报验，为了安全起见，通常加入少量有强烈气味的物质，一旦渗透，即可察觉。

它们主要包括不论是否液化的以下气体：①甲烷及丙烷，不论是否纯净。②乙烷及乙烯，纯度低于95%的（纯度在95%及以上的乙烷及乙烯归入品目29.01）。③丙烯，纯度低于90%的（纯度在90%及以上的丙烯归入品目29.01）。④含正丁烷低于95%及含异丁烷低于95%的丁烷（含正丁烷或异丁烷在95%及以上的丁烷归入品目29.01）。⑤丁烯及丁二烯，纯度低于90%的（纯度在90%及以上的丁烯及丁二烯归入品目29.01）。⑥丙烷及丁烷的相互混合物。

以上百分比，气态的按容量计算，液态的按重量计算。

本品目不包括：①单独的已有化学定义的烃（甲烷及丙烷除外），纯的或商品纯的（品目29.01）（对于加有强烈气味物质的烃，参见第29章总注释。对于乙烷、乙烯、丙烯、丁烷、丁烯及丁二烯，以上②、③、④、⑤款已列出其具体纯度标准）。②包装容器的容量不超过300立方厘米的香烟打火机及类似打火器充气用的液化丁烷（构成香烟打火机及类似打火器零件的除外）（品目36.06）。③装有液化丁烷的香烟打火机或类似打火器的零件（品目96.13）。

（12）27.12“凡士林；石蜡、微晶石蜡、疏松石蜡、地蜡、褐煤蜡、泥煤蜡、其他矿物蜡及用合成或其他方法制得的类似产品，不论是否着色”。

①凡士林。其手感油滑，为白色、淡黄色或深棕色，从某些石油原油的蒸馏残渣制得，也有用上述残渣与高黏度石油或用充分精制的矿物油与石蜡或地蜡混合制得。本品目包括粗制凡士林（有时称为“矿脂”）和脱色或精制凡士林，也包括通过合成制得的凡士林。注意：本品目不包括零售包装的适于作护肤用的凡士林（品目33.04）。

②不论是否着色的石蜡、微晶石蜡、疏松石蜡、地蜡、褐煤蜡、泥煤蜡、其他矿物蜡及用合成或其他方法制得的类似产品。本品目的矿物蜡可用于制蜡烛（特别是石蜡）、抛光剂等，也可用于纺织品的绝缘或上光处理、火柴的浸渍以及用于防锈方面等。

石蜡是从石油、页岩油或其他沥青矿物油的某些馏出物提取出来的一种烃类蜡，为白色或淡黄色半透明物，具有相当明显的晶体结构。微晶石蜡也是一种烃类蜡，从石油残渣或真空蒸馏的润滑油馏分提取而得。其透明度不如石蜡，晶体结构较细，但不如石蜡明显，一般比石蜡熔点高，性质从柔软可塑至坚硬易碎不一，颜色也从深棕至白色不等。地蜡是一种天然矿物蜡，提纯后称纯地蜡。褐煤蜡及名为“褐煤沥青”的产品均为从褐煤提取的酯蜡。原蜡质硬色深，精制后为白色。泥煤蜡在物理及化学性质上近似于褐煤蜡，但稍软。

本品目其他矿物蜡（疏松石蜡及鳞状蜡）是在润滑油脱蜡过程中制得，其精制程度不如石蜡，油含量亦较高，颜色为白色至浅棕色。本品目还包括与本品目产品相类似但通过合成或其他方法制得的产品（例如，合成石蜡及合成微晶石蜡），但不包括高聚物蜡（品目34.04），例如聚乙烯蜡。

上述各种矿物蜡，不论是原蜡还是精制蜡，相互混合或着色的均归入本品目。然而，下列产品归入其他品目：

·用上述矿物蜡经化学改性制得的人造蜡（34.04）；

·本品目的矿物蜡与动物蜡（包括鲸蜡）、植物蜡或人造蜡的混合物（34.04）；

·本品目的矿物蜡与脂肪、树脂、矿物质或其他材料的混合物，具有蜡的特征的（34.04）；

·单一或混合的矿物蜡及上述三款产品，如果混合、分散或溶于液体介质（包括乳化），则按其用途（光洁、去污等）归入3405、3809等相关品目。

（13）27.14“天然沥青（地沥青）、沥青页岩、油页岩及焦油砂；沥青岩”。本品目不包括：柏油碎石（品目25.17），烟煤（品目27.01），沥青褐煤（品目27.02），从石油所得的沥青（品目27.13），以天然沥青为基料的沥青混合物（仅为完全、装卸或运输原因而添加水及乳化剂（表面活化剂）除外）（品目27.15），品目68.07的沥青制品。

（14）27.15“以天然沥青（地沥青）、石油沥青、矿物焦油或矿物焦油沥青为基本成分的沥青混合物（如沥青胶粘剂、稀释沥青）”。本品目的沥青混合物包括：①稀释沥青，通常含有溶剂和60%及以上的沥青，用于铺路面；②沥青或焦油与水的乳状液或稳定悬浮液，专用于铺路面；③沥青胶粘剂及混有砂、石棉等矿物质的类似沥青混合物。这些物质用于嵌缝或用作铸模材料等。

本品目还包括使用前需要再熔化的块状黏聚沥青混合物，但不包括规则形状的制成品（如铺路面用的石板、石片及地砖）（品目68.07）。

本品目还不包括：①柏油碎石（混有柏油的碎石）（品目25.17）。②柏油黏聚白云石（品目25.18）。③沥青与杂酚油或其他煤焦油蒸馏产品的混合物（品目27.06）。④分散于水中的脱水并粉化的天然沥青，含有仅为有利于安全、装卸或运输而添加的少量乳化剂（表面活化剂）（品目27.14）。⑤沥青涂料及清漆（品目32.10）。它们与本品目的某些混合物不同，例如，使用的填料更为细腻；可含有一种或数种成膜剂（沥青或焦油除外）；在空气中能像涂料或清漆般地干燥成膜，其成膜厚度及硬度也与涂料或清漆相同。⑥品目34.03的润滑制剂。

商品归类练习

（1）焦炭。（2）炭黑。（3）纯度小于95%的二甲苯（粗二甲苯）。（4）石油沥青。（5）天然沥青。（6）成卷的沥青。（7）石蜡（含油量小于0.75%）。（8）庆祝生日用蜡烛。（9）松脂。（10）松香水。（11）松香。（12）香烟打火机用液化气（其成分是液化丁烷，包装容器容积为500立方厘米）。（13）香烟打火机用液化气（其成分是液41T烷，包装容器容积为120立方厘米）。（14）作肥料用的泥炭。

第五类历年考题

（1）氧化镁（符合化学定义，非培养晶体，非光学元件）（2001年）。答案：2519.9091

（2）液化煤气（2003年）。答案：2705．0000

3.2.7 第六类 化学工业及其相关工业的产品（第28～38章）

3.2.7.1 本类概述

（1）本类属于化工产品，本类商品共11章（第28～38章），可分为两大部分（见表3—6）。

表3—6 **第六类商品范围及章次分布**

序号	商品范围	本类章次分布
1	符合化学定义的化工原料（少数不符合化学定义）	28、29
2	以上述化工原料为基本成分的化工产品	30～38

（2）本类必须特别注意类注一（一）、（二）和类注二，在使用时，此三条注释应依序使用。

①类注一（一）规定，品目28.44、28.45优先于本《编码》的所有其他品目。也就是说，任何商品，只要符合品目28.44、28.45条文的，必须归入这两个品目而不能归入《编码》的任何其他品目。因此，在进行商品归类时，一定随时注意本条规定。

②类注一（二）规定，品目28.43、28.46及28.52在第六类中优先于其他品目。应注意到，品目28.43、28.46及28.52只在第六类中优先于其他品目。也就是说，只有当待归商品在根据商品归类的一般方法确定可归入第六类之后的相关品目后，才能使用类注一（二）的这条优先规定。

例如：硅铍钇矿（一种稀土金属化合物），其备选品目有第五类的25.30和第六类的28.46。根据商品归类方法，应先使用注释和条文，再使用归类总规则。经查阅，第28章的章注释三（一）规定该章不包括所有归入第五类的矿产品，据此便可确定待归商品归入品目25.30。由此可见，本题不能使用类注一（二）的规定。

③类注二规定，由于制成一定剂量或零售包装而可归入品目30.04、30.05、30.06、32.12、33.03、33.04、33.05、33.06、33.07、35.06、37.07或38.08的货品，不论是否

可归入《编码》的其他品目，应一律归入上述品目。

制成一定剂量，又称已配定剂量，即均等地将货品分成可直接使用的剂量，如制成供一次使用的片、小包装粉剂等。

例如：供治疗疾病用的零售包装硫应优先归入品目30.04，而不归入品目25.03或28.02；作为胶用的零售包装糊精应归入品目35.06，而不归入品目35.05。

又如："已制成零售包装供摄影用硝酸银"，由于既可归入品目28.43，又可归入品目37.07，虽然类注二规定可归入品目37.07的商品优先归入品目37.07，但是类注一（二）的使用次序先于类注二，因此该商品优先归入品目28.43。

3.2.7.2 第28章——无机化工产品；贵金属、稀土金属、放射性元素及放射性同位素的有机化合物及无机化合物

1）本章商品范围

除品目条文和注释另有规定的以外，第28章大部分属于单独的化学元素（即单质）及单独的已有化学定义的无机化合物，还含有少部分有机物，也有部分不符合化学定义的物质。

（1）易归入其他章的货品。

①第六类类注一所述的28.44、28.45、28.43、28.46、28.52这几个优先归类的品目：凡能归入28.44、28.45的必须归入这两个品目而不能归入《编码》的其他任何品目；确定归入第六类且能归入28.43、28.46、28.52者优先归入这三个品目。详见本类概述。

②虽归入本章，但既不是单独化学元素，也不是单独的已有化学定义的化合物的产品：

·本身就是混合物的产品，例如，品目28.02的胶态硫磺；28.03的炭黑；28.18的人造刚玉；28.21的含氧化铁重量在70%及以上的土色料；28.24的铅丹及铅橙；28.31的经有机物稳定的连二亚硫酸盐及次硫酸盐；28.36的含氨基甲酸铵的商品碳酸铵；28.43的胶态贵金属，贵金属汞齐；28.44的含放射性元素或同位素的混合物及残渣；28.46的稀土金属、钇、钪及其混合物的有机或无机化合物；28.53的液态空气及压缩空气，非贵金属汞齐等。

·根据品目条文，"不论是否已有化学定义"的货品，例如，品目28.09的多磷酸；28.30的多硫化物；28.35的多磷酸盐；28.42的硅铝酸盐；28.43的贵金属的有机或无机化合物；28.45的非放射性同位素的有机或无机化合物；28.48的磷化物；28.49的碳化物；28.50的氢化物、氮化物、叠氮化合物、硅化物及硼化物等。

③归入本章的少量有机化合物。参见章注二。

（2）易归入本章的货品。

①类注二所述货品：除28.44、28.45、28.43、28.46、28.52这五个优先归类的品目外，凡由于按一定剂量或作为零售包装而可归入品目30.04、30.05、30.06、32.12、33.03、33.04、33.05、33.06、33.07、35.06、37.07或38.08的货品，应分别归入以上品目，而不归入本《协调制度》的其他品目。

②归入其他章的单质及纯净无机化合物：

·第25章的纯氯化钠（子目2501.0020）、某些形状的精制硫（子目2503.0000）、

纯氧化镁（子目 2519.9091）；

·第十四类（第 71 章）的贵金属单质及合金，第十五类的贱金属单质及合金；

·归入第 31 章的某些无机盐（参见第 31 章注释二、三、四、五）。

③不论是否经过滤、消毒、纯化或软化的天然水（品目 22.01）。

④其他不归入本章的货品见章注三、章注八。

2）本章商品的加工程度及关联商品介绍

（1）加工程度。

①本章的化学单质及单独的已有化学定义的化合物，无论是否含有“允许杂质”，皆归入本章。所称“允许杂质”，仅指那些在制造（包括净化）单一化合物过程中残留的物质。这些物质可以因为制造时的任何因素而残留下来，主要有下列几种：未转化的原料；原料的杂质；制造（包括净化）过程中所使用的试剂；副产品。

如果为了使产品改变一般用途而专门适合于某些特殊用途故意加入了这些物质，所加入的物质不得视为可允许含有的杂质。

②上述第①款产品的水溶液。

③上述第①款产品可以溶于水以外的其他溶剂。其条件是：处于溶液状态完全是为了安全或运输所采取的一种正常必要方法，即所用溶剂不得使该产品改变其一般用途而适合于某些特殊用途。例如，溶于苯、氨的酒精溶液及氢氧化铝的胶态溶液的氯氧化碳，不归入本章，而应归入品目 38.24。一般来说，胶态分散体如果没有具体列名的品目，应归入品目 38.24。

④上述第③款产品可以添加某些便于运输、保存、识别、利于安全的稳定剂、抗结剂、抗尘剂、着色剂等必要物质。同样必须注意：所添剂料不得使该产品改变其一般用途而适合于某些特殊用途（参见章注一）。例如，为保持稳定加了硼酸的过氧化钠仍归入品目 28.15；但与催化剂混合的过氧化钠（为了产生过氧化氢用）不归入第 28 章，而应归入品目 38.24。

（2）关联商品。

①上述第（1）款中，若所添加的溶剂或剂料改变了产品的一般用途而使之专门适合某些特殊用途，一般归入品目 38.24 或第六类其他章。

②加入了防水剂的产品不归入本章，因为防水剂改变了产品原有的性质，此种商品一般归入品目 38.24 或第六类其他章。

③除注释和品目条文另有规定外，本章货品的相互混合品一般归入品目 38.24 或第六类其他章。

3）商品知识及归类要点

（1）28.03“碳（炭黑及其他品目未列名的其他形态的碳）”。碳是一种固体非金属。炭黑是通过对富含碳的天然气、树脂等有机物质进行不完全燃烧或裂化（加热、电弧或电火花）所得，是用于制造涂料、油墨、鞋油等的颜料，也用于制复写纸及橡胶工业中的增强剂。炭黑可以含有油性杂质。

本品目不包括：天然石墨（品目 25.04）；固体燃料形式的天然碳（无烟煤、煤、褐煤）；焦炭、黏聚燃料及气碳（第 27 章）；品目 32.06 的某些黑色矿物着色料（例如，阿鲁黑、页岩黑、硅黑）；人造石墨；胶态及半胶态石墨（品目 38.01）；活性炭及动物炭黑

(品目 38.02)；木炭 (品目 44.02)；金刚石晶体碳 (品目 71.02 及 71.04)。

(2) 28.05 "碱金属、碱土金属；稀土金属、钪及钇，不论是否相互混合或相互熔合；汞"。注意：28.05 以外的其他金属元素分别归入第 71 章 (贵金属)、第 72～81 章 (贱金属)。

①碱金属。碱金属指的是元素周期表ⅠA 族元素中所有的金属元素，目前共六种，其柔软质轻，均能分解于冷水中，在空气中变质成为氢氧化物。归入本品目的是锂 (Li)、钠 (Na)、钾 (K)、铷 (Rb)、铯 (Cs) 这五种。第六种钫 (Fr) 属于放射性元素，优先归入品目 28.44。

②碱土金属。它指元素周期表中ⅡA 族元素，包括铍 (Be)、镁 (Mg)、镭 (Ra)、钙 (Ca)、锶 (Sr)、钡 (Ba) 六种。其都具有延展性，能相当快地分解于冷水中，在潮湿的空气中会变质。归入本品目的只有钙 (Ca)、锶 (Sr)、钡 (Ba) 三种。余下的铍 (Be)、镁 (Mg) 是贱金属，分别归入品目 81.04 和 81.12，镭 (Ra) 属于放射性元素，优先归入品目 28.44。

③稀土金属；钪及钇，不论是否相互混合或相互熔合。稀土金属 (Rare Earth Metals) (归入品目 28.05) 又称稀土元素，是元素周期表ⅢB 族中镧系 15 种元素 (周期表中原子序数为 57～71) 的总称，具有延展性。本品目包括其中的 14 种：镧 (La)、铈 (Ce)、镨 (Pr)、钕 (Nd)、钐 (Sm)、铕 (Eu)、钆 (Gd)、铽 (Tb)、镝 (Dy)、钬 (Ho)、铒 (Er)、铥 (Tm)、镱 (Yb)、镥 (Lu)。另外的钷 (Pm) 属于放射性元素，归入品目 28.44。本品目不包括稀土金属、钇和钪的化合物 (品目 28.46)。

④汞。汞 (水银) 是唯一在室温下呈液态的金属。它是通过焙烧天然硫化汞 (朱砂) 并在真空中过滤、蒸馏使之与矿砂中所含其他金属 (铅、锌、锡、铋) 分离开来，然后用稀硝酸处理而制得的。

汞是一种非常光亮的银白色液体，质重 (比重为 13.59)，有毒，会浸蚀金属。在室温下，纯汞接触空气不受影响，但不纯的汞会在其表面结成一层浅棕色氧化汞。报验时，汞装于特种铁容器 ("长颈瓶") 中。汞用于制造品目 28.43 或 28.53 的汞齐、金和银的冶炼及镀金、镀银工业，也用于制造氯、氢氧化钠、汞盐、银朱和雷酸盐，还用于制造水银灯、各种物理仪器及医药等。

本品目不包括胶态悬浮汞 (在汞与铂之间的水中产生电弧光所得的红色或绿色液体)，它用于医药，应归入第 30 章。

(3) 28.07 "硫酸；发烟硫酸"。发烟硫酸是含有超量 (最高可达 80%) 三氧化硫的硫酸，为液体或固体，深棕色；与水接触起剧烈反应，腐蚀皮肤和衣服，散发出危险烟雾 (特别是游离三氧化硫)。报验时装于玻璃、陶瓷或铁皮容器中。

(4) 28.08 "硝酸；磺硝酸"。磺硝酸是定比 (如同等量) 浓硝酸和硫酸的混合物，为具有强烈腐蚀性的黏稠液体，报验时通常装于铁桶中。磺硝酸特别用于合成染料工业中硝化有机化合物和制造硝酸纤维及炸药。

(5) 28.18 "人造刚玉，不论是否已有化学定义；氧化铝；氢氧化铝"。人造刚玉是在电炉中熔融氧化铝而得。这些氧化铝可含有少量的其他氧化物 (如二氧化钛、三氧化二铬)。这些其他氧化物有的是从天然原料 (铝土矿) 转化而来，有的是为提高熔融粒子的硬度或改变其颜色所添加的物质所得。但本品目不包括人造刚玉和其他物质 (例如，与二氧化锆）的机械混合物（品目38.24）。

人造刚玉制成小块、团块、碎块或颗粒，比普通氧化铝更能抵抗空气和酸的作用，异常坚硬。它的用途有：作为磨料；制耐火混合物（诸如富铝红柱石及硅线石、金刚砂与纯耐火黏土及金刚砂与无水硅酸铝的混合物）及实验室用具；用于电气工业。

（6）28.43“胶态贵金属；金属的无机或有机化合物，不论是否已有化学定义；贵金属汞齐”。

①胶态贵金属。它是指第71章所列各种贵金属（即银、金、铂、铱、锇、钯、铑及钌）的胶态悬浮体。这些胶态贵金属可以通过分散法或阴极粉碎法获得，也可以通过还原其无机盐中的一种获得。

胶态银呈微粒状或粉末状，为浅蓝色、浅棕色或绿灰色，具有金属光泽。在医药上用作防腐剂。胶态金，可呈红色、紫色、蓝色或绿色，用途与胶态银相同。胶态铂，为灰色微粒，具有很强的催化性能。这些胶态金属（如金）如果制成含有保护胶体（如明胶、酪蛋白、鱼胶）的胶体溶液仍归入本品目。

②贵金属汞齐。它是贵金属与汞的合金。金或银汞齐是最常见的汞齐，用作获得金和银的中间产品。本品目包括同时含有贵金属和贱金属的汞齐（如某些用于牙科的汞齐），但不包括仅含贱金属的汞齐（品目28.53）。本品目不包括汞齐以外的汞化合物（品目28.52）。

（7）28.44“放射性化学元素及放射性同位素（包括可裂变或可转换的化学元素及同位素）及其化合物；含上述产品的混合物及残渣”。

①放射性元素。本品目的放射性元素是指本章注释六（一）所述的放射性化学元素，即锝、钷、钋及原子数序数大于84的元素，例如，砹、氡、钫、镭、锕、钍、镤、铀、镎、钚、镅、锔、锫、锎、锿、镄、钔、锘及铹。

②放射性同位素。到目前为止，已知的放射性同位素约有500种，其中近200种已被用于实际应用中。除铀233及钚同位素（详见下面）外，最重要的一些放射性同位素有氢3（氚）、碳14、钠24、磷32、硫35、钾42、钙45、铬51、铁59、钴60、氪85、锶90、钇90、钯109、碘131及碘132、氙133、铯137、铥170、铱192、金198及钋210。

放射性化学元素及放射性同位素可自然地转变为更稳定的元素或同位素。放射性化学元素及同位素，即便相互混合或与放射性化合物、非放射性物质（如未经处理的辐射目标及放射源）混合，只要这种产品的放射性比度大于74贝克勒尔/克（0.002微居里/克），仍应归入本品目。

③放射性化合物；含放射性物质的混合物及残渣。放射性化学元素或放射性同位素通过化学方法或其他方法构成的无机或有机化合物及其溶液，即使放射性比度低于74贝克勒尔/克，仍应归入本品目；另一方面，合金、分散体（包括金属陶瓷）、陶瓷产品及含有放射性物质（元素、同位素及其化合物）的混合物，如果放射性比度大于74贝克勒尔/克，应归入本品目。放射性元素及同位素很少在游离态时使用，在商业中都是制成化学化合物或合金。例如，镭盐（氯化镭、溴化镭、硫酸镭等），用做治疗癌症的辐射源并用于某些物理试验。

能重复使用的放射性残渣，最重要的有：辐射或氚化重水。在核反应堆中停留一段时间后，重水中的一些氘吸收中子后转变成氚，因此重水便具有放射性了。已耗尽（已辐照）的燃料元件（释热元件），通常具有极高的放射性，主要用于回收其中易裂变及可转换的物质。

（8）28.45“品目28.44以外的同位素；这些同位素的无机或有机化合物，不论是否已有化学定义”。本品目仅包括稳定的同位素即非放射性同位素，及其无机或有机化合物（不论是否已有化学定义）。①重氢（氘）。重氢从正常氢中分离而得，它在正常氢中占1/6500。②重水，即氧化氘。在普通水中，其含量为1/6500，通常作为电解水的残余物而获得。③用氘制成的其他化合物，例如，重乙炔、重甲烷、重醋酸及重石蜡。④锂的同位素，称为锂6或锂7，以及其化合物。⑤碳的同位素，称为碳13，以及其化合物。

商品归类练习

（1）人造刚玉（不符合化学定义）。（2）棒状单晶硅（经掺杂、直径90毫米）。（3）已切割的单晶硅切片（经掺杂、直径90毫米）。（4）压电石英晶片。（5）贵金属汞齐。（6）贱金属汞齐。（7）氧化钇。（8）氯化铵（肥料用）。（9）硝酸钾（肥料用）。（10）过磷酸钙（毛重10千克装）。（11）化学纯氯化钾（20千克装）。

3.2.7.3 第29章——有机化工产品

1）本章商品范围

第29章全部是有机化合物，除品目条文和注释另有规定的以外，大部分属于单独的已有化学定义的化合物。

（1）易归入其他章的货品。虽然并非单独的已有化学定义的化合物但仍归入第29章的货品，其包括品目29.09的过氧化酮；29.12的醛类的环状聚合物，仲甲醛；29.19的乳磷酸盐；29.23的卵磷脂及其他磷氨基类脂；29.34的核酸及其盐；29.36的维生素原及维生素（包括浓缩物及相互混合物），不论是否溶于溶剂；29.37的激素；29.38的苷及其衍生物；29.39的植物碱及其衍生物；29.40的糖醚、糖缩醛和糖酯以及它们的盐；29.41的抗菌素。

（2）易归入本章的货品。某些单独的已有化学定义的有机化合物即使是纯净的，也不归入第29章，这些有机化合物除有些归入第28章外（参见第28章注释二），还包括：

①类注一和类注二所述货品，例如：

·制成一定剂量或制成零售形状或包装的治疗或预防疾病用的产品（品目30.04）；

·经过处理使其发光后用作发光体的产品（例如，邻羟苄基醛连氮）（品目32.04）；

·制成零售形状或包装的染料及其他色料（品目32.12）；

·制成零售形状或包装的香水、化妆品及盥洗品（例如，丙酮）（品目33.03～33.07）；

·制成净重不超过1千克的零售包装胶或胶粘产品（品目35.06）；

·制成一定形状的固体燃料（例如，聚乙醛、六亚甲基四胺）或包装容器的容积不超过300立方厘米的直接灌注香烟打火机及类似打火器用的液体或液化气体燃料（如液体丁烷）（品目36.06）；

·制成标准份额或零售形式供摄影用的氢醌及其他未混合产品（品目37.07）；

·制成品目38.08所列形式的消毒剂、杀虫剂等；

·制成灭火器用的装配药或装于灭火弹的产品（例如，四氯化碳）（品目38.13）；

·制成零售包装的除墨剂（例如，品目29.35氯胺的水溶液）（品目38.24）；

·光学元件（例如，酒石酸乙二胺）（品目90.01）。

②第28章的有机物（见第28章注释二）。

③本章章注二所列的某些纯净化学品。例如，蔗糖（17.01）；乳糖、麦芽糖、葡萄糖及果糖（17.02）；乙醇（22.07或22.08）；甲烷及丙烷（27.11）；尿素（31.02或31.05）。

2）本章商品的加工程度及关联商品介绍

基本与第28章类似。

商品归类练习

（1）邻二甲苯（纯度为98%）。（2）氟利昂-112。（3）异丙醇铝。（4）乙醇化钾。（5）500毫升瓶装化学纯级苯乙酸酯。（6）安乃近原药（未配定剂量，未制成零售包装）。（7）安乃近（已配定剂量）。（8）作饲料添加剂用的化学纯赖氨酸（非零售包装）。（9）大豆卵磷脂（按重量计卵磷脂含量为65%，用于食品工业）。（10）糖精（邻磺酰苯甲酰亚胺盐）。（11）磺胺嘧啶（即磺胺类原药，未配定剂量，未制成零售包装）。（12）氢化可的松（零售包装）。（13）维生素A与维生素E的混合物（未配定剂量、未制成零售包装）。（14）维生素A与维生素E的混合物制成的胶囊。（15）胰岛素（未配定剂量，未制成零售包装）。（16）麻黄碱（即麻黄素，未配定剂量，未制成零售包装）。（17）金霉素原药（未配定剂量，未制成零售包装）。（18）工业用硬脂酸。

3.2.7.4 第30章——药品

1）本章商品范围

本章仅包括主要作用（或基本特征）为预防及治疗疾病的药品，以及医药用品。

（1）易归入其他章的货品。按照第六类类注二，由于按一定剂量或作为零售包装可归入品目30.04、30.05、30.06的货品，应归入该品目，而不归入《编码》的其他品目。

（2）易归入本章的货品。有些货品，即使其主要用于医药用途，也不能归入本章，包括：①依据第六类类注一应优先归入第28章的货品；②不符合类注二的规定，既未制成零售包装也未配定剂量应归入其他章而不能归入本章30.04、30.05、30.06的货品；③品目33.03～33.07的货品；④其他，见章注一。

2）商品知识及归类要点

（1）30.01“已干燥的器官疗法用腺体及其他器官，不论是否制成粉末；器官疗法用腺体、其他器官及其分泌物的提取物；肝素及其盐；其他供治疗或预防疾病用的其他品目未列名的人体或动物制品”。本品目包括：

①已干燥的器官疗法用动物腺体及其他器官（例如，脑、脊髓、肝、肾、脾、胰腺、乳腺、睾丸、卵巢），不论是否制成粉末。

②器官疗法用腺体、其他器官及其分泌物的提取物，通过溶剂提取、沉淀、凝结或其他方法制得。这些提取物可呈固态、半固态或液态，为了保存的需要也可溶于任何溶剂，呈溶液或悬浮液状。器官疗法用腺体或器官分泌物的提取物，包括胆汁提取物。

③肝素及其盐。肝素由得自哺乳动物组织的复杂有机酸（粘多糖）混合物组成，其组成成分根据不同的组织而各不相同。肝素及其盐主要用于医药，特别用作抗血液凝结剂，不论其活度如何，均归入本品目。

④《协调制度》其他品目未列名的供治疗或预防疾病用的其他人体或动物制品，包

括：保存于甘油中的红骨髓（已配定剂量或制成零售形式或包装作药用的，应归入品目 30.04）；制成干粉片的蛇毒液或蜂毒液及由这类毒液形成的非微生物隐毒素（已配定剂量或制成零售形式或包装作药用的，应归入品目 30.04）；活的或保藏的骨骼、器官及其他人体或动物组织，适合于永久移植用，装入无菌包装并标有使用说明等。

本品目不包括：鲜、冷、冻或其他方法暂时保藏的腺体及其他动物器官（第 2 章或第 5 章）；胆汁，不论是否干燥（品目 05.10）；通过处理腺体或其他器官提取物所得的已有化学定义的单独化合物及第 29 章的其他产品，例如，氨基酸（品目 29.22）、维生素（品目 29.36）、激素（品目 29.37）；供治病、防病或诊断用的人血、动物血、抗血清（包括特效免疫球蛋白）及其他血液组分（如“正常”血清、人体正常免疫球蛋白、血浆、纤维蛋白原、纤维蛋白）（品目 30.02）；具有品目 30.03 或 30.04 所列药物特征的产品（参见相应的注释）；非供治疗或预防疾病用的球蛋白及球蛋白组分（血液或血清的除外）（品目 35.04）；酶（品目 35.07）。

（2）30.02“人血；治病、防病或诊断用的动物血制品；抗血清、其他血份及修饰免疫制品，不论是否通过生物工艺加工制得；疫苗、毒素、培养微生物（不包括酵母）及类似产品”。

①人血（例如，装于密封安瓿的人血）。

②供治病、防病或诊断用的动物血制品。其他用途的动物血归入品目 05.11。

③抗血清、其他血份及修饰免疫制品，不论是否通过生物工艺加工制得。

·抗血清及其他血份，不论是否通过生物工艺加工制得。本品目主要包括从血液制得的下列产品：“正常”血清、人体正常免疫球蛋白、血浆、凝血酶、纤维蛋白原、纤维蛋白、其他血液凝固因子、血液球蛋白、血清球蛋白及血红蛋白；还包括供治病或防病用的血清白蛋白（例如，通过分馏人血血浆而得的人体白蛋白）；也包括通过生物工艺加工制得的改性血红蛋白，例如，交富血红蛋白、聚戊二醛血红蛋白及交聚血红蛋白等交联血红蛋白。

抗血清是从对某些疾病（不论这些疾病是由病原细菌及病毒、毒素所致或由过敏现象等所致）具有免疫力或已获免疫力的人或动物血液中制得的。抗血清用于治疗白喉症、痢疾、坏疽、脑膜炎、肺炎、破伤风、葡萄球菌或链球菌感染、毒蛇咬伤、植物中毒及过敏性疾病等。抗血清也用于诊断，包括玻璃试管试验。特效免疫球蛋白是提纯的抗血清制剂。

本品目不包括非供治病或防病用的血清白蛋白（品目 35.02）及球蛋白（血液球蛋白及血清球蛋白除外）（品目 35.04），也不包括某些国家称之为“血清”或“人造血清”的非从血液中分离出来的药品。用于治疗过敏症的以氯化钠或其他化学品为基本成分的等渗溶液及花粉悬浮液也不归入本品目。

·修饰免疫制品，不论是否通过生物工艺加工制得。抗原抗体反应与天然抗血清相符的产品。供诊断或治疗疾病用或作免疫试验用的产品应归入本品目。

④疫苗、毒素、培养微生物（不包括酵母）及类似产品。

·疫苗。最典型的疫苗是悬浮于盐溶液、油（脂制疫苗）或其他介质中的含病毒或细菌微生物源的具有预防疾病作用的制剂。这些制剂通常在不破坏其免疫性的条件下被加以处理以降低其毒性。其他疫苗包括重组疫苗、多肽疫苗及糖类疫苗。这些疫苗通常包含一个抗原，一个抗原识别片断或一个作抗原识别片断的基因代码（多肽、重组体或蛋白质偶联物及其他物质）。“抗原识别片断”是抗体的一部分，在生物体中起到激发免疫反应的作用。这类疫苗中多数对某种特定的病毒或细菌具有靶向作用。这些疫苗用于治疗或预防疾病。本品目也包括由疫苗或类毒素组成的混合物，例如，白喉疫苗、破伤风疫苗及百日咳（DPT）疫苗。

·微生物毒素（细菌分泌的毒素）、类毒素、隐毒素及抗毒素。

·培养微生物（不包括酵母）。这些微生物包括酵素，例如，制乳的衍生物（酸乳酒、酸乳、乳酸）的乳酵素、制醋的醋酵素以及制青霉素及其他抗菌素的霉菌等。其也包括用于技术方面（例如，帮助植物生长）的培养微生物。含有少量乳酵素的乳及乳清归入第4章。

·人体、动物及植物病毒及抗病毒。

·噬菌体。

⑤除本章注释四（四）另有规定的以外（参见品目30.06），本品目也包括微生物诊断试剂。但不包括酶（粗制凝乳酶、淀粉酶等），即使是微生物酶（链激酶、链道酶等）（品目35.07），也不包括坏死的单细胞微生物（疫苗除外）（品目21.02）。本品目的产品，不论是否已配定剂量或制成零售包装，也不论是否成散装或分成小包装，一律归入本品目。

（3）30.03“两种或两种以上成分混合而成的治病或防病用药品（不包括品目30.02、30.05或30.06的货品），未配定剂量或制成零售包装”。本品目包括用以防治人类或动物疾病的内服或外用药品。这些药品是通过将两种或两种以上物质混合制成。但如果已配定剂量或制成零售形式或包装的，应归入品目30.04。

①混合药剂。例如，在药典中列名的混合药剂、特许专卖药等，包括不归入品目30.02、30.05或30.06的含漱剂、眼药水、药膏、搽剂、注射剂、反刺激剂及其他混合制剂。但不能认为凡列于药典的制剂及特许专卖药等都一律归入品目30.03。例如，主要用以清洁皮肤，并不含具有治疗或预防粉刺作用的有效高度活性成分的抗粉刺制剂应归入品目33.04。

②含有一种单独的药物和一种赋形剂、甜味剂、聚结剂、载体等混合的制剂。

③仅供静脉摄入（静脉注射或静脉滴注）用的滋养品。

④药用的胶态溶液及悬浮液（例如，胶体硒），但不包括胶态硫磺及单一胶态贵金属。已配定剂量或制成零售包装供治病或防病用的胶态硫磺归入品目30.04，否则归入品目28.02。单一胶态贵金属归入品目28.43，不论是否制成药用。但供治病、防病用的多种胶态贵金属混合物或者由一种或一种以上胶态贵金属与其他物质混合的混合物应归入本品目。

⑤药用混合植物浸膏，包括从植物性混合物加工所得的植物浸膏。

⑥品目12.11的植物及其部分品的药用混合物。

⑦通过蒸发天然矿泉水所得的药用盐及类似的人造产品。

⑧从制盐原料获得的供治病用的浓缩水（例如，克劳氏矿泉水等）；药浴（硫浴、碘浴等）用混合盐，不论是否加有香料。

⑨药用保健盐（例如，由碳酸氢钠、酒石酸、硫酸镁及糖组成的混合剂）及类似的

混合泡腾盐。

⑩止喘药品，例如，止喘纸、止喘粉等。

⑪“阻滞药”，例如，由一种药物成分固定于聚合离子交换剂上而成的药物。

⑫人体、兽医或外科用麻醉药。

本品目不适用于食物或饮料，例如，营养品、糖尿病食品、强化食品、滋补饮料或矿泉水（天然或人造），尤其是仅含营养物质的食品，它们应分别归入各自的适当品目。同样，加有药性物质的食品和饮料，如果所加入的药性物质仅仅是为了保证产品的营养平衡、增加能量供给和营养价值，或改善产品的味道，而且还保持着食品或饮料的特征，也不归入本品目。

再者，由植物或植物部分品混合构成的产品或由植物或植物部分品与其他物质混合构成的产品，用于制草药浸剂或草本植物“茶”，虽然标明能够解除某些病痛或能强身健体，但这些浸剂不含有足够治疗或预防疾病所需的活性成分剂量，因此也不归入本品目（一般归入品目 21.06）。

另外，本品目还不包括含有维生素或天然盐的保健食品，这些食品用于强身健体，但并无标明治疗或预防疾病用途。这些产品通常为液态，也可制成粉末或片状，一般归入品目 21.06 或第 22 章。然而，若制品中的食物或饮料部分仅仅是药性物质的支持剂、载体或甜味剂（例如，为了便于服用），则仍应归入本品目。

（4）30.04“由混合或非混合产品构成的治病或防病用药品（不包括品目 30.02、30.05 或 30.06 的货品），已配定剂量或制成零售包装”。本品目包括由混合或非混合产品构成的下列药品：

①已配定剂量或为片剂、安瓿（例如，1.25～10 立方厘米安瓿装的再蒸馏水，供直接治疗酒精中毒、糖尿病昏迷等疾病用或作注射药溶剂用）、胶囊剂、扁囊剂、滴剂、锭剂或小量粉剂的药品，已制成一次使用剂量供治病或防病用。本品目包括上述一次使用剂量的药品，不论是散装的或零售包装的。

②供治病或防病用零售包装的药品，即其包装形式尤其是所附的说明（注明适应症、用法、用量）明显为不需重新包装即可直接售给用户（个人、医院等）的防病或治病用产品（如碳酸氢钠及罗望子果粉）。由混合产品构成的供治病或防病用药品，如果未配定剂量或未制成零售形式或包装，应归入品目 30.03。

按照本章注释三的规定，下列产品可作为非混合产品对待：溶于水的非混合产品；归入第 28 章或第 29 章的所有产品（即使实际是混合品），这些产品包括胶态硫磺及已稳定的过氧化氢溶液；仅标准化或溶于任何溶剂的品目 13.02 所列的单一植物浸膏（参见品目 13.02 的注释）。

但必须注意，按照类注一的规定，符合品目 28.43～28.46、28.52 的未混合产品，即使符合上述①或②款所述条件，也不归入品目 30.04。例如，胶态银，即使已配定剂量或包装成药物形式，仍应归入品目 28.43。

主要由糖（不论是否含有明胶、淀粉、谷物细粉等食品）和芳香剂（包括具有药物性质的物质，例如，苯甲醇、薄荷醇、桉叶油素及吐鲁香脂）组成的喉糖、咳嗽糖应归入品目 17.04。含有药性物质（芳香剂除外）的喉糖、咳嗽糖，如果已配定剂量或制成零售包装，而且每粒糖所含的药性物质已具有治病或防病的作用，则仍应归入本品目。

与品目30.03相同，本品目不适用于食物或饮料，例如，营养品、糖尿病食品、强化食品、滋补饮料或矿泉水（天然或人造），尤其是仅含营养物质的食品，它们应分别归入各自的适当品目。

（5）30.05“软填料、纱布、绷带及类似物品（例如，敷料、橡皮膏、泥罨剂），经过药物浸涂或制成零售包装供医疗、外科、牙科或兽医用”。本品目包括用药物（反刺激剂、杀菌剂等）浸、涂的织物、纸、塑料等制成的软填料、纱布、绷带及类似物品，供医疗、外科、牙科或兽医用。这些物品包括浸渍碘或水杨酸甲酯等的软填料、各种调好的敷料和泥罨剂（例如，亚麻籽或芥籽泥罨剂）、药物橡皮膏等。它们可以成张，也可以为圆片状或其他任何形状。

未经药物浸涂，供作敷料（通常为脱脂棉花）和绷带等用的软填料及纱布，倘若它们不需重新包装，只能直接出售（例如，受所附标签或特殊折叠方式所限）给用户（个人、医院等）用于医疗、外科、牙科或兽医方面，仍应归入本品目。

本品目也包括下列类型的敷料：①皮肤敷料，由制好的成条冰冻或冻干动物皮组织（通常是猪的）构成，用作临时性生物敷料，直接敷于失去皮肤的创伤面、暴露的组织创伤及外科感染面等。它们有各种不同的规格，装于外面贴有使用说明的无菌容器中（零售包装)。②液体敷料，装于喷罐（零售包装）中，用以在创口上覆盖一层透明的保护性薄膜。这种敷料由一种溶于挥发性有机溶剂（例如，乙酸乙酯）的塑料（例如，改性乙烯共聚物或甲基丙烯酸塑料）无菌溶液及一种推进剂组成，不论是否添加了药物（特别是消毒剂)。

本品目不包括未制成零售形式或包装的供医疗、外科、牙科或兽医用的含氧化锌绷带、橡皮膏以及骨折用石膏绷带。

（6）30.06“本章注释四所规定的医药用品”。根据章注四的规定，本品目仅包括下列货品：

①无菌外科肠线、类似的无菌缝合材料及外伤用的无菌黏合胶布。本款包括各种外科缝合用的无菌缝合材料。这些缝合材料通常装于消毒液中或密封无菌容器内。它们包括：

· 肠线（用牛肠、羊肠或其他动物肠子制得的已加工胶质）；
· 天然纤维（棉、丝、亚麻）；
· 聚酰胺（尼龙）、聚酯等的合成聚合纤维；
· 金属（不锈钢、钽、银、青铜）。

本款还包括诸如由氰基丙烯酸丁酯及染料组成的黏合胶布，由于敷用后这种单体会聚合，因此该产品用于代替人体内外创伤缝合用的普通缝合材料。本品目不包括未消毒的缝合材料。这些货品应按其属性归类，例如，肠线归入品目42.06，蚕肠线、纺织纱线等归入第十一类，金属丝归入第71章或第十五类。

②无菌昆布及无菌昆布塞条。本款范围仅限于无菌昆布及无菌昆布塞条（小段海藻，有时为棕色，表面粗糙且带有沟纹）。它们与潮湿物质接触后大为膨胀并变得平滑柔韧。因此，它们用于外科作为扩张的手段。本品目不包括未消毒的产品（品目12.12)。

③外科及牙科用无菌吸收性止血材料。本款包括供外科或牙科用作止血材料且具有被体液吸收特性的无菌产品。它包括：常制成纱布或纤维（“毛”）、垫块、小拭子或带状的氧化纤维素；明胶海绵或泡沫；“毛发”或“薄膜”状的藻酸钙纱布。

④血型试剂。归入本品目的试剂必须可直接用于血型试验。它们既可是人类或动物血

清，也可是植物种子或植物其他部分的浸膏（植物凝集素）。这些试剂根据血细胞或血清的特征来确定血型。除活性成分外，它们可能还含有增强活性或起稳定作用的物质（防腐剂、抗菌素等）。

·下列货品可作为根据血细胞的特征来确定血型的试剂：用来确定A、B、O及AB血型、A1及A2亚型和H因子的制剂；用来确定M、N、S及P血型和其他如Lu、K及Le等型的制剂；用来确定Rh血型及C、F、V等亚型的制剂；用来确定动物血型的制剂。

·用来测定血清特征的试剂是：用来测定Gm、Km等系统特征的制剂；用来测定Gc、Ag等血清类型的制剂。

·为某些血型技术所需的抗人体球蛋白血清（库姆斯血清）也应作为本品目的试剂归类。需进一步加工后方能作试剂用的粗血清和其他半制成物质应根据其组成物质归类。

·用于确定HLA性质（HLA抗原）的试剂归入本品目，但它们必须是可直接使用的。它们可以是人体血清，也可以是动物血清。这些试剂与试验物体的外周血液淋巴球反应以确定HLA抗原。试验物体的HLA抗原可根据不同的HLA试验血清反应方式加以确定。除活性成分外，试剂还含有起稳定及保存作用的添加剂。它们包括：用来确定HLA—A、B及C抗原的制剂；用来确定HLA—DR抗原的制剂；用来确定HLA—D抗原的制剂；含有一系列不同HLA抗血清，用来确定HLA—A、B及C抗原的成品试剂（如试验板）；用来确定HLA—DR位的成品试剂（如试验板）。

⑤X光检查造影剂及用于病人的诊断试剂，为已配定剂量的非混合产品或由两种及以上成分相互混合组成的产品。造影剂用于内脏器官、动脉、尿道及胆道等的X光检查。它们主要是硫酸钡或对X光不透光的其他物质，可制成注射剂或口服剂（如钡餐）。本品目的诊断试剂（包括微生物诊断试剂）为口服剂、注射剂等。

本品目不包括非病人用的诊断试剂（例如，病人体外验血、验尿等用的试剂或实验室用试剂）；它们应按其制成的材料归入相应的品目（例如，第28章、第29章、品目30.02或38.22）。

⑥牙科用黏固剂及填料、骨骼黏固剂。牙科黏固剂及填料通常是以金属盐（氯化锌、磷酸锌等）、金属氧化物、古塔波胶或塑料为基料的。它们也可由专作牙科填料用的金属合金（包括贵金属合金）组成。这类合金有时称作“汞齐”，尽管它们不含汞。本品目包括临时性和永久性填料，也包括加有药物成分且具有防病作用的黏固剂和填料。它们通常制成粉状或片状，有时还配有调配时需用的液体，并在包装上标明供牙科用。

本品目也包括用以填塞牙根管的尖子（例如，由银、古塔波胶、纸制成的），还包括骨骼黏固剂。本品目不包括经特殊煅烧或精细研磨的牙科用熟石膏及以熟石膏为基本成分的牙科用制品（分别归入品目25.20及34.07）。

⑦急救药箱、药包。这些药箱、药包内装有几样少量普通药品（如双氧水、碘酊、红汞、山金车花酊剂等），少量敷料、绷带、膏药等，偶尔还有一些剪刀、镊子等器具。本品目不包括医生用的较复杂的医药包。

⑧以激素或杀精子剂为基本成分的化学避孕药物，不论是否零售包装。

（7）品目30.03和品目30.04的区别。①品目30.03为未配定剂量，也未制成零售包装的；而品目30.04为已配定剂量或者制成零售包装的。②品目30.03全部是混合制品；而品目30.04既有混合制品，也有非混合制品。

关于非混合产品与混合产品的概念，参见第30章章注三。尤其要注意，按照其解释，第28、29章的所有货品皆视为非混合品。

(8) 药品及其他医药用品的归类方法。首先必须明确的是，归入本章的货品有一个前提，即其主要作用（或基本特征）应为医药用品（如祛风壮骨酒），不论是否还有其他辅助用途。换言之，若某种货品作为药品仅为辅助用途而非主要用途，则不应归入本章(如具有祛痘消炎作用的润肤霜应归入33.04)。

①按照第六类类注一、类注二，除28.44、28.45、28.43、28.46、28.52这五个优先归类的品目外，凡由于按一定剂量或作为零售包装而可归入品目30.04、30.05、30.06的货品，应分别归入这几个品目，而不归入《编码》的其他品目。例如，品目29.36的维生素，若制成一定剂量或零售包装则归入品目30.04；品目29.37的氢化可的松，若制成一定剂量或零售包装也归入品目30.04；如此种种。

②第30章“药品”与第28、29章药用化学品的简要归类原则：

·已配定剂量或已制成零售包装的第28、29章药用化学品，不论是混合还是非混合产品，一律归入品目30.04（依据类注二）；

·未配定剂量也未制成零售包装的第28、29章药用化学品，若为非混合产品，仍然归入第28、29章，混合产品则归入品目30.03。

应特别注意，根据第30章注释三的解释，第28、29章的所有货品皆视为非混合品。例如，由于品目29.36包含了混合维生素，属于第30章章注三所称“非混合产品”，因此，未配定剂量也未制成零售包装多种维生素的混合品，仍然归入29.36，而不能归入30.03（“两种或两种以上成分混合而成的治病或防病用药品，未配定剂量或制成零售包装”）。

当然，按照注释和品目条文的规定，以第28或29章的货品为原料制成，但不能归入第28或29章的混合品（例如，添加的物质已经超过了这两章的允许范围，不同品目产品的混合品等），由此构成的药品自然在第30章当做混合品对待。因此，虽然品目29.41包括头孢克洛，但其与其他药品混合制成的头孢克洛药品不能归入品目29.41。它是一种混合产品，若未配定剂量归入子目3003.2015，已配定剂量则归入子目3004.2015。

③除上述两款外，其他药品及其他医药用品，究竟如何归类，必须根据相关的注释和品目条文处理。例如，由普通白酒添加药物制成的祛风壮骨酒，看似可以归入第22章，但由于其主要功能是防治疾病，且第22章注释也规定不包括品目30.03、30.04的药品，所以该商品应归入第30章；同理，由于第17章章注三规定不包括第30章的货品，所以品目17.04的润喉止咳糖若加入了消炎药，则归入第30章。

商品归类练习

(1) 含有头孢克洛的药品（未配定剂量）。(2) 零售包装的氢化可的松。(3) 非零售包装的氢化可的松。(4) 风湿止痛膏。(5) 钡餐（硫酸钡）口服剂。(6) 10克瓶装清凉油。(7) 医用纱布。

3.2.7.5 第31章——肥料

1) 本章商品范围

本章全部是可供做肥料的货品，包括了通常作天然或人造肥料用的绝大多数产品，但并非所有用作肥料的产品都归入本章，归入本章的也并非必须作肥料用。

(1) 易归入其他章的货品。符合化学定义但归入本章的货品，见本章注释二、三、

四、五。必须注意，注释二、三、四的第（一）款所列出的矿产品或化学产品，以及注释五所列的磷酸二氢铵及其相互之间的混合物，即使明显不作为肥料使用，也应归入本章；另一方面，注释二、三、四的第（一）款未列出的含氮、磷、钾的化学产品，即使作为肥料使用，也不归入本章（例如，品目28.27的氯化铵，品目28.36的碳酸钾、品目28.34硝酸钾、品目28.35的磷酸钾等）。

（2）易归入本章的货品。

①依据第六类类注一、二应优先归入其他章、其他品目的货品。

②本章不包括即使作肥料用的石灰（品目25.22）、泥灰及腐殖质土（不论是否天然含有少量的氮、磷或钾肥效元素）（品目25.30）、泥煤（品目27.03），这些物质能改良土壤，但不能增加肥力。

③本章还不包括已制成的植物生长培养介质，例如，盆栽土，以泥煤、泥煤与砂的混合物、泥煤与黏土的混合物（品目27.03）或泥土、砂、黏土等的混合物（品目38.24）为基料制成。所有这些产品均可含有少量的氮、磷或钾肥效元素。

④其他即使作肥料用的货品（参见章注一）：品目05.11的动物血；单独的已有化学定义的化合物，但符合本章注释二、三、四、五所规定的化合物仍应归入本章；品目38.24的每颗重量不低于2.5克的氯化钾培养晶体（光学元件除外）；氯化钾光学元件（品目90.01）。

2）本章商品的加工程度及关联商品介绍

（1）加工程度。本章产品的相互混合品以及本章产品或其相互混合品与白垩、石膏等混合制成的肥料（有的包括所述的液体肥料）仍然归入本章。其条件是，这些混合品的用途必须是作肥料用（磷酸二氢铵和磷酸二氢铵的混合物除外，其无论是否作肥料用都归入品目31.05）。

其一，同一品目产品的相互混合品归入原品目。

其二，品目31.02的产品或同一品目产品的相互混合品与白垩、石膏、硫等无肥效物质混合制成的肥料归入原品目；品目31.04的产品或相互混合品与白垩、石膏、硫等无肥效物质混合制成的肥料归入31.05。

其三，品目31.03的产品或相互混合品与白垩、石膏、硫等无肥效物质混合制成的肥料归入原品目。

其四，品目31.04的产品或相互混合品与白垩、石膏、硫等无肥效物质混合制成的肥料归入品目31.05。

其五，不同品目产品的混合品（或再与白垩、石膏等混合）归入品目31.05。

其六，品目31.02、31.03及31.04的肥料允许含有微量的非该品目所列的其他肥效元素（氮、磷、钾），这些微量元素仅作为杂质存在，不影响归类。

（2）关联商品。注释二、三、四中，除第（一）款外，其他各款所述的混合物（有的还包括液体肥料）只有在明确作肥料用时才归入本章；如果是其他用途，则根据其用途归入其他章。

3）商品知识及归类要点

（1）31.01“动物或植物肥料，不论是否相互混合或经化学处理；动植物产品经混合或化学处理制成的肥料”。本品目主要包括：①海鸟粪，即海鸟排泄物及尸体的堆积物，大量存在于某些海岛或沿海地区。它含有氮和磷，通常是一种具有强烈氨气味的浅黄色粉末。②只适于作肥料用的排泄物、人畜粪肥及污秽废羊毛等。③只适于作肥料用的腐烂植物产品。④已粉碎的海鸟粪。⑤用硫酸处理皮革后剩余的产品。⑥由已腐烂废植物和其他物质组成并用石灰等进行加速或控制腐烂的堆肥。⑦羊毛洗刷残渣。⑧干血和骨粉的混合物。

（2）31.05“含氮、磷、钾中两种或三种肥效元素的矿物肥料或化学肥料；其他肥料；制成片及类似形状或每包毛重不超过10千克的本章各项货品”。本品目包括：

①应特别注意：制成片及类似形状或每包毛重不超过10千克的本章各项货品优先归入本品目。

②磷酸氢二铵及其相互之间的混合物，不论是否纯净，不论是否作为肥料使用。

③混合及复合肥料（单独的已有化学定义的化合物除外），即由氮、磷及钾肥效元素中的两种或三种组成的矿物肥料或化学肥料。它们是通过下列方法制得的：

·将两种或多种肥料产品加以混合（注意：即使这些产品混合前不归入品目31.02～31.04）。

·化学处理法。例如，用硝酸处理天然磷酸钙，并通过冷却和离心分离除去硝酸钙，然后用氨中和分离后的溶液，再加入钾盐，最后蒸发至干燥而制得肥料。这种肥料有时被误称为硝磷酸钾，但实际上并不是一种单独的已有化学定义的化合物。

·混合和化学处理法并用。如前所述，品目31.02、31.03及31.04包括含有微量的非该品目所列的其他的肥效元素（氮、磷、钾）的肥料，这些微量元素仅作为杂质存在，这些货品不应作为本品目的混合肥料或复合肥料归类。

④所有其他肥料（单独的已有化学定义的化合物除外），包括：肥料物质（即含有氮、磷或钾的物质）与硫等无肥效物质的混合物，其中含氮或磷的许多混合肥料归入品目31.02或31.03（参见上述“加工程度”相关内容），而其他混合肥料则归入本品目；天然硝酸钠钾肥，为一种硝酸钠和硝酸钾的天然混合物；动物或植物肥料与化学或矿物肥料的混合物。

（3）符合化学定义的肥料产品的归类方法。①首先根据第31章章注二、三、四、五快速判断能否归入到第31章；②若能归入第31章，再根据包装重量判断是归入品目31.02～31.04还是品目31.05；③若不能归入第31章，则通常归入第28、29章。

商品归类练习

（1）氯化铵（肥料用）。（2）硝酸钾（肥料用）。（3）过磷酸钙（毛重10千克装）。（4）化学纯氯化钾（20千克装）。（5）氯化铵与石膏的混合肥料。（6）纯净硫酸铵（化学实验用，袋装，重500克）。（7）由硫酸钾与硫酸铵按3∶7的比例制成的一种混合肥料（25千克袋装）。

3.2.7.6　第32章——鞣料浸膏及染料浸膏；鞣酸及其衍生物；染料、颜料及其他着色料；油漆及清漆；油灰及其他类似胶黏剂；墨水、油墨

1）本章商品范围

本章包括：用于鞣制及软化皮革的制剂（植物鞣膏、合成鞣料（不论是否与天然鞣料混合）以及人造脱灰碱液）；植物、动物或矿物着色料及有机合成着色料；以及用这些着色料制成的大部分制剂（油漆、陶瓷着色颜料、墨水等）；清漆、干燥剂及油灰等各种

其他制品。

(1) 易归入其他章的货品。①按照第六类类注二，由于按一定剂量或作为零售包装可归入品目 32.12 的货品，应归入该品目，而不归入《编码》的其他品目。②虽符合化学定义但仍然归入本章的货品，参见本章章注一（一）中括号内的内容。③第 13、28、29、35、48、70、71 章的章注以及第十五类类注明确规定“不包括”的第 32 章的货品，主要涉及品目 32.01～32.04、32.06～3210、32.12 等。

(2) 易归入本章的货品。①依据第六类类注一、二应优先归入其他章、其他品目的货品。②本章主要不包括由已有化学定义的化学元素或化合物构成的产品，这些产品一般归入第 28 章或第 29 章。但第 28 章或第 29 章的章注已明确规定“不包括”的第 32 章的货品除外。③其他本章不包括的货品见章注一。

2) 商品知识及归类要点

(1) 32.01“植物鞣料浸膏；鞣酸及其盐、醚、酯和其他衍生物”。

①植物鞣料浸膏。其主要用于鞣制皮革。它们通常是用温水（有时经酸化）对预先粉碎或切丝的植物材料（木、树皮、树叶、果实、树根等）进行萃取而制得。所得的液体先经过滤或离心分离，然后进行浓缩，有时还用亚硫酸盐等进行处理。这样制得的萃取物为液状，但可进一步浓缩成浆状或固体状。所有这些萃取物含有不同比例的鞣酸及糖、天然盐、有机酸等物，通常为棕色、黄色或浅红色。

本品目不包括：主要用于生产植物鞣膏的植物原料，不论是否制干、切丝及粉碎（品目 14.04）；与合成鞣料物质混合的鞣料浸膏（品目 32.02）；制木浆时所得的残余碱液，不论是否浓缩（品目 38.04）。

②鞣酸及其盐、醚、酯和其他衍生物。鞣酸是植物鞣料的主要活性组分。它们是通过醚或醇对品目 14.04 的植物原料或对上述第一款所述的浸膏进行萃取制得。最常见的鞣酸是棓子鞣酸。其他鞣酸包括栎树皮鞣酸（栎单宁酸）、栗木鞣酸（齿栗单宁酸）、坚木鞣酸、荆树鞣酸等。所有这些鞣酸通常呈白色或浅黄色无定形粉末状，与空气接触会变成棕色，有时也会呈鳞片状或针状晶体等，主要用作媒染剂，用于制墨水、澄清葡萄酒或啤酒，还用于制药及照相业。

归入本品目的鞣酸盐包括铝、铋、钙、铁、锰、汞、锌、六亚甲基四胺、非那宗或阿立新的鞣酸盐。鞣酸的其他衍生物包括乙酰单宁（乙酰鞣酸）及亚甲醛二单宁酸。这些衍生物主要用于医药上。

(2) 32.02“有机合成鞣料；无机鞣料；鞣料制剂，不论是否含有天然鞣料；预鞣用酶制剂”。

①鞣料产品。本品目包括不属于第 28 章或第 29 章所列单独的已有化学定义的化合物的下列鞣料产品：

· 合成有机鞣料（有时称作“合成鞣剂”）。这些产品虽能单独使用，将皮革鞣成淡色，但常与天然鞣料混合或联合使用，以帮助其渗入皮内。它们包括：芳香性合成鞣剂，例如，甲醛与酚酸、甲酚酸或萘磺酸的缩合产品，高分子量磺化芳香烃，多磺酰胺及多羟基多芳基砜磺酸；烷基磺酰氯（有时称作“合成油基鞣料”）；树脂鞣料产品，全部或绝大部分溶于水。这些产品包括甲醛与双氰胺、尿素或二聚氰胺的某些缩合产品。

· 无机鞣料或“矿物鞣料”（例如，以铬、铝、铁或锆盐为基料的鞣料）。

上述所述产品（合成有机鞣料和无机鞣料或“矿物鞣料”），即使相互混合（如与铬盐或铝盐混合的有机合成鞣剂）或与天然鞣料混合，仍应归入本品目。本品目还包括除主要用作合成鞣料外还具有次要用途（例如，染料的均染性及漂白性）的产品。

②人造脱灰碱液。这些是复杂制品，其有助于除去纤维间的蛋白质，并除去透入刮皮张内的石灰，使皮软化，更易接受随后的鞣料作用。脱灰碱液通常以特定的酶或胰液素等为基料，还可混有一些脱灰物质或糠、木粉等增充剂。

本品目不包括制木浆所得的残余碱液，不论是否浓缩（品目38.04）；皮革工业上主要不用作鞣料的整理剂、加速染料着色或固色的染料载体及其他产品和制剂（例如，熟皮料和媒染剂）（品目38.09）。

（3）32.03“动植物质着色料（包括染料浸膏，但动物炭黑除外），不论是否已有化学定义；本章注释三所述的以动植物质着色料为基本成分的制品”。本品目包括主要用作着色料的大部分动植物产品。这些产品通常是用水、弱酸或氨溶液浸取植物原料（木材、树皮、根、籽、花及地衣等）或动物原料制得；对于某些植物原料还可通过发酵制得。其所含物料比较复杂，通常含有一种或几种染色要素和从原料或浸取过程中残留下来的少量其他物质（糖、鞣酸等）。它们不论是否已有化学定义均归入本品目。

①植物质着色料及染料浸膏，这些物质是从苏木（氧化苏木精、苏木精等）、黄木（黄颜木、染色桑及坦皮科木等）、红木（棘云实红木、利马木、巴西红木等）、檀香木、栎皮粉木、黑儿茶（儿茶）、胭脂树橙、茜草、紫朱草、指甲花、姜黄、波斯浆果、藏红花等制得。本品目也包括：由某些地衣制成的苔色素及石蕊；从各种葡萄皮制得的葡萄霜；从荨麻及其他植物提取而得的叶绿素，也包括叶绿素钠、叶绿素铜及叶黄素；部分分解山毛榉树皮及软木等植物而得的仿铁棕；从靛蓝植物（主要为木蓝）制得的天然靛蓝，它通常呈深蓝色粉末、浆状、饼状或团状等。

②动物质着色料。例如：胭脂虫浸膏，用酸化了的水或氨水溶液浸取美洲胭脂虫而得；虫胭脂，从地中海胭脂虫取得的一种红色提取物；乌贼染料，从某些种类乌贼的墨囊制得的棕色色料；从虫胶制得的色料浸膏，其中主要的一种称作紫胶染料；天然真珠颜料，从鱼鳞制得，主要成分为鸟嘌呤及次黄嘌呤，呈晶体状。

本品目也包括以动植物色料为基料，用于任何物料着色的或用作色料制剂拼料的制剂。它们包括：某些国家用于奶油着色的胭脂树橙植物油溶液；分散于水介质或水与水溶溶剂混合组成的介质中的天然真珠颜料。这些产品有时称为“珠光粉”，用于制水溶性涂料或化妆品。

本品目不包括：本章注释三最后一句所指的制剂；炭黑（品目28.03）；实际上对其染色性不加利用的物质，例如，桑色素、羟高铁血红素及氯高铁血红素（第29章）；有机合成着色料（品目32.04）；将天然动植物着色料固定在底料上而制成的色淀（例如，胭脂红色淀、苏木色淀、黄木及红木色淀）（品目32.05）；制成零售形式或包装的染料或其他着色料（品目32.12）；象牙黑及其他动物黑（品目38.02）。

（4）32.04“有机合成着色料，不论是否已有化学定义；本章注释三所述的以有机合成着色料为基本成分的制品；用作荧光增白剂或发光体的有机合成产品，不论是否已有化学定义”。

①有机合成着色料，不论是否已有化学定义；本章注释三所列的以有机合成着色料为

基本成分的制品。有机合成着色料一般从油类或蒸馏煤焦油的其他产品中取得。本品目主要包括：

·未混合的有机合成着色料（不论是否为已有化学定义的化合物），及由无染色性能物质（如无水硫酸钠、氯化钠、糊精、淀粉）稀释以降低其染色功能或使其标准化的有机合成着色料。添加少量的表面活性产品以增进着色料的渗透性或固着性并不影响其归类。这类染料通常为粉末、晶体、浆状等。制成零售形式或包装的有机合成色料应归入品目 32.12。

·不同类型的有机合成着色料的混合物。

·以塑料、天然橡胶、合成橡胶、增塑剂或其他材料为介质的浓缩分散体。这些分散体通常为小片状或团块状，作为橡胶、塑料等的整体着色的原料。

·有机合成着色料与较大量的表面活性产品或有机黏合剂混合的混合物，这些混合物用于塑料的整体着色或作为织物印花制品的拼料。它们通常呈浆糊状。

·以有机合成着色料为基本成分并用于任何物料的着色或用作色料制剂拼料的其他制品，但不包括本章注释三最后一句所指的制剂。

有机合成着色料有的可溶于水，有的不溶于水。它们几乎全部取代了天然有机着色料，尤其是在织物印染，皮革、纸张或木材染色方面。它们也用于制色淀（品目32.05），品目 32.08～32.10、32.12 及 32.13 的着色料，以及品目 32.15 的墨水，并用于塑料、橡胶、蜡、油类、照相用感光乳剂等的着色。

上述某些物质也用作实验室试剂或用于医药方面。

②用作荧光增白剂或发光体的有机合成产品，不论是否已有化学定义。这是一种能吸收紫外线后产生蓝色可见光并因此使白色产品增白的有机合成产品。用作发光体的有机产品是一种在光线作用下能发光或产生荧光效应的有机产品，其中有些产品也具有着色料的特性。例如，塑料中的罗丹明 B，能产生一种红色荧光，通常呈粉末状。

大多数用作发光体的有机产品（例如，二羟基对苯二酸二乙酯及水杨醛连氮）并非着色料，将它们加到颜料中可使颜料更为鲜艳。这些产品不论是否已有化学定义均应归入本品目，但没有发光作用（例如，不纯、晶体结构不同）的除外（第 29 章）。因此，用作橡胶发泡剂的水杨醛连氮应归入品目 29.28。

相互混合的或与有机合成色料混合的发光体有机产品仍归入本品目；与无机颜料混合时则不归入本品目（品目 32.06）。

分散染料是基本上不溶于水的非离子型染料，以水分散体形式适用于疏水性纤维的染色。它们用于聚酯、尼龙及其他聚酰胺、乙酸纤维及丙烯酸纤维的染色，也用于某些热塑性塑料的表面染色。

酸性染料是水溶性的阴离子型染料，适用于尼龙、羊毛、丝绸、改性丙烯酸纤维及皮革的染色。

媒染染料是水溶性染料，应用时需用媒染剂（如铬盐）使其黏附于织物纤维之上。

碱性染料是水溶性阳离子型染料，适用于改性丙烯酸纤维、改性尼龙纤维、改性聚酯纤维或未漂白纸张的着色。它们最初用于丝绸、羊毛及鞣酸媒染棉花的着色，色泽鲜艳但牢度较差。某些碱性染料具有微生物活性，因而也用于医药上作防腐剂。

直接染料为水溶性阴离子型染料，于水溶液中在电解质存在下，能对纤维素纤维直接染色。它们用于棉花、再生纤维素、纸、皮革的染色，偶尔也用于尼龙的染色。为了改善它们的染色牢度，直接染色织物通常需进行后处理，例如，就地重氮化和偶合，与金属盐螯合或用甲醛处理。

瓮染料（还原染料）为不溶于水的染料，在碱浴中还原成水溶性隐色体，这种隐色体主要被纤维素纤维吸收后再经氧化成为不溶性的有色酮。

活性染料为能与纤维（通常为棉花、羊毛或尼龙）分子的基团反应形成一个共价键的染料。

颜料为在整个染色过程中能保留其结晶或微粒形状的有机合成色料（与染料相反，染料在溶解或蒸发过程中晶体结构会消失，尽管在染色的后阶段晶体结构会恢复）。它们包括某些以上所述染料的不溶性金属盐。

(5) 32.05“色淀；本章注释三所述的以色淀为基本成分的制品”。色淀是不溶于水的制品。它是将天然着色料（动物质或植物质）或有机合成着色料（不论是否能溶于水）固定在一种通常为矿物质（如硫酸钡、硫酸钙、氧化铝、瓷土、滑石、硅石、硅质化石土、碳酸钙等）的基底上而制成。切勿将色淀与某些不溶于水的有机合成着色料等其他产品相混淆。这些产品的矿物元素是分子的组成部分，例如，已生成不溶性金属盐形式的有机合成着色料（例如，磺化染料的钙盐，碱性染料与磷、钼、钨等络酸的盐）（品目32.04）。

本品目包括色淀分散于塑料、橡胶、增塑剂或其他介质中的浓缩分散体。这些分散体通常呈小片或小块状，并大量用作橡胶、塑料等本体染色的原料。本品目也包括某些以色淀为基料的其他制剂，这些色淀可用于任何物料的着色或用作制着色料制剂的拼料，但不包括本章注释三所述的制剂。本品目还不包括日本（或中国）漆（品目13.02）。

(6) 32.06“其他着色料；本章注释三所述的制品，但品目32.03、32.04及32.05的货品除外；用作发光体的无机产品，不论是否已有化学定义”。

①其他着色料；本章注释三所述的制剂，但品目32.03、32.04或32.05的货品除外。本品目包括无机着色料及矿物着色料。

本品目不包括：天然云母氧化铁；土色料，不论是否焙烧或相互混合（参见品目25.30的注释）；单独的已有化学定义的无机着色料，例如，碱式碳酸铅，铁、铅、铬或锌的氧化物，锌或汞的硫化物，铬酸铅（第28章）；施温福特绿（乙酰亚砷酸铜）（品目29.42）；金属粉片及粉末（第十四类或第十五类）。

本品目的着色料包括：

·以二氧化钛为基本成分的颜料。这些产品包括经表面处理的或与硫酸钙、硫酸钡或其他物质混合的二氧化钛，还包括为使其获得适合作颜料用的特定物理性质而在生产过程中故意加入化合物的二氧化钛。特性不适合作颜料用的其他特制的二氧化钛应归入其他品目（如品目38.15、品目38.24）。未经混合及未经表面处理的二氧化钛归入品目28.23。

·以铬化合物为基本成分的颜料。这些包括由铬酸铅与其他无机产品（如硫酸铅）混合组成的黄色色料，由氧化铬与其他物料混合组成的绿色色料。

·以镉化合物为基本成分的颜料，例如，由硫化镉和硫酸钡混合组成的黄色颜料，由硫化镉和硒化镉混合组成的镉红。

·群青。群青是一种络合物，过去从天青石中获得，但现在通过人工处理各种硅酸盐、铝酸盐、碳酸钠、硫等的混合物制得。本品目也包括群青绿、群青红及群青紫，但不包括有时称作群青黄的某些未混合铬酸盐（品目 28.41）。

· 锌钡白及以硫化锌为基本成分的其他颜料，例如，由不同比例的硫化锌及硫酸钡混合组成的白色颜料。

· 普鲁士蓝（柏林蓝）及其他以六氰合高铁酸盐（氰亚铁酸盐及氰铁酸盐）为基本成分的颜料。普鲁士蓝由亚铁氰化铁组成，未有化学定义。它是通过用亚铁盐沉淀碱金属亚铁酸盐后再用次氯酸盐氧化制得。它是一种无定形蓝色固体，用于制归入本品目的多种颜料。这些产品包括矿物蓝（含有硫酸钡和高岭土）、铬绿或英国绿（含有铬黄，有时还有硫酸钡）、锌绿（含有铬酸锌）及用于颜色墨水的化合物（含有草酸）。特恩布尔蓝，由氰铁酸亚铁组成，未有化学定义，单独或混合的。

· 矿物黑（归入品目 25.30 或 28.03 的炭黑除外），例如页岩黑（为各种硅酸盐与碳的混合物，通过将沥青页岩加以不完全煅烧制得）；硅黑（将煤和硅藻土混合物加以煅烧制得）；阿鲁黑（通过煅烧铝土矿和煤焦油沥青或油脂的混合物而制得的一种氧化铝和碳的混合物）。

· 含有极少量有机合成染料的发光色土（不会发光的色土，不论是否相互混合，通常归入品目 25.30）。

· 可溶性铁棕及类似产品，通常用氢氧化铵或氢氧化钾溶液处理品目 25.30 的土色料（铁棕、煅棕土或卡色尔土等）而得。

· 以钴化合物为基本成分的颜料，如青天蓝。

· 由精细矿物（例如，钛铁矿）粉构成的颜料。

· 锌灰（很不纯的氧化锌）。

· 合成珠光颜料，即无机珠母颜料，例如，加有少量有机表面活性剂的氯氧化铋；用氯氧化铋、二氧化钛或二氧化钛和氧化铁涂布的云母。这些产品用于生产各种化妆品。

添加了有机着色料的无机颜料也归入本品目。

以上这些产品均是原材料，主要用于生产陶瓷工业用的色料或颜料（品目 32.07），品目 32.08～32.10 和 32.12 的色料、油漆、瓷漆及大漆，品目 32.13 的艺术家、学生用色料或文娱颜料，以及印刷油墨（归入品目 32.15）。本品目还包括以上面所述色料为基本成分的制品。其也包括用于任何物料着色或用作生产色料制品拼料并呈下列形式的品目 25.30 或第 28 章的颜料及金属粉片和粉末：分散在塑料、天然橡胶、合成橡胶、增塑剂或其他介质中的浓缩分散体，这些分散体用作塑料、橡胶等本体着色的原材料；与相当大量表面活性产品或与有机黏合剂混合的混合物，这些产品用于塑料等的本体着色，或作为纺织品印花制剂的拼料，它们通常呈膏状。

但本品目不包括本章注释三最后一句所列的制品，也不包括用作油性涂料填料的产品，不论其是否也可用于水浆涂料的着色，例如，高岭土（品目 25.07）；碳酸钙（品目 25.09 或 28.36）；硫酸钡（品目 25.11 或 28.33）；硅藻土（品目 25.12）；板岩（品目 25.14）；白云石（品目 25.18）；碳酸镁（品目 25.19 或 28.36）；石膏（品目 25.20）；石棉（品目 25.24）；云母（品目 25.25）；滑石（品目 25.26）；方解石（冰洲晶石）（品目 25.30）；氢氧化铝（品目 28.18）。

本品目的 13 种着色料中，两种或两种以上所列产品的混合物通常归入品目 38.24。

②用作发光体的无机产品，不论是否已有化学定义。它是指在可见或不可见射线（太阳光线、紫外线、阴极射线、X 射线等）的作用下能产生发光效应（荧光或磷光）的产品。这些产品的大多数由已被所含极少量“活性”产品（如银、铜或锰）所活化的金属盐组成。例如，被银或铜活化的硫化锌、被铜活化的硫酸锌及被锰活化的硅酸锌铍。

另外一些发光体产品的发光性能不是来自所存在的活性剂，而是由于其金属盐经过处理后形成了特殊的晶体结构。这些产品是不含其他物质的已有化学定义的化合物，包括钨酸钙及钨酸镁。本品目不包括不具有发光性能（例如，不纯，晶体结构不同）的相同化学品（第 28 章）。因此，用作试剂的“无定形”钨酸钙应归入品目 28. 41。

用作发光体的无机产品有时加入微量的放射性盐以使其自身发光。如果其放射性比度超过 74 贝可/克（0. 002 微居里/克），则应作为含有放射性物质的混合物归入品目 28. 44。

用作发光体的无机产品相互混合（例如，被铜活化的硫化锌与被铜活化的硫化锌镉相互混合）或与无机颜料（属于第 28 章或以上第①部分的产品）相混合，其产品仍应归入本品目。

发光体用于制发光涂料，用于电视机、示波器、放射仪、射线检查设备、雷达设备或荧光灯管的荧屏涂层。

（7）32. 07“陶瓷、搪瓷及玻璃工业用的调制颜料、遮光剂、着色剂、珐琅和釉料、釉底料（泥釉）、光瓷釉以及类似产品；搪瓷玻璃料及其他玻璃，呈粉、粒或粉片状的”。本品目包括一系列用于陶瓷工业（瓷器、陶器等）、玻璃工业或供金属物品着色或修饰用的制品。

①已调制的颜料、遮光剂及着色剂，是通过加入或不加入助熔剂或其他物质并热处理氧化物（锑、银、砷、铜、铬及钴等的氧化物）或盐（氟化物、磷酸盐等）所制得的干燥混合物，涂布后通常在 300℃以上进行高温煅烧。在陶瓷烧制过程中，此类货品会形成彩色或不透明表面。它们可渗入釉料或瓷漆中使用，也可在上釉之前作为涂层先行涂布。

②珐琅及釉料，为硅石与其他产品（长石、高岭土、碱类、碳酸钠、碱土金属化合物、氧化铅、硼酸等）的混合物，加热玻璃化后可形成无光泽或有光泽的平滑表面。在多数情况下其部分组分在预备阶段已相互熔合并以粉状玻璃料形式存于混合物中（参见下文）。它们可以是透明的（不论是否着色），也可以在加入遮光剂或颜料后变成不透明；有时加入某些物质（例如，氧化钛或氧化锌），烧制后冷却可产生水晶状的装饰性效果。这类珐琅及釉料通常呈粉状或粒状。

③釉底料（泥釉），是以黏土为基本成分的半流质糊状，不论是否着色，用以涂布瓷器的全部表面或某一图案。它们或在陶瓷烧制前涂布，或在第一次预烧后涂布。

④光瓷釉，为金属化合物在松节油或其他有机溶剂中的溶液或悬浮液，用于装饰陶瓷器或玻璃器。用途最广的有金、银、铝或铬的光瓷釉。

⑤粉状、粒状或粉片状的搪瓷玻璃料及其他各种玻璃（包括从熔融石英或其他熔融硅石制得的玻璃料及玻璃），不论是否着色或镀银。

这些产品用于制陶瓷器、玻璃器及金属器的涂料，也可供其他用途。例如，玻璃料用于以上所述的玻璃化产品的制剂。玻璃粉及玻璃粒有时熔结成圆盘、板、管等状，供实验室使用。

玻璃料通常用作电气零件的绝缘体（如电灯泡帽上的接触端）。其他粉状玻璃用作研磨料，用于装饰明信片及圣诞树饰品，也用于制彩色玻璃品等。

注意：以上第⑤款所述的产品如果不是粉状、粒状或粉片状，则不归入本品目，而通常归入第 70 章。这一规定尤其适用于块状的玻璃料及“瓷漆”玻璃（品目 70.01），条、棒或管状的“瓷漆”玻璃（品目 70.02）及供电影屏幕、路标等涂层用的细小规则圆球形玻璃粒（微球体）（品目 70.18）。

（8）32.08“以合成聚合物或化学改性天然聚合物为基本成分的油漆及清漆（包括瓷漆及大漆），分散于或溶于非水介质的；本章注释四所述的溶液”。

①油漆（包括瓷漆）。本品目的油漆是不溶性着色料（主要为矿物有机颜料或色淀）或金属粉片或粉末的分散体。它们悬浮于一种由黏合剂分散或溶解于非水介质所组成的载体中。这种黏合剂是一种成膜剂，由合成聚合物（如酚醛树脂、氨基树脂、热固性或其他丙烯酸聚合物、醇酸或其他聚酯、乙烯聚合物、聚硅氧烷、环氧树脂及合成橡胶）或由化学改性天然聚合物（如纤维素化学衍生物或天然橡胶的化学衍生物）组成。

其他产品，如干燥剂（以钴、锰、铅或锌化合物为基本成分）、增稠剂（铝皂及锌皂）、表面活性剂、稀释剂或填充剂（硫酸钡、碳酸钙、滑石等）及防结皮剂（如丁酮）可根据具体用途适量加入到载体中。

在溶剂稀释油漆中，溶剂和稀释剂是挥发性液体（例如，石油溶剂、甲苯、树胶、木松节油、硫酸盐松节油、混合合成溶剂等），添加后可将固体黏合剂溶化，使其具有适当的流动稠度以便于使用。

载体由清漆组成的油漆称作瓷漆，干燥后可生成一层有光泽的或无光泽的特殊光滑硬膜。溶剂稀释油漆和瓷漆的配制方法根据其实际用途而定，通常都含有几种颜料和几种黏合剂。它们干燥后在涂面上形成一层不粘、不透明、有光泽或无光泽的彩色薄膜。

②清漆（包括大漆）。本品目的清漆和大漆是用以保护或装饰物体表面的液体制品。它们以合成聚合物（包括合成橡胶）或化学改性的天然聚合物（如硝酸纤维素或其他纤维素衍生物、酚醛清漆或其他酚醛树脂、氨基树脂、聚硅氧烷等）为基本成分，并加有溶剂和稀释剂。它们形成一层干燥防水、光洁平滑（不论是否有光泽）而且略带透明或半透明的连续性硬质薄膜。它们可以通过加入一种能溶于其组分的色料而成为彩色（在油漆及瓷漆中，色料称作“颜料”，但不溶于介质中）。

涂布油漆、清漆及大漆的最常见方法是使用漆刷或漆滚。工业中使用的主要方法有喷涂、浸涂及机械涂布。

③第 32 章注释四所述的溶液。根据本章注释四，含有下列组分的溶液（胶体溶液除外）应归入本品目：溶于挥发性有机溶剂中的一种或多种品目 39.01～39.13 所述产品，但溶剂的重量须超过溶液重量的 50%。如果挥发性有机溶剂的重量不超过溶液重量的 50%，这些溶液应归入第 39 章。所称“挥发性有机溶剂”包括沸点相对较高的溶剂，如松节油。

（9）32.12“制造油漆（含瓷漆）用的颜料（包括金属粉末或金属粉片），分散于非水介质中呈液状或浆状的；压印箔；零售形状及零售包装的染料或其他着色料”。

①制造油漆（含瓷漆）用的颜料（包括金属粉末或金属粉片），分散于非水介质中呈液状或浆状的。这些是颜料（包括铝或其他金属粉末及粉片）在非水介质（如干性油、石油溶剂、树胶、木松节油、硫酸盐松节油或清漆）中的浓缩分散体，呈液状或浆状，

用于制油漆或瓷漆。

②压印箔（也称转印箔）。这些产品由下列薄片组成：用胶水、明胶或其他黏合剂将金属粉末（包括贵金属粉末）或颜料黏结而成的薄片。通过蒸发、阴极溅散等方法将金属（包括贵金属）或颜料附着在任何衬基（如纸、塑料）上而成的薄片。

它们用于印制书籍封面及帽圈等，通过用手工或机械加压方法（并通常加热）施用。通过滚压或锤击而成的金属箔应按金属成分归类（如金箔归入品目71.08，铜箔归入品目74.10，铝箔归入品目76.07）。

③制成零售形状或零售包装的染料或其他着色料。这些是非成膜产品，通常由着色料和其他物质（例如，惰性稀释剂、能促进着色剂的渗透性和固着性的表面活性产品）混合组成，有时还加有媒染剂。只有具备下列条件，它们才可归入本品目：零售包装的染料（如袋装粉、瓶装液），或明显为零售形状的（如球、片及类似形状）。

归入本品目的染料主要是供家庭用的，并通常作为“家庭染料”（如染衣服、染鞋、染家具用的染料）销售。本品目也包括实验室用的特种染料，如对显微制剂染色的染料。本品目不包括：片状、管装、罐装、瓶装、扁盒装及类似形状或包装的艺术家、学生或广告美工用颜料、调色料、文娱颜料及类似品（品目32.13）；印刷油墨（品目32.15）；演员化妆用油彩及其他化妆用制剂（品目33.04）；品目33.05的染发用“染料”；彩色蜡笔及粉笔（品目96.09）。

（10）品目32.08～32.10的某些油漆及清漆或品目32.14的胶黏剂，如果各种混合组分或某些添加组分（如硬化剂）必须在使用时才进行调配，其组分若符合下列条件，仍应归入上述品目：①其包装形式足以表明这些成分不需经过改装就可一起使用的；②一起报验的；③这些成分的属性及相互比例足以表明是相互配用的。

但是对于使用时应加入硬化剂的产品，如报验时无硬化剂，只要这些产品的组分或包装形式足以表明用于调制油漆、清漆或胶粘剂，则仍应归入这些品目。

商品归类练习

（1）供家用的100克袋装的碱性染料。（2）油漆（以丙烯酸聚合物为基本成分，溶于挥发性有机溶剂，溶剂重量占55%）。（3）中国产生漆。

3.2.7.7 第33章——精油及香膏；芳香料制品及化妆盥洗品

1）本章商品范围

本章包括植物精油及类似产品、工业用香料及香料制品，以及其他芳香料制品和化妆盥洗品。

（1）易归入其他章的货品。

①按照第六类类注二，由于按一定剂量或作为零售包装可归入品目33.03～33.07的产品，应归入这些品目，而不归入《编码》的其他品目。

②品目33.03～33.07的产品，如果含有起辅助作用的药物或消毒成分，或具有辅助治疗或预防作用，仍旧归入本章而不归入第30章（参见第30章章注一（四））。

③品目33.03～33.07的产品，如果还适合作其他用途（例如，清漆），只要符合下列任一条件，仍应归入这些品目：零售包装并贴有标签、说明或其他标志，表明用作芳香料制品、化妆盥洗品或室内除臭剂；包装形式足以表明专供这些用途的（如配有涂指甲用小刷子的小瓶装指甲油）。

④盥洗用醋（品目33.04）。

（2）易归入本章的货品。

①依据第六类类注一应优先归入第28章的货品。②与类注二相反，因未按一定剂量也未制成零售包装而不能归入品目33.03～33.07的货品。例如，未制成零售包装的滑石粉（可作品目33.04的爽身粉）（品目25.26）；未制成零售包装的凡士林（可作品目33.04的护肤品）（品目27.12）；未制成零售包装的活性炭（可做品目33.07的除臭剂）（品目38.02）；未制成零售包装的纱线（可做品目33.06的牙线）（第十一类）；等等。③用于治疗某些皮肤疾病的药剂，例如，治疗湿疹用膏（品目30.03或30.04）。④肥皂及品目34.01的其他洗涤清洁用品，如洗面奶、洗手液。⑤第13章、38章的部分产品（参见章注一）。

2）本章商品的加工程度及关联商品介绍

（1）精油、香膏及提取的油树脂中如果含有少量萃取过程中遗留的溶剂（如乙醇），仍应归入本品目。

（2）精油混合物、香膏混合物、提取的油树脂混合物、精油与香膏或提取的油树脂或任何它们之间的混合物混合而成的产品，以及以精油、香膏或提取的油树脂为基本成分的混合物不归入品目33.01，而归入品目33.02。

3）商品知识及归类要点

（1）33.02“工业原料用的混合香料及以一种或多种香料为基本成分的混合物（包括酒精溶液）；生产饮料用的以香料为基本成分的其他制品”。本品目包括作香料、食品、饮料工业原料（例如，糖果、食品或饮料的芳香剂）或作其他工业（如制皂）原料用的下列混合物：①精油混合物；②香膏混合物；③提取的油树脂混合物；④合成芳香剂的混合物；⑤由两种或多种芳香物质组成的混合物（精油、香膏、提取的油树脂或合成芳香剂）；⑥一种或多种芳香物质（精油、香膏、提取的油树脂或合成芳香剂）与添加的稀释剂或载体（例如，植物油、葡萄糖或淀粉）的混合物；⑦其他章的产品（如调味香料）与一种或多种芳香物质（精油、香膏、提取的油树脂或合成芳香剂）的混合物，不论是否与稀释剂或载体混合，也不论是否含有酒精，但这些芳香物质必须构成混合物的基本成分。

本品目尤其包括精油与定香剂混合组成的香料原料，这种香料原料在加入酒精后就能使用。本品目也包括一种或数种芳香物质的醇（例如，乙醇、异丙醇）溶液，只要这些溶液是用作香料、食品、饮料或其他工业的原料。本品目不包括用于制饮料的复合酒精或非酒精制品，以本章注释二所述的芳香物质以外的其他物质为基本成分的（如果本《协调制度》的其他品目未具体列名的，应归入品目21.06）。

（2）33.04“美容品或化妆品及护肤品（药品除外），包括防晒油或晒黑油；指（趾）甲化妆品”。

①美容品或化妆品及护肤品，包括防晒油或晒黑油。本部分包括：唇膏及其他唇用化妆品。眼睑膏、染眉毛（或睫毛）油、画眉笔及其他眼用化妆品。其他美容品或化妆品及护肤品（药品除外），例如，扑面粉（不论是否压紧）、婴儿爽身粉（包括零售包装的未混合、未加香料的滑石粉）、其他香粉及油彩；美容霜、冷霜、粉底霜、清洁霜、营养霜（包括含蜂皇浆的营养霜）、润肤油或润肤露；制成零售包装的护肤用凡士林；防痒膏；抗粉刺制剂（品目34.01的肥皂除外），这种制剂主要用以清洁皮肤，所含活性组分

不足以从根本上防治粉刺；盥洗用醋，醋或醋酸与香味醇的混合物。本品目还包括防晒油或晒黑油。

②指（趾）甲化妆品。本部分包括指（趾）甲膏、指（趾）甲油，去（趾）指甲油、指（趾）甲清洗剂及其他指（趾）甲用制剂。本品目不包括：用于治疗某些皮肤疾病的药剂，例如，治疗湿疹用膏（品目 30.03 或 30.04）；供治疗动物爪子用的制剂及除脚臭剂（品目 33.07）。

（3）33.06“口腔及牙齿清洁剂，包括假牙模膏及粉；清洁牙缝用的纱线（牙线），单独零售包装的”。本品目包括口腔或牙齿卫生用制剂，例如：

①各种类型的洁齿品。这些是与牙刷一起使用的物质或制剂，不论是用于清洁、擦亮牙齿表面，还是用于其他用途（如防龋治疗）。牙膏及其他牙齿用制剂，不论是否含有研磨料，也不论是否供牙科医生使用，仍应归入本品目。假牙清洗剂，即供假牙清洗或擦亮用制剂，不论是否含有研磨料。

②漱口剂、口腔香水。

③假牙模膏、粉及片。

④单独零售包装的清洁牙缝用纱线（牙线）。

（4）33.07“剃须用制剂、人体除臭剂、沐浴用制剂、脱毛剂和其他品目未列名的芳香料制品及化妆盥洗品；室内除臭剂，不论是否加香水或消毒剂”。本品目包括：

①剃须用制剂，例如，含有肥皂或其他有机表面活性剂的剃须膏及泡沫剂（参见第 34 章注释一（三））；剃须后用的洗净剂、明矾块及止血笔。但块状的剃须肥皂不归入本品目，而归入品目 34.01。

②人体除臭剂及止汗剂。

③沐浴用制剂，例如，香浴盐及泡沫浴用制剂，不论是否含有肥皂或其他有机表面活性剂（参见第 34 章注释一（三）），以及人体清洁用制剂。

④室内散香或除臭制品，包括宗教仪式用的香；室内散香用制品及宗教仪式用的散发香气的制品。它们通常是通过蒸发或燃烧散香的，例如，“神香”；可制成液体、粉末、锥体、香纸等形式。其中某些制剂被用于清除臭气。室内除臭剂，不论是否加有香料或具有消毒作用，包括供冰箱、汽车等用的零售包装除臭剂，如活性炭。

⑤其他产品，参见本章注释四。

商品归类练习

（1）食品用香精（由多种香料混合而成，除饮料外的食品用）。（2）25 克袋装“小护士”牌防晒霜。（3）洗发香波（具有治疗作用）。（4）花露水。（5）管状牙膏（零售包装）。（6）500 毫升瓶装沐浴露。（7）500 毫升瓶装喷雾式玫瑰香型空气清新剂。（8）神香。（9）蚊香。

3.2.7.8 第 34 章——肥皂、有机表面活性剂、洗涤剂、润滑剂、人造蜡、调制蜡、光洁剂、蜡烛及类似品、塑型用膏、“牙科用蜡”及牙科用熟石膏制剂

1）本章商品范围

本章主要包括通过工业处理各种油、脂或蜡而得的产品（如肥皂、某些润滑剂、调制蜡、某些光洁剂、蜡烛），也包括某些人造产品。例如，表面活性剂、表面活性制品及人造蜡。

（1）易归入其他章的货品。①牙科用蜡、牙科用熟石膏制品，成套、零售包装、片

状、马蹄形状（实心或空心的）、条状及类似形状的，应归入本章，勿归入第30章或第90章；②供儿童娱乐用的塑型用膏，勿归入第95章。

（2）易归入本章的货品。①依据第六类类注一、二应优先归入其他章、其他品目的货品；②单独的已有化学定义的化合物；③未混合或未经处理的天然产品（如品目25.20的牙科用熟石膏、品目15.21的动植物蜡、品目27.12的矿物蜡）；④第30章的医疗用润滑剂、耦合剂等产品；⑤其他产品，参见章注一。

2）商品知识及归类要点

（1）34.01“肥皂；作肥皂用的有机表面活性产品及制品，条状、块状或模制形状的，不论是否含有肥皂；洁肤用的有机表面活性产品及制品，液状或膏状并制成零售包装的，不论是否含有肥皂；用肥皂或洗涤剂浸渍、涂面或包覆的纸、絮胎、毡呢及无纺织物”。

①肥皂。肥皂是一种碱性盐（无机的或有机的），是一类阴离子表面活性剂，可起碱性反应，在水溶液中会产生大量泡沫。其有硬皂、软皂、液体皂三种类型。普通肥皂一般都是硬皂，通常用氢氧化钠或碳酸钠制得。本品目肥皂仅指水溶性肥皂，通常呈条状、块状、模制形状、粉片状、粉末状、膏状或水溶液状。其具体包括：

·各种盥洗皂，一般都着色并加香料，例如，浮水皂及除臭皂，甘油皂，剃须皂，药皂，某些消毒皂（肥皂组分为主，还含有少量的苯酚、甲苯酚、萘酚、甲醛或其他杀菌、抑菌物质；但若含大量杀菌、抑菌组分则按消毒剂归入品目38.08），条状、块状或模制形状的磨蚀皂（磨蚀擦洗膏及粉，不论是否含有肥皂，都应归入品目34.05）。

·家用皂，可以着色或加入香料、磨料或消毒剂。

·工业用皂，用于特殊用途，例如，用于拉丝、合成橡胶的聚合或洗衣店。

②有机表面活性产品及作肥皂用的制剂，条状、块状、模制形状，不论是否含有肥皂。本部分包括盥洗产品及制剂，它们的活性组分全部或部分由合成表面活性剂组成（这些产品可含任何比例的肥皂），但必须制成条状、块状或模制形状。本部分还包括加有砂、硅石粉、浮石粉等从而具有磨蚀性的产品及制剂，但它们也必须制成上述形状。

③洁肤用的有机表面活性产品及制品，液状或膏状并制成零售包装的，不论是否含有肥皂（如洗面奶、洗手液）。

④用肥皂或洗涤剂浸渍、涂布或包覆的纸、絮胎、毡呢及无纺织物。本部分包括用肥皂或洗涤剂浸渍、涂面或包覆的纸、絮胎、毡呢及无纺织物，不论是否加有香料或制成零售包装。这些产品通常用于洗手或洗脸。

除上述规定不包括的产品以外，本品目也不包括：A. 皂料（品目15.22）；B. 仅在化学意义上称为“肥皂”的水不溶性产品及制剂，例如，钙“皂”或其他金属“皂”（酌情归入第29章、第30章、第38章等）；C. 仅加香料的纸、絮胎、毡呢及无纺织物（第33章）；D. 洗发剂及洁齿品（分别归入品目33.05及33.06）；E. 用肥皂或洗涤剂浸渍、涂布或包覆的泡沫塑料、海绵橡胶、纺织材料（絮胎、毡呢、无纺织物除外）及金属垫（这些货品通常按底基的属性归入相应的品目）。

（2）34.02“有机表面活性剂（肥皂除外）；表面活性剂制品、洗涤剂（包括助洗剂）及清洁剂，不论是否含有肥皂，但品目34.01的产品除外”。

本品目包括：①纺织工业用的洗涤剂，用以消除制造及处理过程中织物上的油脂及污物。②纺织工业用的润湿剂、乳化剂、缩绒助剂及增艳剂。③皮革或毛皮工业用的浸渍剂（供生皮用）、脱脂剂、湿润剂（供染色用）、均染剂或有机调色剂。④造纸或合成橡胶工业用的分散剂。⑤采矿工业用的浮选助剂。⑥配制药剂或化妆品用的乳化剂。⑦去垢剂，液体、粉末或膏状（呈条状、块状、模制形状的盥洗产品应归入品目34.01），供家庭或工业使用，例如用于洗衣服、碗、碟或厨房用具。⑧助洗剂，用于浸泡（预洗）、漂洗或漂白衣服及家庭用纺织品等。⑨清洁剂，用于清洁地板、窗户或其他表面。它们可含有少量的芳香物质。

本品目不包括：①洗发剂或泡沫浴，不论是否含有肥皂或其他表面活性剂（第33章）。②用洗涤剂浸渍、涂布或包覆的纸、絮胎、毡呢及无纺织物（品目34.01）。③含有表面活性剂的制品，但本身并不需要表面活性功能或表面活性功能仅起辅助作用的（酌情分别归入品目34.03、34.05、38.08、38.09或38.24等）。④含有表面活性剂的磨蚀剂（擦洗膏及擦洗粉）（品目34.05）。

（3）34.03“润滑剂（包括以润滑剂为基本成分的切削油制剂、螺栓或螺母松开剂、防锈或防腐蚀制剂及脱模剂）及用于纺织材料、皮革、毛皮或其他材料油脂处理的制剂，但不包括以石油或从沥青矿物提取的以油类为基本成分（按重量计不低于70%）的制剂”。

本品目主要包括所含作为基本成分的石油或从沥青矿物提取的油类重量未达到70%及以上（参见品目27.10）的各种润滑制剂，以及用于润滑、油化或脂化纺织品、皮革、生皮、毛皮等的制剂（用以润滑或软化纺纱过程中的纺织纤维、皮革的“加脂”等）。但以下两款的不受上述矿物油含量须低于70%的限制：①二硫化钼在矿物油中的稳定悬浮液，含有按重量计达到70%及以上的矿物油，由于二硫化钼具有特殊润滑性能，因此加有少量作为基料的二硫化钼，供发动机等作润滑油。②防锈剂，以羊毛脂为基料并溶于石油溶剂中，不论石油溶剂的含量按重量计是否达到70%及以上。

注意：本品目不包括用作脱模剂的食用动、植物油，脂混合物或制剂（例如，糕点脱模剂）（品目15.17）。

（4）34.04“人造蜡及调制蜡”。本品目包括本章注释五所规定的人造蜡（工业上有时称为“合成蜡”）及调制蜡（即混合制品）。这些蜡是由化学法制得的具有蜡特性的有机产品，不论是否水溶性，含有分子量相当高的有机物，不是单独的已有化学定义的化合物。但人造（合成）矿物蜡及混合矿物蜡都归入2712。

（5）34.06“各种蜡烛及类似品”。蜡烛（包括球形或盘卷形细蜡烛），通常由动物脂、硬脂精、石蜡或其他蜡制成。本品目包括不论是否着色、装饰或加香料等的蜡烛，还包括装有浮座的夜明蜡烛。本品目不包括：抗哮喘蜡烛（品目30.04）；蜡火柴或维斯塔火柴（品目36.05）；经硫处理的带子、灯芯、烛心及蜡烛（品目38.08）。

（6）34.07“塑型用膏，包括供儿童娱乐用的在内；通称为‘牙科用蜡’或‘牙科造型膏’的制品，成套、零售包装或制成片状、马蹄形、条状及类似形状的；以熟石膏（煅烧石膏或硫酸钙）为基本成分的牙科用其他制品”。

①塑型用膏。通常供美工或金工用以造模，也供儿童娱乐之用。通常是有色的，报验时常呈散装形状或块状、条状、片状等。本品目也适用于各式塑型用膏，包括儿童娱乐用的成套塑型用膏。

②通称“牙科用蜡”或“牙科造型膏”的制品。它们是供牙科造型用的组分各异的制剂，一般由蜡、塑料或古塔波胶与松香、虫胶及填料（如云母粉）等混合组成，并通常着色，其质地坚硬或稍软。

注意：只有成套、零售包装、片状、马蹄形状（实心或空心的）、条状及类似形状的制品才归入本品目，制成其他形状（例如，散装形状）的，则应按其组成成分归类（品目34.04、38.24等）。

③以熟石膏（煅烧石膏或硫酸钙）为基本成分的牙科用其他制品。这些制品供牙科造型、制模或其他牙科用途。不论其报验时形状如何，均归入本品目。切勿将这类制品与仅含少量促凝剂或缓凝剂的牙科用熟石膏相混淆（品目25.20）。本品目不包括牙科粘固剂及其他牙科填料（品目30.06）。

（7）蜡的归类总结。单一的蜡有动物蜡、植物蜡、矿物蜡、人造蜡四种，以下是蜡的归类总结。注意：是否精致，是否含有着色料不影响蜡的归类。①单一的动/植物蜡、矿物蜡分别归入品目15.21和27.12。②人造蜡（合成蜡）归入品目34.04，但人造（合成）矿物蜡仍归入品目27.12。③不同动物蜡的混合品、不同植物蜡的混合品、其他蜡的相互混合品，以及不同种类的蜡（动物蜡、植物蜡或其他蜡）相互混合而得的产品（例如，不同种类的植物蜡的混合物及某种矿物蜡与某种植物蜡的混合物）归入品目34.04；但唯有各种不同矿物蜡的混合物不归入本品目（而应归入品目27.12）。④以一种或多种蜡为基料并含有脂肪、树脂、矿物质或其他物料（着色料除外）的具有蜡质特性的产品归入品目34.04。⑤以上四款所述产品混于、分散于（悬浮或乳化于）或溶解于某种液体介质中所形成的物质，按照产品用途酌情归入品目34.05、38.09等。⑥具有表面活性性能的水溶性蜡归入品目34.02。⑦“牙科用蜡”及“牙科造型膏”，成套、零售包装、片状、马蹄形、条状及类似形状的归入品目34.07。⑧蜡烛及类似品归入品目34.06，其他蜡制品通常归入第二十类“杂项制品”，例如蜡像归入品目96.02，蜡笔归入品目96.09。

商品归类练习

（1）家用洗涤精（500毫升塑料瓶装）。（2）“舒肤佳”牌香皂。（3）“雕”牌透明皂。（4）消毒皂。（5）医用消毒剂。（6）液体鞋油（零售包装）。（7）相宜本草牌洗面奶（50g/支）。

3.2.7.9 第35章——蛋白类物质；改性淀粉；胶；酶

1）本章商品范围

（1）易归入其他章的货品。按照第六类类注二，由于按一定剂量或作为零售包装可归入品目35.06的货品，应归入本品目，而不归入《编码》的其他品目。

（2）易归入本章的货品。①依据第六类类注一、二应优先归入其他章、其他品目的货品（例如贵金属酪蛋白酸盐、贵金属白蛋白盐、贵金属蛋白盐归入品目28.43）；②与第六类类注二相反，因未按一定剂量或未制成零售包装而不能归入本章35.06的货品；③未加工淀粉（11.08）；④血纤维蛋白原、血纤维蛋白、血球蛋白及血清球蛋白、人体正常免疫球蛋白及抗血清（特殊免疫球蛋白）、人血浆及其他血份（品目30.02）；⑤其他货品，参见章注一。

2）商品知识及归类要点

（1）35.01“酪蛋白、酪蛋白酸盐及其他酪蛋白衍生物；酪蛋白胶”。酪蛋白是构成乳的主要蛋白，通常用酸或粗制凝乳酶沉淀（乳凝）脱脂奶而得，通常是一种黄白色粉粒物质，溶于碱液但不溶于水，主要用于制胶水、油漆或水浆涂料，用于纸张涂面，还用于制酪蛋白塑料（硬化酪蛋白）、化学纤维、食品或药品。

酪蛋白酸盐包括称为“可溶酪蛋白”的酪蛋白酸钠和酪蛋白酸铵，这些盐常用于配制浓缩食物和药品。酪蛋白酸钙根据其特性可用于配制食品或用作胶水。其他酪蛋白衍生物主要包括氯化酪蛋白、溴化酪蛋白、碘化酪蛋白及鞣酸（单宁酸）酪蛋白，它们一般用于医药。酪蛋白胶由酪蛋白酸钙组成，或酪蛋白与白垩的混合物和少量硼砂或氯化铵等添加剂混合组成，通常呈粉末状。

本品目不包括净重不超过1千克的零售包装酪蛋白胶（品目35.06）。

（2）35.02“白蛋白（包括按重量计干质成分的乳清蛋白含量超过80%的两种或两种以上的乳清蛋白浓缩物）、白蛋白盐及其他白蛋白衍生物”。

白蛋白是动、植物蛋白质，尤以动物质为主，包括蛋白（卵清蛋白）、血清蛋白、乳清蛋白及鱼白蛋白。与酪蛋白不同的是白蛋白既溶于水也溶于碱，且其溶液加热即凝结。白蛋白通常为黏滞状液体、透明黄色粉片或者无定形白色、浅红色或浅黄色粉末。它们用于制胶水、食品、药品，加工皮革、处理纺织品或纸张（尤其是相纸）、澄清酒或其他饮料等。

白蛋白盐及其他白蛋白衍生物包括铁白蛋白盐、汞白蛋白盐、溴化白蛋白、碘化白蛋白及鞣酸白蛋白。

本品目不包括干燥的血，有时被误称为“血清蛋白”（品目05.11）；

（3）35.03“明胶（包括长方形、正方形明胶薄片，不论是否表面加工或着色）及其衍生物；鱼鳔胶；其他动物胶，但不包括品目35.01的酪蛋白胶”。本品目的明胶及其他各种胶是水溶蛋白物质，通常用温水（加酸或不加酸）处理皮张、软骨、硬骨、筋腱或类似动物物料而制得。

明胶的黏度比一般胶小，但纯度比一般胶高，加水后变成透明冻胶。用于配制食品、药品及感光乳剂，培养细菌及澄清啤酒和其他酿造酒，也可用于纸张或纺织品的施胶，还用于印刷工业、制塑料（硬化明胶）及制成物品。其通常制成透明的薄片状，几乎无色无味，干燥后表面上仍带有网状印痕，但市面上销售的明胶也有制成板片状或粉片、粉末等形状的。

制成矩形（包括正方形）的明胶薄片，不论是否表面加工或着色（例如，压花纹、金属化、印制（明胶明信片及第49章所列的其他印刷品除外））均归入本品目。如果切成长方形或正方形以外的其他形状（例如，圆盘状）的，应归入品目96.02。模制或雕刻的未硬化明胶也归入品目96.02。

其他动物胶是作一般胶用的不纯明胶。它们可以含有防腐剂、颜料或黏度控制剂等添加剂，主要包括骨胶、皮胶、筋胶、腱胶、鱼胶（以上鱼鳔胶除外）。

本品目不包括：酪蛋白胶（品目35.01）；净重不超过1千克的零售包装胶（品目35.06）；以明胶为基料的复印膏（品目38.24）；硬化明胶（品目39.13）。

（4）35.04“蛋白胨及其衍生物；其他品目未列名的蛋白质及其衍生物；皮粉，不论是否加入铬矾”。蛋白胨为蛋白质通过水解或在某些酶（胃蛋白酶、木瓜蛋白酶、胰酶等）的作用下所得的可溶性物质。它们通常是白色或浅黄色粉末，因其吸湿性很强，所以一般装于密封容器中。蛋白胨也可制成溶液，主要的品种有肉胨、酵母胨、血胨及酪蛋白胨。它们用于医药、食品制造及细菌培养等方面。

胨酸盐是蛋白胨的衍生物。它们主要用于制药，最主要的品种有铁胨酸盐及锰胨酸盐。其他品目未列名的其他蛋白质及其衍生物，主要包括谷蛋白、球蛋白、大豆球蛋白、角蛋白、核蛋白、离析蛋白等。

皮粉用以测定天然鞣料物质及植物鞣膏中的鞣酸。皮粉实际上是纯净的胶原蛋白，用新鲜皮张精制而得。皮粉可添加少量铬矾（铬矾皮粉），或报验时未加铬矾，而在使用前才加入铬矾。本款所述加铬矾的皮粉切勿与品目 41. 10 的铬皮革粉末相混淆，后者不适于测定鞣酸且价格较低。

本品目不包括：主要由氨基酸及氯化钠混合物构成的水解蛋白质及除去脱脂大豆粉某些成分而制得的浓缩产品，它们均用作食品的添加剂（品目 21. 06）；核酸及其盐（品目 29. 34）；制成药品的本品目所述产品（品目 30. 03 或 30. 04）；酶（品目 35. 07）；硬化蛋白质（品目 39. 13）。

（5）35. 06“其他品目未列名的调制胶及其他调制黏合剂；适于作胶或黏合剂用的产品，零售包装每件净重不超过 1 千克”。按照类注二，本品目在《编码》中是优先归类品目之一，在本章属于唯一一个优先归类的品目，本章前述品目（如品目 35. 03 ~ 35. 05）中符合本品目包装重量的胶或黏合剂产品，应优先归入本品目。除作胶或黏合剂用以外还具有其他用途的产品（如糊精、粒状甲基纤维素），只有在其包装上标明了出售后供作胶或黏合剂使用的，才能归入本品目。

本品目不包括供纺织品等用的上光剂及调制浆料（品目 38. 09）及铸芯黏合剂（品目 38. 24）。在某些国家，这些物质有时也被称为“胶”，但这些物质主要不是利用其胶黏性能。本品目也不包括具有品目 32. 14 所列胶黏剂填料等特性的产品。

商品归类练习

（1）牙膏管装万能胶（净重 250 克）。（2）以聚酰胺为基本成分的黏合剂（净重 10 千克）。（3）乙酸淀粉酯。（4）鞣酸明胶。（5）麦芽糖糊精（还原糖含量 8%）。（6）干卵清蛋白。

3. 2. 7. 10　第 36 章——炸药；烟火制品；火柴；引火合金；易燃材料制品

1）本章商品范围

（1）易归入其他章的货品：烟火玩具（品目 36. 04）。

（2）易归入本章的货品：①依据第六类类注一、二应优先归入其他章、其他品目的货品；②单独的已有化学定义的化合物（通常归入第 28 章或第 29 章），注释二（一）、（二）所述物品除外；③直接灌注香烟打火机及类似打火器用的液体燃料或液化气体燃料，其包装容器的容积超过 300 立方厘米（品目 27. 11）；④硝化纤维素（硝酸纤维素），如火棉（39. 12）；⑤第 93 章的弹药，例如，炮弹引信及弹壳，不论是否带有撞击帽（品目 93. 06）；⑥其他货品，参见章注一。

2）商品知识及归类要点

36. 04“烟花、爆竹、信号弹、降雨火箭、浓雾信号弹及其他烟火制品，包括能够产生光、声、气、烟雾或燃烧效应的烟火制品”。

（1）娱乐用烟火制品。A. 烟火（烟花弹、火焰索、鞭炮、喷射烟火、烟雾弹、彩色火炬、孟加拉火柴及彩光等），这些产品通过燃烧产生声、光、烟雾以供娱乐。它们需用火药（例如，黑色火药）进行点火。烟火上装有火药，通过电引火电桥或引爆导火索将其点燃。B. 烟火玩具，例如，玩具手枪用的砸炮（制成带状、片状、卷状、圆形塑料环状等）、魔烛及摔炮、拉炮。这些烟火玩具燃烧时产生的各种效应非常有限。

（2）技术用烟火制品。A. 声或光信号制品，例如，航海用的遇险信号弹；飞机装备用的照相闪光弹；铁路用的维里闪光信号弹；浓雾信号弹及火炬；电影或电视等用的彩光弹；彩光元件；导向元件；烟火假目标及烟雾元件（可以是彩色的）。它们通常能产生较长持续性的光、声或烟雾效应。B. 农业或工业用烟火制品。例如，抗冰雹火箭、抗冰雹弹、农业用烟雾发生器、恐吓动物用的雷鸣闪电器及检查管道漏泄用的烟雾发生器。

本品目不包括：①照相用闪光灯材料（品目 37.07）；②通过化学发光现象而产生彩光效应的物品（品目 38.24）；③装有一种炸药的空包弹，用于铆焊工具或内燃活塞式发动机的启动压缩点火（品目 93.06）。

商品归类练习

（1）雷管。（2）固体酒精。（3）香烟打火机充气用液化丁烷（容器容量 300 立方米）。（4）香烟打火机充气用液化丁烷（容器容量 500 立方米）。（5）火箭用发射药。

3.2.7.11 第 37 章——照相及电影用品

1）本章商品范围

本章货品为摄影（照相、电影、复印、传真等）用耗材，包括胶片、显影液、定影液等。

（1）易归入其他章的货品。按照第六类类注二，由于按一定剂量或作为零售包装可归入品目 37.07 的货品，应归入本品目，而不归入《编码》的其他品目。

（2）易归入本章的货品。①依据第六类类注一、二应优先归入其他章、其他品目的货品（例如，作感光乳剂用的硝酸银应归入品目 28.43 而不能归入品目 37.07）；②单独的已有化学定义的化合物（通常归入第 28 章或第 29 章），注释二（一）、（二）所述物品除外；③非感光的硬片及平面软片（根据其组成材料归类）；④已冲洗的感光纸、纸板或纺织物（第 49 章或第十一类）；⑤可直接使用的印刷用已冲洗硬片（如胶版）（品目 84.42）；⑥完全采用光电法以外的其他方法录制（如机械蚀刻或磁性录制）的软、硬片（品目 85.24）；⑦废碎料，主要用于回收贵金属的含贵金属或贵金属化合物的摄影或电影废碎料应归入品目 71.12，其他的摄影或电影废碎料应根据其构成材料归类（如塑料的归入品目 39.15，纸的归入品目 47.07）；⑧其他货品，参见章注一。

2）商品知识及归类要点

（1）37.01“未曝光的摄影感光硬片及平面软片，用纸、纸板及纺织物以外任何材料制成；未曝光的一次成像感光平片，不论是否分装”。

①用纸、纸板或布以外任何材料制成的感光硬片及软片。这类硬片及平面软片（即不呈卷状），包括制成圆盘状的在内，是未曝光的，并通常涂有感光乳剂。这些产品可由纸（如用于制负片的纸“硬片”）、纸板或纺织物（品目 37.03）以外的任何物料制成。所用材料通常为玻璃、乙酸纤维素、聚对苯二甲酸乙二酯或其他塑料（用于合装软片或裁切软片）、金属或石板（用于照相制版工艺）。某些硬片是不涂感光乳剂的，它们全部

或基本上由感光塑料制成。这些硬片可以附于金属或其他材料基板上，曝光及经处理后用于印刷业。有些硬片在曝光前必须增加其感光度。

②一次成像平面软片。这也是一种未曝光平面装的感光片。一次成像软片由一张任何材料制的感光片（底片）、一张经特殊处理的纸（正片）以及显影剂构成，用于当场拍成一张完整的正像照片。报验时，一次成像软片有可直接装于照相机的盒式装（每盒装有几张一次成像软片），也有将数张可分别使用的软片装于一盒的。

（2）37.02“成卷的未曝光摄影感光胶片，用纸、纸板及纺织物以外任何材料制成；未曝光的一次成像感光卷片”。

①除纸、纸板或纺织物以外任何材料制的摄影胶卷。未曝光的感光胶卷（即平面装以外的胶片），通常由聚对苯二甲酸乙二酯、乙酸纤维素或类似的柔韧材料制成，一般每卷可拍多张照片。本品目不包括纸（例如，用于制底片的纸“胶卷”）、纸板或纺织物制的胶卷（品目37.03）。归入本品目的胶卷不论是否有齿孔，但必须用纸衬背或使用其他适当的包装以防曝光。本品目包括：电影胶片，标准宽度为35、16、9.5或8毫米；普通（静物）摄影胶卷。未切成可直接使用尺寸的摄影胶卷仍归入本品目。与品目37.01的感光硬片一样，这些胶卷可供业余或专业摄影、照相制版、科研、射线照相等用途。X光胶卷通常是两面感光的。光电录音用的感光胶卷也归入本品目。

②一次成像卷片。它可以当场拍成完整的正像相片。此类卷片由任何物料（如醋酸纤维素、聚对苯二甲酸乙二酯或其他塑料、纸、纸板或纺织物）（底片）制的感光胶片、经特殊处理的纸带（正片）以及显影剂构成。

（3）37.04“已曝光未冲洗的摄影硬片、软片、纸、纸板及纺织物”。本品目包括：已曝光但未冲洗的品目37.01、37.02或37.03所述的摄影硬片、软片、纸、纸板及纺织物。它们可以是负片或正片（不论是否反转片）。但本品目不包括已冲洗的硬片、软片、纸、纸板及纺织物（品目37.05、37.06、第49章或第十一类）。

（4）37.05“已曝光已冲洗的摄影硬片及软片，但电影胶片除外”。本品目包括已曝光已冲洗的品目37.01或37.02的摄影硬片及软片，对于带齿孔的，则必须是供复印相片或放映静物图像用的；负片及正片（由于正片是透明的，因此有时称作透明正片）；透明基底的缩微本（缩微胶片）；分层（中间影调）软片接触网屏，它由在棋盘式方格图案上布满大量小点的及照相制取的网屏构成，用于版画艺术。

（5）37.06“已曝光已冲洗的电影胶片，不论是否配有声道或仅有声道”。本品目包括已冲洗的标准宽度或标准宽度以下用以放映电影的电影软片（负片或正片），仅有影像或既有影像又有声道的（声音不论是摄影录制还是非摄影录制的，例如，磁性录制的）。本品目也包括已冲洗的标准宽度或标准宽度以下的没有影像而仅有一道或数道声道的电影软片，不论是负片还是正片。仅有一条声道的软片，其声道必须是光电录制的。而含有多声道的软片，其中的声道可以包括有磁性录制的，但最少须有一条声道是光电录制的。光电录制的声道像一条窄窄的录制带一样能根据声音振动重播声音。

本品目不包括完全采用光电法以外的其他方法录制（如机械蚀刻或磁性录制）的声道软片（品目85.24）。

（6）37.07“摄影用化学制剂（不包括上光漆、胶水、黏合剂及类似制剂）；摄影用未混合产品，定量包装或零售包装可立即使用的”。注意：首先，本品目属于《编码》中的优先归类品目之一（参见类注）。其次，本品目分号前后两部分货品的不同包装要求：前者不限包装；后者的“未混合产品”必须定量包装或零售包装，否则应按其材料属性归类（如化学品通常归入第28章或第29章，金属粉末归入第十五类等）。

本品目包括符合品目条文所述条件的用以直接显现摄影图像的产品：

①乳剂。本章的感光硬片、软片、纸、纸板及纺织物都涂有一层或多层对光线、其他具有足够能量使感光材料起必要反应的射线及粒子（或核子）射线敏感的乳剂，不论其是单色还是彩色显像的。但某些感光硬片不涂感光乳剂而是全部或基本由可附于基板上的感光塑料构成。最普通的乳剂是以卤化银（溴化银、溴碘化银等）或其他贵金属盐为基本成分的，但也有使用其他材料的，例如，供蓝图用的铁氰酸钾或其他铁化合物，照相制版雕刻用的重铬酸钾及重铬酸铵，重氮乳剂用的重氮盐等。

②显影剂（如氢醌、儿茶酚、焦酚、碘阿芬东、对-N-甲氨基羟基苯磺酸盐及其衍生物），能使潜在的影像显现出来。本品目还包括静电复制文件用的显影剂。

③定影剂，使显影后的图像固定不变（例如，硫代硫酸钠（海波苏打）、偏亚硫酸氢钠、硫代硫酸铵、硫氰酸铵、硫氰酸钠或硫氰酸钾）。

④增厚剂及减薄剂，用以增加或减小影像的强度（例如，重铬酸钾、氯化汞、过二硫酸铵）。

⑤调色剂，用以改善影像色彩（如硫化钠）。

⑥去污渍剂，用以去除显影、定影等过程中产生的污渍（如钾矾）。

⑦在符合以下两款所述的条件下，本品目还包括闪光灯材料。此种材料通常由铝或镁的粉、片、箔等组成，有时与其他物料混合以促进燃烧。

以上所述所有产品只有在符合下列任一条件下才能归入本品目：

其一，未混合物质必须是：①已配定剂量，即均等地分成可直接使用的剂量，例如，制成供一次冲洗用的片、小包装粉剂。②零售包装并标有可立即用于摄影方面的说明，不论其说明是用标签、说明书还是其他方式表示（如使用说明等）。

凡不按上述方式包装的未混合物质，应按其属性归类（例如，化学品归入第28章或第29章，金属粉末归入第十五类等）。

其二，将两种或两种以上物质混合或配合而成的摄影用制剂。此类制剂不论是散装或小包装，也不论是否以零售形式报验。

本品目不包括：非直接用于产生摄影影像、蓝图等的辅助产品（例如，贴相片的胶水、底片或正片保护及上光用的漆、修描用漆及铅笔等）；品目90.06的摄影用闪光灯泡；符合品目28.43～28.46规定的产品（例如，贵金属盐及其他产品），不论如何包装，也不论作何用途。

商品归类练习

(1) 彩色摄影用胶卷，宽度35毫米，长度1.5米（有齿孔，未曝光，非幻灯片用）。(2) 柯达彩色摄影相纸（175米×12.7厘米，未曝光）。(3) 未曝光的成张彩色摄影用相纸。(4) 国外进口故事片的电影拷贝（已冲洗，宽度大于35毫米）。(5) 已冲洗的彩色相片。(6) 冲洗彩色相片用的显影剂。(7) 复印机用碳粉。(8) 某畅销小说的透明底基缩微胶片。(9) 某畅销小说的不透明底基（纸质）缩微本。(10) 零售包装的硝酸银溶液，用作照片显影剂。(11) 非零售包装的硝酸银溶液，用作照片显影剂。

3.2.7.12 第38章——杂项化学产品

1）本章商品范围

本章包括了本类其他章未包含的许多化学产品及相关产品。由于是本类的兜底章，本章货品品种繁多，归类时注意查看本章注释。

（1）易归入其他章的货品。①按照第六类类注二，由于按一定剂量或作为零售包装可归入品目38.08的货品，应归入本品目，而不归入《编码》的其他品目；②某些归入本章的单独的已有化学定义的元素及化合物，参见本章章注一（一）。

（2）易归入本章的货品。①依据第六类类注一、二应优先归入其他章、其他品目的货品；②其他货品，参见章注一。

2）商品知识及归类要点

（1）38.01“人造石墨；胶态或半胶态石墨；以石墨或其他碳为基本成分的糊状、块状、板状制品或半制品”。

①人造石墨。它通常呈粉末状、粉片状、块状、板状、棒状、条状等。块状及板状人造石墨经切割及精细机械加工（细微公差及适当表面抛光）后可制得品目85.45的碳刷或其他电气碳精制品，以及核反应堆零件。本品目也包括仅适于作回收人造石墨用的废碎品及磨损物品。

②胶态或半胶态石墨。胶态石墨，由精细的天然石墨粉或人造石墨粉在水或其他介质（例如，醇、矿物油）中的胶态悬浮液构成，并可加入少量其他产品（如鞣酸或氨）加以稳定。胶态石墨通常是半液态状，主要用于制润滑制品或利用其高度导电性。半胶态石墨（即石墨在水或其他介质中的半胶态悬浮液），可以用于配制石墨润滑油或用于形成石墨化表面。

此处仅包括以石墨为基料的在任何介质中的胶态或半胶态悬浮液。

③以石墨或其他碳为基料的糊状、块状、板状材料或其他半制品。

本品目不包括：①天然石墨（品目25.04）。②甑炭（或气碳），它有时被误称为“人造石墨”（品目27.04）。③经表面加工、表面抛光，切成特殊形状，经机床加工、钻孔、磨制等，或者制成成品的石墨（包括人造石墨）。如果用于非电气用途的通常归入品目68.15（如过滤器、圆盘、轴承、模子、耐酸砖等）；如果用于电气用途的则归入品目85.45。④以无定形碳或石墨（包括人造石墨）为基料的经陶瓷般烧制的耐火材料（品目69.02或69.03）。⑤含有银粉的本章货品（品目71.06）。

（2）38.02“活性炭；活性天然矿产品；动物炭黑，包括废动物炭黑”。

①活性炭；活性天然矿产品。碳及矿物质为使其适应于某些用途（例如，脱色、吸气或吸湿、催化、离子交换或过滤）而经适当处理（用热、化学品等进行处理），使其表面结构改变后，即称为活性产品。例如，活性炭、活性硅藻土、某些活性火山矿物、活性黏土及其他活性土、活化铝土矿等。

②动物炭黑，包括废动物炭黑。其包括炭化动物材料所得的各种炭黑，主要有骨炭黑、血炭黑、象牙炭黑、皮炭黑、角炭黑、蹄炭黑、龟壳炭黑等。

本品目不包括：①未经改变表面结构处理的天然活性矿产品，例如，漂白土（第25章）。②活性化学产品，例如，活性矾土（品目28.18）、活性硅胶（品目28.11或38.24）、人造沸石及磺化煤离子交换剂（品目38.24）。③具有药物作用的活性炭（品目

30.03 或 30.04）或零售包装的供汽车、冰箱等用作除臭剂的活性炭（品目 33.07）。④由化学品（例如，金属氧化物）固定于活性载体（例如，活性炭或活性硅藻土）上构成的催化剂（品目 38.15）。⑤呈轻质球形颗粒状的膨胀珍珠岩（品目 68.06）。

（3）38.03“妥尔油，不论是否精炼”。妥尔油（有时称作液体松香）是从碱法（主要为硫酸盐法）制木浆时所残余的黑色溶液制得。当这种溶液倒入沉降瓮时，表面形成泡沫堆，将此泡沫堆加热并酸化（通常用稀硫酸酸化）后即得粗妥尔油。

妥尔油主要用于制路面乳胶、普通肥皂、金属皂，纺织及造纸工业用湿润剂和乳化剂，清漆、油漆或油地毡用的干性油，金属加工用的油，消毒剂或胶粘剂等；也用作橡胶增塑剂，并且越来越多地用作妥尔油脂肪酸及妥尔油树脂酸的原料。

（4）38.05“脂松节油、木松节油和硫酸盐松节油及其他萜烯油，用蒸馏或其他方法从针叶木制得；粗制二聚戊烯；亚硫酸盐松节油及其他粗制对异丙基苯甲烷；以 α-萜品醇为基本成分的松油”。

本品目不包括：①纯净或商品纯的萜烯烃、萜品醇及水合萜品（第 29 章）。②松节油，为品目 33.01 的一种精油。③松香油（品目 38.06）。

（5）38.08“杀虫剂、杀鼠剂、杀菌剂、除草剂、抗萌剂、植物生长调节剂、消毒剂及类似产品（如经硫磺处理的带子、杀虫灯芯、蜡烛及捕蝇纸）”。

本品目包括用以杀灭致病病菌、害虫（蚊子、飞蛾、科罗拉多甲虫、蟑螂等）、苔藓、霉菌、杂草、鼠类、野鸟等的一系列产品（不包括药剂及兽药——品目 30.03 或 30.04）。这些杀虫剂、消毒剂、除草剂、杀菌剂等是供喷射、撒粉、淋洒、涂抹、浸渍等用的，需要时也可供燃烧用。本品目还包括用以抑制或促进植物生理进程的抗萌剂及植物生长调节剂。这些制剂有各种各样的使用方法，其作用也从破坏植物生长至增强植物生长活力并提高作物收成各不相同。

本品目属于《编码》中的优先归类品目之一（参见类注）。注意本品目货品的要求：必须是零售形状（例如，圆球形、串球形、片剂形或板状）、零售包装（例如，金属容器或纸板盒）或制成制剂及成品。以下解释“制剂”和“成品”的具体含义。

①制成制剂，不论其形状如何（如呈液状或粉状）。它们是活性产品在水或其他液体中的悬浮液或分散体，或由其他混合物组成。活性产品溶于溶剂（水除外）中的溶液也归入本品目（例如，除虫菊溶液（标准化的除虫菊萃除外）或溶于矿物油的环烷酸铜）。需进一步混合才能用作杀虫剂、杀菌剂、消毒剂等的中间制剂，如果已具有杀虫、杀菌等作用的，也应归入本品目。

杀虫、消毒等制剂的基料可以是铜化合物（乙酸铜、硫酸铜、乙酰亚砷酸铜等）、硫或硫化合物（硫化钙、二硫化碳等）、矿质杂酚油或蒽油、滴滴涕、高丙体六六六、对硫磷、苯酚或甲苯酚衍生物、含砷产品（砷酸钙、砷酸铅等）、植物性物料（烟碱、烟草精及粉末、鱼藤酮、除虫菊、海葱、菜籽油）、天然或合成的植物生长调节剂、培养微生物等。

食物（小麦粒、糠、糖蜜等）与毒剂混合而成的毒饵也归入本品目。

②制成成品。例如，经硫处理的带条、杀虫灯芯及蜡烛（供瓮、住宅等的消毒、熏蒸用）；捕蝇纸（包括表面涂胶而不含毒物的纸）；果树用的涂油带（包括不含毒物的）；供保藏果酱用的水杨酸浸渍纸；用于燃烧灭虫的高丙体六六六涂布纸或小木梗；

等等。

本品目不包括：①不符合品目条文所述规定的具有消毒、杀虫等作用的产品。这些产品应根据其属性归入相应的品目。例如，磨碎的除虫菊花归入品目 12.11；除虫菊浸膏，不论是否已用矿物油标准化，均归入品目 13.02；杂酚油或矿物杂酚油归入品目 27.07；萘、滴滴涕及其他单独的已有化学定义的化合物（包括水溶液）归入第 28 章或第 29 章；用作杀鼠剂基料的培养微生物归入品目 30.02；废氧化物归入品目 38.24。②本《协调制度》其他品目有更为具体列名的制品或消毒、杀虫等仅为辅助性能的制剂，例如，含有毒物的船壳防污漆（品目 32.08、32.09 或 32.10）、消毒皂（品目 34.01）、滴滴涕擦光蜡（品目 34.05）。③具有药物（包括兽用药）基本特性的消毒剂、杀虫剂等（品目 30.03 或 30.04）。④室内除臭剂，不论是否具有消毒性质（品目 33.07）。

(6) 38.18 “经掺杂用于电子工业的化学元素，已切成圆片、薄片或类似形状；经掺杂用于电子工业的化合物”。本品目包括两部分产品，注意两者的加工程度的区别：

其一，经掺杂（通常按百万分之一比例掺入硼、磷等）用于电子工业的化学元素（一般指第 28 章的化学元素，例如，硅和硒），只要这些元素呈圆片、薄片或类似形状，则归入本品目；当呈拉制后未加工形状或呈圆筒状或棒状，则应归入第 28 章。

其二，经掺杂（通常含有百分之几某些添加物，如锗、碘）用于电子工业的化合物（如硒化镉、硫化镉、砷化铟），不论呈圆筒状、棒状等，还是切成圆片、薄片或类似形状，都归入本品目。

本品目包括抛光或未抛光晶体，不论是否涂有均匀外延层。经进一步加工（如经选择扩散）的本品目货品应作为半导体元件归入品目 85.41。

(7) 38.21 “制成的微生物培养基”。本品目包括能为细菌、真菌、病源菌、病毒及其他微生物提供营养及繁殖条件的各类制剂。它们用于医学（如用于制备抗菌素）、其他科研事业或工业（如制醋、乳酸、丁醇）。通常是用肉汁、鲜血或血清、蛋、土豆、藻酸盐、琼脂、胨、明胶等配制而得的，并通常含有葡萄糖、甘油、氯化钠、酒石酸钠或染料等添加拼料。还可加入酸、消化酶或碱将其调至所需的酸度或碱度等。它们通常呈液态（肉汤）、膏状或粉状，但也有呈片状、粒状，消毒后装于密封的玻璃瓶、管、安瓿或罐中。

(8) 38.22 “附于衬背上的诊断或实验用试剂及不论是否附于衬背上的诊断或实验用配制试剂，但品目 30.02 及 30.06 的货品除外”。本品目包括诊断或实验用复合试剂，但品目 30.02 的诊断试剂、品目 30.06 的病人诊断用复合试剂和血型试剂以及品目 32.04 的做实验试剂用的合成着色料除外。本品目也包括用诊断或实验用试剂浸渍或涂布的纸、塑料或其他材料（做衬背或载体用），如石蕊试纸（PH 试纸）、极谱纸、验孕条。

本品目的诊断或实验用试剂具有多种用途，例如，用于医疗、兽医、科学及工业上。

(9) 38.24 “铸模及铸芯用黏合剂；其他品目未列名的化学工业及其相关工业的化学产品及配制品（包括由天然产品混合组成的）；其他品目未列名的化学工业及其相关工业的副产品”。如第 28 章或第 29 章所述，该两章的化学产品溶于水以外其他溶剂而形成的溶液，除少数外，一般作为本品目的制剂归类。很多其他章不允许归入的化学产品混合物，以及其他章未列名的化学品往往也归入本品目。

除三项货品以外（参见以下第①款、第④款及第⑪款），归入本品目的化学产品都是未有化学定义的产品。归入本品目的制品及化学产品主要有：

①每颗重量不小于2.5克的氧化镁、碱金属或碱土金属卤化物（氟化钙或氟化锂、氯化钾或氯化钠、溴化钾、溴碘化钾等）的培养晶体（光学元件除外）。光学元件培养晶体不归入本品目（品目90.01）。每颗重量小于2.5克的培养晶体（光学元件除外）应归入第28章、品目25.01（氯化钠晶体）或品目31.04（氯化钾晶体）。

②骨焦油（骨油、动物油），通过干馏骨或反刍类动物的角制得。它是一种黑色液体，极黏，具有恶臭气味，主要用于配制杀虫剂或吡啶碱类。

③离子交换剂（包括碱或酸交换剂），但以聚合物为基本成分的除外（品目39.14）。这些物质是不溶化合物，当与电解质溶液接触时，它将自身的一个离子与溶于溶液中的物质的一个离子交换。这一性质具有工业价值，例如，除掉锅炉、纺织工业、印染工业或洗衣店等所用硬水中的钙盐或镁盐，也用于把海水制成淡水等。它们包括人造钠沸石（硅铝酸盐）。

④零售包装的除墨剂。这些制剂通常是已有化学定义化合物的水溶液。在某些情况下可用单一化合物（如氯胺水溶液）制成，但在其他情况下需用具有补充作用的两种化合物制成。在后一种情况下，同一包装内可装有两只瓶子，例如，其中一只装有亚硫酸氢钠水溶液，而另一只则装有高锰酸钾水溶液。

⑤零售包装的油印蜡纸改正液。这些改正液通常是粉红色纤维素漆，装于瓶盖上一般配有一把小刷子的小瓶中。作为油印蜡纸改正液的纤维素漆如果未制成零售包装的，不归入本品目。这些改正液用的有机复合稀释剂应归入品目38.14。

⑥零售包装的改正液。这些改正液是不透明（白色或其他颜色）液体，主要含有颜料、黏合剂及溶剂，用于涂抹打字稿、手稿、复印本、胶印印刷品及类似品上面的错误或其他多余的印记，一般制成小瓶装（瓶盖上常配有一把小刷子）、罐装或笔状。这些改正液用的有机复合稀释剂归入品目38.14。

⑦零售包装的修正带。这些产品为成卷的修正条，通常装在一个塑料分配器内，用于掩盖打字稿、手稿、复印件、胶印印刷品及类似品上的手写及打字错误或其他多余印记。这些产品的带长及带宽不一。修正条的表面有不透明的颜料涂层。使用时，用手将转印头压在需要修正的部分上。

本品目不包括：带胶粘衬背的纸质修正带（第48章）；打字机色带或类似色带，已上油或经其他方法处理能着色的（品目96.12）。

⑧防锈剂。本品是以能通过化学作用防止锈蚀的磷酸等为基料的制剂。以润滑剂为基料的防锈剂酌情归入品目27.10或34.03。

⑨由糖精及其盐、碳酸氢钠等物质及酒石酸组成的制剂（如片剂），未构成食品，但能用作食品甜味剂。

⑩腌制用的盐，由氯化钠添加亚硝酸钠（亚硝化盐）或硝酸钠（硝化盐）构成。添加糖的同样产品应归入品目21.06。

⑪某些未装配但已切好的压电材料元件（品目71.03或71.04的石英、电气石等除外）。用以生产本品目压电元件的最常见材料有：罗谢尔盐（或塞格涅特盐，即四水合酒石酸钾钠）；酒石酸乙二胺；磷酸铵、磷酸铷、磷酸铯及其混合晶体；钛酸钡；锆钛酸

铅；偏铌酸铅；锆钛酸镧铅；钛酸钙等。此种晶体如果是单独的已有化学定义的化合物，切割前应归入第 28 章或第 29 章的相应品目，切割后则归入本品目。

⑫传动带防滑剂，由脂肪物质、研磨料等组成，即使其按重量计含有 70% 及以上的石油或从沥青矿物提取的油类。

⑬在化学制剂中用作增稠剂及乳化稳定剂或制磨石时用作黏合剂的混合物，由第 25 章不同品目或同一品目的产品构成，不论是否与其他章的产品混合，但含有下列组分之一：各种黏土的混合物；各种黏土及长石的混合物；黏土、长石粉及天然硼砂粉的混合物；黏土、长石及硅酸钠的混合物。

⑭用作植物生长介质的混合物（例如，盆栽土），由第 25 章的产品（土、砂、黏土）组成，不论是否含有氮、磷、钾等肥效元素。但本品目不包括以泥煤为基本特征的泥煤及砂或黏土的混合物（品目 27. 03）。

⑮二乙酰酒石酸甘油单酯及二酯与磷酸三钙或碳酸钙的混合物，用作乳化剂。

商品归类练习

(1) 零售包装的农用杀虫剂成药。(2) 催熟剂（零售包装）。(3) 石蕊试纸。(4) 检验人体血型的试剂。(5) 灭火器的装配药。(6) 装药的灭火器。(7) 氧化镁培养晶体（每颗重量 3 克）。(8) 掺杂的单晶圆硅片（纯度 99. 98%，直径 30 厘米，用于电子工业）。(9) 掺杂的单晶硅棒（纯度 99. 98%，直径 30 厘米，用于电子工业）。

第六类历年考题

(1) 硫化汞（2007 年）。答案：2852. 0000

(2) 达菲，一种抗 H5N1 型禽流感病毒的口服药物（0. 25 克/粒），化学名称为磷酸奥司他韦（2006 年）。答案：3004. 9090

(3) 用作局部麻醉的普鲁卡因针剂（2005 年）。答案：3004. 9090

(4) 利福平胶囊，24 粒/盒，抗结核病药品（2007 年）。答案：3004. 2090

(5) 酸性红 B，一种有机合成染料，红色，主要用于化学纤维的染色，25 千克包装（2006 年）。答案：3204. 1200

(6) 液体口香糖，20 克/支，成分为食用酒精、香精、巴斯甜、甘油、山梨醇等，使用时喷于口腔，起清新口气的作用（2006 年）。答案：3306. 9000

(7)“立邦”梦幻系列硝基木器漆，以硝酸纤维素为基本成分，加上有机溶剂、颜料和其他添加剂调制而成（2007 年）。答案：3208. 9090

(8)“SKII”洗发香波，500 毫升/瓶（2007 年）。答案：3305. 1000

(9)“美丽”牌柠檬香型亮光液，600 毫升压力罐装，使用时喷于家具表面（2005 年）。答案：3405. 9000

(10) 早孕自测卡，纸质，涂有检测试剂，通过与尿液接触后的颜色变化来初步判断是否怀孕（2005 年）。答案：3822. 0010

(11) 头孢西丁胶囊，一种抗菌素药物，0. 5 克/粒，12 粒/盒（2008 年）。答案：3004. 2013

(12) 香烟滤嘴成型用热熔胶，由乙烯—乙酸乙烯酯共聚物树脂、增黏树脂、蜡、抗氧剂等组成，20 千克/桶（2008 年）。答案：3506. 9190

(13) 由天然磷酸盐和氯化钾制成的肥料，15 千克/包（2009 年）。答案：3105. 6000

（14）由50%二氧化钛颜料、30%环氧树脂、20%填料制成的涂料（非零售包装）（2009年）。答案：3210.0000

（15）天使牌保养面膜，16片/盒，该面膜是将调配好的营养美容液（含有去除粉刺、死皮、老化角质、油污的清洁成分、保湿成分和皮肤营养成分）涂在薄型无纺布上，对改善肤质有一定效果（2010年）。答案：3307.9000

（16）F-1硝基漆防潮剂，由沸点较高、挥发速度较慢的酯类、醇类、酮类等有机溶剂混合而成，该防潮剂与硝基漆的稀释剂配合使用，可在湿度较高的环境下施工，以防止硝基漆发白（2010年）。答案：3814.0000

3.2.8 第七类 塑料及其制品，橡胶及其制品（第39~40章）

3.2.8.1 本类概述

本类商品是塑料及其制品，橡胶及其制品，分为以下2部分（见表3—7）。

表3—7 **第七类商品范围及章次分布**

序号	商品范围	本类章次分布
1	塑料及其制品	39
2	橡胶及其制品	40

3.2.8.2 第39章——塑料及其制品

1）本章商品范围

（1）本章全部是称为聚合物的物质（即塑料）及其半制品和制成品，但并非所有的塑料制品都归入本章。全章分为两个分章，第一分章包括初级形状的聚合物，第二分章包括废碎料及下脚料、半制品及制成品。

①第一分章：品目39.01~39.14。其中，品目39.01~39.11：以化学合成制得；品目39.12~39.13：天然聚合物及经化学处理的天然聚合物；品目39.14：以品目39.01~39.13的聚合物为基料制得的离子交换剂。

②第二分章：品目39.01~39.26。其中，品目39.15：包括塑料的废碎料及下脚料。品目39.16~39.25：塑料的半制品或列名的塑料制品。品目39.26：其他品目未列名的塑料制品及品目39.01~39.14所列其他材料制成的物品。

（2）易归入其他章的货品。①品目39.18及39.19的货品，即使其所印花纹、字符或图画是作为主要用途的，仍归入本章。②用塑料片缝合或焊接而成的衣着及衣着附件，包括手套、围裙、腰带、婴儿围兜、雨衣等（品目39.26），可摘除的塑料兜帽和所属的塑料雨衣一起报验的，仍归入本品目。③塑料制传动带、输送带或升降机带及带料归入品目39.26。

（3）易归入本章的货品。①塑料的用途虽然极为广泛，但以其为原料制得的许多物品并不归入本章。绝大多数塑料品应按其用途归入《编码》的其他章，例如鞋、帽、机械器具、交通工具零部件、仪器、钟表、乐器、家具等，详见本章章注二所列“本章不包括”的范围。②印有花纹、字符或图画的塑料及其制品（品目39.18或39.19的货品除外），其所印花纹、字符或图画是作为主要用途的（第49章）。③用塑料浸渍、涂布、包覆或层压的纺织材料制成的传动带或输送带及带料（第十一类，如品目59.10）。

2）商品知识及归类要点

（1）初级形状（参见章注六）。品目 39.01～39.14 所称“初级形状”，只限于下列各种形状：①液状及糊状，包括分散体（乳浊液及悬浮液）及溶液；②不规则形状的块、团、粉（包括压型粉）、颗粒、粉片及类似的散装形状。

（2）共聚物（参见章注四）。所称“共聚物”，是聚合物的一种，指在整个聚合物中按重量计没有一种单体单元的含量在 95% 及以上的各种聚合物。

注释四对“共聚物”一词作了界定，要求在整个聚合物中按重量计任何一种单体单元的含量低于 95%（如乙烯—丙烯共聚物，其中乙烯或丙烯的含量都必须低于 95%）。因此，由 96% 的丙烯单体单元及 4% 的其他烯烃单体单元组成的聚合物，不能视为是一种共聚物。

在本章中，除条文另有规定的以外，共聚物（包括共缩聚物、共加聚物、嵌段共聚物及接枝共聚物）及聚合物混合体应按聚合物中重量最大的那种共聚单体单元所构成的聚合物归入相应品目。在本注释中，归入同一品目的聚合物的共聚单体单元应作为一种单体单元对待（即合并计算）。

如果没有任何一种共聚单体单元重量为最大，共聚物或聚合物混合体应按号列顺序归入其可归入的最末一个品目（即从后归类）。

（3）塑料及塑料制品的简要归类步骤。

第一步，首先根据章注四判断是否是初级形状，这样才能确定归入第一分章还是第二分章。若为塑料制品，由于很多塑料制品并不归入本章，则必须注意查阅章注二。例如，塑料雨靴（第 64 章），塑料发梳（品目 96.15）。若为初级形状，则进行第二步。

第二步，分析待归聚合物的各种单体单元组成，并分别找出每种单体单元聚合物的所在品目。

第三步，将待归聚合物归入含量最高的单体单元的聚合物的所在品目（属于同一品目下的单体单元的含量须合并计算），若单体单元含量相等，则从后归类。

例 1：氯乙烯—乙酸乙烯酯共聚物的水分散体，含有 55% 的氯乙烯单体单元和 45% 的乙酸乙烯酯单体单元，归入子目 3904.3000。

例 2：40% 乙烯、35% 丙烯及 25% 异丁烯的共聚物的粉末。解析：丙烯及异丁烯是属于同一品目 39.02，将这两者相加为 60%，超过了乙烯单体单元的含量，归入品目 39.02；又由于丙烯重量大于异丁烯，因此按丙烯共聚物归入子目 3902.3090。

（4）聚合物子目归类规则（参见子目注释）。属于本章任一品目项下的聚合物（包括共聚物）及化学改性聚合物应按下列规则归类（依序使用）：

①在同级子目中有一个“其他”子目的：

· 子目所列聚合物名称冠有“聚（多）”的（例如，聚乙烯），是指列名的该种聚合物单体单元含量在整个聚合物中按重量计必须大于或等于 95%。

解释：归入“聚（多）××”子目的聚合物，该“××”单体单元含量必须大于或等于 95%。这也意味着，如果一种聚合物的某种单体单元含量大于或等于 95%，应归入“聚（多）××”的子目。

例如：3902.1000 聚丙烯，此处丙烯含量必须大于或等于 95%，因为该一级子目（3902.1）的同级有“其他”子目 3902.9。因此，苯乙烯（96%）—丙烯腈（2%）—丙烯（2%）共聚物（可发性的），归入子目 3903. 1100，而不能归入子目 3903. 2000。

· 子目 3901. 30、3903. 20、3903. 30 及 3904. 30 所列的共聚物，如果该种共聚单体单元含量在整个聚合物中按重量计占 95% 及以上，即应归入上述子目。

解释：归入这四个子目的共聚物，要求其含有的该子目所列聚合物的各种单体单元合计含量按重量计必须大于或等于 95%；反过来，如果某种共聚物满足上述条件，则应归入这四个子目。

例 1：由 61% 的氯乙烯、35% 的乙烯乙酸酯和 4% 的马来酐的单体单元组成的共聚物。

解析：应作为氯乙烯—乙烯乙酸酯共聚物归入子目号 3904. 3000，因为氯乙烯和乙烯乙酸酯两者的单体单元含量在整个聚合物中已占 96%。

例 2：乙烯（36%）—乙酸乙烯酯（24%）—氯乙烯（40%）接枝共聚物粉末。

解析：本题的共聚物，由三种单体单元组成，而且都不属于同一个品目，因此不能合并重量，按重量最大的单体单元来归类。氯乙烯单体单元为 40% 最大，因此按氯乙烯归类，确定四位数编码为 3904；再确定子目，归入 3904. 4000。

归入 3904. 3000 “氯乙烯—乙酸乙烯酯共聚物” 是错误的，根据子目注释一（二）的解释，当该种共聚单体单元即氯乙烯和乙酸乙烯酯含量在整个聚合物中占 95% 及以上时，才优先归入 3904. 30；而在本题中乙酸乙烯酯占 24%、氯乙烯占 40%，总共为 64%，不到 95%，因此不应归入 3904. 30，而应按 “其他氯乙烯聚合物” 归入 3904. 4000。

· 化学改性聚合物如未在其他子目具体列名，应归入列名为 “其他” 的子目内。例如：氯化或氯磺化聚乙烯是品目 39. 01 的化学改性聚乙烯，应归入子目 3901. 90（“其他” 子目）。

②在同级子目中没有 “其他” 子目的：

· 聚合物应按含量最大的那种单体单元构成的聚合物归入相应子目（所称 “聚××” 不受单体单元含量是否达到 95% 的影响）。

例如：含有 60% 碳酸酯和 40% 对苯二甲酸乙二酯的单体单元的共聚物。

解析：首先，确定品目为 3907。其次，确定一级子目。由于一级子目没有 “其他” 子目，所以，按碳酸酯的聚合物归入子目 3907. 4000（此处的聚碳酸酯不要求碳酸酯的单体单元大于或等于 95%）。

· 化学改性聚合物应与未改性聚合物归入同一子目。例如，乙酰化的酚醛树脂（品目 39. 09 的聚合物），应作为酚醛树脂归入子目号 3909. 4000，因为在同级子目中没有列明为 “其他” 的子目。

补充说明：聚合物混合体中所含任何一种聚合物如已经化学改性，则整个混合体视为已经化学改性。

③聚合物混合体应按单体单元比例相等、种类相同的聚合物归入相应子目。

例 1：由 96% 的聚乙烯和 4% 的聚丙烯组成，比重大于 0. 94 的聚合物混合体。

解析：即按乙烯（96%）和丙烯（4%）共聚物归入子目 3901. 2000，因为乙烯单体单元占整个聚合物含量的 95% 以上，所以归入 “聚乙烯”。

例 2：由 60% 的聚酰胺-6 和 40% 的聚酰胺-6，6 组成的聚合物混合体。

解析：应归入子目 3908. 9000，因为聚合物中两种单体单元含量均未达到整个聚合物含量的 95% 及以上。

(5) 乙丙橡胶。乙烯—丙烯共聚物，又称乙丙橡胶，是乙烯与丙烯共聚而得的产物，生胶为白色至微黄色半透明固体。乙丙橡胶具有极好的耐臭氧、耐大气老化、耐化学腐蚀、耐高温及电绝缘性能，缺点是与其他橡胶相容性差、耐湿滑性差。其主要用于制造汽车部件、耐热运输带、胶管、电线电缆和建筑防水材料等，还可与其他通用胶并用，改善后者的耐老化性和耐热性。

子目3901.9010的乙烯—丙烯共聚物应符合以下条件：在整个聚合物中按重量计，乙烯单体单元含量大于50%，并小于95%。子目3902.3010的乙烯—丙烯共聚物应符合以下条件：在整个聚合物中按重量计，丙烯单体单元含量大于或等于50%，并小于95%。

(6) 塑料与纺织品的复合制品的归类。

①符合本章注释九规定的糊墙品应归入品目39.18。

②其他塑料与纺织品的复合制品则主要按照第十一类注释一（八）款、第56章注释三和第59章注释二的规定进行归类。据此，本章还包括下列产品：A. 以塑料浸渍、涂布、包覆或层压的毡，其中纺织材料重量占比小于或等于50%，以及完全嵌入塑料中的毡；B. 完全嵌入塑料的或两面均完全涂以或覆以塑料的纺织物及无纺织物，但所涂覆的塑料须能够用肉眼分辨出来（涂覆引起的颜色变化忽略不计）；C. 经塑料浸渍、涂布、包覆或层压的纺织物，在温度15℃～30℃之间时用手将其绕在一个直径为7毫米的圆筒上会断裂的（即所谓刚性的人造革）；D. 泡沫塑料与纺织物、毡呢或无纺织物复合制成的板、片及带，其中的织物仅起增强作用的。

对此，无花式、未漂白、漂白或匀染的纺织物如仅附在这些板、片及带的一面，应视为仅起增强作用。而使用花式、印花或更为精细加工（例如，拉绒）的纺织品及特种产品，如起绒织物、网眼薄纱、花边及品目58.11的纺织产品，均应视为超出仅起增强作用。两面均用纺织物盖面的泡沫塑料板、片及带，不论织物的性质如何，都不归入本章（通常归入品目56.02、56.03或59.03）。

(7) 塑料与纺织品以外的其他材料的复合制品。本章还包括由一道或多道工序制成的下列产品，只要这些产品仍保持塑料制品的基本特征：

①嵌有其他材料（金属丝、玻璃纤维等）制成的增强物或支撑网的塑料板、片等。

②用其他材料（如金属箔、纸板等）隔层的塑料板、片等。两面均用一层薄塑料保护膜覆盖的纸或纸板制成的纸品，如仍保留纸或纸板的基本特征，不应归入本章（一般归入品目48.11）。

③纸质增强层压塑料片，以及在一层纸或纸板上涂以或覆以一层塑料，其塑料层厚度超过总厚度一半以上的产品，但品目48.14的壁纸除外。

④由浸渍了塑料的玻璃纤维或纸张压制而成的产品，但要具有硬挺的特征（如其只具有纸张或玻璃纤维制品的特征时，则应酌情归入第48章或第70章）。

上述规定也适用于化纤单丝、条、竿、管等型材及制成品等。必须注意，贱金属制成的纱、网仅简单地用塑料浸渍，即使由于浸渍网眼为塑料所填的，也不包括在本章内（第十五类）。

对于木片与塑料片夹层构成的板、片，如果木片仅起支撑或增强作用，仍归入本章；但如果塑料仅起辅助作用（例如，作为高级贴面薄板的衬基），则不归入本章（第44章）。另外，由木片与塑料片夹层构成的建筑用镶板，一般都归入第44章。

（8）塑料单丝和扁条的归类。①直径超过1毫米的塑料单丝归入品目39.16；表观宽度超过5毫米的塑料扁条（带）归入39.20。注意，这种塑料单丝和扁条也可以作为一种编结材料，塑料单丝或扁条的编结制品（包括半成品和成品，如成片的塑料编结品、遮阳帽、帘子、席子等，）应归入第46章。②直径小于或等于1毫米的塑料单丝作为纺织材料归入子目54.04或54.05；表观宽度小于或等于5毫米的塑料扁条（带）作为纺织材料也归入品目54.04或54.05。

商品归类练习

（1）高黏度的聚对苯二甲酸乙二酯切片。（2）二元乙丙橡胶（颗粒状，乙烯占60%，丙烯占40%）。（3）三元乙丙橡胶（颗粒状）。（4）由96%的乙烯单体单元和4%的丙烯单体单元组成的共聚物，比重为0.94。（5）由94%的乙烯单体单元和6%的氯乙烯单体单元组成的共聚物，比重为0.94。（6）由45%的乙烯、35%的丙烯、20%的异丁烯的单体单元组成的共聚物。（7）由45%的乙烯、20%的丙烯、35%的异丁烯的单体单元组成的共聚物。（8）聚碳酸酯板。（9）一种阻燃级的ABS（以纯ABS树脂为基材，加入聚氯乙烯，经混合塑炼、挤出造粒而成，其中聚氯乙烯占50%~60%）。（10）60%的苯乙烯、36%的丙烯腈和4%的甲苯乙烯的单体组成的共聚物。（11）聚氯乙烯制、宽度为2厘米的成卷电工用绝缘胶带。（12）聚对苯二甲酸L.z—酯制的未涂感光材料的电影胶片。（13）聚乙烯制的一次性使用的垃圾袋。（14）泡沫塑料制一次性快餐盒。（15）塑钢门窗。（16）塑料便盆。（17）多用途笔筒（塑料制成，带有几个可旋转的半圆槽来分装不同的用品）。（18）泡沫塑料制服装垫肩。（19）塑料制的灯罩。（20）离子交换柱。（21）塑料杯，主要成分：聚丙烯（87%），乙烯—乙烯醇共聚物（7%），黏合剂（6%）；有大、中、小三种规格，容量分别为14盎司、8盎司和4盎司，主要用于果冻或水果杯产品的包装。

3.2.8.3 第40章——橡胶及其制品

1）本章商品范围

（1）本章全部是橡胶及其半制品和制成品，但并非所有的橡胶制品都归入本章。

（2）易归入其他章的货品。

①橡胶制衣着用品及附件（包括服装、手套、斗篷、围裙、汗垫、围涎、带及胸衣带等），例如，外科和放射科医生以及潜水员等用的防护性手套及衣着等，不论是黏合、缝合或用其他方法制成。只要符合以下条件的该类货品均归入本章：a. 完全以橡胶制成的。b. 用橡胶浸渍、涂布、覆面或层压的纺织物、针织物或钩编织物、毡、无纺织物等制成的，但归入第十一类的货品除外（具体要求参见第56章注释三及第59章注释四）。c. 橡胶制成但带有部分纺织物，而货品的基本性状是由橡胶构成的。

②硫化橡胶制的传动带或输送带及带料，以及用橡胶浸渍、涂布、包覆或层压的织物制成的或用橡胶浸渍、涂布、包覆或套裹的纱线或绳制成的传动带、输送带及带料一律归入品目40.10。

③除硬质橡胶以外的硫化橡胶制的机器、机械器具、电器器具或其他专门技术用途的物品（品目40.16）。

（3）易归入本章的货品。①橡胶线与纺织材料合制的衣着用品及附件（第61章或第62章）。②归入第十一类的用橡胶浸渍、涂布、覆面或层压的纺织物、针织物、钩编织物、毡和无纺织物的制品（具体要求参见第56章注释三及第59章注释四）。③本章不包括的商品范围见章注二。

2）商品知识及归类要点

（1）40.03“再生橡胶，初级形状或板、片、带”。再生橡胶是以各种化学或机械方法使旧橡胶制品（特别是轮胎）或硫化橡胶废碎料软化（“脱硫”）并除去不需要的物质制得。这类产品因含有残留的硫磺或其他硫化剂而比新胶质量差。本品目包括初级形状或板、片、带状的再生橡胶，不论是否混有新胶或其他添加物质，只要产品具有再生橡胶的基本特征。

（2）40.07“硫化橡胶线及绳”。橡胶线可通过切割硫化橡胶板、片或通过将挤出的橡胶线硫化而制成。

本品目包括：①完全由硫化橡胶制成的线（单股），其任一横截面尺寸不得超过5毫米，否则不归入本品目（品目40.08）。②绳（多股），不论其每股线的粗细程度如何。

本品目不包括夹橡胶线纺织材料（第十一类），例如，以织物包覆的橡胶绳线归入品目56.04。

（3）40.10“硫化橡胶制的传动带或输送带及带料”。本品目包括完全由硫化橡胶制成的或用橡胶浸渍、涂布、覆面或层压的纺织物制成的，以及用橡胶浸渍、涂布、覆面或铠包的纺织线、绳制成的传动带或输送带及带料（参见本章注释八），还包括用玻璃纤维织物、玻璃纤维或金属丝布增强的硫化橡胶带或带料。

带及带料（完全由硫化橡胶制成的除外）一般是由不论是否挂胶的多层织物（例如，经纬织物、针织或钩编织物及平行纱线敷层）做成的骨架完全覆以硫化橡胶构成，或者完全以硫化橡胶包覆的钢缆或带构成。

本品目包括长的带料（供以后切成一定长度）及已切成一定长度的带子（不论是否首尾相接或装有紧固件的），还包括环形带。本品目的带子报验时可呈袖筒（管）状，需经切割才能制成最终产品。以这种形状报验的，其商品归类不受影响。

传动带或输送带及带料，与配套的机器设备一起报验时，不论是否已实际装配，应按相应的机器设备进行归类（例如，归入第十六类）。

（4）40.11“新的充气橡胶轮胎”。本品目轮胎可用于各种车辆或航空器、带轮玩具、机械、火炮武器等，有或无内胎均可。

（5）40.15“硫化橡胶（硬质橡胶除外）制的衣着用品及附件（包括手套）”。本品目包括衣着用品及附件（包括手套），例如，外科和放射科医生以及潜水员等用的防护性手套及衣着等，不论是黏合、缝合或用其他方法制成。这些货品可以是：①完全用橡胶制成的。②用橡胶浸渍、涂布、覆面或层压的纺织物、针织物或钩编织物、毡、无纺织物等制成的，但归入第十一类的货品除外（参见第56章注释三及第59章注释四）。③橡胶制成但带有部分纺织物，而货品的基本性状是由橡胶构成的。以上列举的3类货品包括斗篷、围裙、汗垫、围涎、带及胸衣带。

本品目不包括下列物品：橡胶线与纺织材料合制的衣着用品及附件（第61章或第62章）；第64章的鞋靴及其零件；第65章的帽类（包括游泳帽）及其零件。

（6）橡胶与织物复合物的归类：主要根据第十一类注释一（九）款、第56章注释三及第59章注释四的规定办理，其中传动带或输送带则按照第40章注释八及第59章注释六（二）款的规定办理。下列产品归入本章：

①以橡胶浸渍、涂布、包覆或层压的毡呢，其中纺织材料占总重量的50%及以下，以及完全嵌入橡胶的毡呢；

②完全嵌入橡胶或两面均完全涂以或覆以橡胶的无纺织物，只要仅凭肉眼就可辨别出橡胶涂层或覆层（涂层或覆层引起的颜色变化不计在内）；

③以橡胶浸渍、涂布、包覆或层压的第59章注释一所述的纺织物，其重量超过每平方米1 500克，所含纺织材料的重量在50%及以下的；

④泡沫橡胶与纺织物（如第59章注释一所述的），毡呢或无纺织物复合制成的板、片及带，其中的织物仅起增强作用。

商品归类练习

(1) 丁腈橡胶（简称NBR，长方体块状）。(2) 丁腈橡胶（简称NBR，不规则块状）。(3) 天然橡胶胶乳与丁苯橡胶胶乳的混合物。(4) 可充气枕头（橡胶制成）。(5) 汽车用旧充气轮胎。(6) 儿童玩具气球（优质天然橡胶制造）。(7) 硬质橡胶制大桶。(8) 二元乙丙橡胶（颗粒状，乙烯占60%）。

第七类历年考题

(1) 线型低密度聚乙烯粒子（2005年）。答案：3901. 9020

(2) MS非泡沫板，MS即甲基丙烯酸甲酯（单体单元占30%）—苯乙烯（单体单元占70%）共聚物（2006年）。答案：3920. 3000

(3) 纳米隔热膜，宽1. 524米，成卷，一种新型的汽车用隔热膜，它将氮化钛材料用真空溅射技术在优质的聚对本二甲酸二酯薄膜上形成的纳米级涂层，起隔热、防紫外线、防爆等效果（2007年）。答案：3920. 6200

(4) ABS（丙烯腈—丁二烯—苯乙烯共聚物）塑料粒子（2008年）。答案：3903. 3000

(5) ABS（丙烯腈—丁二烯—苯乙烯共聚物）塑料制音箱外壳（2008年）。答案：3926. 9090

(6) 由60%苯乙烯、30%丙烯腈和10%甲苯乙烯的单体单元组成的聚合物（颗粒状）(2009年)。答案：3903. 9000

(7) "LOCK&LOCK"牌食品储藏盒。每套由不同大小、形状的盒子组成，用于厨房间存放各种食品和调料，由聚碳酸酯（PC）制成（2010年）。答案：3924. 1000

3. 2. 9　第八类　生皮、皮革、毛皮及其制品，鞍具及挽具，旅行用品、手提包及类似容器，动物肠线（蚕胶丝除外）制品（第41～43章）

3. 2. 9. 1　本类概述

本类主要包括皮革业原料和制品，可分为以下3部分（见表3—8）。

表3—8　第八类商品范围及章次分布

序号	商品范围	本类章次分布
1	生皮（毛皮除外）及皮革	41
2	皮革制品；鞍具及挽具；旅行用品、手提包及类似容器；动物肠线（蚕胶丝除外）制品	42
3	毛皮、人造毛皮及其制品	43

3.2.9.2 第 41 章——生皮（毛皮除外）及皮革

1）本章商品范围

（1）除注释一（三）和品目 41.01 ~ 41.03 所述的带毛动物生皮外，本章仅包括不带毛的生皮及去毛的皮张，不论是整张（即具有动物轮廓的皮张和皮革，但可去掉头、脚部分），还是部分（如半边皮、肩皮、整张或半张背皮、腹皮、颊皮）、成条或成块的。①生皮，仅经过简单加工或逆鞣（包括预鞣）加工的生皮（品目 41.01 ~ 41.03）；②经过鞣制（不包括油鞣）、鞣制后进一步加工或羊皮纸化处理的不带毛皮张（品目 41.01 ~ 41.13）；③油鞣皮革，漆皮及层压漆皮，镀金属皮革（品目 41.14）；④以皮革或皮革纤维为基本成分的再生皮革（品目 41.15）；⑤皮革或再生皮革的边角废料及皮革粉末（品目 41.15）。

（2）易归入本章的货品。①可供食用的生皮归入第 2 章（如食用猪皮）或第 3 章（如食用鱼皮），若经过烹煮，一般归入第 16 章。②生皮的边角废料即废生皮（品目 05.11）。③带毛鞣制的注释一（三）所列举的允许归入本章的带毛生皮（第 43 章）。④塑料仿皮革（第 39 章）、橡胶仿皮革（第 40 章）、纸及纸板仿皮革（第 48 章）或涂布纺织品（第 59 章）。⑤切成特殊形状的小块皮革应作为其他章的制品归类，按其形状特征归入第 42 章或第 64、65 章等。⑥其他，见章注一。

2）商品知识及归类要点

（1）逆鞣。经逆鞣处理的生皮是指经可逆鞣制加工处理的生皮。它是一种用特定鞣剂经简单加工处理后形成的介于皮与革之间的“半成品”，可逆鞣制加工可将皮张临时加以稳定和防腐。经该方法处理的皮在我国皮革行业被认定为“革”，其特点是用水或用相应的化学物质浸泡清洗后可重新回复到生皮状态。

（2）鞣制（此处不包括预鞣、逆鞣及油鞣）。鞣制可使皮张不腐烂，提高其强度和防水性能。皮张在鞣制前要经过一系列的预处理工序，这些工序包括用碱性溶液浸泡（软化皮张并除去保藏时的盐分）、去毛及刮肉，然后除去在去毛工序中所遗留的石灰及其他物质，最后还要经漂洗。

皮张可经“植物鞣制”（在装有某种木料、树皮、树叶等或其汁液的鞣池中鞣制）、“矿物鞣制”（用矿物盐，如铬盐、铁盐或明矾鞣制）或“化学鞣制”（用甲醛或某些合成化学品鞣制）。有时上述三种鞣法并用。用明矾与盐的混合物鞣制厚革，称为“匈牙利鞣法”，而在矾鞣中则使用盐、明矾、蛋黄及面粉的混合物进行鞣制。经过矾鞣的皮革主要用于制手套或高档鞋靴。略加鞣制但在精加工前需进一步鞣制的皮革称为“预鞣革”。

（3）鞣制后进一步加工。鞣制后，坯革需作进一步处理（“加脂”）以清除表层疵斑，使之更加柔软及有更好的防水性等以供使用。这些工序包括软化、拉伸、削薄、搅打、辊轧以使皮革表层硬实，以及加油浸渍（“加脂”）。

皮革可再进一步加工，例如，染色、仿他种革的粒化或压花、上光、抛光、对肉面（有时粒面）磨光以产生绒面、打蜡、染黑、釉光、缎光、印花等。

皮革上可涂有一层清漆、大漆或覆盖一层塑料膜（片）（漆皮或层压漆皮），也可涂上金属粉末或覆盖金属箔（镀金属皮革）。

（4）羊皮纸化处理。羊皮纸化处理的皮革是生皮不经鞣制而用能保证其长期保存的方法制得的，即将生皮加以柔化、去毛、刮肉、洗涤，然后绷紧固定在框架上，涂以含有白垩粉及苏打或熟石灰的粉浆，削刮至所需厚度，再用浮石磨平，最后可用明胶及淀粉加以处理。质量较好的称为“犊皮纸”，是用新生牛犊的皮制成的。这种皮用于精装书、重要文件或鼓面等。

较厚的皮张（通常为大牛的皮）有时也用类似方法进行处理（较粗糙的产品称为“生牛皮”），用于制造机器零件、工具、旅行用品等。

（5）剖层皮和剖层革。剖层是将皮张水平片割为一层以上的过程，可在鞣制前或在鞣制后进行。剖层的目的是为了获得更为均匀的厚度以便于加工，并制得更为一致的成品革。皮张的外层或粒面层，称为“粒面剖层皮”，通过环状带式刀片对皮张进行平整，可达到几毫米的精度；底层称为“肉面剖层皮”，其形状和厚度是不规则的。特别厚的皮张，例如水牛皮，可以得到数层剖层皮，但这种剖层皮的中间层在结构上没有外层紧密。

（6）41.14“油鞣皮革（包括结合鞣制的油鞣皮革）；漆皮及层压漆皮；镀金属皮革”。

①油鞣皮革（包括结合鞣制的油鞣皮革）。油鞣，鞣制的一种方法，是通过用鱼油或动物油反复鞣制，然后加热烘干或晾干，用碱水洗去余油，最后清洁皮张的表面，并用浮石或其他磨料进行磨里加工制得。这样鞣制的皮革通常采用正面起绒除去粒层的绵羊或羔羊肉面剖层皮来做原料。油鞣皮革的特点是柔软可洗，呈黄色（染色的除外），大部分用来制造手套、洗革等。大动物（鹿等）的皮经过类似处理后可用于制衣服、挽具或作某些工业用途。

上述仅用油鞣制的油鞣皮革有时称为全油鞣皮革。与黄色油鞣皮革性质相似的白色可洗革是先以甲醛作不完全鞣制，然后再按上述方法加以油鞣制得，称为“结合鞣制的油鞣皮革”。品目41.14也包括这种皮革，但不包括其他可洗革（如用明矾及甲醛鞣制的皮革），也不包括用其他方法完全鞣制后仅用油“加脂”的皮革。

②漆皮，即涂有一层清漆或大漆，或在皮革表面覆盖一层塑料膜的皮革。这种皮革的表面光亮宛如镜面。所用清漆或大漆可加色或不加色，其基本成分为：植物干性油（通常为亚麻籽油）；纤维素衍生物（例如，硝化纤维素）；合成产品（不论是否是热塑塑料），主要为聚氨酯。覆盖在皮革表面的塑料膜一般是用聚氨酯或聚氯乙烯制成的。这类产品的表面不一定平滑，可压花以模仿某种皮张（鳄鱼皮、蜥蜴皮等），也可经人工挤压、起皱或制成粒面，但必须像镜面般光亮。涂层或塑料膜的厚度不得超过0.15毫米。

本组还包括用颜料（包括云母、硅石或类似的片状、粉末）混合黏合剂（如塑料或植物干性油）组成的油漆或大漆涂覆，使其具有金属光泽的皮革（“仿镀金属皮革”）。

③层压漆皮。商业上称为特种漆革，这种皮的表面覆盖了一层塑料片，其厚度超过0.15毫米，但不超过总厚度的一半，并且与漆皮一样有着镜面般的光洁表面（所覆盖的塑料片厚度超过0.15毫米且不小于总厚度的一半的皮革，应归入第39章）。

④镀金属皮革，即表面涂有或覆盖金属（如银、金、青铜或铝）粉末或箔的皮革。但本品目不包括涂漆或镀金属的再生皮革（品目41.15）。

（7）41.15“以皮革或皮革纤维为基本成分的再生皮革，成块、成张或成条的，不论是否成卷；皮革或再生皮革的边角废料，不适宜作皮革制品用；皮革粉末”。

①以皮革或皮革纤维为基本成分的再生皮革。本品目仅包括以真皮革或皮革纤维为基本成分的再生皮革。必须注意，本品目不包括以真皮革以外的其他材料为基本成分的仿皮革，例如，塑料仿皮革（第39章）、橡胶仿皮革（第40章）、纸及纸板仿皮革（第48

章）或涂布纺织品（第59章）。

再生皮革可用下列方法制成：A. 用胶水或其他黏合剂将皮革边角料及小块废料黏合而成。B. 不用任何黏合剂而用高压将皮革边角料及小块废料压合而成。C. 将皮革边角废料置于热水中加热后分解为细纤维（像纸一样不用黏合剂），所得的皮浆经过筛滤、滚压及研光制成皮张。

再生皮革可以染成块、成张或成条的再生皮革，不论是否成卷，均应归入本品目。如果切割成正方形或长方形以外其他形状的，不归入本品目（一般归入第42章）。

②皮革或再生皮革的边角废料，不适宜作皮革制品用；皮革粉末。其包括：A. 在加工皮革（包括再生皮革或羊皮纸化处理的皮革）货品过程中所产生的皮革边角废料，适于制再生皮革或胶水等，或用作肥料。B. 废旧的皮革制品，不能再作原用途使用，也不能用于制造其他皮革制品。C. 皮革粉屑（在皮革磨光及磨毛时所产生的废料），可用作肥料或用以制造人造起毛皮革、再生皮革铺地制品等。D. 皮革细粉，研磨皮革废料而得，用于制造仿麂皮织物或作为塑料的填料等。

本品目不包括：皮革碎片及破旧皮革货品（例如，旧机器皮带），凡可供制造皮革货品的，应作为皮革归入适当品目（品目41.04～41.14）；品目63.09的旧鞋靴。

3.2.9.3　第42章——皮革制品；鞍具及挽具；旅行用品、手提包及类似容器；动物肠线（蚕胶丝除外）制品

1）本章商品范围

（1）本章主要包括皮革或再生皮革的制品，也包括某些具有皮革业产品特征但是用其他材料制成的制品（品目42.01及42.02）。本章还包括某些肠线、肠膜、膀胱或筋腱制品。某些皮革制品应归入其他各章，参见章注一。

（2）易归入其他章的货品。①如上所述，本章品目42.01及42.02也包括某些用皮革以外的其他材料制成的制品，详见42.01及42.02的品目条文。②皮革或再生皮革制的衣服及衣着附件，不论是否装有电热元件（品目42.03），包括服装、手套（包括运动手套）、围裙、袖套及其他保护性衣着、背带、腰带、子弹带、紧身褡、领带及腕带等。

皮革和毛皮或人造毛皮制成的手套应一律归入品目42.03而不归入第43章（参见第43章注二）。

（3）易归入本章的货品。①除手套以外，用皮革或再生皮革制成的衣服和衣着附件如果用毛皮或人造毛皮衬里或非装饰性地附于表面，应归入品目43.03或43.04，但毛皮或人造毛皮仅作为装饰的除外。②用有皮革增强的纺织材料制成的服装（第61章或第62章）。③表带（品目91.13）。④编结品（第46章）。⑤其他，见章注一、二。

2）商品知识及归类要点

（1）42.01“各种材料制成的鞍具及挽具（包括缰绳、挽绳、护膝垫、口套、鞍褥、马褡裢、狗外套及类似品），适合各种动物用”。本品目包括适合各种动物用的皮革、再生皮革、毛皮、纺织物或其他材料制成的各种器具。这些货品包括在骑畜、挽畜、驮畜用的鞍具及挽具（包括缰绳、辔、挽绳），马用护膝垫、眼罩和护蹄，马戏团动物的装饰品、任何动物的口套、狗或猫的颈圈、挽绳及饰物，鞍褥、鞍垫及马褡裢，制成特殊形状专门供骑马用的毯子、狗外套。

本品目不包括：①单独报验的挽具配件或装饰物，如马蹬、马嚼子、马铃铛及类似

品、带扣（一般归入第十五类），马戏团动物用的羽饰等装饰品（应分别归入适当的品目）。②鞭子、马鞭及品目66.02的其他物品。

（2）42.02“衣箱、提箱、小手袋、公文箱、公文包、书包、眼镜盒、望远镜盒、照相机套、乐器盒、枪套及类似容器；旅行包、化妆包、帆布包、手提包、购物袋、钱夹、钱包、地图盒、烟盒、烟袋、工具包、运动包、瓶盒、首饰盒、粉盒、刀叉餐具盒及类似容器，用皮革或再生皮革、塑料片、纺织材料、钢纸或纸板制成，或者全部或主要用上述材料或纸包覆制成”。本品目仅包括本品目具体列名的物品及类似容器。这些容器可以是硬的或具有硬基底的，也可以是软的并且无基底的。除本章注释一和二另有规定的以外，本品目第一部分所包括的物品可用任何材料制成。这里所指的“类似容器”，包括帽盒、相机附件套、弹药盒、猎刀鞘及野营刀鞘、制成专门形状或内部装有配件以适合盛装特定工具（不论是否带附件等）的手提式工具箱或工具盒等。

但本品目第二部分所包括的物品，必须是用本品目所列材料制成的，或全部或主要用这些材料或纸（基底可以是木头、金属等）包覆的。这里所指的“类似容器”，包括皮夹子、文具盒、笔盒、票证盒、针线盒、钥匙袋、雪茄烟盒、烟丝盒、工具或珠宝卷包、鞋盒、刷盒等。

本品目的货品可装有贵金属、包贵金属、天然或养殖珍珠、宝石或半宝石（天然、合成或再造）制的零件，即使这些零件不是仅作为小配件或小饰物的，只要其未构成物品的基本特征，仍归入本品目。因此，装有玛瑙钩扣的银框皮手袋仍归入本品目（参见本章注释二（二））。

所称“运动包”，包括高尔夫球袋、体操袋、网球拍提袋、滑雪袋和钓鱼袋。所称“首饰盒”，不仅包括为存放首饰而专门设计的盒子，也包括其形状和配件专门适于盛装一件或多件首饰的各种规格的类似有盖容器，不论是否装有铰链或扣件。它们一般用纺织材料衬里。这些容器盛装首饰后可一同展示及出售，适于长期使用。

子目4202.11、4202.21、4202.31及4202.91所称的“以皮革做面”包括：具有塑料或合成橡胶薄膜涂层的皮革，该涂层无法用肉眼辨别（其厚度通常小于0.15毫米），用于保护皮革表面，不论其色泽上是否发生变化；层压漆皮。

（3）42.06“肠线（蚕胶丝除外）、肠膜、膀胱或筋腱制品”。本品目包括：①羊肠线，由洁净干燥的动物肠，尤其是羊肠的细条经过搓捻制成，主要用于制球拍、渔具和机器零件。用天然肠子撕片胶合而成的“人造”肠线也归入本品目。但本品目不包括外科用无菌肠线或类似的无菌缝合材料（品目30.06）或制成乐器弦的肠线（品目92.09）。②制成矩形（包括正方形）或切成其他形状的肠膜及其他肠膜制品（肠膜是从绵羊或其他反刍动物的盲肠制得的）。③膀胱制品，如烟袋、筋腱制成的机器传动带及制传动带的编带等。

3.2.9.4 第43章——毛皮、人造毛皮及其制品

1）本章商品范围

（1）本章全部是生毛皮、毛皮、人造毛皮及其制品。

（2）易归入其他章的货品。①除手套以外，用皮革或再生皮革制成的衣服和衣着附件如果用毛皮或人造毛皮衬里或非装饰性地附于表面，应归入品目43.03或43.04。但毛皮或人造毛皮仅作为装饰的除外。②毛皮或人造毛皮制的衣服及衣着附件，不论是否装有

电热元件（品目43.03和43.04）。

(3) 易归入本章的货品。①带羽毛或羽绒的整张或部分鸟皮，不能作为毛皮对待，应归入品目05.05或67.01。②第41章章注一（三）所述的生毛皮（品目41.01~41.03）。③皮革和毛皮或皮革和人造毛皮制成的手套应一律归入品目42.03而不归入第43章（参见本章章注二）。④其他货品，见章注二。

2）商品知识及归类要点

(1) 43.03“毛皮制的衣服、衣着附件及其他物品”。

①本品目包括下列材料制成的各种衣服及其部分品和衣着附件（手筒、女用披肩、领带、衣领等）：A. 毛皮；B. 以毛皮作衬里的其他材料；C. 以毛皮作面的其他材料（仅以毛皮镶边的除外）。

凡衣服上的毛皮仅供下列用途的应视为镶边：衣领及翻领（但衣领及翻领过大，实际上已成为披肩或无纽短上衣的除外），口袋、裙子、外套等的翻边或袖口等。

②本品目也包括加了其他材料（如金银花边）缝制的已鞣带毛皮张，但所加的其他材料并未改变其作为毛皮的基本特征。

③此外，本品目还包括由毛皮制成的或毛皮构成主要特征的各种其他制品及其零件。例如，小地毯、床罩、未装填的坐垫套、罩套、手提包、狩猎袋及干粮袋，供机器、机械器具或工业用的物品及附件（如抛光帽、涂色或装饰用滚筒的袖筒）。

本品目不包括：①品目42.02第一部分所列的不限材料的物品。②皮革和毛皮制的手套（品目42.03）（全部用毛皮制成的手套仍归入本品目）。

(2) 43.04“人造毛皮及其制品”。所称“人造毛皮”，是指将毛、发或其他纤维（包括绳绒纱线的纤维）黏附或缝合于皮革、织物或其他材料上以仿充毛皮的材料。但本品目不包括有时也被人称为“毛皮织物”的以机织或针织方法制得的仿毛皮（如法兰绒、长毛绒），它们应按纺织品归入品目58.01或60.01；也不包括“加毛”毛皮，即额外插毛的真毛皮。

本品目适用于成匹的材料及其制品（包括衣服及衣着附件），范围与品目43.03的真毛皮制品相同。本品目也适用于人造兽尾，即在皮革芯或绳上附上毛皮纤维或毛发纤维。但不包括把多个真兽尾或许多毛皮碎片用线绑在一个芯子上而形成的组合兽尾（品目43.03）。

商品归类练习

(1) 鞣制后染色的牛皮坯革（非湿革，全粒面未剖层，在干燥前染色）。(2) 里层是毛皮，外层是皮革组合制成的手套。(3) 男式大衣，面料为纯羊毛华达呢，衬里为兔毛皮。(4) 以纺织材料作面的首饰盒。(5) 皮革制急救药箱（内有药品）。(6) 木制的衣箱。(7) 包装木箱。

第八类历年考题

(1)“鳄鱼”牌牛皮公文包（2005年）。答案：4202.1190

(2) 牛皮制公文包（2010年）。答案：4202.1190

3.2.10 第九类 木及木制品；木炭；软木及软木制品；稻草、秸秆、针茅或其他编结材料制品；篮筐及柳条编结品（第44~46章）

3.2.10.1 本类概述

本类包括木和软木的木材及其制品、废碎料，还包括编结制品，章次分布见表3—9。

表 3—9 第九类商品范围及章次分布

序号	商品范围	本类章次分布
1	木材及其制品、废碎料	44
2	软木及其制品、废碎料	45
3	编结制品	46

3.2.10.2 第 44 章——木及木制品；木炭

1）本章商品范围

（1）本章全部是未加工的木材、木的半制成品及普通的木制品，还有废碎料。

（2）易归入其他章的货品。①木片条（品目 44.04）虽然属于植物质编结材料，但依据第 14 章章注二的规定，不能归入第 14 章（编结用植物材料）。②依据本章章注六的规定，谷物茎秆、竹、柳条、芦苇等作编结材料的产品，除未加工或简单加工状态（见品目 12.13 的品目条文和第 14 章注释）的应归入品目 12.13 或 14.01、已加工成编结品（例如，草帽、篮筐、席子等）的归入第 46 章外，其他的制品仍旧归入本章。例如，竹片或竹粒、竹子锯末之类的产品（用于制造木质碎料板、纤维板或植物纤维浆）归入品目 44.01；竹、柳条、谷类植物茎秆制成的碎料板、纤维板分别归入品目 44.10 和 44.11。

（3）易归入本章的货品。归入本章的木制品非常有限，大多数木制品应按其用途归入《编码》的其他章，例如香料、染料、首饰、机械器具、交通工具及其零部件、家具等，详见本章章注一所列"本章不包括"的范围。

2）商品知识及归类要点

（1）44.01"薪柴（圆木段、块、枝、成捆或类似形状）；木片或木粒；锯末、木废料及碎片，不论是否黏结成圆木段、块、片或类似形状"。

①薪柴，一般形状为短圆木段，通常带有树皮。其包括：已劈圆木或薪柴块；细枝、柴捆、粗枝、蔓茎、树桩及树根。本品目不包括作纸浆原材用的圆木或劈成四块的圆木（品目 44.03）。

②木片或木粒，即用机械方法将木材制成小片（扁平刚硬且粗制成方形）或小粒（细小且有柔性），用于机械法、化学法或机械—化学法制纤维素浆，或制造纤维板或木质碎料板。根据本章注释六，本品目也包括用竹等制的类似产品。

③锯末，不论是否黏聚成圆木段、块、片或类似形状。

④木废碎料，不能作木材用，主要用于制纸浆（造纸）、木质碎料板、纤维板及作柴火用。其包括：锯木厂或刨削车间的废品；生产中的废料；破碎板；不能再作原物使用的旧板条箱；树皮及刨花（不论是否黏聚成圆木段、块、片或类似形状）；木工及细木工的其他废碎料、废染料木及鞣料木或树皮。

本品目不包括：①涂有树脂或以其他方法制成点火物的木及木废料（品目 36.06）。②用于造纸浆或生产火柴梗的圆木（品目 44.03）。它们与薪柴不同，是经过仔细分级并可去皮，但通常未破碎、劈开、弯曲、去节或去叉。③用作编制筛子、片条盒、药丸盒等的木片条，以及用以制醋或澄清液体的刨花（品目 44.04）。④木丝及木粉（品目 44.05）。

（2）44.02“木炭（包括果壳炭及果核炭），不论是否结块”。木炭是木材在隔绝空气的条件下经炭化而得。归入本品目的木炭可以为块、条、粒或粉状，也可与焦油或其他物质黏聚成砖、片、球等形状。木炭不同于动物炭黑或矿物炭黑，比水轻，段状的可见木材的纹理。

本品目不包括：①第 30 章规定的制成药品形状的木炭。②与香料混合后制成片状或其他形状的木炭（品目 33.07）。③活性炭（品目 38.02）。④绘图用木炭（炭笔）（品目 96.09）。

（3）44.03“原木，不论是否去皮、去边材或粗锯成方”。本品目包括砍伐后天然状态的木材。它们通常已被砍掉树枝，剥去外层树皮或内外层树皮，并削去隆凸部分。本品目还包括为了节省运输费用或防腐等目的除去了幼嫩的多余外层（边材）的木材。

上述归入本品目的主要产品包括：可锯木材；电话、电报或电力传输线用的电线杆；未削尖及未劈开的木桩、尖桩、标桩、杆柱及支柱；圆矿柱；木段，不论是否劈成四块，用于制纸浆；圆木段，用于生产贴面薄板等；用于制造火柴梗、木器等的木段。经进一步用刮刀修理或经机械削皮机削刮后表面光滑，可即作电报、电话或电力传输用的电线杆也归入本品目。这些木杆通常涂上油漆、着色剂或清漆，或者用杂酚油或其他物质浸渍。

本品目还包括：由树干或树干段经粗劈成方的木材，其圆形表面用斧劈平或用粗锯锯平，成为截面为矩形（包括正方形）的木材；粗劈成方木材的特征是有斑斑的粗糙面和丝丝的树皮。粗劈成半方形木材，即仅在两相对面按上述方法加工的木材也归入本品目。制成这类形状的木材主要用于锯木厂，也可供直接使用，例如，用作房梁。某些木材（如柚木）是用楔块劈开，或顺木纹劈成方材，这些方材也归入本品目。

本品目不包括：①适于制造手杖、伞柄、工具把柄及类似品的粗加修整木材（品目 44.04）。②制成铁道或电车道枕木（轨枕）的木材（品目 44.06）。③切成厚板、横梁等的木材（品目 44.07 或 44.18）。

另外，子目号 4403.1000 是指为了长期保存，用涂料、着色剂、杂酚油或其他防腐剂（例如，煤焦油、五氯代苯酚、加铬的砷酸铜或含氨的砷酸铜）处理的产品，不包括仅为运输或仓储期间保存木材而用有关物质处理的产品。

（4）44.06“铁道及电车道枕木”。本品目包括通常用于支撑铁轨或电车道轨的基本成矩形截面的未刨木段。本品目还包括岔枕（比普通枕木长）及桥枕（比普通枕木宽、厚及长）。

枕木可制有固定铁轨及支座用的孔眼及底座，其边缘可粗略斜切。为防止枕木爆裂，有时还在两端用骑马钉、铁钉、螺栓或钢条进行加固。为达到防护目的，本品目的产品可用杀虫剂或杀菌剂作表面处理；为了长期保存还可用杂酚油或其他物质进行浸透（子目 4406.10）。

但应注意，子目 4406.1000 所称的“浸渍”，是指为了木材的长期保存，用杂酚油或其他防腐剂进行的处理。仅为运输或仓储期间不受真菌或寄生虫侵害而用杀菌剂或杀虫剂处理的枕木应作为“未浸渍”的货品归入子目 4406.9000。

（5）44.08“饰面用单板、制胶合板或类似多层板用单板以及其他经纵锯、刨切或旋切的木材，不论是否刨平、砂光或指榫接合，厚度不超过6毫米”。

子目4408.1011用胶合板等多层板制的饰面用单板，是指用刨切等方法加工多层板材制得的、厚度不超过6毫米的饰面用薄板。它代替了用传统方法制得的贴面薄板。子目4408.1020制胶合板用单板，是指锯成、刨切或旋切制成厚度不超过6毫米的用于制胶合板的薄板。

（6）44.10“木质碎料板及其他类似木质材料板，不论是否用树脂或其他有机黏合剂黏合。木质碎料板是经压紧或挤压而制得的各种长度、宽度、厚度的平板产品”。它通常用圆木头或木废料经机械碾磨所得的木片或木粒制得，也可用其他木质材料（例如，蔗渣、竹子、稻草、秸秆、亚麻或大麻的碎片）制得。木质碎料板一般通过加入有机黏合剂（通常为热固性树脂）黏聚而成。

（7）44.11“木纤维板或其他木质材料纤维板，不论是否用树脂或其他有机黏合剂黏合”。纤维板最通常是用机械纤维分离或汽爆处理的小木片或用其他已经纤维分离的木质纤维素材料（如以蔗渣或竹子制得的材料）制得。木纤维板的纤维在显微镜下才可辨认出来。木纤维板中的纤维通过毡合以及由于所含木素纤维自身的黏着特性相互紧密黏聚在一起。另外，也可加入树脂或其他有机黏合物质将纤维加以黏聚。

（8）44.12“胶合板、单板饰面板及类似的多层板”。

①胶合板，用三层及以上薄板层叠胶合及压合制得，通常上下层的纹理是成一定角度的，从而使木板具有更大强度，并可弥补木材收缩，减少翘曲。每层板都称为“夹板”，胶合板通常由单数的多层夹板组成，中间一层称为“芯板”。

②单板饰面板，即由一层饰面用薄板在压力下胶黏于一块通常为较次木质的底板上而组成的木板。在非木质底板（如用塑料板）上贴上木质饰面板的产品，如果木质饰面板构成该产品的基本特征，也应作为本组所列产品归类。

③类似多层板。本组可分为两类：A. 木块芯胶合板、侧板条芯胶合板及成材芯板胶合板，其板芯较厚，由木块、木板条或小木方胶合在一起组成，表面盖有外层板。这类胶合板非常坚硬牢固，使用时无需框架和衬背。B. 用其他材料代替木芯的胶合板，例如，用一层或多层的木碎料板、纤维板、胶合在一起的木废料、石棉或软木为芯层的胶合板。

本品目也包括用多层木板切片制得的饰面用薄板。本品目的产品不论是否已经加工成品目44.09所列货品的形状，或经弯曲、穿孔、切割、制成瓦楞形或正方形或矩形以外的其他形状，也不论其是否经表面或边缘加工、涂层或包覆（如用织物、塑料、油漆、纸或金属涂层或包覆），或者进行其他加工，只要这些产品不具有其他品目所列货品的基本特征，仍应归入本品目。

注意：本品目不包括多层强化木（品目44.13）。

（9）44.13“强化木，成块、板、条或异型的。本品目所包括的强化木是经化学或物理方法处理，从而增加了密度或硬度并改善了机械强度、抗化学或抗电性能”。这种木可以是整块的，也可以是几层木黏合在一起的，对于黏合的，其处理应超出仅是各层之间黏合的需要。

生产本品目的产品主要有两道工序，浸渍和压缩。这两道工序可分别进行或同时进行。在浸渍工序中，木材通常用热固性塑料或金属熔液完全浸透。热固性塑料（如氨基树脂或酚醛树脂）通常用于浸渍胶合板用的超薄饰面板，很少用于浸渍实心材，因为薄板易渗透。金属浸注木材是将事先加热的实心木块投入密闭的金属熔液（如锡、锑、铅、铋及其合金）浴槽中加压制得。金属浸注木的密度每立方厘米通常超过3.5 克。

压缩工序能使木细胞收缩，它可以通过强大液力挤压或滚压的办法对木材作横向压缩，也可以通过压热器在高温下对木材作全向压缩。经过这种工序的强化木，其密度可达到每立方厘米 1.4 克。

强化木通常用于制造齿轮、梭子、轴承及其他机械零件，推进器、绝缘体及其他电气货品，并用于制化学工业的容器等。

(10) 镶嵌木（品目 44.20）。它是指把薄的不同颜色或不同种类的木板制成复杂图样，贴或镶嵌在浅、扁平的底子或表面上组成装饰性花纹、图案或风景的木制品的总称。

(11) 木板与塑料构成的复合板材的归类。一般来说，凡属木板与塑料构成的建筑板材应归入本章。但这些板材应根据用途按其具有主要特性的表面进行归类。例如，用于屋顶、墙壁或地板作结构件的建筑板材，由一木质碎料板外层和一绝缘塑料层组成，不论塑料层有多厚，都应归入品目 44.10，因为是坚硬的木板部分使之能作为结构件，而塑料层只具有辅助的绝缘功能。另一方面，外层为塑料而木材仅起背衬支撑作用的板材则一般归入第 39 章。

(12) 木制品拆散件或未组装件的归类。依据归类总规则二，未拼装或拆散的木制品，如果各部件同时报验，应按相应的完整木制品归类。同样，玻璃、大理石、金属或其他材料制的木制品的零、配件如果与木制品一同报验，则不论其是否装配在一起，均应按木制品归类。

3.2.10.3 第 45 章——软木及软木制品

1) 本章商品范围

本章包括各种形状的天然软木、压制软木及其制品，还有废碎料。易归入本章的货品中软木制品较少，不归入本章的软木制品见本章章注。

2) 商品知识及归类要点

(1) 软木。软木几乎全部来自生长在欧洲南部或非洲北部的栓皮槠树的外层树皮。软木质轻而富有弹性，可压缩性强，柔软，有不透水、抗腐蚀、绝热及隔音等特性。压制软木通常是将软木碎、软木粒或软木粉通过加入黏合物质或通过加温使其黏合制得。压制软木比天然软木更为广泛地用作建筑材料，除条文特别说明外，品目 45.01 所称“软木”，包括天然和压制软木。

(2) 45.01“未加工或简单加工的天然软木；软木废料；碎的、粒状的或粉状的软木”。未加工的软木呈从栓皮槠树采剥下来时的曲形厚皮状。天然软木的简单加工，包括表面经刮擦或用其他方法清理（如烧焦表面处理），而有裂缝的表层仍然保留，或清理软木的边，除掉不合用部分（修边软木）。用杀菌剂处理的软木或经沸水或蒸汽处理后再压平的软木也归入本品目；但除去表皮（剥去外皮）的软木或已粗切成方形的软木除外（品目 45.02）。

3.2.10.4 第46章——稻草、秸秆、针茅或其他编结材料制品；篮筐及柳条编结品

1）本章商品范围

（1）本章全部是用各种材质的未纺编结材料编结制成的半成品和制成品，还有丝瓜络制品。

（2）易归入其他章的物品。日常使用的很多编结品应归入本章，在归类时注意查阅各章注释。例如，品目42.02所述的“衣箱、提箱、小手袋、公文箱、公文包、书包、眼镜盒、望远镜盒、照相机套、乐器盒、枪套及类似容器；旅行包、化妆包、帆布包、手提包、购物袋、钱夹、钱包、地图盒、烟盒、烟袋、工具包、运动包、瓶盒、首饰盒、粉盒、刀叉餐具盒及类似容器”，如果用本章下文所述允许的编结材料编结制成，应归入本章。

（3）易归入本章的货品。①注意，本章仅包含编结（交织、编织或类似方法）而成的半制品和制成品，但是，编结材料本身并不归入本章，例如，谷物茎秆（品目12.13或14.01）；竹、柳条、芦苇（品目14.01）；木片条（品目44.04）；纸带（第48章）；丝瓜络（品目14.04）。②并非所有的编结品都归入本章，能够归入本章的产品，其所用的编结材料必须是在本章允许的范围内。例如，皮革条、布条、马毛的编结品就不能归入本章。详见下文“本章编结品的材料”。③其他不归入本章的编结品详见本章章注二所列“本章不包括”的范围。

2）商品知识及归类要点

（1）本章编结品的材料。

①除丝瓜络制品以外，本章仅包括经交织、编织或类似方法将未纺材料组合起来的半制成品（品目46.01）及某些制成品（品目46.01和46.02）。本章产品允许的编结材料主要有：

·稻草、秸秆、柳条、竹、灯心草、藤、芦苇、木片条（例如，很薄条状的木）、拉拔木条、其他植物材料扁条（如树皮条、狭叶、酒椰叶纤维或其他从蕉叶或棕榈叶等阔叶获取的扁条），只要其状态或形状适于编织、交织或类似加工的。子目4601.2911所列灯心草属植物，包括蔺草和野灯心草，均为多年生草本植物，根茎横走，密生须根，茎丛生、直立，圆柱形，淡绿色，具纵条纹，茎内充满白色的髓心，花期为夏季。茎内白色髓心除供点灯和烛心用外，入药有利尿、清凉、镇静作用；茎皮纤维可作编织和造纸原料，是编织榻榻米的上乘原料。

·未纺的天然纺织纤维。

·第39章的截面尺寸超过1毫米的塑料单丝、表观宽度超过5毫米的塑料扁条及类似品。

·纸带（包括包有塑料的纸）。

·由纺织材料做芯（未纺的纤维、缠条等），绕或裹上塑料扁条，或厚厚地用塑料涂布所构成的某些材料，这些材料不再以芯子本身的纤维、缠条等为特征。

以上某些材料，特别是植物材料可经加工处理（如劈开、拉拔、削皮等或用蜡、甘油等浸渍），使其更适合于编结、交织或类似加工。

②下列材料虽然可以做编结材料，但不允许作为本章产品的编结材料，其制成品或产品也不归入本章：A. 马毛（品目05.11或第十一类）。B. 纺织粗纱或纱线（第十一类）。

C. 截面尺寸不超过1毫米的化纤单丝及表观宽度（即处于折叠、扁平、压紧或搓捻状态）不超过5毫米的化纤扁条或扁平管条（包括纵向折叠的扁条及扁平管条），不论是否紧压或搓捻（人造草及类似品）（第十一类）。D. 用塑料浸渍、涂布、包覆或套裹的纺织纱线（第十一类）。E. 皮革或再生皮革条（一般归入第41章或第42章）、毡呢或无纺织物扁条（第十一类）及人发（第5章、第59章、第65章或第67章）。

（2）本章编结制品的主要品种。

①品目46.01所述的半制成品和某些制成品。例如，成匹的盘卷或条状精细产品，用于生产女帽、座位罩面等；席子及席料（铺地制品等）；用柳条等编的屏板或镶板。

②品目46.02的制成品：

·篮筐及类似编结容器，不论是否装有小滚轮或脚轮的。

·用木片条交织而成的类似篮筐或箱盒，但不包括非交织制成的木片条容器（品目44.15）。

·旅行袋及衣箱。

·手提包、购物袋及类似品。

·捕虾篓及类似制品；鸟笼及蜂箱。

·托盘、瓶架、地毯鞭、餐具、厨房用具及其他家用器具。

·女帽花边及其他花哨制品，但品目67.02的除外。

·稻草瓶套。这些制品大都由粗稻草或类似材料大致平行放置后用纱线或绳子连接而成的空心锥形套。

·将长缠条绕成方形或圆形等，然后用线连接制成的席子（注意与品目46.01的席子的区别）。

商品归类练习

（1）木制帽楦。（2）木制衣箱。（3）藤条编结的衣箱。（4）塑料手提箱。（5）毛竹（直径8~12厘米，长10~15米）。（6）劈开成条状的毛竹。（7）藤皮条。（8）表面为西非红豆木薄板，其他两层为针叶木薄板压制的三合板（每层薄板厚度为1毫米）。（9）木制切菜板。（10）木制一次性筷子（零售包装）。（11）包装木箱。（12）胶合板，表层为巴西胡桃木，其他两层为针叶木（每层薄板厚度为3毫米）。（13）木块芯胶合板，厚12毫米，由两面是针叶木包饰面、中间层为碎木料的芯板（厚8毫米）胶合而成。（14）表层为樱桃木，其他两层为针叶木的三合板（每层薄板厚度为7毫米，非芯板）。（15）木制沙发。（16）木锉。

第九类历年考题

（1）一种大芯板，厚12毫米，由两面是针叶木饰面、中间层为碎木料的芯板（厚8毫米）胶合而成（2006年）。答案：4412.9300

（2）一种强化复合地板，规格为700毫米×190毫米×10毫米，由耐磨层（三氧化二铝膜）、表层（印木纹的纸）、基层（干法生产的中密度纤维板，密度为0.85克/立方厘米，厚9.5毫米）、背板平衡层（一种纸）经树脂浸渍后高温强压复合而成，边、端制成杆接企口以便于安装（2008年）。答案：4418.9000

（3）由表观宽度为6毫米的聚酯扁条编结的衣箱（2009年）。答案：4602.9000

3.2.11 第十类 木浆及其他纤维状纤维素浆；回收（废碎）纸或纸板；纸、纸板及其制品（第47～49章）

3.2.11.1 本类概述

本类包括纸浆、各种纸制品、回收纸、印刷品、稿件、打字稿、图纸，章次分布见表3—10。

表3—10 第十类商品范围及章次分布

序号	商品范围	本类章次分布
1	纸浆；回收纸和纸板	47
2	纸的制品	48
3	印刷品；手稿、打字稿、设计图纸	49

3.2.11.2 第47章——木浆及其他纤维状纤维素浆；回收（废碎）纸或纸板

1）本章商品范围

（1）本章仅包括两部分产品：纸浆；纸或纸板的废碎料。

（2）易归入其他章的货品。纸或纸板废碎品即使用于其他方面（如包装），但仍归入本章。

（3）易归入本章的货品。①废纸制成的纸丝（品目48.23）。②主要用于回收贵金属的含贵金属或贵金属化合物的废碎纸或纸板，如含银或银化合物的废碎感光纸或纸板（品目71.12）。

2）商品知识及归类要点

（1）纸浆。本章的纸浆主要为从各种植物材料或植物纺织废料中获得的纤维素纤维。国际贸易上最重要的纸浆是木浆，根据加工方法分为“机械木浆”、“化学木浆”和“半化学木浆（机械和化学联合制浆法制得）”。最常用的制浆木材是松木、云杉木及杨木，但也使用较硬的木材，例如，山毛榉木、栗木、桉木及某些热带树木。

其他用于制纸浆的材料包括：棉短绒，回收（废碎）纸或纸板，破布（尤其是棉布、亚麻布或大麻布）及其他纺织废料（例如，旧绳），稻草、针茅、亚麻、苎麻、黄麻、大麻、西沙尔麻、蔗渣、竹及各种草和芦苇。

纸浆报验时通常成张大包捆扎（不论是否打孔），湿的或干的；但有时成块状、卷状或呈粉末状及粉片状。纸浆除可用于造纸业以外，一些纸浆（尤其是漂白浆）还可作为纤维素的原料用于制造各种产品，例如，人造纤维纺织材料、塑料、清漆及炸药，也可用于制牲口饲料。

（2）47.07“回收（废碎）纸或纸板”。本品目所列纸及纸板的废品包括削、切、剪、撕的废纸及纸板，旧报纸和旧杂志、校样、报废印刷品及类似废料。本品目也包括纸或纸板的碎料。上述废碎品一般用于造纸浆，报验时通常打压成包。

3.2.11.3 第48章——纸及纸板；纸浆、纸或纸板制品

1）本章商品范围

（1）本章包括各种纸及纸板，以及纸浆、纸或纸板的制品。

①成卷或成张的各类纸、纸板、纤维素絮纸及纤维素纤维网纸（品目48.01～48.11）。除品目条文另有规定的以外，符合上述品目中两个及以上品目规定的纸或纸板，

应按序号归入有关品目中的最后一个品目（参见章注七）。

·48.01、48.03～48.09 这 8 个品目仅适用于章注八所述规格的纸、纸板、纤维素絮纸及纤维素纤维网纸。成条或成卷时，宽度要大于 36 厘米；成张矩形（包括正方形），一边超过 36 厘米，另一边超过 15 厘米（以未折叠计）。如果规格不符合章注八的规格限制，则品目 48.01 的新闻纸归入品目 48.02 的新闻纸，其他的归入品目 48.16～48.23。

·48.02、48.10、48.11 这 3 个品目包括任何尺寸的成卷或成张矩形（包括正方形）的某些纸及纸板，但章注七另有规定的除外；品目 48.02 还包括任何尺寸的手工制纸及纸板。

②纸浆制的滤块、滤板及滤片（品目 48.12），卷烟纸，不论是否切成一定尺寸、成小本或管状（48.13）；壁纸及类似品（参见本章注释九）和窗用透明纸（品目 48.14）。

③品目 48.16～48.23 包括：①纸、纸板、纤维素絮纸及纤维素纤维网纸（不属品目 48.02、48.10、48.11 或以上第②款的货品），成卷或成张，所切尺寸小于以上第①款规定的尺寸，或切成矩形（包括正方形）以外任何形状；②纸浆、纸、纸板、纤维素絮纸及纤维素网纸的制品。

（2）易归入其他章的货品。①供医疗、外科、牙科或兽医用的纤维素絮纸，未以药物浸渍或涂布，也未制成零售包装的（品目 48.18）；②纸制的衣服及衣着附件（品目 48.18）；③除品目 48.14 或 48.21 的货品以外，纸、纸板或纤维素絮纸及其制品，如所印内容仅附属于主要用途（如印制的包装纸及文具），应归入本章，而不应作为印刷品归入第 49 章；④载有文字或图案以供复制并按序号装订的拷贝纸及转印纸（品目 48.16）。

（3）易归入本章的纸制品。①供医疗、外科、牙科或兽医用的纤维素絮纸，以药物浸渍或涂布，或制成零售包装的（品目 30.05）；②照相纸等类似感光纸及纸板（品目 37.01～37.04）；③捕蝇纸（品目 38.08）；④纤维板（品目 44.11）；⑤纸制太阳伞（品目 66.01）；⑥人造花、簇叶、果实及其部分品（品目 67.02）；⑦绝缘纸及其他电气货品（第 85 章）；⑧第 90 章的物品（如矫形器具或示范装置、科学仪器用的标度盘）；⑨钟面及表面（品目 91.14）；⑩弹壳及弹垫（品目 93.06）；⑪灯罩（品目 94.05）；⑫支票簿（品目 49.07）；⑬许多纸品，例如，茶袋纸材料，是由上述纤维素纤维与纺织纤维（尤其是第 54 章注释一所规定的化学纤维）混合组成，如果这些材料按重量计以纺织纤维为主，则不作为纸，而应作为无纺织物归类（品目 56.03）；⑭纸纱线以及纸纱线制成的纺织品都归入第十一类；⑮其他不归入本章的纸制品详见本章注释二及十二。

2）商品知识及归类要点

（1）本章纸（包括纸板）的加工。①品目 48.01～48.05 仅包括未涂布的机制纸和手工制纸，这些纸可根据需要进行施胶及一般上光（如蜡光、砑光）处理。品目 48.03 的家庭或卫生用纸还可以经该品目所述的加工处理。本章注释三规定了品目 48.01～48.05 所列纸、纸板、纤维素絮纸及纤维素纤维网纸允许加工的范围，超出允许加工范围的应归入后面的品目。②品目 48.06～48.11 包括某些特种纸或纸板（如羊皮纸、防油纸、复合纸），或经过各种处理的纸、纸板、纤维素絮纸及纤维素纤维网纸。这些处理包括涂布、印图案、划线、浸渍、起纹、压花、打孔及制成瓦楞形。

（2）宣纸（子目 4802.1010）。宣纸，是采用产自安徽省泾县境内及周边地区的青檀皮和沙田稻草，不掺杂其他原材料，并利用泾县独有的山泉水，按照传统工艺和特殊配方，在严密的技术监控下，在安徽省泾县内生产的，具有润墨和耐久等独特性能，供书画、裱拓、水印等用途的高级艺术用纸，是拥有我国自主知识产权的传统特色产品。

宣纸属于国家地理标志产品保护范围，限于国家质量监督检验检疫行政主管部门根据《地理标志产品保护规定》批准的宣纸产地范围，即安徽省泾县现辖行政区域。宣纸属于中国特有的产品，根据国家标准规定应仅限于国家地理标志范围的产品，才可作为宣纸归入品目48.02。

(3) 新闻纸（品目48.01）。其俗称白报纸，主要供印刷报纸用，有时也用于一部分期刊、电话号码簿、邮政编码本等。新闻纸的配料主要是由机械木浆和（或）脱墨报纸再生浆组成，一般掺配少量化学木浆。机械木浆赋予新闻纸良好的印刷性能，如吸收性、松厚度、可压缩性、不透明度等。品目48.01所述成卷的新闻纸应符合第48章章注四和章注八的规定。

(4) 电解电容器原纸（子目4805.9110）。它是制造生产电解电容器的重要材料，一种用于吸附非固体工作电解质的衬垫纸。其应具有标准规定的物理、化学性能及品质，具有一定的拉力强度，吸收率大，杂质含量低（特别是氯离子、硫酸根离子以及铜、铁等金属杂质含量应极少）。

(5) 48.06“成卷或成张的植物羊皮纸、防油纸、描图纸、半透明纸及其他高光泽透明或半透明纸”。

①植物羊皮纸。它是将优质未施胶及无填料的纸在硫酸中浸泡数秒钟后制得。酸的作用使部分纤维转化成胶化纤维素，因而具有胶质的不渗透性。当经过上述处理的纸完全冲洗净并干燥后，所得产品的强度大大超过原产品，呈半透明状，具有抗油脂性能，并在很大程度上不透水和气体。质量较重、质地较硬的植物羊皮纸，以及将两张或多张植物羊皮纸趁其潮湿时压制而成的产品，称为植物羊皮纸板。

植物羊皮纸可用于包装达那炸药，作油脂物品（如黄油、猪油）及其他食品的保护性包装、渗透及渗析工艺中的薄膜、证书纸及类似纸、某些用途的描图纸及图样纸，也用于制贺年卡等。植物羊皮纸板可替代羊皮纸用于书本装订、制造灯罩及旅行用容器等。只在单面作羊皮纸化处理的纸（用于制某种壁纸）也归入本品目。

②防油纸（某些国家称为仿羊皮纸）。它是用纸浆（一般是亚硫酸盐浆）直接制得的。这些纸浆在水中经长时间拍打，纤维细化并水解。该纸呈半透明状，并在很大程度上防止油脂渗透。总的来说，防油纸的用途与植物羊皮纸相同。因其价廉，特别适于作油脂食品的包装。防油纸极少上光，外观酷似植物羊皮纸，但可在其防水性能较弱这一点上区别于植物羊皮纸。

植物羊皮纸及防油纸在表面加工时可用甘油、葡萄糖等处理，使其软化并变得较为透明。这些处理并不影响其税则归类。防油纸和植物羊皮纸可通过测试其防水性能加以区别。在水中浸泡数分钟后，植物羊皮纸仍不易撕裂，且裂口整齐，但防油纸却很易撕裂，且裂口起毛。

③玻璃纸。它是一种高光泽透明纸，其制造方法与防油纸相同，但在制造的最后阶段，通过把纸置于高度研光机的加热滚筒之间反复湿化及加压上光，使纸获得特有的透明度及高密度。现在类似的高光泽透明纸虽经同样的工艺制得，但在纸浆中加有塑料或其他材料。本品目不包括在纸张抄造后经过涂布、浸渍或类似处理，因而具有防油或防水性能

的纸（品目48.09或48.11）。

（6）涂布纸及纸板。它是指在纸或纸板的单面或双面加以涂料，使纸面产生特殊的光泽或使其适于某种特定需要。所涂的物料一般为矿物质、黏合剂及其他涂布工序所需的添加剂，如硬化剂和分散剂。

①成卷或成张的涂高岭土（中国黏土）或其他无机物质（硫酸钡、碳酸钙、硫酸钙、硅酸镁、氧化锌及金属粉末等）（不论是否加胶合剂）的纸及纸板，归入品目48.10，例如铜版纸、玻璃卡纸。

②成卷或成张的纸或纸板，如涂有焦油、沥青、塑料或其他有机物质（蜡、硬脂、纺织纤维屑、锯末、软木粒、虫胶），均归入品目48.11。例如，涂塑相纸、绝缘纸、热敏纸。但该品目列明不包括的货品除外。

（7）浸渍纸及纸板。大多数浸渍纸及纸板均经过油、蜡、塑料等材料处理，这些材料浸透纸及纸板后，可赋予它们特别的性质（如防水、防油、透明或半透明）。这些纸及纸板大都用作保护性包装材料或绝缘材料。浸渍纸及纸板包括：包装用油纸，复写用油纸或蜡纸，油印蜡纸，用塑料等浸渍的绝缘纸及纸板，橡胶浸渍纸，仅用焦油或沥青浸渍的纸及纸板。

某些纸（如壁纸原纸）可用杀虫剂或化学品浸渍。

（8）复写纸、自印复写纸及其他拷贝或转印纸、油印蜡纸或胶印版纸（品目48.09或48.16）。根据复印方式不同，这些纸可分为以下两类：

①通过将纸上涂布物或浸渍物全部或部分转印到另一表面上复制原文的纸。该类货品包括：A. 复写纸或类似的拷贝纸。本品是用混有炭黑或其他着色材料的脂肪物质或蜡性物质涂布或有时浸渍的纸，供用笔或打字机将原文复印在普通纸上。B. 自印复写纸。自印复写纸也称为无碳复写纸，可制成折扇形。通过办公室机器或铁笔在原文纸上缮写时的压力，使同一纸上或相邻两张纸上的两种不同成分产生反应，从而印写原文。C. 热敏转印纸。纸品的一面涂有热敏材料，在用红外线复印机复印时，涂层中的染料可转印到一张普通纸上（热转印工序），从而获得原文的副本。

②用上述第①款以外的其他方法复印的拷贝纸、油印蜡纸或胶印版纸。该类货品包括：

· 无衬油印蜡纸及衬背油印蜡纸。无衬油印蜡纸的纸薄而韧，不施胶，用石蜡或其他蜡、胶棉或类似产品的制剂涂布或浸渍。用打字机、铁笔或其他任何刻印工具的压力穿透纸面涂料从而产生原文或图案。衬背油印蜡纸通常附有一张顶部边缘与蜡纸粘连的衬背厚纸，衬背纸可以分离，其顶部专门打有孔眼以便于将已誊写的蜡纸固定在油印机上。蜡纸与衬纸间有时夹有一张纸，供作副本。此外，蜡纸上一般具有指示标记及印有其他各种说明。

· 胶印版纸及胶印版。胶印版纸的一面具有一种不透平印油墨的特殊涂层。胶印版用于办公室型胶印机上，它可将手工机器或其他任何印记方法印记于胶印版上的文字或图案复印到普通纸上。载有文字或图案以供复印的拷贝纸及转印纸不论是否按序号装订，都不影响其归类。

以下纸虽然具有复制的功能，但不归入品目48.09或48.11：

· 名为压印箔或烫金箔的转印纸，它们是涂有金属、金属粉末或颜料的薄纸，用于书本封面、帽圈等的烫金（品目32.12）。

·品目37.01~37.04的感光纸或纸板。

·用纸衬背的以明胶为基料的复印膏（品目38.24）。

·用塑料膜片制成的油印模板，具有一张可分离的衬背纸，已切成一定尺寸，并在一边打有孔眼（第39章）。

·用热敏物质涂布的纸，通过将涂布物质直接变黑而形成原文的复印纸（热复印法）（品目48.11或48.23）。

·多联商业表格纸及页间夹有复写纸的本子（品目48.20）。

·转印纸（移画印花纸）（品目49.08）。

（9）48.20“纸或纸板制的登记本、账本、笔记本、订货本、收据本、信笺本、记事本、日记本及类似品、练习本、吸墨纸本、活动封面（活页及非活页）、文件夹、卷宗皮、多联商业表格纸、页间夹有复写纸的本及其他文具用品；纸或纸板制的样品簿、粘贴簿及书籍封面”。本品目包括品目48.17的通信用货品及本章注释十所述货品以外的各种文具用品。本品目的物品有的印有相当多的内容，但只要这些内容是附属于其主要用途的，例如，表格（主要靠手工或打字填写）及日记（主要靠写作），即可归入本品目而不归入第49章。

印有问答题或练习题并以其为主要用途，通常留有空间以便手工完成习题的教学用辅助练习册，有时称为作业本，不论是否印有叙事内容，均不归入本品目（品目49.01）。本品目也不包括主要由带辅助性说明文字的图画组成，供儿童写字或做其他练习的儿童手工书（品目49.03）。

本品目的货品可用非纸质材料（如皮革、塑料或纺织材料）装订，还可用金属、塑料等进行加强或作紧固件。另一方面，基本上以木、大理石等组成的物品。例如，台式备忘录应酌情分别按木、大理石等制品归类。练习本及其他书写纸的散页，包括活页本的穿孔纸张，一般归入品目48.23。粘贴簿的活页纸也不归入本品目，而应根据其特征归入其他品目。

（10）48.21“纸或纸板制的各种标签，不论是否印制”。本品目包括附于任何物品之上，以标明其性质、特性、所有者、目的地、价格等的各种纸或纸板制的标签。它们可以是粘贴式（上胶水或自粘）的，也可以是用系带等其他方法附上的。

这些标签可以是素色或印有各种文字或图画，也可上胶、配备系带、扣子、挂钩及其他紧固件，或以金属或其他材料加强，还可以打排孔或制成大张或小本子。

供宣传、广告用或仅作装饰用的自粘印制张贴品，例如，漫画或橱窗张贴品，不归入本品目（品目49.11）。本品目也不包括由单面或双面以一层薄纸覆面的硬贱金属片制成的“标签”，不论是否印制（品目73.26、76.16、79.07等，或品目83.10）。

子目4821.10包括各种印制标签，不论其所印内容的意义及程度如何。标签上印有线条或其他简单边线，或者仅印有小图案或其他符号的，也视作本子目所称的“印制”。

（11）纤维素絮纸及纤维素纤维网纸。这些纸由层数不一的多层松散毡合的纤维素纤维构成，其纤维素纤维层极薄，在潮湿状态下辊压在一起，干后各层易分离。

3.2.11.4 第49章——书籍、报纸、印刷图画及其他印刷品；手稿、打字稿及设计图纸

1）本章商品范围

（1）本章仅包括所印花纹图案、文字或图画决定其基本性质及用途的各种印刷品，以及以手工绘制的类似品（包括手绘地图及设计图表）、手稿或打字稿，无论是印于纸上还是印于其他材料上。

（2）易归入本章的货品。①本章不包括品目39.18、39.19、48.14或48.21的货品，即使它们所印花纹图案、文字或图画不仅仅是附属于货品的主要用途的。②载有文字或图案以供复制并按序号装订的拷贝纸及转印纸（品目48.16）。商店招牌或橱窗用的带印刷图画或文字内容的字母、数字、标志及类似符号，如果是用陶瓷、玻璃或贱金属制成的，应分别归入品目69.14、70.20及83.10；如果带有照明装置的，则应归入品目94.05。③使用过的，或虽未使用过但不是指运国流通及新发行的邮票、印花税票及类似票证（品目97.04）。④其他易归入本章的物品见章注。

2）商品知识及归类要点

（1）49.10“印刷的各种日历，包括日历芯”。本品目涉及各种日历，不论其印于纸、纸板、纺织物上或印于其他材料上，只要所印日历构成了这些物品的基本特征。这些日历除按正常顺序印有月份日期、星期日期等以外，还可印有各种其他信息资料，例如，大事记、节日、天文及其他资料、诗句及格言。此类日历也可以印有图片及广告。

本品目也包括“万年”历或装在非纸或纸板材料（如木材、塑料或金属）基座上的可更换日历芯的日历。本品目还包括日历芯。该芯由印有一年中每一天具体情况的纸条组成，按日期顺序装订成本，每日撕去一张。

然而，本品目不包括所带的日历并不构成其主要特征的物品。例如，有时被误称为日历的出版物，虽然印有月份日期，但主要用来传播有关公共或私人事件等信息的，应归入品目49.01（如属广告宣传品，归入品目49.11）。本品目还不包括：又有日历又可记日记的记事本（包括所谓约会日历本）（品目48.20）；未装日历芯的已印刷日历托板（品目49.11）。

（2）49.11“其他印刷品，包括印刷的图片及照片”。本品目包括本章内其他品目未具体列名的所有印刷品，包括照片及印刷图片。

①除某些明显为印刷品的产品以外，本品目具体包括：

·广告印刷品（包括海报），主要以广告为目的的年刊及类似出版物，各种商品目录册（包括书籍或音乐制品出版商的清单，以及艺术作品目录）及旅游宣传品。但是，报纸、期刊及杂志，不论是否载有广告内容，均不归入本品目（酌情归入品目49.01或49.02）。

·载有马戏节目、体育大事、歌剧、戏剧或类似表演消息的小册子。

·已印刷的日历托板，不论是否有图画。

·示意地图。

·解剖学、植物学等的示教图表及图解。

·娱乐场所的入场券（如电影院、戏院及音乐会的入场券）、公共或私营运输的旅行票据及其他类似票券。

·印在不透明底基上的本章物品的缩微本。

·在塑料薄膜上印有字母或符号的屏幕，供裁切后用于设计图案。仅简单印有点、线或方格的这类屏幕不归入本品目（第39章）。

·无邮票的集邮大型张及印有图画的首日封（参见品目97.04的注释四）。

·供宣传、广告用（例如海报）或仅作装饰用的自粘印制张贴品，例如，漫画及橱窗张贴品。

·彩票、“刮擦幸运卡”、销售抽彩券及奖券。

②本品目不包括以下物品：

·照相软片或硬片的负片或正片（品目37.05）。

·品目39.18、39.19、48.14或48.21的货品及第48章的印制纸品，其所印的文字或图画仅附属于产品主要用途的。

·商店招牌或橱窗用的带印刷图画或文字内容的字母、数字、标志及类似符号，如果用陶瓷、玻璃或贱金属制成的，应分别归入品目69.14、70.20及83.10，如果带有照明装置的，则应归入品目94.05。

·在一面印有图画、文字的装饰性玻璃镜，不论是否镶框（品目70.09或70.13）。

·第85章注释四（二）所定义的已印制的“智能卡”（包括邻近卡及牌）（品目85.23）。

·第90章或第91章所列仪器或装置的印刷刻度盘。

·印刷的纸质玩具（例如，儿童裁剪纸）、扑克牌及类似品和其他印刷游戏品（第95章）。

·品目97.02的雕版画、印刷画，石印画的原本，即以艺术家完全用手工制作的单块或数块印版，直接印刷出来的黑白或彩色原本，不论艺术家使用何种方法或材料，但不包括使用机械或照相制版方法。

商品归类练习

（1）卫生纸（成卷，宽度为12厘米）。（2）单面涂塑纸（漂白的，彩色相纸用，定量100克/平方米）。（3）压花壁纸（成卷，宽度为40厘米）。（4）可用于铺地的压花壁纸（成卷，宽度为150厘米）。（5）经研光处理的新闻纸（45厘米×30厘米，80克/平方米，用机械木浆制得）。（6）经研光处理的新闻纸（30厘米×10厘米，80克/平方米，用机械木浆制得）。（7）印制的生日贺卡，印有图画和祝福语。（8）印有邮票的明信片，印有鸟巢的图片。（9）我国发行的未使用的中国邮票。（10）19世纪英国发行的邮票（未使用过）。（11）自印复写纸（21厘米×29.7厘米）。（12）植物羊皮纸（21厘米×29.7厘米）。（13）卫生纸（成卷，宽度为40厘米）。

第十类历年考题

（1）“天天”牌盒装面巾纸，250张/盒，规格为19厘米×20厘米（2005年）。答案：4818.2000

（2）牛奶包装盒用纸板，由漂白过的纸（每平方米重350克）与塑料薄膜复合而成，其中纸构成了基本特征，宽1.6米，成卷（2007年）。答案：4811.5190

（3）由100%漂白化学木浆制造的、用聚酯涂层处理的彩色相纸用双面涂塑纸（200克/平方米，规格为600毫米×1 000毫米）（2009年）。答案：4811.5110

3.2.12 第十一类 纺织原料及纺织制品（第50~63章）

3.2.12.1 本类概述

1）本类商品范围

本类包括各种纺织工业的原料（纺织纤维）、半制品（纱线、织物），及用这些半成品制成的制成品。共计14章，分为2部分（见表3—11）。

表3—11 **第十一类商品范围及章次分布**

<table>
<tr><th colspan="4">商品范围</th><th>章次</th><th>注意事项</th><th>是否为制成品</th></tr>
<tr><td rowspan="6">原料；普通半成品</td><td rowspan="6">(1)纺织原料（纤维）；
(2)普通半成品（普通纱线，普通机织物即机制布）；
(3)废碎料</td><td rowspan="4">天然纤维</td><td>丝</td><td>50</td><td rowspan="6">包括纸纱线及纸纱线机织物（第53章）</td><td rowspan="6">非制成品</td></tr>
<tr><td>毛</td><td>51</td></tr>
<tr><td>棉</td><td>52</td></tr>
<tr><td>麻；其他植物纤维</td><td>53</td></tr>
<tr><td rowspan="2">化学纤维</td><td>长丝</td><td>54</td></tr>
<tr><td>短纤</td><td>55</td></tr>
<tr><td rowspan="8">其他半成品；制成品</td><td colspan="3">(1)非织造类纺织物；(2)特种纱线；(3)线、绳、索、缆；(4)部分制成品</td><td>56</td><td>包括含金属纱线（品目56.05）</td><td>极少部分为制成品（品目56.08~56.09）</td></tr>
<tr><td colspan="3">纺织材料制的地毯及其他铺地制品</td><td>57</td><td>非必须用于铺地</td><td>无论是否为制成品</td></tr>
<tr><td colspan="3">起绒织物、簇绒织物、花边、装饰毯、装饰带、刺绣品、被褥状织物等特殊工艺纺织品</td><td>58</td><td>包括金属线机织物和含金属纱线机织物</td><td>有少量制成品</td></tr>
<tr><td colspan="3">浸渍、涂布、包覆或层压的纺织物；工业用纺织品</td><td>59</td><td>包括帘子布</td><td>有部分制成品</td></tr>
<tr><td colspan="3">针织或钩编织物</td><td>60</td><td></td><td>非制成品</td></tr>
<tr><td colspan="3">针织或钩编的服装及衣着附件</td><td>61</td><td rowspan="2">62.12“胸罩、束腰带、紧身胸衣、吊裤带、吊袜带、束袜带和类似品及其零件，不论是否针织或钩编的”</td><td>制成品</td></tr>
<tr><td colspan="3">非针织或非钩编的服装及衣着附件</td><td>62</td><td>制成品</td></tr>
<tr><td colspan="3">其他纺织制成品；成套物品；旧衣着及旧纺织品；碎织物</td><td>63</td><td></td><td>个别非制成品（品目63.10）</td></tr>
</table>

2）本类商品归类要点

（1）织物的归类。织物，或称纺织物，即日常所称“布”。在本类中，织物分布在第50~60章，归类较为复杂。不同织造工艺和处理方法，会生产出各种不同的织物。为方便学习，这里预先作一个归纳。

①普通机织物（第50~55章），由相互垂直排列即横向和纵向两系统的纱线，

在织机上根据一定的规律交织而成的织物。普通机织布都归入第 50 ~ 55 章，第 50 ~ 55章的布全部是普通机织布。根据类注九的规定，第 50 ~ 55 章的机织物包括由若干层平行纱线以锐角或直角相互层叠，在纱线交叉点用黏合剂或以热黏合法黏合而成的织物。

②普通针织或钩编织物（第 60 章），由纱线编织成圈而形成的织物，分为纬编和经编。普通针织物全部归入第 60 章。须注意的是，第 60 章除包括所有的普通针织或钩编布外，还包括起绒的针织或钩编布、特殊材料针织或钩编布等。

③特殊工艺织物。A. 非织造布（品目 56.01、56.02、56.03），直接将纺织纤维通过黏合或压制、穿刺等非织造法而制成，不经过纺纱工艺。其主要有絮胎、毡呢、无纺布，归入第 56 章。B. 地毯及类似品，归入第 57 章。C. 带绒面或毛圈的布，通过特种工艺使布料上布满短而密的纤维绒毛或毛圈，例如灯芯绒、天鹅绒、毛巾布等。这些产品归入品目 58.01、58.02 或 60.01。D. 纱罗、网眼织物、手工装饰毯、刺绣品、被褥状织物等，归入第 58 章。E. 含金属线机织布、金属线机织布归入品目 58.09。

④特殊处理的织物。以上第① ~ ③项的布品，有时使用淀粉、塑料、橡胶等材料进行处理，或用这些材料处理过的纱线制成。这些布品除少数归入品目 56.02、56.03、60.01 外，大部分归入品目 59.03、59.06、59.07，具体参见第 59 章章注一的规定。高强力纱制的帘子布归入品目 59.02。

（2）重要概念。

①“纺织材料”。它是指本类允许使用（也许不归入本类）的所有纺织材料。例如：金属线，就是本类所述“纺织材料”之一，虽然金属线本身不归入本类而归入第十四、十五类，但金属线制得的纺织品，应归入本类。又如，玻璃纤维纱线，既不归入本章，也不是本章允许的纺织材料，因此玻璃纤维纱线制品不是纺织品，不能归入本类。

②“纺织物”或“织物”。除特别说明外，其指用本类允许的纺织材料制成的上述第（1）款所述的各种布料。

③“纺织品”。其或称“纺织制品”、“纺织产品”、“纺织材料制品”，是指使用本类允许的纺织材料制成的任何制品，包括半成品和成品。归入本章的纺织品，必须使用“纺织材料”制成。但是，并非所有纺织品都归入本章，例如，宠物服装（品目 42.01），布制的品目 42.02 所列的容器（品目 42.02），布制玩具（品目 95.03），等等。在归类时注意查看类注和章注。

④“纺织制成品”。它是指符合类注七所述“制成的”涵义的制成品。必须熟悉类注七所述“制成的”的含义，掌握“制成品”在本类的分布。

3.2.12.2 第一部分：第 50 ~ 55 章

1）商品范围

（1）第 50 ~ 55 章全部为纺织工业原料及半成品，每章都包括从原料到机织物（布）各个生产阶段的纺织材料，还包括废碎料。具体有如下四部分：①纺织原料；②纱线；③机织布；④回收废料（包括拉松的废碎料，但未拉松的除外）。各章的货品情况见表 3—12。

表3—12 **第50～55章各章的货品情况**

原料性质	章次	商品范围	备注
天然纤维	50	丝	有关品目54.04和54.05的合成或人造纤维单丝及扁条的尺寸：直径大于1毫米的单丝归入品目39.16；表观宽度大于5毫米的扁条（带）归入品目39.20；它们的编结制品（包括半成品和成品，如成片的塑料编结品、遮阳帽、帘子、席子等）应归入第46章
	51	毛	
	52	棉	
	53	麻；其他植物纤维	
化学纤维	54	长丝	
	55	短纤	

总结：

1. 归入第50～55章的纺织纤维，要求长度>5毫米；若长度≤5毫米，归入5601“长度不超过5毫米的纺织纤维（纤维屑）”。

2. 归入第50～55章的机织品，若幅宽≤30厘米且符合第58章章注五的要求，归入5806“狭幅机织物”。

3. 归入第50～55章的所有货品，必须是非“制成品”（“制成品”的概念及范围参见类注七和八）；若符合“制成品”的概念，应归入第56～63章

（2）易归入第50～55章的货品。①消毒的纺织纤维丝线（子目3006.1000）；②经过药物浸涂或供零售用的绷带（品目30.05）；③丝质仿肠线（塑料或胶包裹丝形成）（子目5604.9000）；④品目58.01的织物（如灯芯绒、平绒）；⑤毛巾织物及类似的毛圈织物（品目58.02）；⑥纱罗（品目58.03）；⑦品目59.11的技术上用的机织物（如棉制筛布、滤布）；⑧带鱼钩或以其他方式制成钓鱼线的纺织纤维丝线等（品目95.07）；⑨供制刷用的成束或成簇的材料（品目96.03）。

2）商品知识及归类要点

（1）丝。第50章所称“丝”，不仅包括家蚕（桑蚕）丝，也包括野蚕丝，如蚕丝、蜘蛛丝、海丝及贝足丝，还包括作为丝归类的混纺材料制品。

子目5002.0011桑蚕丝厂丝，是指以桑蚕丝为原料，用机器缫制的桑蚕丝。子目5002.0012桑蚕丝土丝，是指以桑蚕丝为原料，用手工缫制的桑蚕丝。

子目5002.0013桑蚕双宫丝，是指以桑蚕双宫茧为原料缫制的桑蚕丝。其主要加工工艺过程为：剥茧、选茧、煮茧、缫丝、复摇整理。其特点是纤度粗，颣节多。子目5002.0020的柞蚕丝，是指用柞蚕茧为原料缫制而成的丝，即以栎属树叶为主要食料的蚕所吐的丝，是野蚕丝的一种。呈扁平带状，具有天然的淡黄颜色，光泽柔和，有良好的吸湿、耐热、透气性能。纤维断面呈牛角形，平均细度约5.5分特。依据所用缫丝机的不同柞蚕丝可分为柞蚕干缫丝和柞蚕水缫丝。

（2）加捻。加捻是使纤维条成为纱线的必要手段。未加捻生丝归入品目50.02，生丝若经脱胶（即用热肥皂水、稀释碱液等去除丝胶）或染色，不影响归类。加捻生丝应作为丝纱线归入品目50.04。

（3）50.04“丝纱线（绢纺纱线除外），非供零售用”。本品目适用于加捻丝，即将品目50.02的生丝（单条、双条或多条）加捻纺成的纱线。本品目的纱线是用长丝制成的，不同于归入下一个品目的绢纺纱线（短丝纤维制成）。

（4）50.05“绢纺纱线”。本品目包括用品目 50.03 的废丝纺成的单纱，也包括用这些纱纺制的多股纱线。子目 5005.0010 细丝纱线，是指以绢丝纺末道梳棉机梳落下的长度短（一般不超过 5 厘米）、整齐度差、含绵粒杂质多的落绵为原料纺制而成的纱线。一般采用粗梳纺纱系统加工，纱内纤维排列不整齐，结构疏松。细度在 333 ~1 000 分特之间。表面多绵粒和毛茸，通常用于制织锦缎。

（5）50.06“丝纱线及绢纺纱线，供零售用；蚕胶丝”。蚕胶丝是在蚕准备吐丝织茧时将其浸于稀释的醋酸中杀死，然后将蚕的丝腺抽出拉伸制得。蚕胶丝不及马毛柔韧和光亮，长度亦极少有超过 50 厘米。

（6）马毛纱线及织物。虽然第 51 章包括马毛纱线及织物，但不包括品目 05.11 的马毛及废马毛。必须注意，根据第 5 章注释四的规定，《编码》中所称“马毛”，是指马科动物或牛科动物的鬃毛或尾毛。

（7）无毛山羊绒。子目 5105.3921 无毛山羊绒，是指经过洗净、分梳，除去粗毛和杂质，不含非动物纤维和其他动物纤维的纯山羊绒。分梳净绒一般含粗毛率在 0.5% 以下，它具有纤细、柔软、弹性好、质地均匀的特点，有很好的纺织和使用性能。

（8）合成纤维。合成纤维是将有机单体物质加以聚合（参见第 39 章的总注释）而制得的。制造这类纤维的基本原料，一般是从煤或石油的蒸馏产品或天然气体中制得。首先，将聚合所得的物质熔化或用适当的溶剂溶解，然后通过喷丝头（喷嘴）喷入空气或适当的凝结浴中，冷却后或溶剂挥发后即凝固成丝，也可沉淀于溶液中成为长丝。

在此阶段，这类纤维的性质一般不适于直接用于纺织加工，它们必须经过牵伸工序，使分子沿着纤丝的方向取向，从而大大增强了纤维的某些技术特性（如强度）。

主要的合成纤维有：聚丙烯腈纤维（俗称腈纶）；变性聚丙烯腈纤维；聚丙烯纤维（俗称丙纶）；聚酰胺（俗称尼龙、锦纶），所称“尼龙或其他聚酰胺”，包括了芳族聚酰胺（参见本类注释十二）；聚酯（俗称涤纶）；聚乙烯；聚氨基甲酸酯（俗称氨纶）。

其他合成纤维包括：含氯纤维、含氟纤维、聚碳酰胺纤维、三乙烯以及乙烯醇纤维。如果纤维的成分是由第 39 章所述的某种共聚物或某种均聚物的混合物（如某种乙烯和丙烯的共聚物）组成，在纤维归类时必须考虑其所含每种成分所占的比例。

（9）人造纤维。人造纤维是将天然有机聚合物经化学变化而制得的。主要的人造纤维有：

①纤维素纤维，包括：A. 粘胶人造丝。用氢氧化钠处理纤维素（一般为亚硫酸木浆），所得的碱纤维素经二硫化碳处理后成为纤维素黄酸钠；将纤维素黄酸钠用稀氢氧化钠溶液溶解后再成为一种浓稠液体，称为粘胶液。粘胶液经净化及熟成后从喷丝头喷入凝结酸浴中，从而形成再生纤维素长丝。粘胶人造丝还包括莫代尔纤维，即将再生纤维素经变性粘胶工艺加工所得的纤维。B. 铜铵人造丝。用铜铵溶液溶解纤维素（一般为棉短绒或化学木浆），再将所得的粘胶溶液喷入凝结浴中，沉淀的纤维素即形成长丝。C. 醋酸纤维素（包括三醋酯纤维），从至少 74% 的羟基已乙烯化的醋酸纤维素所得的纤维。用醋酐、醋酸及硫酸的混合液处理纤维素（棉短绒或化学木浆），所得的初级醋酸纤维素经变性成为可溶物质，然后溶解于如丙酮等挥发性溶液中，最后抽丝（一般在暖空气中进行）；当溶液蒸发后就形成了醋酸纤维素单丝。

②动物质或植物质蛋白质纤维，包括：A. 乳酪蛋白溶解于碱中（一般为氢氧化钠）所得的产品。溶液熟成后喷入凝结酸浴中，最后将所得的单丝用甲醛、鞣酸、铬盐或其他化合

物加以处理使之硬化。B. 用同样方法处理花生、大豆、玉米等的蛋白质所得的其他纤维。

③藻酸纤维。各种海藻经过化学处理后产生黏性溶液，一般为藻酸钠溶液，将这种溶液喷入凝结浴中成为某种金属藻酸盐。其包括藻酸钙铬纤维、藻酸钙纤维。

3.2.12.3 第二部分：第 56 ~ 63 章

本类的第二部分又可分为两部分：第 56 ~ 60 章除少数几个品目条文或注释明确规定包括“制成品”或具体列名制成品名称的外，其他都属于半成品；第 61 ~ 63 章几乎全部是“制成品”（品目 63.10 的“碎织物及废线、绳、索、缆及其制品”除外）。各章的商品范围见表 3—13。

表 3—13 **第 56 ~ 63 章各章的货品情况**

<table>
<tr><th>章次</th><th>商品范围</th><th>制成品</th></tr>
<tr><td rowspan="6">56</td><td>长度小于或等于 5 毫米的纺织纤维（纤维屑）、纤维粉末及球结</td><td rowspan="6">56.01 纺织材料絮胎制品（无论是否为制成品）；56.08 的纺织材料制渔网及其他网（无论是否为制成品）；品目 56.09 的“用纱线、品目 54.04 或 54.05 的扁条及类似品或线、绳、索、缆制成的其他品目未列名物品”（无论是否为制成品）</td></tr>
<tr><td>絮胎、毡呢、无纺织物等非织造类纺织物</td></tr>
<tr><td>特种纱线（与橡胶/塑料复合制成的纱线、含金属纱线、粗松螺旋花线、绳绒线、纵行起圈花线）</td></tr>
<tr><td>线、绳、索、缆</td></tr>
<tr><td>线、绳或索结制的网料；纺织材料制成的渔网及其他网</td></tr>
<tr><td>用纱线、品目 54.04 或 54.05 的扁条及类似品或线、绳、索、缆制成的其他品目未列名物品</td></tr>
<tr><td>57</td><td>地毯及纺织材料的其他铺地制品</td><td>无论是否为制成品</td></tr>
<tr><td>58</td><td>特种机织物；簇绒织物；花边；装饰毯；装饰带；刺绣品</td><td>以下无论是否为制成品：品目 58.04 的成小块图案的花边；品目 58.05 的装饰毯；品目 58.08 的流苏、绒球及类似品</td></tr>
<tr><td>59</td><td>浸渍、涂布、包覆或层压的纺织物；工业用纺织品</td><td>品目 59.01 的制成的油画布（制成品）；品目 59.07 的已绘制画布（无论是否为制成品）；品目 59.08 ~ 59.09 的货品（无论是否为制成品）；品目 59.10 的传动带或输送带（无论是否为制成品）；品目 59.11 的制成品</td></tr>
<tr><td>60</td><td>针织物及钩编织物</td><td>非制成品</td></tr>
<tr><td>61</td><td>针织或钩编的服装及衣着附件</td><td rowspan="2">制成品</td></tr>
<tr><td>62</td><td>非针织或非钩编的服装及衣着附件</td></tr>
<tr><td rowspan="4">63</td><td>其他纺织制成品</td><td rowspan="3">制成品</td></tr>
<tr><td>成套物品</td></tr>
<tr><td>旧衣着及旧纺织品</td></tr>
<tr><td>碎织物</td><td>有部分非制成品</td></tr>
</table>

3.2.12.3.1 第56章——絮胎、毡呢及无纺织物；特种纱线；线、绳、索、缆及其制品

1）商品范围

本章主要包括絮胎、毡呢、无纺织物等非织造类纺织物，特种纱线，线、绳、索、缆等具有专门特性的纺织半成品，还包括某些制成品。本章大部分品目的货品可经浸渍、涂布、包覆、层压，有关使用塑料或橡胶浸渍、涂布、包覆或层压时的要求注意查阅章注三、四。不归入本章的与本章有关的货品详见类注一和本章章注一。

2）商品知识及归类要点

（1）非织造类纺织物。

①纺织材料絮胎及其制品（品目56.01）。絮胎是将处理成网状的纤维进行层叠、压制而成，主要用于衬垫（例如，用于制垫肩、衣服衬里、首饰盒垫等，用于家具、寝具及烫衣机），用作包装材料或用于卫生方面。

归入本品目的絮胎制品包括：A. 用纱线螺旋形花纹覆面的成卷窗帘、门帘及类似防风帘，但不包括全部用纺织物包覆的产品（品目63.07）。B. 絮胎制的卫生巾及止血塞、婴儿尿布或尿布垫及类似卫生用品，不论是否用针织或稀松机织的透孔织物包覆。C. 装饰用絮胎制品，但具有第95章所列物品特征的除外。

除类注和章注规定的以外，不归入本品目的絮胎制品还有：A. 经过药物浸涂的或制成零售包装的医疗、外科、牙科或兽医用的絮胎及其制品（品目30.05）。B. 通过绗缝或其他方法用一层或几层纺织材料与胎料组合而成的被褥状纺织产品（品目58.11），属于非制成的。但缝合而成的带胎芯纺织产品，其缝线组成的图案具有刺绣品特征的归入品目58.10。C. 已制成的被褥（品目94.04）。D. 服装用衬垫（品目61.17或62.17）。

②毡呢（品目56.02）。它是目前人类历史记载中最古老的织品形式，历史记录可以回溯到至少西元前6500年，是指将动物毛或化学纤维经湿、热、压力等作用，使纤维鳞片相互纠结，达到毡化的块片状材料。毡呢远比絮胎结实，其纤维很难分离。

毡呢可用于制衣、帽、鞋、鞋底、钢琴音锤、装饰制品及花哨物品等，也可作各种专门的技术用途，如垫衬材料、隔热或隔音材料等。但是，必须注意本章不包括毡呢制品。例如，毡呢地毯归入品目57.04，毡呢制垫片归入品目59.11，毡呢制服装归入第62章，毡呢制鞋垫归入品目64.04等。

③无纺织物（品目56.03）。它又称无纺布、不织布，是将处理成网状的纤维使用黏合剂黏合后烘干、轧光、整理而成，一般用作衬布、装裱布、墙布。本章不包括无纺布制品。例如，无纺布环保购物袋（品目42.02），无纺布口罩（品目63.07）等。

（2）特种纱线（品目56.04~56.06）。本章的特种纱线以第50~55章的普通纤维及纱线为基本成分，通过与其他材料（如塑料、橡胶、金属等）混合/复合制成或使用特种工艺而制得。注意特种纱线的制成品不能归入本章（如外科缝线归入品目30.06，钓鱼线归入品目95.07）。

①品目56.04：与橡胶或塑料复合制得的纱线。本组包括的产品中有用塑料厚裹纺织纱线制成的仿肠线，根据其各自不同的特性分别用于制造运动球拍、钓鱼线、带子、缏条、家具布、外科缝线、用塑料套裹纺织纱线制成的晒衣绳。

②品目56.05：含金属纱线，不论是否为螺旋花线，由纺织纱线或品目54.04或

54.05 的扁条及类似品与金属线、扁条或粉末混合制得或用金属包覆制得（不论金属含量多少）。

所称“含金属纱线”，包括：

· 由混有金属线或扁条的任何纺织材料（包括单丝、扁条及类似品和纸纱线）纺成的纱线，不论是经搓捻、并捻或是经螺旋辫结的，也不论其所含金属的比例。螺旋花线是用金属线或带螺旋绕裹于未与金属捻合的纺织纱芯上制得，该类纱线通常用贵金属或镀层金属制得。

· 用金属以任何工艺包覆的各种纺织材料纱线（包括单丝、扁条及类似品和纸纱线）。本类包括通过电淀积法敷涂金属的纱线，或在纱线上涂一层胶黏剂（如明胶），随后喷上金属粉末（如铝粉或青铜粉）制得的含金属纱线。

· 以金属箔（一般是铝箔）为芯制成的产品，或者以涂上金属粉末的塑料膜为芯（在两层塑料膜之间用胶黏剂将金属粉末夹在中间）制成的产品。

· 用上述纱线制成的多股纱线或缆线（如用两条或多条上述含金属纱搓捻而得的糖果用花式线绳）和按同一方法制成并用于类似用途的某些其他形状的纱线，即用金属线或带将两股或多股平行排列的含金属纱线捆扎在一起的纱线，以及用本品目的纱线螺旋辫结单根纱线或多根纱线制成的纱线。含金属纱线可经螺旋辫结。它们用于制造装饰带、花边、某些织物、花式线绳等。

但以下含金属纱线不归入本品目：A. 纯金属线归入第十四、十五类相应金属的章次；B. 所含金属仅起增强作用的归入品目 56.07；C. 若所含金属仅起抗静电作用，则按普通纱线归入第 50 ~ 55 章。

③品目 5606：粗松螺旋花线，品目 54.04 或 54.05 的扁条及类似品制的螺旋花线（品目 56.05 的货品及马毛粗松螺旋花线除外）；绳绒线（包括植绒绳绒线）；纵行起圈纱线。这些特种纱线是使用特殊工艺制得。

· 粗松螺旋花线，品目 54.04 或 54.05 的扁条及类似品制的螺旋花线（品目 56.05 的纱线及马毛粗松螺旋花线除外）。这些产品通常以一根或数根纺织纱线为芯，用一根或数根其他纱线螺旋卷绕于该纱芯上制成。最常见的是纱芯完全用线包裹的，但有些纱芯是用线螺旋间隔绕裹的。最后一种产品外观有点像第 50 ~ 55 章的某些多股纱线、缆线或花式纱线，但可根据粗松螺旋花线的纱芯本身未与包覆线一并搓捻这一特点，将该两类纱线区别开来。本品目的粗松螺旋花线的纱芯通常是棉的、其他植物纤维的或化学纤维的，其包覆线通常是较细及较有光泽的（例如，蚕丝、丝光棉或化纤）。用其他材料作纱芯的粗松螺旋花线如具有纺织品的基本特征仍可归入本品目。粗松螺旋花线用作装饰线，还大量用于制造装饰带。但有的还适于作其他用途，例如，作纽门线、绣花线或捆扎线。本品目不包括：马毛粗松螺旋花线（品目 51.10）；用纺织材料螺旋绕裹的橡胶线（品目 56.04）；含金属螺旋花线（品目 56.05）；金属丝螺旋花线，例如，生产帽架用的铁或钢丝（女帽钢丝）及做人造花或头发曲卷器用的铁或钢丝条（品目 72.17）；绝缘电线（品目 85.44）。

· 绳绒线（包括植绒绳绒线）。绳绒线一般由两股或两股以上搓捻在一起的纺织纱线及其夹住的纱线断头构成，断头与纱线几乎成直角垂直立起。因此，它看起来整条线上都簇满绒毛。绳绒线通常是在特种织机上直接纺制而成，或将特殊纱罗织物割开制成；对于后一种工序，绳绒线是把纱罗织物沿其每一组经线的两边割开以后，其经线（底线和绞线）构成干线，而纬线形成绒毛。本品目也包括把纺织短绒附着在纺织纱线的纱芯上制得的绳绒线。在这一工序中，先把纱芯通过一胶水槽，再通过一个箱，在箱里的高压静电场作用下使纺织短绒射线状地附着在纱芯上。绳绒线主要用于织造绳绒织物（品目58.01）或各种装饰带。

·纵行起圈纱线。纵行起圈纱线是用圆筒针织机纺制的空心纱线，扁平时宽度为1.5～2毫米。这种纱线用于制造流苏及其他纺织附件，还可用于普通经纬织机上纺制机织物。

（3）56.07“线、绳、索、缆，不论是否编织或编结而成，也不论是否用橡胶或塑料浸渍、涂布、包覆或套裹”。“线、绳、索、缆”比第50～55章的普通纱线粗，或用金属线加强，包括搓捻、编织或编结的线、绳、索、缆。

①非编织或编结的线、绳、索、缆。具体规格要求参见类注三。

②编织或编结的线、绳、索、缆。其在任何情况下均应归入本品目，不论其每公尺的重量多少。本品通常是管状编带，所用的材料一般比品目58.08的编带所用材料粗糙。但本品目的编织货品不同于品目58.08的编带的原因，主要不是因为所用纱线的属性，而更多地由于本品是紧密编织的，其紧密结构使之适用于作线、绳、索、缆。

线、绳、索、缆可用作捆扎绳，或用于打包、牵引、装货等，其截面一般是圆的，但有些（例如，某种传动缆）截面为方形、梯形或三角形。它们通常不经漂白，但可以染色、浸渍以使其防腐，或用不同颜色的股线组成，或用橡胶或塑料浸渍、涂布、包覆或套裹。本品目包括不论是否切成一定长度的以上产品，但不包括废碎线、绳、索、缆（品目63.10）及涂有研磨料的线、绳等（品目68.05），也不包括跳绳等体操用品（品目95.06）。

（4）56.08“线、绳或索结制的网料；纺织材料制成的渔网及其他网”。

①线、绳或索结制的网料。这些物品仅是一段段的网料，即手工或机械织造的网眼结织物，它们不同于用品目56.07的线、绳或索制成的品目58.04的网眼织物。钩编织成的成匹网料归入品目60.02。

②纺织材料制成的渔网及其他网。本组所列制成的物品有别于以上一组的产品。它可以用纱线制成，其网眼可以通过结制而成或用其他方式制成。制成的网可直接编制成形或用网料拼合而成，不论是否可即供使用。网上带有拉手、环、网坠、浮子、绳或其他附件并不影响本组货品的归类。

本品目所列制成的网仅限于《协调制度》其他品目未列名的网。本品目包括渔网、伪装网、舞台布景网、安全网、购物网袋及类似网兜（如网球网兜或足球网兜）、吊床网布、气球及飞艇用网、防昆虫网等。

本品目不包括发网（品目65.05）、运动用网（例如，球门网及网球网）、捞鱼网及归入第95章的其他网。

（5）56.09“用纱线、品目54.04或54.05的扁条及类似品或线、绳、索、缆制成的其他品目未列名物品”。本品目包括用第50～56章的纱线制成的物品，用品目54.04或54.05的扁条及类似品制成的物品，以及用品目56.07的线、绳、索、缆制成的物品。本品目包括裁成段并在一端或两端制成套环的纱线、绳索；或装有端头、环、钩等（如鞋带、晒衣绳、拖缆）的纱线、绳索等；船艇碰垫、卸货垫、绳梯、装货吊索及将一束纱线对折，然后把折叠一端扎起制成的刷碗“布”等。

注意，《协调制度》其他品目已具体列名的物品除外。例如，辔头、缰绳、笼头、挽具等（品目 42.01）；裁切成段并带有结、圈、金属或玻璃小眼的绳子，用于提花机或其他机器的（品目 59.11）；应归入其他适当品目的纺织物及其制品（如用编带制成的鞋带应归入品目 63.07）；凉鞋用的绳制鞋底（品目 64.06）；第 95 章的体操用品及其他制品。

3.2.12.3.2 第 57 章——地毯及纺织材料的其他铺地制品

本章仅包括无论是否制成的、使用时以纺织材料作面的铺地制品，也包括具有纺织材料铺地制品特征（例如，具有铺地制品的厚度、硬挺性及强度）但作其他用途（例如，挂在墙上、铺在桌面上或作其他装饰用途）的物品。

归入本章的上述产品可以是制成的（即直接制成一定尺寸、镶边、加衬、加穗、拼合等），呈小方地毯、床边地毯、炉边地毯形状的；也可以呈供布置房间、走廊、过道或楼梯的毯料半成品形状。本品还可以经浸渍（如用胶乳浸渍）或用机织物、无纺织物、海绵橡胶或泡沫塑料衬背。

不归入本章的与本章有关的货品详见类注一和本章章注二。

3.2.12.3.3 第 58 章——特种机织物；簇绒织物；花边；装饰毯；装饰带；刺绣品

1）商品范围

本章共有 11 个品目，包括半成品和某些制成品。这些产品大部分是用特殊工艺（起绒、簇绒、刺绣等）加工制得的纺织物。

注意：根据第 59 章的注释，品目 58.03 的纱罗、58.06 的狭幅织物及 58.08 的成匹编带及装饰带，若经浸渍、涂布、包覆或层压处理，一般不能归入第 58 章（通常归入第 39 章、第 40 章或第 59 章）；然而经同样处理的本章其他物品只要并未具有第 39 章或第 40 章产品的特征，仍应归入本章。

不归入本章的与本章有关的货品详见类注一。

2）商品知识及归类要点

（1）58.01“起绒机织物及绳绒织物，但品目 58.02 或 58.06 的织物除外”。

①起绒机织物。其由至少三组纱线构成：紧经和紧纬构成底布，而另一组经纱或纬纱形成绒面。绒面可以是绒头，也可以是毛圈构成，然后利用割绒装置起绒，也可以不割绒。起绒机织物有：天鹅绒、灯芯绒（纬起绒）、长毛绒（经起绒）、平绒（经或纬起绒）。毛圈机织物虽然也属于起绒机织物，但归入品目 58.02。

②绳绒织物。绳绒织物与品目 57.02 的绳绒地毯极为相似，就像绳绒地毯一样，其绒面（一般为双面）由绳绒纱线形成。本货品一般是在织造底布时，通过在经纱中附加或插入一组不同长度和颜色的绳绒纬纱制成。起绒织物及绳绒织物可用各种不同材料制成，但最常见的绒面材料是蚕丝、羊毛、动物细毛、棉花及化学纤维。

归类要点：根据本类子目注释二（二）的规定，起绒机织物及绳绒织物及其制品在归类时，可不考虑底布的属性，即只考虑绒面材料的属性。

（2）58.02“毛巾织物及类似的毛圈机织物，但品目 58.06 的狭幅织物除外；簇绒织物，但品目 57.03 的簇绒地毯产品除外”。

①毛巾织物及类似的毛圈机织物。本品目包括具有毛圈（无论是否割开）的机织物

（针织或钩编的毛圈织物归入品目60.01），可用于制毛巾、家庭浴衣、海滨浴衣、睡衣、盥洗手套等。它们有一组紧纬及两组一紧一松的经纱，松的一组在织物表面构成毛圈绒面。两组经线的比例可以有所不同，但通常地经与绒经的组数相等。毛圈通常看起来是捻过的，一般露于织物的两面，但有时只有一面；毛圈可均匀地覆盖织物的整个表面，或构成条纹、格子、菱形或更为复杂的图案。毛圈有时可以割开。但本品目不包括仅在一面有毛圈绒面，且其所有毛圈都被割开的织物（品目58.01）。

②簇绒织物。簇绒，与起绒不同，这些织物是通过一组针与钩的设备将纱线栽入已织成的纺织底布（机织物、针织物或钩编织物、毡呢、无纺织物等）上形成毛圈，如果钩上带有割绒装置，则可直接将毛圈割开成为簇绒织物。本品目产品有别于品目57.03的簇绒地毯及铺地制品，例如，本品的硬挺性、厚度及强度都不如地毯，不适于作铺地制品。

（3）58.05“‘哥白林’、‘弗朗德’、‘奥步生’、‘波威’及类似式样的手织装饰毯，以及手工针绣嵌花装饰毯（例如，小针脚或十字绣），不论是否制成的”。装饰毯主要作装饰用途，挂于墙上或铺于椅子软垫面上等，一般用蚕丝、羊毛、化纤，甚至含金属纱线制成。

本品目不包括：①“开来姆”、“苏麦克”、“卡拉马尼”及类似的小地毯（品目57.02）。②用于织制装饰毯的由机织物和纱线组成的成套物品（品目63.08）。③超过一百年的装饰毯（第97章）。

（4）58.06“狭幅机织物，但品目58.07的货品除外；用黏合剂黏合制成的有经纱而无纬纱的狭幅织物（包扎匹头用带）”。其含义见章注五。

（5）58.08“成匹的编带；非绣制的成匹装饰带，但针织或钩编的除外；流苏、绒球及类似品”。本品目包括两部分产品：

①成匹的编带；非绣制的成匹装饰带，但针织或钩编的除外。这部分商品为非制成品，不包括制成品。例如，用本品目的编带及装饰带制成的玫瑰花结应归入品目62.17或63.07；用同样材料制成的盘花纽扣、肩章或勋带应归入品目62.17；用这些材料制成的鞋带、胸衣饰带等，其端头经过加固或其他方式处理以防止散线的，以及用这些材料制成的剑柄带结，都应归入品目63.07。

②流苏、绒球及类似品。后者的流苏、绒球及类似品与以上第一部分的产品不同，无论是否为制成品；可以是一些分开的独立物品，包括各种尺寸、形状的流苏以及装饰绳的花式端头等。

（6）58.09“其他品目未列名的金属线机织物及品目56.05所列含金属纱线的机织物，用于衣着、装饰及类似用途”。本品目包括用品目56.05的含金属纱线织成的机织物以及用第十四、十五类的金属线织成的机织物，但这类机织物归入本品目必须满足以下2个条件：①必须用作衣料或用于装饰及类似用途；②其他品目，尤其是本品目以前的本章各品目未具体列名的。

按照类注二所规定的归类原则，金属线或含金属纱线与其他纺织纱线混合织成的织物，如果金属线或含金属纱线的重量超过所含任何一种其他纺织材料的重量，就应归入本品目。对此，含金属纱线应作为一种单一的纺织材料对待，其重量应为所含的纺织纤维及金属两者的合计重量。不用作衣料或不用于装饰及类似用途的机织物，例如，贵金属丝、钢铁丝、铜丝、铝丝等制的网布或机织物归入品目71.15、73.14、74.14、76.16等。

（7）58.10“成匹、成条或成小块图案的刺绣品”。

①归类原则。按照第十一类子目注释二（二）第 3 条的规定：对品目 58.10 的刺绣品及其制品，归类时应只考虑底布的属性，但不见底布的刺绣品及其制品应根据绣线的属性确定归类。因此，刺绣品的归类原则是：可见底布的，按底布属性归类；不可见底布的（例如，用化学方法去掉或剪掉底布），按绣线属性归类。

②以下形状的上述各项刺绣品归入本品目：A. 各种幅宽成匹或成条的。这些成匹或成条的刺绣品可以绣有一系列相同的图案，不论是否可供日后分割以供制成品使用（例如，成条的衣着物品刺绣标签，或刺绣品制成一定间距，供将来裁开制护胸的）。B. 成小块图案的，即绣有图案的独立刺绣品，除了作为刺绣件加于或贴于内衣、衣着物品或装饰品等上别无其他作用的。本货品可以裁成任何形状、衬底或用其他方式拼合。它们包括像章、徽章、肩章、首字母、数字、星徽、国徽或运动徽章等。

③本品目不包括：A. 在非纺织材料上的刺绣品（如在皮革、柳条制品、塑料、纸板上的刺绣品），手工针绣嵌花装饰毯（品目 58.05）；B. 用于刺绣台布、餐巾或类似品的由机织物和纱线组成的成套货品（品目 63.08）；C. 第十一类类注七所述的制成的刺绣品（小块图案状的除外），不论是否可即供使用的制成品，以及已经完工可即供使用的带刺绣的物品，其刺绣工作是直接在无需进一步加工的成形物品上进行的，这些范围广泛的物品是作为制成品归类的（例如，第 61 章、第 62 章、第 63 章或第 65 章），它们包括手帕、围涎、袖口、衣领、紧身围腰、服装、托盘巾、铺台中心的花式垫布、壁炉台罩、台布及窗帘；D. 不见底布的玻璃纱线刺绣品（品目 70.19）。

（8）58.11“用一层或几层纺织材料与胎料经绗缝或其他方法组合制成的被褥状纺织品，但品目 58.10 的刺绣品除外”。本品目包括由以下材料组成的成匹纺织产品：①一层通常为针织物、机织物或无纺织物及一层胎料（通常为絮网状的纺织纤维，以及毡呢、纤维素絮胎、泡沫塑料、海绵橡胶等）。②两层织物（通常为针织物、机织物、无纺织物或这些织物的混合品）夹着一层胎料。各层材料通常是以并排直线或装饰图案式缝合（包括缝编）起来，但缝合应主要起绗缝作用，所构成的图案并不使产品具有刺绣品的特征。本品也可用打结、用黏合剂黏合、用热黏合或用其他方式结合在一起，但产品需有被褥效果，即具有类似于缝合或缝编被褥的鼓胀蓬松效果。

本品目的产品可经浸渍、涂布或包覆，或者用于生产本品目产品的织物可经浸渍、涂布或包覆。这些材料通常用于生产绗缝外套、被褥、床罩、褥垫、衣服、窗帘、坐垫、台布内垫等。

本品目不包括：①不论是用缝线或热封方法将塑料片夹胎芯制成的产品（第 39 章）。②缝合而成的带胎芯纺织产品，其缝线组成的图案具有刺绣品的特征的（品目 58.10）。③本类注释七所列已制成的物品，例如被褥、床罩、褥垫、衣服、坐垫等。④第 94 章的夹有胎芯或装有材料的床上用品或类似品。

3.2.12.3.4 第 59 章——浸渍、涂布、包覆或层压的纺织物；工业用纺织品

1）商品范围

本章包括经过胶、塑料、橡胶、沥青、蜡等特殊材料处理的织物（如硬衬布、人造革等），以及某些工业、技术用的纺织材料制品。

注意：归入本章的特殊处理纺织物，主要是针对普通机织物和普通针织/钩编织物，

有些经过特殊处理的纺织物并不归入本章（如涂布感光材料制成的未冲洗的照相纸归入第37章，经塑料浸渍、涂布的无纺织物归入第56章，经浸渍、涂布的很多第58章的品目仍归入第58章原品目，等等）。章注一具体规定了这种特殊处理适用的品目范围，类注一规定了不包括的货品范围。

另外，章注对处理材料的性质、程度也做了详细的规定（如由于浸渍、涂布或包覆所引起的颜色变化可不予考虑），归类时应特别注意。

2）商品知识及归类要点

（1）59.02“尼龙或其他聚酰胺、聚酯或粘胶纤维高强力纱制的帘子布”。帘子布，是用强力股线作经，用中、细支单纱作纬，织制的轮胎用骨架织物。本品目的帘子布不论是否以橡胶或塑料浸泡或浸渍。这些织物用于制造轮胎，由一组并列的长丝经线，在特定的距离以纬线加以固定组成。经线总是由尼龙或其他聚酰胺、聚酯或粘胶纤维高强力纱线（高强力纱线的定义，参见第十一类的类注六）组成，而大间隔分布的纬线仅用于将经线固定下来，因而可由其他纱线组成。由于经线排列紧密，纬纱排列稀疏，状似帘子，故名。

本品目不包括用于制造轮胎的其他机织物及不符合第十一类注释六所述的高强力纱织成的织物（酌情归入第54章或品目59.03或59.06）。

（2）59.03“用塑料浸渍、涂布、包覆或层压的纺织物，但品目59.02的货品除外”。

①“但品目59.02的货品除外”意思是品目59.02的帘子布如果用塑料浸渍、涂布、包覆或层压处理，仍然归入品目59.02。

②品目59.03还包括用品目56.04的塑料浸渍、涂布、包覆或套裹的纱线、扁条或类似品制成的纺织物。

③既可归入59.01又可归入59.03的货品，优先归入59.03；既可归入59.04的铺地制品或59.05糊墙织物，又可归入59.03的货品，应归入59.04或59.05。

④子目5903.1020、5903.2020、5903.9020所称人造革，是指符合第59章注释一及二规定的，在纺织物底基上涂覆塑料的一种外观、手感与皮革类似并可部分代替其使用的复合织物，人造革具有一定的机械强度、耐磨性和耐酸、耐碱、耐水等性能。人造革复合织物中的塑料可以发泡或不发泡，对于由泡沫塑料与纺织物混制的人造革，如果纺织物在其中仅起增强作用，则此类人造革不归入本品目，而应归入第39章。

（3）59.05“糊墙织物”。本品目包括符合第59章注释三所列定义的糊墙织物，即以纺织材料做面，固定在一任何材料（如纸、塑料）的衬背上或在背面上进行加工（浸渍或涂布以便于裱糊），适于装饰墙壁或天花板，且宽度不小于45厘米的成卷产品。

本品目不包括：①第39章注释九规定的塑料糊墙品（品目39.18）。②用纺织纤维屑或粉末直接饰面的纸制或塑面纸底糊墙品（品目48.14）。③纺织纤维屑覆面的机织物，不论是否附加底基或浸渍、涂布以便于裱糊的（品目59.07）。

（4）59.06“用橡胶处理的纺织物，但品目59.02的货品除外”。包括符合章注四规定的下列货品：①用品目56.04的橡胶浸渍、涂布、包覆或套裹的纱线、扁条或类似品制成的织物。②用平行纺织纱线与橡胶胶合或轧合的无纬织物，不论其每平方米的重量多少。本品用于制造轮胎、橡胶管、传动带或输送带及带料等。③以纺织物作底布的橡胶粘带，包括电气绝缘带，不论是否预先用橡胶处理的，以及橡胶粘胶布。

(5) 59.10“纺织材料制的传动带或输送带及带料，不论是否用塑料浸渍、涂布、包覆或层压，也不论是否用金属或其他材料加强”。这些传动带或输送带及带料是用于传送动力或输送货品的。它们通常用羊毛、棉花、化学纤维等经机织或编结制成，有各种幅宽，可由两层或多层这些材料经机织或黏合而成；有时织成有短毛圈面或滚绳饰边的产品。

本品可以用亚麻籽油、松焦油等浸渍，也可以用清漆、铅丹等涂布，以防止由于大气条件、酸烟等引起的腐蚀作用。

根据本章注释六的规定，厚度在3毫米以下的带料不归入本品目，而应按普通机织物归入第50～55章，或作为狭幅织物（品目58.06）、编带（品目58.08）等归类。但已制成的传动带或输送带（即切成一定长度尺寸，两端首尾相接或装有扣件以便连接的制成品），不论其材料厚度多少，一律归入本品目。本品目还包括用纺织材料的绳、索制成的可即供使用的传动带，这些传动带可以是环形的，也可以是两端装有扣件的。

本品目不包括：与有关机器或设备一同报验的传动带或输送带及带料，不论是否已实际装于机上（应与机器或设备一同归类）；用橡胶浸渍、涂布、包覆或层压的纺织物制成的或用橡胶浸渍、涂布、包覆或套裹的纱线或绳制成的带子及带料（品目40.10，参见本章注释六（二））。

(6) 59.11“本章注释七所规定的作专门技术用途的纺织产品及制品（参见章注七）”。本品目的纺织产品及制品必须明显具有用于各种类型的机器、设备、装置及器具或作为工具或工具零件的特征。本品目尤其适用于其他品目不包括而《协调制度》的有关注释或条文规定（例如，第十六类注释一（五）的规定）又明确说明归入品目59.11的纺织制品。

但必须注意，第十七类货品的某些纺织材料制零件及附件，例如，安全带、机动客车车厢用的成形衬里和隔热板（品目87.08）以及机动客车用的地毯（第57章）不归入本品目。本品目包括非制成品和制成品。

①非制成品：作专门技术用途的纺织物及其他纺织产品，成匹、裁成一定长度或仅裁成矩形（包括正方形）的。本品只要不具有品目59.08～59.10产品的特征，均应归入本品目而不归入第十一类的任何其他品目，不论其是成匹的、裁成一定长度的或是仅裁成矩形（包括正方形）的。

注意：本组仅包括本章注释七（一）所规定的纺织物及其他纺织产品，包括下列的6项：A. 用橡胶、皮革或其他材料（例如，塑料）涂布、包覆或层压的纺织物、毡呢及毡衬机织物（用作针布）及其他专门技术用途的类似织物，包括用橡胶浸渍的用于包覆纺锤（织轴）的狭幅丝绒织物。B. 筛布。本品为多孔织物（如具有纱罗组织或平纹组织），其网眼的大小和形状（通常是正方形）都是高度精确而不致在使用中变形。本品主要用于筛滤（如细粉、研磨粉、塑料粉、牲口饲料等）及网板印刷。筛布一般由紧捻的未脱胶蚕丝纱线或合成纤维长丝纱线制成。C. 滤布（如机织滤布及针刺滤布），不论是否浸渍，用于榨油或类似过滤用途（例如，用于榨糖业或酿造业），也用于气体清洁或工业粉尘回收系统的类似技术用途。本品目包括滤油布和某些羊毛或其他动物毛制的重厚织物，以及某种未漂白的合成纤维（例如，尼龙）织物，它较前者薄，但组织紧密并具有特殊的刚性。本品目也包括人发制的滤布。D. 用多股经纱或多股纬纱织成的平幅机织物，不论是否缩绒、浸渍或涂布，供机器或其他专门技术用途。E. 用金属加强的供专门技术用途的纺织物，金属丝（裸金属丝、用纺织纱线与之搓捻或螺旋缠绕的金属丝等）可以在织造过程中掺入（尤其是作经线掺入）或夹于各层材料之间。但用金属加强的毡呢不归入本品目（品目56.02）。F. 工业上作填塞或润滑材料的绳索、编带及类似品；这些产品通常是方形截面并用油脂、石墨、滑石等浸涂，有时还用金属加强。未经涂布或浸渍的绳索等如能明显地确认为工业上作填塞或润滑材料的产品，仍应归入本品目。

②制成品：作专门技术用途的纺织制品。所有作专门技术用途的纺织制品（品目59.08～59.10的货品除外）均应归入本品目而不归入第十一类的其他品目（参见本章注释七（二））。其主要包括：A. 制成的（裁切成形、缝合成件等）任何以上第一部分所列的织物，例如，由几块织物组合而成的榨油机用滤布；裁切成形后用带子滚边或装有金属小眼的针布；以及装于框架上用于网板印刷的织物。B. 环状或装有联接装置的纺织物及毡呢，用于造纸机器或类似机器（例如，制浆机或制石棉水泥的机器）（不包括品目59.10的机器带）。C. 由相连的单丝螺旋纱线构成的制品，其用途与上一款所述的造纸机器或类似机器上用的纺织物及毡呢相似。D. 泵、电动机等用的垫片、膜片，以及垫圈（品目84.84的货品除外）。E. 擦鞋机或其他机器的圆盘、套筒及垫子。F. 榨油机的纺织袋。G. 切成一定长度并带有结、线圈、金属环眼或玻璃环眼的绳子，供提花机或其他织机用。H. 织机皮结。I. 真空吸尘器用袋、空气过滤装置用的滤袋、发动机用滤油器等。

本品目的纺织制品可以装有其他材料制的附件，但本身必须仍具有纺织制品的基本特征。

（7）人造革、合成革的归类总结。人造革：以纺织物为底基，在其上涂布或贴覆一层塑料而制成的真皮感较差的仿皮革。合成革：以无纺织物为底基，在其上涂布或贴覆一层塑料而制成的真皮感较强的仿皮革。

根据是否刚性，分别归入第39章或第十一类：刚性的人造革、合成革归入3921；非刚性的合成革归入5603，非刚性的人造革归入5903。刚性的概念参见第59章章注二（一）的第2条：温度在15℃～30℃时，用手工将其绕于直径7毫米的圆柱体上会发生断裂的产品（通常归入第39章）。

3.2.12.3.5 第60章——针织物及钩编织物

1）商品范围

（1）本章包括了针织或钩编的全部普通织物（布），针织或钩编的起绒织物，以及特殊材料（如含金属纱线、金属线）的针织或钩编织物。但并非所有的针织或钩编织物都归入本章。

本章所包括的纺织物——针织物或钩编织物，其生产方式不同于以经纱和纬纱交织而成的机织物，而是通过一系列相互串联的线圈制成的，不论是用手工还是机械，不论其使用第十一类所列哪一种纺织材料制成（例如，第56章的特种纱线、金属线等），也不论是否是加有弹性纱或橡胶线制成的。同样，金属线针织物或钩编织物必须明显用作衣料、家具布或类似用途。

本章全部是半成品，包括成匹（包括圆筒织物匹头）或简单裁成矩形（包括正方形）的针织物或钩编织物。

本章不含制成品。将成匹织物裁剪成矩形（包括正方形）后经过进一步加工（例如，缝边）的制成品，现成的可即供使用的制成品（例如，围巾），以及针织或钩编成一定形状，不论报验时是单件还是若干件相连成幅的物品均不归入本章。

（2）易归入本章的货品。其包括：①从织物的纤维网上将纺织纤维拉起而制成的缝编织物（品目 56. 02）。②针织地毯（品目 57. 05）。③簇绒的针织物或钩编织物（品目 58. 02）。④网眼织物及钩编花边（品目 58. 04）。⑤其他，见章注一所述货品。

2）商品知识及归类要点

60. 01“针织或钩编的起绒织物，包括‘长毛绒’织物及毛圈织物”。本品目的产品与品目 58. 01 的机织物不同，是通过针织或钩编而成的。经过浸渍、涂布、包覆或层压的针织或钩编的起绒织物仍归入本品目。本品目不包括：品目 43. 04 的人造毛皮；起绒机织物（品目 58. 01）；簇绒的针织物或钩编织物（品目 58. 02）。

3. 2. 12. 3. 6　第 61 章——针织及钩编的服装及衣着附件

1）商品范围

（1）本章仅包括针织或钩编的服装及衣着附件，全部是制成品（还包括归类总规则规定的未制成品或不完整品）。但并非所有针织或钩编的服装及衣着附件都归入本章。

（2）易归入其他章的货品。电热的本章物品仍归入本章。

（3）易归入本章的货品。其包括：①品目 39. 26、40. 15、42. 03（宠物服装）或 68. 12 的服装及衣着附件。②针织或钩编的乳罩、束腰带、紧身胸衣、吊裤带、吊袜带、束袜带和类似品及其零件（品目 62. 12）。③经过某些加工（如缝边或形成领口）的针织物片或钩编织物片，准备用于制衣，但还未加工成服装或服装零件的（品目 63. 07）。④品目 63. 09 的旧衣着或其他旧物品。⑤玩偶服装（品目 95. 03）。⑥其他，见类注一和章注二。

2）商品知识及归类要点

（1）在归类时，要注意依次运用章注六、八、九。

（2）61. 09“针织或钩编的 T 恤衫、汗衫及其他背心”。“T 恤衫”，不论是否带衣兜，有紧身长袖或短袖，必须无领、无扣、领口无门襟而且开口有高有低（圆形、方形、船形或 V 形领口）。根据本章注释五，带有束带、螺纹腰带或其他方式收紧下摆的服装不归入本品目。

（3）61. 05“针织或钩编的男衬衫”。本品目包括针织或钩编的男衬衣（如活络领衬衣、礼服衬衣、运动衫及普通衬衣），但不包括品目 61. 07 的长睡衣及品目 61. 09 的汗衫、背心及其他内衣。

本品目不包括无袖的衣服，也不包括在腰围以下有口袋的衣服、带有罗纹腰带或以其他方式收紧下摆的衣服，以及其织物至少在 10 厘米×10 厘米的面积内沿各方向直线长度上平均每厘米少于 10 针的衣服（参见本章注释四）。

按照本章注释四不作为男衬衣归入本品目的服装一般归类如下：①在腰围以下有口袋的衣服应作为上衣归入品目 61. 03 或作为开襟衫归入品目 61. 10。②带有罗纹腰带或以其他方式收紧下摆的衣服以及其织物至少在 10 厘米×10 厘米面积内沿各方向的直线长度上平均每厘米少于 10 针的衣服应归入品目 61. 01 或 61. 10。③男式无袖服装，应归入品目 61. 09、61. 10 或 61. 14。

（4）61.09“针织或钩编的T恤衫、汗衫及其他背心”。所称“T恤衫”，是指针织或钩编的内衣类轻质服装，用棉花或化学纤维织成的非起绒、割绒或毛圈组织织物制成，有单色或多色，不论是否带衣兜，有紧身长袖或短袖，无领、无扣、领口无门襟而且开口有高有低（圆形、方形、船形或V形领口）。这类服装除花边以外，可以印制、针织或用其他方法加上广告、图画或文字进行装饰，其下摆通常缝边。本品目也包括汗衫及其他背心。

注意：以上所列的本品目物品无男女式之分。根据本章注释五，带有束带、罗纹腰带或其他方式收紧下摆的服装不归入本品目。

（5）61.10“针织或钩编的套头衫、开襟衫、背心及类似品”。本品目包括上半身穿着但不论男女式的针织或钩编物品（卫生衫、套头衫、开襟衫、背心及类似品）。本品目还包括不与品目61.03或61.04的男女式西服套装配套并一起报验的西服背心。

本品目不包括归入品目61.01或61.02的有胎料背心。

（6）61.11“针织或钩编的婴儿服装及衣着附件婴儿尿布”。根据本章注释六第（一）款的规定，所称“婴儿服装及衣着附件”，是指身高不超过86厘米的幼儿穿着的衣物，也包括婴儿尿布（纺织材料制）。

必须注意，本章注释六（二）规定：既可归入品目61.11，也可归入本章其他品目的物品，应优先归入品目61.11。

本品目还包括婴儿围涎、未用粘、缝或其他方法将外底固定在鞋面上的婴儿连袜鞋。但本品目不包括纸尿布（品目48.18）、絮胎制尿布（品目56.01）、针织或钩编的婴儿软帽（品目65.05）或在《协调制度》其他章中列名更为具体的婴儿衣着附件。

（7）61.17“其他制成的针织或钩编的衣着附件；服装或衣着附件的针织或钩编的零件”。

①本品目包括在本章其他各品目或协调制度其他各章未具体列名的针织或钩编衣着附件，还包括服装或衣着附件的针织或钩编零件（品目62.12所列物品的零件除外）。其主要有：A. 披巾、头巾、围巾、披纱、面纱及类似品；B. 领带及领结；C. 吸汗垫布、垫肩或其他衬垫；D. 不论是否有弹性的各式腰带（包括子弹带）及肩带（如军队或教会中使用的肩带），这类物品即使带有贵金属制的搭扣或其他配件，饰有珍珠、宝石或半宝石（天然、合成或再造的），仍归入本品目；E. 手笼，包括仅用毛皮或人造毛皮饰边的；F. 衣袖护套；G. 护膝布，但品目95.06体育运动用的除外；H. 非裁切成形的标签、徽章、纹章、军衔符号及类似品（品目58.10的小块图案刺绣品除外）（通过裁切制成的此类物品归入品目58.07）；I. 单独报验的雨衣及类似服装的可拆卸衬里；J. 服装的口袋、袖子、领子、领围、褶裥、各种服饰（如玫瑰花结、蝴蝶结、褶裥饰边、褶边及荷叶边）、女服大身、襞饰、袖口、覆肩、卜头及类似品；K. 手帕；L. 头带，用于御寒、防止头发散乱等。

②本品目不包括：A. 品目61.11的针织或钩编婴儿衣着的附件；B. 胸罩、束腰带、紧身胸衣、吊裤带、吊袜带、束袜带和类似品及其零件（品目62.12）；C. 作业用带（如窗户清洁工或电工用的工作带）或非作为服饰的玫瑰花结（品目63.07）；D. 针织或钩编的帽子（品目65.05）及帽子配件（品目65.07）；E. 羽毛饰物（品目67.01）；F. 品目67.02的人造花、叶或果实形状的装饰带；G. 带有揿钮、钩扣及洞眼的针织带（酌情归

入品目60.01、60.02、83.08或96.06)；H. 拉链（品目96.07)。

3.2.12.3.7 第62章——非针织或非钩编的服装及衣着附件

1）商品范围

(1）本章全部是制成品（还包括归类总规则规定的未制成品或不完整品），包括用第50~56章、第58~59章的织物（含毡呢及无纺织物，但絮胎除外）制成的男式或女式服装（包括童装)、衣着附件及其零件。除品目62.12的物品以外，本章不包括针织或钩编材料制成的服装、衣着附件及零件。

(2）易归入其他章的货品。电热的本章物品仍归入本章。

(3）易归入本章的货品。其包括：①品目39.26、40.15、42.03（宠物服装）或68.12的服装及衣着附件。②经过某些加工（例如，缝边或形成领口）的纺织物片，准备用于制衣，但还未加工成服装或服装零件的（品目63.07)。③品目63.09的旧衣着或其他旧物品。④玩偶服装（品目95.03)。⑤其他，见类注一和章注二。

2）商品知识及归类要点

(1）在归类时，要注意依次运用章注四、五、七、八。

(2）62.13“手帕”。归入本品目的手帕应是正方形或近似正方形的，其任一边长均不超过60厘米（参见本章注释七)。本品可以是普通的手帕，也可以是作为包头、围脖或腰饰的方巾。这些手帕及领巾经折边、卷边、滚边或带有通常由突出的经线或纬线构成的流苏，有直边或荷叶边。流苏饰边的制品，其边长应包括流苏的长度。

完全用网眼织手制成的手帕也归入本品目。本品目还包括由若干具有手帕或领巾特征的方巾构成的织物，方巾织在一起相连成幅，只要简单地沿着漏织的经线或纬线形成的分隔线裁剪，不需作进一步加工就可成为流苏饰边的单件手帕或领巾。经过“抽纱”工艺加工而使半制品具有手帕或领巾特征，仅需经简单裁剪成需要的尺寸及形状即成为制成品的织物也归入本品目。

本品目不包括：①纸、纤维素絮纸或纤维素纤维网纸制的手帕（品目48.18)。②简单裁剪成正方形或长方形的无纺织物（品目56.03)。③未经整边或未用流苏饰边，仅简单裁剪成正方形并经刺绣的织物（品目58.10)。④虽具手帕或领巾特征，但任一边长超过60厘米的物品，以及非正方形或非近似正方形的领巾（品目62.14)。

(3）62.17“其他制成的衣着附件；服装或衣着附件的零件，但品目62.12的货品除外”。本章的衣着附件、服装及衣着附件的零件范围同第61章（手帕除外，手帕在第62章单独归入品目62.13，不按衣着附件归类)。

3.2.12.3.8 第63章——其他纺织制成品；成套物品；旧衣着及旧纺织品；碎织物

1）商品范围

(1）本章包括：①第一分章（品目63.01~63.07)，用任何纺织物制成而且在第十一类其他章或《协调制度》其他章未具体列名的第一分章所列的纺织制成品。所称“纺织制成品”，是指符合第十一类注释七定义的制成的物品。②第二分章（品目63.08)，某些零售包装成套货品，由机织物及纱线组成，不论是否带配件，用于缝绣在小地毯、装饰毯、绣花台布、餐巾或类似纺织品。③第三分章（品目63.09~63.10)，所列符合本章注释三定义的旧衣着及其他旧物品，以及新、旧碎织物及废绳等。

(2）易归入其他章的货品。电热的本章物品仍归入本章。

（3）易归入本章的货品。其包括：①供动物用的特殊形状毯子（品目42.01）。②品目56.01的絮胎制品。③品目56.03的简单裁切成正方形或长方形的无纺织物（例如，一次性使用的床单）。④品目56.08的成品网。⑤品目58.04或58.10的成小块图案的花边或刺绣品。⑥第61章或第62章的服装及衣着附件。⑦其他，见类注一。

2）商品知识及归类要点

（1）63.02“床上、餐桌、盥洗及厨房用的织物制品”。本品目包括：①床上用织物制品，例如：床单、枕套、被套、床垫罩。注意：已有固体填充物的枕套、被套（即枕头、被褥）归入品目94.04（寝具）。②餐桌用织物制品，例如，桌布、桌垫、狭长台布、托盘垫布、台子中心的花饰垫布、餐巾、茶巾、餐巾袋、小垫布、杯垫。必须注意：某些上述物品（例如用花边、丝绒或锦缎等材料制成的台子中心的花饰垫布）不作为餐桌用织物制品，它们一般归入品目63.04（其他装饰用纺织制品）。③盥洗用织物制品，例如，洗手或洗脸毛巾（包括环状揩手巾）、浴巾、沙滩巾、方巾及盥洗用手套。④厨房用织物制品，例如，擦盘巾及玻璃器皿揩巾。

但用粗厚织物制成的擦地板布、擦盘子布、洗碗布、抹布及类似的清洁用布不属于“厨房用织物制品”的范畴，因而不归入本品目（品目63.07）。

（2）63.05“货物包装用袋”。本品目包括通常在货物的运输、储存或销售中使用的本章纺织物制包装袋。本品目也包括袋泡茶袋等物品。

（3）63.06“油苫布、天篷及遮阳篷；帐篷；风帆；野营用品”。本品目包括一系列通常用结实紧密的帆布制成的纺织品。本组野营用品包括：帆布桶、水袋、盥洗盆；铺地布；充气床垫、充气枕、充气坐垫（品目40.16的橡胶制类似物品除外）；吊床（品目56.08的网除外）。

本品目不包括：①背包、背囊及类似容器（品目42.02）。②品目66.01的伞形帐篷装有衬垫的睡袋及填充褥垫、枕头及坐垫（品目94.04）。

（4）63.07“其他制成品，包括服装裁剪样”。

①本品目包括第十一类其他品目或协调制度其他章未具体列名的用任何纺织材料制成的物品。其主要包括：A. 擦地布、擦碗布、抹布及类似擦拭用布（不论是否浸有清洁剂，但品目34.01或34.05的物品除外）。B. 救生衣及安全带。C. 服装裁剪样，通常以硬帆布制成，也有将各部分裁样粗略缝合成服装样子的。D. 旗帜（含三角旗及横幅），包括娱乐、节日庆典及其他方面用的旗布。E. 家用洗衣袋、鞋囊、袜袋、手帕袋、拖鞋袋、睡衣裤套及类似物品。F. 服装袋（轻便衣橱），但品目42.02所列的物品除外。G. 汽车、机器、手提箱、网球拍等用的罩套。H. 扁平防护罩（品目63.06的油苫布及铺地布除外）。I. 织物制的咖啡过滤袋、冰袋等。J. 擦鞋垫（品目34.05的物品除外）。K. 充气软垫（品目63.06的野营用品除外）。L. 茶壶保暖罩。M. 针垫。N. 卫生巾（品目56.01的物品除外）。O. 鞋靴、妇女紧身胸衣等的端头经嵌套的绑带，但端头经嵌套的纺织纱线或绳索构成的带子除外（品目56.09）。P. 虽用于缚缠腰部，但不具有品目62.17腰带特征的带子，例如，各种职业用带（如电工、飞行员、跳伞人员等用的带子），以及网状运送带和类似品，具有鞍具或挽具特征的带子除外（品目42.01）。Q. 便携式婴儿床、轻便摇篮及类似的携带幼儿用品。但婴儿座具（例如，用于挂在轿车座背上的）不归入本品目（品目94.01）。R. 雨伞或阳伞的罩套。S. 用织物做扇面，任何材料做骨

架制成的扇子及手携式面罩，以及单独报验的织物蒙面。但以贵金属为骨架制成的扇子及手携式面罩应归入品目71.13。T. 用作货物包装的打包布，打包后其各边粗疏缝合，但不构成品目63.05的成品或半成品包装袋。U. 裁剪成矩形的奶酪包布，其经纱的线头经打结以防止松散（在裁剪成形供使用前需经进一步加工的成匹奶酪包布应作为布匹归类）。V. 雨伞、阳伞、手杖等的饰件；系于剑柄的带结及类似品。W. 外科医生在手术时所戴的织物面罩。X. 由多层无纺织物构成但不可更换过滤层的防尘、隔味口罩，不论是否经活性炭处理或中间夹有一层合成纤维。Y. 非作服饰用的玫瑰花结（例如，作为比赛获胜奖励的大红花）。Z. 经过某些加工（例如，缝边或形成领口）的纺织物片，准备用于制衣，但还未加工成服装或服装零件的。AA. 第90章注释一第（二）款所述的关节（例如，膝、踝、肘或腕）或肌肉（例如，大腿肌肉）承托物品，但归入第十一类其他品目的货品除外。

除上述制成品以外，本品目还包括符合第十一类注释七制成品定义，但又不归入第十一类其他品目的成段织物制品，例如，门窗用的织物制挡风帘（包括填有絮胎的挡风帘）。

②本品目不包括本章或第56~62章各品目已具体列名的纺织品，也不包括下列物品：A. 各种动物用的鞍具及挽具（品目42.01）。B. 旅行用品（旅行箱、背囊等）、购物袋、盥洗品盒等以及所有品目42.02的类似容器。C. 印刷品（第49章）。D. 品目58.07、61.17或62.17的标签、徽章及类似物品。E. 针织的束发带（品目61.17）。F. 品目63.05的包装用袋。G. 第64章的鞋靴、鞋靴零件（包括活动鞋垫）及其他物品（绑腿、鞋罩、护腿等）。H. 第65章的帽类及其零、配件。I. 雨伞及阳伞（品目66.01）。J. 人造花、叶或果实及其部分品，以及以这类货品制成的物品（品目67.02）。K. 充气舟、筏及其他船艇（品目89.03）。L. 量尺（品目90.17）。M. 表带（品目91.13）。N. 第95章的玩具及游戏、娱乐用品等。O. 拖把（品目96.03）、手筛（品目96.04）及粉扑（品目96.16）。

（5）63.08“由机织物及纱线构成的零售包装成套物品，不论是否带附件，用以制作小地毯、装饰毯、绣花台布、餐巾或类似的纺织物品”。

本品目的成套物品是供手工针绣、制毯等用的。它们至少由一幅机织物（例如，不论是否印有刺绣图样的网形粗布）与不论是否裁成一定长度的纱线（绣花丝线、毯绒纱线等）组成。这些物品也可以带有如针、钩之类的附件。

上述机织物可呈任何形状，还可经过某些加工（例如，用于制造手工针绣嵌花装饰毯的镶边网形粗布）。但必须注意，这类机织物应保持原材料或半成品特征，仍需进一步加工，不得是无需作任何加工即可使用的“制成品”（如准备用一些刺绣图案装饰的已缝边台布）。

注意：归入本品目的成套物品报验时必须是零售包装的。本品目不包括不论是否裁剪成形、用于制造服装的成套机织物，这类物品应归入其各自所属的适当品目中。

（6）63.10“纺织材料的新的或旧的碎织物及废线、绳、索、缆及其制品”。本品目包含两部分货品：①碎纺织物，包括针织物、钓编织物、毡呢或无纺织物。这类物品包括不能再清洁或修补的旧损、脏污、破碎的装饰物、衣着或其他旧纺织品，以及新织物的小碎料（例如，裁剪时剪裁下的碎料）。②用过或未用过的废线、绳、索或缆（例如，在线、绳、索、缆及其制品的制造过程中产生的废料)，以及旧线、绳、索或缆和这类材料的破旧制品。

归入本品目的这些产品必须是旧损、脏污、破碎或小片状的，一般只适于供回收(如拉松)其纤维(一般供再纺)，以及用于制造纸张或塑料、抛光材料(如抛光轮)或者作为工业生产上用的揩布(如机器揩布)。

所有其他的纺织废碎料及下脚料均不归入本品目。例如，在生产针织物或钩编织物过程中产生的缠结纱、拆散破旧针织品或钩编织品而得的缠结纱；任何其他纺织纱线或纤维的废料或下脚料(包括从旧褥垫、坐垫、床罩等的填塞料所得的)；回收纤维。这些产品应归入第50~55章的有关“废料”或“回收纤维”的品目中。

本品目也不包括在织造、印染过程中产生的有疵点但不符合以上条件的织物，这些织物应按相应的新织物归入有关品目。

3.2.12.4 第十一类归类总结

根据加工程度，第十一类的商品共分为四类：①纺织纤维(纺织品的原料，如毛、丝、棉、化纤)；②纱线及线、绳、索、缆等类似半成品；③织物(布，属于半成品)；④服装及其他纺织制成品。在归类时应首先判断待归货品是属于哪一种。下面归纳了这四种货品的归类步骤。尤其要注意在对混纺材料及其制品归类时，准确运用类注二和子目注释二的规定。

1) 纺织纤维的归类(单一纤维；混纺纤维)

(1) 单一纤维的归类。除品目56.01的“长度不超过5毫米的纺织纤维(纤维屑)、纤维粉末及球结”外，所有纺织纤维直接根据纤维的原料属性归入第一部分的第50~55章，比较简单。

例：安哥拉山羊绒(未梳)

答案：5102.1920

解释：在归类时第一步就是判断商品是属于哪一类，这道题属于纤维，所以归入第十一类第一部分(第50~55章)。山羊绒属于毛类，因此归入第51章。

【小结】对于单一纤维，归类的时候直接根据纤维原料归入第一部分(第50~55章)的相应章节即可。

(2) 混纺纤维的归类。第一步，判断混纺纤维中的每种纤维各属于哪一章的纤维；第二步，将属于同一章的纤维重量相加；第三步，进行比较，将商品归入重量较大的纤维所在的章次，如果重量相等，按类注二和子目注释二规定的原则归类。

注意：第54章和第55章的货品都是化学纤维及其半制品，所以当这两章与其他章比较时，第54章和第55章的纺织材料的重量应相加计算。

(3) 例题解析。

例1：由35%亚麻短纤、25%黄麻短纤及40%棉纤维加工而得的纺织纤维

答案：5301.3000

解释：本题属于由几种纺织纤维加工而得的，因此按照混纺纤维的归类步骤来归类。在这道题中，亚麻和黄麻都归入第53章，因此合并计算。亚麻35%，黄麻25%，合计60%，比棉的含量大，因此该商品归入第53章。又因为亚麻的重量大于黄麻的重量，因此按亚麻进行归类归入子目5301.3000。

例 2：由棉 40%、已梳兔毛 25%、粗梳羊毛 35% 加工而得的混纺纤维

答案：5105.1000

解释：本商品属于混纺材料，由几种纤维混纺而得，因此按照混纺纤维的归类步骤来归类。羊毛和兔毛都属于第 51 章，两者相加为 60%，超过了棉 40% 的含量，因此归入到第 51 章。然后，又由于羊毛超过了兔毛，因此该混纺材料应按羊毛纤维来归类。题目中的羊毛是粗梳羊毛，因此归入子目 5105.1000。

【小结】混纺纱线、混纺织物（布）的归类步骤与混纺纤维相同，也是按照此归类步骤进行归类。

2）纱线的归类

（1）由于本类的第一部分（第 50～55 章）包括普通纱线，第二部分的第 56 章包括特种纱线，因此纱线的归类步骤是：

①首先要确定纱线是特种纱线，还是普通纱线。

②如果是特种纱线则归入第 56 章的相应品目。品目 56.04～56.07 是关于特种纱线的品目（参见并熟悉这些品目）。56.04：与橡胶或塑料复合的纱线。56.05：含金属纱线。56.06：粗松螺旋花线、绳绒线、纵行起圈纱线等。56.07：符合类注三规定的“线、绳、索、缆”。

③如果是普通纱线，则判断纱线是由单一纤维制成，还是多种纤维制成。若由单一纤维制成，则按纱线原料的性质归入相应章（第 50～55 章）的品目；若是由多种纤维制成的混纺纱线，则参照前述混纺纤维的归类步骤来归类即可。

（2）例题解析。

例 1：“涤纶弹力丝”，细度为 65 分特

答案：5402.3310

解释：首先判断是否是特种纱线，由于不符合第 56 章特种纱线的品目，因此按普通纱线归类；涤纶属于合成纤维，弹力丝是由长丝加工而成，所以归入第 54 章的长丝；涤纶的学名是聚酯纤维，因此归入子目 5402.3310。

例 2：粘胶纤维短纤维制成的多股纱线，12 000 分特

答案：5607.9090

解释：首先判断纱线是否是特种纱线：查阅 56.04～56.07 四个特种纱线的品目，可以确定货品符合类注三（一）关于品目 56.07 的“线、绳、索、缆”的规定。

【小结】关于纱线的归类重点在于，归类时必须首先判断是普通纱线还是特种纱线，只有在排除了 56.04～56.07 四个品目的特种纱线的可能时，才可能按普通纱线归类。因此对于品目 56.04～56.07 关于特种纱线的四个品目和相关注释一定要熟练掌握。

3）织物（布）的归类

（1）织物的归类与纱线的归类一样，首先要确定货品是属于普通织物、特殊工艺织物还是特殊处理织物；若为混纺材料布，按类注二和子目注释二规定的原则归类。

①普通织物归入第 50～55 章（机织）、第 60 章（针织或钩编）。

②特殊工艺织物分别归入第 56、57、58、60 章。具体为：A. 絮胎、毡呢、无纺布非织造布归入第 56 章（品目 56.01、56.02、56.03）；B. 地毯归入第 57 章；C. 灯芯绒、天鹅绒、毛巾布等带绒面或毛圈的布，纱罗，网眼织物，手工装饰毯，刺绣品，含金属线机

织布，金属线机织布，被褥状纺织品等，归入第58章；D. 针织或钩编的起绒织物归入品目60.01。

③经过特殊处理的织物分别归入第59章、第56章。使用淀粉、塑料、橡胶等材料进行处理，或用这些材料处理过的纱线制成的织物，除少数归入品目56.02、56.03、60.01外，大部分归入品目59.03、59.06、59.07。高强力纱制的帘子布归入59.02。

（2）例题解析。

例1：按重量计，含35%亚麻、25%黄麻及40%棉的漂白机织物

答案：5309.2120

解释：从商品的名称得知，待归货品属于普通机织物。该织物是由几种纺织材料混纺制得的，那么按照混纺纺织品的归类原则（即类注二）对混纺纺织品进行归类。在这道题中，机织物的纤维亚麻和黄麻都归入第53章，因此合并计算占60%，比棉的含量大，因此归入第53章。又因为亚麻的重量大于黄麻，因此作为亚麻机织物归入子目5309.2120。

例2：每平方米重210克的印花机织物，含40%棉、30%人造纤维短纤和30%合成纤维短纤

答案：5516.4400

解释：本题属于普通的混纺机织物，因此归入第一部分（第50~55章）。由于人造纤维短纤和合成纤维短纤都是第55章的货品，根据类注二的规定，同一章的纺织材料应合并计算，合并计算为60%，大于棉的含量，因此应归入到第55章。又由于这两者的重量一样，则按类注二的规定从后归类：人造纤维短纤机织物归入品目55.16，合成纤维短纤机织物归入品目55.14，从后归入品目55.16。

4）纺织制成品的归类

（1）首先应准确判断该商品是否是“制成的”。关于哪些是制成品，在类注七和类注八中有详细规定，本教材前文也有归纳。概括地讲，第50~55章、第60章全部是非制成品；第61~62章全部是制成品；第56~59章、第63章有少量制成品。

例1：正方形的腈纶短纤机织印花桌布，已缝边

答案：6302.5390（已经是“制成品”）

例2：正方形的腈纶短纤机织印花桌布，周边未加工

答案：5512.2900（不符合类注七“制成品”的要求，所以按布归类，不能归入第63章）

（2）重点掌握服装和衣着附件的归类。

①服装和衣着附件的归类步骤。第一步，确定章，即判断应归入第61章还是第62章。针织或钩编服装归入第61章，非针织或非钩编服装归入第62章，但62.12商品无论是否针织或钩编一律归入62.12；第二步，判断是否是婴儿服装。若为婴儿服装，应优先归入品目61.11（针织或钩编）或62.09（非针织或非钩编），参见章注的相关规定；第三步，判断是否是特殊处理织物制成的服装（如用塑料、橡胶或其他材料处理过的织物制成的服装），优先归入6113（针织）或6210（非针织），参见章注的相关规定；第四步，根据性别（男、女）、服装款式（大衣、西服、衬衣、内衣等）、纤维的种类归入相应的编码（子目归类时，混纺材料制成品根据类注二及子目注释二规定的原则归类）。

②例题解析。

例1：按重量计含50%棉、27%化纤和23%羊毛的针织物制成的女式连衣裙

答案：6104.4200

解释：针织女式连衣裙归入6104。由于三种原料不存在可以合并计算的情况，则依照类注二的规定，按含量最高的棉归入6104.4200。

例2：含50%涤纶短纤和50%的桑蚕丝的机织物制男式衬衫

答案：6205.3000

解释：机织男衬衫归入6205。依照类注二及子目注释二的规定，第62章的混纺材料制品，若纺织材料含量相同，应按位于《编码》后位的那种纺织材料归类，由于涤纶纤维与蚕丝含量相同，而涤纶短纤归入第55章，蚕丝归入第50章，因此，本题商品应按第55章的涤纶短纤制的男士衬衫归类，因此归入6205.3000。

【特别提醒】注释的归类效力高于归类总规则二~五，切勿按照归类总规则三（三）"从后归类"的规定在6205.3000和6205.9010中二选一而归入6205.9010。

（3）其他制成品的归类。其他制成品（如地毯、工业用纺织制品、成套物品等）的归类比较简单，首先根据章标题查找，再根据章注和类注是否有规定，按照商品归类的一般步骤就可以确定其品目。

商品归类练习

（1）绢丝纱线（非供零售用）。（2）染色丝三股线，绕在线轴上，重80克。（3）未脱脂的剪羊毛。（4）用酸处理、去除植物杂质的羊毛。（5）用热水及月巴皂洗涤后染色的羔羊剪毛。（6）原棉。（7）棉短绒。（8）纸纱线。（9）硝酸纤维（火棉）。（10）绕成团的羊毛与腈纶混纺可打毛衣的毛线（其中羊毛55%、腈纶45%，总重250克，细度2 000分特）。（11）纯棉精梳单纱（细度240分特，非零售用）。（12）苎麻（50%）与亚麻（50%）混纺染色纱线。（13）棉占60%、亚麻占40%的混纺精梳二股线，每根单纱细度200分特，非零售。（14）涤纶长丝丝束。（15）部分定向聚酯纱线（POY，非零售，捻度为5转/米）。（16）涤纶丝缝纫线，双股，捻度约600拎/米，终捻为Z捻，长度为5 000米，卷绕成单边宝塔形，经硅油乳液处理，总重量1 000克。（17）芳纶长丝单纱，强度70厘牛顿/特，非零售。（18）腈纶长丝膨体纱，空气变形丝，非零售。（19）按重量计，棉45%、醋酸纤维短纤55%，多股纱线，捻度500转/米，非供零售用。（20）绵绸（粉红色，幅宽大于110厘米）。（21）华达呢（腈纶短纤40%、羊毛35%、兔毛25%，190克/平方米）。（22）蓝色机织全毛大衣呢（350克/平方米）。（23）纱布（用于制作医用口罩，由棉纱织制，经脱脂、漂白，56.4克/平方米）。（24）磨蓝纯棉牛仔布（300克/平方米，幅宽为110厘米）。（25）由40%棉、30%人造纤维短纤和30%合成纤维短纤混纺制成的未漂白机织物（220克/平方米）。（26）纯棉府绸（经线为漂白纱线，纬线为未漂白纱线，80克/平方米，幅宽为110厘米）。（27）按重量计，由35%的亚麻、25%的黄麻和40%的棉花织成的匹状印花机织物。（28）三线斜纹机织物（用与尼龙长丝混合的含金属纱线织成，并经印花加工，80克/平方米）。（29）用6毫米宽的聚丙烯塑料扁条织成的席子。（30）用4毫米宽的聚丙烯塑料扁条织成的席子。（31）香烟过滤嘴（已制成的）。（32）用丙纶线、绳制成的渔网。（33）用尼龙线、绳制成的发网。（34）锦纶长丝筛网（规格为120目，纱罗组织织造）。（35）雪尼尔线（绳绒线）。

(36) 棉制绳绒织物。(37) 毡呢（由化纤制作，未浸渍、涂布、包覆或层压）。(38) 羊毛纤维制手工结织栽绒地毯（块状）。(39) 棉制印花毛巾布（成匹）。(40) 针织的徽章（非刺绣，化纤制）。(41) 经刺绣的涤纶短纤机织标签（成条，可见底布）。(42) 纯棉制机织割绒灯芯绒（幅宽为110厘米）。(43) 尼龙帘子布（高强力纱制）。(44) 涤纶制的传动带。(45) 印花墙布（背面涂胶，成卷，宽度为80厘米）。(46) 纺织材料做的糊墙制品（底布为机织物，表面黏附着涤纶短纤维屑）。(47) 用橡胶涂布的尼龙布（用于制作防水衣物，1 500克/平方米，涂布橡胶占55%、针织尼龙占45%）。(48) 油画布（制成的，但未绘制）。(49) 已绘制的油画布。(50) 表面涂有微型玻璃珠的电影幕布。(51) 银幕。(52) 尼龙搭扣（魔术贴）。(53) 含毛50%、涤50%的男式西服上衣（非针织）。(54) 成套零售包装，内有男式针织涤纶上衣一件，男式全毛凡立丁长裤一条（分别归类）。(55) 一次性纸制工作服。(56) 涤纶无纺织物制外科手术服。(57) 男式机织棉布短裤。(58) 针织胸罩（粘胶纤维制）。(59) 纯棉钩编马甲。(60) 针织发带。(61) 棉制针织婴儿手套。(62) 含毛50%、涤50%的玩具娃娃服装。(63) 尼龙针织式游泳衣。(64) 旧的男式涤棉夹克。(65) 消防员用工作服（由石棉制成）。(66) 边长为50厘米×50厘米的丝巾（机织，经折边，非刺绣）。(67) 边长为60厘米×60厘米的丝巾（机织，经折边，非刺绣）。(68) 羊毛女大衣。(69) 羊皮女大衣。(70) 水貂皮女大衣。(71) 由毛皮装饰领口、袖口、袋口的混纺麦尔登呢女式大衣（其中羊毛占50%、腈纶短纤占50%）。(72) 棉制蓝白格子色织布床单。(73) 货物包装用麻袋（黄麻制）。(74) 丙纶扁条机织物制包装面粉用袋（丙纶扁条表观宽度为2毫米）。(75) 全棉制绣花枕套。(76) 枕头（丝棉填充）。(77) 由医用纱布缝制的口罩。(78) 尼龙帐篷。(79) 机织亚麻布制刺绣的双人床单。(80) 裁切成长方形的锦纶短纤无纺织物制单人床单（周边未作任何加工，70克/平方米）。(81) 合成纤维针织物作面料的救生衣。(82) 洗脸用印花毛巾。(83) 机织的印花纯棉浴巾。(84) 人造丝制绣花软缎床罩。(85) 毛皮制床罩。(86) 尼龙织成的安全带（电工架线用）。(87) 尼龙织成的安全带（汽车座椅用）。(88) 供手工刺绣的成套物品（内装有机织物、各种颜色的纱线、各种绣针）。(89) 针织手指套。(90) 棉花棒。

第十一类历年考题

(1) 涤纶弹力丝（由聚酯化学纤维丝加工成变形纱线），非供零售用（2007年）。答案：5402.3310

(2) 全棉的漂白平纹机织物，250克/平方米（2005年）。答案：5209.2100

(3) 天丝棉单股纱线，由天丝65%、棉35%混纺而成，其中的天丝是一种新型纤维，是由木质浆粕为原料进行再生的纤维素纤维（2006年）。答案：5510.3000

(4) 由棉30%、羊毛30%、涤纶短纤25%、腈纶短纤15%制成的浅黄色平纹机织物，250克/平方米（2006年）。答案：5514.2100

(5) 由漂白的棉线和浅黄色的人造棉线织成的平纹机织物，300克/平方米，其中按重量计棉和人造棉含量各为50%（2005年）。答案：5516.4300

(6) 一种牛津布，用尼龙短纤织成机织物，染成黑色，然后在其一面（此面作为背面）涂上薄薄的一层聚氨基甲醛酯（肉眼可见涂层），以防止雨水渗透，用于制作箱包（2007年）。答案：5903.2090

(7) 男式蓝色一次性浴衣(涤纶无纺织布制)(2007年)。答案:6210.1030

(8) 女式棉(含8%氨纶)牛仔短裤,机织(2006年)。答案:6204.6200

(9) 手工钩编的涤纶餐台布(2006年)。答案:6302.4010

(10) 快速吸水浴巾,由一种新型超细纤维(70%涤纶和30%棉纶)织成的毛巾布制成(2007年)。答案:6302.9300

(11) 50%棉、50%涤纶短纤的平纹机织布,未漂白,宽1.5米,成卷,200克/平方米(2008年)。答案:5514.1110

(12) 一种金拉线,又称烟用拆封拉带,材料是涂有特种黏合剂的聚丙烯,主要用于开拆包装卷烟条盒和小盒的薄膜,也可用于光碟、扑克等外包装薄膜的拆封,厚25微米,宽2.5毫米,长5 000米(2008年)。答案:5604.9000

(13) 左压右短袖衬衫,针织全棉(2008年)。答案:6105.1000

(14) 针织女婴T恤衫(含棉量100%)(2009年)。答案:6111.2000

(15) 棉制针织女式紧身胸衣(2009年)。答案:6212.3090

(16) 香云纱,我国特有的一种绸布,以上等桑蚕丝机制成布(幅宽大于30厘米),天然染料染色,再经河中黑泥涂抹,漂洗,曝晒,反复多次而成(2010年)。答案:5007.2019或5803.0020(解释:由于题目并未说明是否是纱罗,故两者答案均视为正确)

(17) 婚纱,由涤纶机织而成(2010年)。答案:6204.4300(解释:原题附图,所示的婚纱为一款连衣裙,机织归入第62章,根据材料涤纶归入6204.4300)

(18) 睡眠用眼罩,外表面为黑色尼龙针织面料,内表面为蓝色棉质无纺布,内衬为丁苯橡胶海绵,用于旅行或日常休息,避免光线照射(2010年)。答案:6307.9000

3.2.13 第十二类 鞋、帽、伞、杖、鞭及其零件;已加工的羽毛及其制品;人造花;人发制品(第64~67章)

3.2.13.1 本类概述

本类共有4章,其中前3章按用途开列标题,所以本类的多数商品是按用途列名的,它们几乎都被排除于所用材料的类章之外,例如皮鞋、皮帽不应归入第42章而应归入本类(见表3—14)。

表3—14 第十二类商品范围及章次分布

序号	商品范围	本类章次分布
1	鞋靴、护腿和类似品及其零件	64
2	帽类及其零件	65
3	雨伞、阳伞、手杖、鞭子、马鞭及其零件	66
4	已加工羽毛、羽绒及其制品;人造花;人发制品	67

3.2.13.2 第64章——鞋靴、护腿和类似品及其零件

1) 本章商品范围

(1) 商品范围。除章注一规定的以外,本章包括品目64.01~64.05所列的各种类型的鞋靴(包括套鞋),不论其形状及尺寸如何或其式样是否适于专门用途,也不论其制造方法如何和用何种材料(石棉除外)制成,还可带有任何比例的第71章所列的宝石、贵金属等材料。

（2）易归入其他章的货品。用粘、缝或其他方法将外底固定或安装在鞋面上的纺织材料制的鞋靴仍归入本章。

（3）易归入本章的货品。其包括：①明显穿用过，并且报验时呈散装、捆装、大袋装或类似大包装的（除石棉以外材料制成的鞋靴和帽类外），应归入品目63.09。②石棉制的新、旧鞋靴和帽类应归入品目68.12。③其他易归入本章的货品参见章注一。

2）商品知识及归类要点

（1）外底。其是指鞋靴穿着时与地面接触的部分（附加后跟除外）。归类时应以与地面接触最广的那种外底材料为准。在确定外底的材料时，不考虑部分鞋靴底部所附的配件或加固件，例如，防滑钉、马蹄掌、鞋钉、护掌或类似附属件（参见本章注释四（二））。至于整件成形的无外绱鞋底的鞋靴（如木鞋），其外底可不分开，这种鞋靴应考虑按其鞋底表面的材料归类。

（2）鞋面。本章鞋靴归类时必须考虑鞋面的构成材料。鞋面是鞋（靴）底部之上的部分。然而，塑料模制鞋底的某些鞋靴或北美印第安式鞋是用一种材料整件制成鞋底及全部或部分鞋面的，因而其外底及鞋面之间的界线难以区分。在这种情况下，鞋面应包括鞋子覆盖脚侧及脚背的那部分。不同种类的鞋靴，鞋面的大小相差甚远，有的包裹整只脚，甚至整条腿，包括大腿（如渔人靴），有的仅有几条带子（如凉鞋）。

如果鞋面是由两种及两种以上材料构成的，应按占表面面积最大的那种材料归类。计算面积时可不考虑附件及加固件，例如，护踝、防护性或装饰性的条或边、其他饰物（如穗缨、绒球或编带）、扣子、拉襻、鞋眼、鞋带或拉链。任何作衬里的材料对归类没有影响。

（3）纺织材料制。本章所称的“纺织材料制”，包括第50～60章的纤维、纱线、织物、毡呢、无纺织物、线、绳、索、缆等。

（4）未过脚踝的靴或鞋的下部，由外底装于不完整或未制成的鞋面构成，应作为鞋靴而不是作为鞋靴零件归类。这些物品可以仅给鞋围子加装饰边和加一紧固装置即告完成。

（5）64.06“鞋靴零件（包括鞋面，不论是否带有除外底以外的其他鞋底）；活动式鞋内底、跟垫及类似品；护腿、裹腿和类似品及其零件”。本品目包括：①鞋靴的各种零件；这些零件可以用除石棉以外的任何材料制成。鞋靴零件根据鞋靴的类型或款式不同而形状各异。它们包括：A. 鞋面零件（鞋头面、鞋头、后帮、靴筒、衬里及木屐带），包括切割成鞋面大致形状的制鞋用皮革料件。B. 硬衬。它可插于后侧帮及衬里之间或鞋头及衬里之间，使鞋靴的这些部分结实硬挺。C. 内底、中底及外底，包括半底；还包括粘于内底表面的内底片。D. 拱座或鞋底中腰及中腰件（通常为木、皮革、纤维板或塑料制），装于鞋底形成鞋靴的弯拱形。E. 各种类型的木、橡胶等制的鞋跟，包括粘上、钉上及旋上式的；鞋跟零件（如后跟面）。F. 用于运动鞋靴的饰钉、鞋底钉等。G. 既未构成鞋靴，也不具有品目64.01～64.05所列鞋靴基本特征的鞋靴零件组合件（如鞋面，不论是否已和内底组合）。H. 可在鞋靴内穿用的下列配件（除石棉以外任何材料制成）：活动式鞋内底、护鞋掌（橡胶或涂橡胶织物等制）以及活动式内跟垫。②护腿、裹腿和类似品及其零件。这些物品专门用于遮裹全部或部分腿部，有时还遮裹部分足部（如脚踝及脚背），但并不包覆整个足部，故与短袜及长筒袜不同。除石棉以外，它们可用任何材料制成（皮革、帆布、毡呢、针织物或钩编织物等）。其包括护腿、裹腿、鞋罩、绑腿、无脚部的“登山袜统”、暖腿套及类似品。某些上述物品有一条扣带或松紧带，以便扣于脚心上。本品目还包括明显作为上述物品的零件。

本品目不包括：①一定长度的皮革或再生皮革（品目 42.05）、塑料（第 39 章）或橡胶（第 40 章）制的鞋贴边。②护膝及护踝（如用松紧带制成，专门用于支撑有病关节的）。这些物品应根据其构成材料归入相应的品目。③婴儿穿着的一件过套裤（紧身裤）。这些衣着穿至腰间，紧裹腿部，有时还把脚整个包住（第 61 章或第 62 章）。④石棉制的鞋靴零件及附件（品目 68.12）。⑤为专人定做的脚弓支撑用的鞋内底，以及矫形器具（品目 90.21）。⑥用于体育活动的板球护垫、护胫、护膝及其他防护物品（品目 95.06）。⑦鞋栓、鞋钉、鞋眼、鞋钩、鞋扣、护掌、编带、绒球、鞋带（分别按材料归入适当品目）、品目 96.06 的纽扣及揿钮、拉链（品目 96.07）。

商品归类练习

（1）牛皮长筒靴，外底由橡胶构成。（2）一次性塑料鞋套。（3）用尼龙纱线编织的黑色鞋带（成根状）。（4）消防员穿着的石棉鞋。

3.2.13.3 第 65 章——帽类及其零件

（1）商品范围。除下列第（3）款所述物品外，本章包括帽型、帽坯、帽身及帽兜，以及各种各样的帽子，不论其用何种材料制成及用途如何（日用、戏剧用、化妆用、防护用等）。本章还包括任何材料制成的发网及某些帽类专用的配件。本章的帽类可带有各种材料（包括第 71 章所列贵金属、宝石等材料）制成的各式各样的装饰物。

（2）易归入其他章的货品。本章包括所有不归入第 63 章、第 68 章或第 95 章的各种帽类。例如安全帽（体育用帽、军事或消防员用的头盔、摩托车驾驶员、矿工或建筑工人用的头盔等），不论是否装有防护垫或（对于某些头盔）装有话筒或耳机。

（3）易归入本章的货品。其包括：①动物用的帽类（品目 42.01）。②披巾、围巾、薄头罩、面纱及类似品（品目 61.17 或 62.14）。③假发及类似品（品目 67.04）。④未装于帽上的各种帽子装饰物（扣子、别针、徽章、羽毛、人造花等）（归入适当的品目）。⑤其他，参见章注一“本章不包括”的商品。

商品归类练习

（1）用黑布做的博士帽。（2）ABS 模制成型的安全帽。（3）含涤纶 50%、棉 50% 面料制的宠物狗用帽。（4）用塑料（丙烯聚合物）扁条（宽度 6 毫米）编结的缏条缝合成的遮阳帽。（5）带呼吸装置和热像仪的石棉制消防员头盔，具有呼吸保护、头部保护、热成像等功能，并且可提供无线电通讯。

3.2.13.4 第 66 章——雨伞、阳伞、手杖、鞭子、马鞭及其零件

1）本章商品范围

（1）商品范围。本章共有 3 个品目，包括各式伞、手杖、马鞭及类似品。归入本章的货品，除注释二规定的以外，可不考虑其构成的材料（包括用贵金属，包贵金属，天然、合成或再造的宝石或半宝石制成的）。

（2）易归入本章的货品。其包括：①不具有伞或伞式帐篷特征的海滩帐篷（品目 63.06）。②其他，见章注一。

2）商品知识及归类要点

非手持的固定式伞（如固定在地面、台子或支架上的伞）应作为“庭园用伞及类似伞”归类。据此，本子目包括户外座椅、画架、庭园桌、测量台等用的伞及伞式帐篷。

商品归类练习

（1）尼龙绸制的折叠伞。（2）尼龙绸制的折叠伞套（单独报验）。

3. 2. 13. 5　第 67 章——已加工羽毛、羽绒及其制品；人造花；人发制品

本章共有 4 个品目，基本是按照材料和加工深度列目的。注意注释规定的本章不包括的品目，以及本章货品与第 5 章相关货品加工程度的区别。

商品归类练习

（1）人造花（羽毛制作）。（2）人造花（瓷质、整件一次成型）。（3）人造花（塑料制的）。

3. 2. 14　第十三类　石料、石膏、水泥、石棉、云母及类似材料的制品；陶瓷产品；玻璃及其制品（第 68 ~ 70 章）

3. 2. 14. 1　本类概述

本类的商品范围及章次分布见表 3—15。

表 3—15　**第十三类商品范围及章次分布**

序号	商品范围	本类章次分布
1	石料、石膏、水泥、石棉、云母及类似材料的制品	68
2	陶瓷产品	69
3	玻璃及其制品	70

3. 2. 14. 2　第 68 章——石料、石膏、水泥、石棉、云母及类似材料的制品

1）本章商品范围

（1）商品范围。本章共有 15 个品目，基本是按照加工程度由浅至深的顺序列目。其包括：①加工程度超出第 25 章注释一所列范围的该章各种产品。②第 25 章注释二（五）所列该章不包括的产品。③用第五类的矿物原料制成的某些货品。④用第 28 章的某些材料制成的货品（如人造研磨料）。

（2）易归入其他章的货品。石制轴承等机器、器具及其零件不归入第 84 章而归入本章。

（3）易归入本章的货品。见章注一。

2）商品知识及归类要点

（1）注意区分第 68 章和第 25 章货品的加工程度。

（2）68. 14“已加工的云母及其制品，包括粘聚或复制的云母，不论是否附于纸、纸板或其他材料上”。本品目包括除分裂和整理外还经过进一步加工（如切割成形）的天然云母，也包括由粘聚（粘合）云母或纸浆（再造）云母制成的产品，以及上述任何材料的制品，例如切割上述薄片和厚片制成的产品。这种产品因为是模冲制成的，因而边缘整齐。其包括：一定长度的云母片、带和卷；切成矩形（包括正方形）、圆片状等的专用云母片；模制云母制品，例如管（含导管）等。所有这些货品都可以经整体着色、上漆、钻孔、铣削或其他加工。

云母具有高耐热性和一定的半透明性，特别适用于制造烘箱炉、灶等的观察窗，不碎灯“玻璃”和风镜“玻璃”等，但云母因其有极好的介电性能，主要用于电气工业（用于制造电动机、发电机、变压器、电容器、电阻器等）。但应注意，云母绝缘子及电器设备用的其他云母绝缘零件即使是未经装配的，仍应归入品目85.46~85.48；而云母电介电容器应归入品目85.32。

本品目不包括：①云母粉及云母废料（品目25.25）。②用云母粉涂布的纸或纸板（品目48.10~48.14）和用云母粉涂布的机织物（品目59.07）。这些产品不应与上述粘聚云母或再造云母相混淆。③云母风镜及其目镜（品目90.04）。④制成圣诞树装饰品的云母（品目95.05）。

(3) 68.15“其他品目未列名的石制品及其他矿物制品（包括碳纤维及其制品和泥炭制品）”。本品目包括各种石制品或其他矿物制品，但本章其他品目及《协调制度》其他章具体列名的制品除外，例如，第69章的陶瓷产品。

①本品目主要包括：A. 天然或人造石墨（包括核纯石墨）或者其他碳精的非电气制品，例如，过滤器，圆片，轴承，管子和套管，已加工的砖、瓦，供制造小精品（如硬币、奖章、作为收藏品的铅制小人等）所用的模子。B. 碳纤维及碳纤维制品。碳纤维通常是碳化有机聚合物长丝制成的，这些产品多用作加强材料。子目6815.9931的碳布，为碳纤维的织物，包括纤维织物经碳化或碳纤维经纺织而成的各种片材类型的产品。碳布又称碳素纤维布、碳纤布、碳纤维织物、碳纤维片材等。C. 泥炭制品（如片、气缸壳体、植物培植盆等）。但泥炭纤维纺织品不归入本品目（第十一类）。D. 用焦油粘聚白云石制成的非烧制砖。E. 经化学粘合但未经烧制的砖及其他形状的产品（特别是菱镁砖或铬镁砖）。这类制品安装在熔炉内，在熔炉首次加热时才予烘烧。报验时已烧制的类似产品不归入本品目（品目69.02或69.03）。F. 非烧制的硅石缸或矾土缸（如用于熔化玻璃）。G. 测验贵金属的试金石。它们可用天然石料制成（如燧石板岩，一种坚硬细粒暗色的石头）。H. 不用黏合剂模制熔融矿渣制成的铺路石块和石板，但不包括品目68.06所列具有隔热性能的货品。I. 将石英或燧石精细捣碎并粘聚制成的滤管。J. 用熔融玄武岩制成的块、板、片及其他制品。它们具有高度耐磨损性能，可作管子、输送机的衬料以及焦炭、煤块、矿砂、沙砾、石料等的滑运道衬料。

②本品目不包括：A. 用人造石墨或“其他碳精”制成的块、板及类似的半制品，主要用于切割成电刷（品目38.01）（参见相应的注释）。B. 以含碳物质（石墨、焦炭等）和煤焦油沥青或黏土为基本原料像烧制陶瓷那样烧制的耐火货品（酌情归入品目69.02或69.03）。C. 电气设备用的碳精、碳刷、电极及其他零件或制品（品目85.45）。

商品归类练习

(1) 大理石制的窗台（主要表面已抛光）。(2) 水磨石（呈扁平状）。(3) 用水泥做黏合材料，黏合锯末、木刨花等木废料压制成的木碎料板。(4) 下水道用的水泥管（直径0.9米）。

3.2.14.3 第69章——陶瓷产品

1) 本章商品范围

(1) 商品范围。本章产品的主要特点是成型后加以烧制而得，共14个品目，主要根据组成成分和所采取的烧制工序及用途分成两个分章。

(2) 易归入其他章的货品。其包括：①陶瓷制水龙头、泵等机器、器具及其零件不归入第 84 章而归入本章。②实验室、化学或其他专门技术用途的陶瓷器（品目 69.09）。

(3) 易归入本章的货品。其包括：①陶瓷碎片（品目 25.30）。②附有陶瓷容器和金属工具的咖啡磨或香料研磨机（品目 82.10）。③品目 85.16 的电热器具（用于烹煮、加热等），包括电热元件（烹煮板、加热电阻器等）。④陶瓷制绝缘电导管和接头及各种电气用的管子附件（主要归入品目 85.46 或 85.47）。⑤品目 96.13 的打火机，以及香水喷雾器（品目 96.16）。⑥其他，见章注二。

2）商品知识及归类要点

(1) 陶瓷产品。本章所称"陶瓷产品"，是指用下列方法制得的产品：①将一般在室温下预先调制成形的无机非金属材料进行烧制。所用原料主要包括黏土、含硅材料、高熔点的材料（如氧化物、碳化物、氮化物、石墨或其他碳）及一些如耐火黏土或磷酸盐的黏合剂。②将岩石（如块滑石）成形后进行烧制。

(2) 69.13"塑像及其他装饰用陶瓷制品"。本品目包括的陶瓷制品范围广泛，它们主要用于家庭、办公室、会议室、教堂等内部装修以及用于室外装饰（如花园的装饰）。

但是，本品目不包括《协调制度》其他品目已具体列名的物品，即使他们的性质或加工程度都说明其用于装饰用途。例如：①檐口、中楣及类似的建筑饰品（品目 69.05）。②贵金属或包贵金属在其中不仅是小配件的物品（第 71 章）。③仿首饰（品目 71.17）。④第 90 章的气压表、温度计及其他仪器。⑤钟及钟壳，即使经过了装饰，由塑像或类似品组成，但明显用作钟壳的（第 91 章）。⑥品目 94.05 的灯具、照明装置及其零件。⑦玩具、游戏品及运动用品（第 95 章）。⑧第 96 章的纽扣、烟斗、台式打火机、香水喷雾器及其他物品。⑨油画、粉画及其他手绘画、塑像原件以及一百年以上的收藏品和古物（第 97 章）。

商品归类练习

(1) 灰白色上釉的内墙用陶瓷面砖（30 厘米×30 厘米）。(2) 破碎的陶瓷。

3.2.14.4 第 70 章——玻璃及其制品

1）本章商品范围

(1) 商品范围。本章包括各种形状的玻璃及玻璃制品（本章注释一所列不包括的物品或本《协调制度》其他品目更为明确列名的物品除外）。

(2) 易归入其他章的货品。其包括：①玻璃制水龙头、泵等机器、器具及其零件不归入第 84 章而归入本章。②未封口且未装配件的灯泡、阴极射线管及类似品的玻璃外壳不归入第 85 章而归入本章。③实验室、卫生及配药用的玻璃器，不论有无刻度或标量（品目 70.17）。

(3) 易归入本章的货品。见章注一。

2）商品知识及归类要点

(1) 玻璃。玻璃（熔融石英和其他熔融硅石除外）是以不同比例的某种碱金属硅酸盐（硅酸钠或硅酸钾）与一种或多种钙和铅的硅酸盐相混合，并附加钡、铝、锰、镁等组成的一种熔融均匀混合物。玻璃按其组分不同有许多品种（如玻希米亚玻璃、冕牌玻璃、铅晶质玻璃、氧化铅玻璃、斯特拉斯铅玻璃）。这些不同类型的玻璃是非晶性（非晶质）的，而且是全部透明的。本章各品目包括的相应物品不论其为何种玻璃制成的。

制造玻璃的方法有多种，包括：铸造（如制平板玻璃）；滚轧（如制平板玻璃或嵌丝玻璃）；浮法（浮法平板玻璃）；模制，不论是否与压、吹或拉制方法相结合（如模制瓶子、杯子、某些类型的光学玻璃、烟灰缸）；吹制，机械或人工吹制，不论是否使用模具（如制瓶、安瓿、装饰品，有时也吹制玻璃片）；拉拔或挤出（特别用于制玻璃片、玻璃棒、玻璃管及玻璃纤维）；压制，一般使用模具，通常用以压制烟灰缸等物品，也有与滚轧法（如轧制图案玻璃）或吹制法（如制瓶）相结合；灯工法，借助于喷灯进行加工（用玻璃棒或管制造安瓿或小工艺品）；切割，将各种方法制得的玻璃坯件、球体等切割成所需的物品（特别是熔融石英或其他熔融硅石制品，它们通常是用实心或空心玻璃坯件切割而成的）。

在某些情况下，制作方法可决定玻璃品在本章中品目的归类，例如，品目 70.03 仅适用于铸制或轧制的玻璃，而品目 70.04 仅适用于拉制或吹制的玻璃。

（2）70.01“碎玻璃及废玻璃；玻璃块料”。本品目包括：①制造玻璃时产生的各种废、碎玻璃（包括溅泼在熔埚外面后经回收的废玻璃）；破碎玻璃制品。废玻璃最常见的特点是具有锋利的边缘。②玻璃（包括“釉彩”玻璃）块料（即基本为规则的块状），没有专门的固定用途。“釉彩”玻璃和大多数的普通玻璃相比，其可熔性更大，密度更高。它通常是不透明的，但偶尔也有透明的；有的无色，有的为各种颜色。本品只有呈块状（成团或厚板）时才归入本品目。它用于给其他玻璃着色或遮光，也可通过灯工加工工艺制成小装饰品等，还可用于给陶器上釉等。

本品目还包括维特利特玻璃块料，一种低熔点的玻璃，用于电灯泡底座接触端点之间的绝缘。它的二氧化锰含量很高，故颜色浅黑，可将电灯泡底座内的零件加以密封。粉状、粒状或粉片状的玻璃（包括维特利特玻璃及“釉彩”玻璃）不归入本品目（品目 32.07）。

（3）70.02“未加工的玻璃球、棒及管（品目 70.18 的微型玻璃球除外）”。本品目包括：①实心玻璃球，一般通过模制或压制而成，或用双螺杆机制成，主要用作生产玻璃纤维的原料，也可用于制平版印刷板。②各种直径的玻璃棒或玻璃管，一般通过拉制而成（制玻璃管时要与吹制工艺相结合），可有多种用途（如用于化学及工业装置；用于纺织工业；进一步制成温度计、安瓿、电灯泡和电子管或装饰品）。某些荧光灯管（主要作广告用）是拉制而成的，整条中有许多隔断。

注意：本品目的玻璃球必须是未经加工的；类似的棒及管也必须是未经加工的（即直接从拉制工序中制得或仅切割成段，其端部可经简单磨平）。

成为制成品或制成品零件的玻璃球、棒和管应归入与其相应的品目（例如，品目 70.11、70.17、70.18 或第 90 章）。如已加工但不能确定其特定用途的，可归入品目 70.20。

本品目包括在本体加入荧光材料的玻璃管（不论是否切割成段）。另一方面，仅在管内涂有荧光材料的，不论是否经过其他加工，均不归入本品目（品目 70.11）。

具有玩具性质的玻璃球（任何包装形式的彩色条纹玻璃弹子及供儿童娱乐用的小包装各式玻璃球）应归入品目 95.03。成形后经过磨光，作某种瓶子的瓶塞用的玻璃球，应归入品目 70.10。

本品目也不包括球形玻璃微粒（微小圆珠，直径不超过 1 毫米），例如，用于制造路标牌、反光标志及电影银幕，也用于清洁飞机喷气发动机或金属表面（品目70.18）。

（4）70.07“钢化或层压玻璃制的安全玻璃”。本品目所称“安全玻璃”，仅包括以下所列类型的玻璃，但不包括如普通夹丝玻璃和选择吸收玻璃（例如，防眩玻璃、X光防护玻璃）之类的防护性玻璃。

①钢化玻璃。将玻璃件再加热，直至其变软但又不致软得变形，然后用适当方法将玻璃迅速冷却，从而制得钢化玻璃（热钢化玻璃）。用复杂的物理化学方法进行处理（如离子交换），使玻璃的强度、耐久性与挠性大大增强所制得的玻璃（通常称为“化学钢化玻璃”）。这项处理可以改变玻璃表面的结构。

由于加工时所产生的内应力，钢化玻璃一旦制成，便不能再进行加工了。因此，在回火前，钢化玻璃总是按所需形状和规格直接制成成品。

②层压玻璃。这类安全玻璃通常称为层压玻璃、夹层玻璃等。它是在两片或多片玻璃中间像三明治般地夹上一层或多层塑料制成。塑料夹层通常由醋酸纤维素、乙烯基或丙烯酸产品的薄片构成。层压玻璃是在高热与高压下黏合而成的，有时还用一种特殊胶黏剂涂喷在玻璃内层的表面上再进行压合。另一种方法是把塑料薄膜直接制在玻璃片上，然后加热加压使玻璃片黏合在一起。

钢化安全玻璃的特点是撞击破裂后不会成为带锋利边缘的小碎块，甚至崩解，从而减少飞出的玻璃伤人的危险。层压玻璃通常只有裂缝，并无碎片飞出。如果冲击力很大，使其破裂，飞出的玻璃片通常也很小，不会造成严重割伤。特种用途的层压玻璃可夹有金属丝网，或将塑料夹层加以着色。

因其具有上述特性，这两种玻璃多用作汽车的挡风玻璃和窗玻璃，也用作门、轮船舷窗、工人或司机的护目镜、防毒面具的目镜以及潜水员头盔的目镜。防弹玻璃也是一种特种类型的层压玻璃。

本品目的产品是不管成一定形状（如弯曲）或不成一定形状的。但弧面安全玻璃如具有钟表玻璃特征或用做太阳镜片的应归入品目70.15。安全玻璃装于其他物品之上，构成了机器、用具或车辆零件的，应与有关机器、用具或车辆一并归类；同样，用安全玻璃做镜片的护目镜应归入品目90.04。

多层隔温、隔音玻璃，例如，两片玻璃夹有一层玻璃纤维的产品，应归入品目70.08。钢化（强化）玻璃与微晶玻璃的制品，除供上述用途以外，应按其各自的特征分别归类（如钢化玻璃制的平底无脚杯、硼硅烤盘、微晶玻璃板应归入品目70.13）。用作安全玻璃代用品的塑料，应按其组成材料归类（第39章）。

（5）70.08“多层隔温、隔音玻璃组件”。本品目包括多层隔温、隔音玻璃组件，最常见的是由两块或多块玻璃（片玻璃、板玻璃、浮法玻璃、锤痕玻璃或教堂玻璃）组成，片与片之间夹有一层干空气或惰性气体，有时中间还有多个间隔。这些玻璃片用金属、塑料或其他接合材料将其边缘密封，使其成为一个完全的密封件。另一种类型的多层隔温、隔音板是由两片玻璃夹有一层玻璃纤维构成的。

这些玻璃用于装配在窗户、屋顶等上，可以起到一定程度的隔温、隔音作用，还可减少冷凝作用。

（6）70.09“玻璃镜（包括后视镜），不论是否镶框”。所称“玻璃镜”，是指一面镀有金属（通常用银，有时用铂或铝），能清楚明亮地反照的玻璃。

镀银方法是使用硝酸银的稀释氨溶液（用酒石酸钾或转化糖为基本原料的还原性溶液相混合）。玻璃经过彻底清洁后，即将上述溶液倾倒于玻璃表面上。银盐在玻璃上还原形成经久明亮的金属银沉积层。镀铂方法是将氯化铂的化合物刷在玻璃上，然后将玻璃加热到近于软化点，从而使金属涂层牢牢地附着于玻璃面上。金属层（特别是银）需要有保护层，有的涂上一层或多层清漆，有的除覆上一层电解沉积铜外，再涂上一层清漆保护层。

本品目包括：镜片，不论是否经过进一步加工；任何尺寸的成形玻璃镜，例如，用于家具、室内装饰和火车车厢等；梳妆用镜（包括手持式和悬挂式的）；袖珍镜（不论是否带保护盒套）。本品目还包括放大或缩小玻璃镜和后视镜（如车用后视镜）。所有这些玻璃镜可以具有背衬（纸板、织物等）或镶框（金属的、木的、塑料的等）；框架本身也可以用其他材料装饰（织物、贝壳、珍珠母、玳瑁壳等）。根据第94章注释一（二）的规定，落地式玻璃镜（如用于裁缝店试衣房或鞋店的可转动穿衣镜或旋转镜）也归入本品目。

本品目也包括单面印有图画的玻璃镜，不论是否镶框，只要它们仍具有镜子的基本特征；但这些镜子如果因印有图画而不能作为镜子使用的，则应按装饰用玻璃器归入品目70.13。

注意：已制成第94章家具零件（如衣柜门）的玻璃镜应与家具一同归类。

本品目不包括：①由于添加了某些附加部分成为其他物品的玻璃镜，例如，某些带柄的托盘（品目70.13）；但另一方面，仅由玻璃镜构成的桌面中心仍归入本品目。②框架或支座是用贵金属或包贵金属制成的镜子，不论是否带有天然或养殖珍珠、钻石或其他宝石或半宝石（天然、合成或再造的，仅作为小配件的除外）（品目71.14）；框架、支座上镶有天然或养殖珍珠、宝石或半宝石（天然、合成或再造的）的镜子（品目71.16）。③经光学加工的玻璃镜（第90章）。④与其他元件组装在一起构成玩具、游戏品、打猎或射击用品的玻璃镜（例如，哈哈镜）（第95章）。⑤一百年以上的玻璃镜（品目97.06）。

（7）70.10“玻璃制的坛、瓶、缸、罐、安瓿及其他容器，用于运输或盛装货物；玻璃制保藏罐；玻璃塞、盖及类似的封口器”。

①本品目包括商业上通常用于运输或盛装液体或固体产品（粉末、颗粒等）的各种玻璃容器。其主要有：A. 各种形状及规格的坛、瓶（包括虹吸瓶）、小药瓶及类似容器，用于盛装化学产品（酸等）、饮料、油类、肉汁、香水、药品、墨水、胶水等。这些容器即使经过研磨、切割、砂磨、蚀刻、镂刻、彩绘（特别是某些盛装香水或利口酒的瓶子）、加箍、装于柳条筐中或用各种材料（柳条、稻草、酒椰纤维、金属等）以其他方式装饰的仍应归入本品目。容器颈上可装有活动瓶盖，容器本身还可装有滴量装置或标上刻度，但未构成实验室用的玻璃器。B. 用于运输或盛装某些食品（调味品、酱油、水果、蜜饯、蜂蜜等）、化妆品或盥洗品（雪花膏、润发油等）、药品（药膏等）、擦光油、清洁剂等的广口瓶、罐及类似容器。像普通瓶子一样，这类容器也可进行砂磨、切割、蚀刻或镂刻、装饰、加箍等。C. 安瓿，通常用拉制的玻璃管制成，密封后可用作血清或其他药品的包装容器，或用于装液体燃料（例如，香烟打火机汽油用的安瓿）、化学产品等。D. 供运输或盛装药品及类似用途的管状容器及类似容器，

用灯工玻璃管制成或吹制而成。

本品目也包括玻璃储藏罐。任何材料制成的容器塞盖如果随同本品目容器一起报验，应归入本品目。

②本品目还包括玻璃制的盖及塞，不论是用普通玻璃还是用铅晶质玻璃制成的，也不论是否经研磨、切割、砂磨、蚀刻、镂刻或装饰的。本品目还包括作瓶塞用的某些玻璃球，这种玻璃球是用玻璃厚板切割制成球形后再进行机械加工制得的。

③本品目不包括：A. 全部或大部分用皮革或再生皮革包裹的瓶子（品目42.05）；B. 作为家用玻璃器皿的带塞冷水瓶、水杯和其他玻璃容器（品目70.13），但不包括商业上运输或盛装货品用的容器；C. 婴儿奶瓶（品目70.13）；D. 实验室、卫生及配药用的玻璃器皿（品目70.17）；E. 保温瓶或其他保温容器用的玻璃胆（品目70.20）；F. 商店专用的展示瓶、罐（品目70.20）；G. 供香水喷雾器用的瓶子等（品目70.13）、香水喷雾器（品目96.16）和保温瓶及其他保温容器（品目96.17）。

（8）70.11“制灯泡、阴极射线管及类似品用的未封口玻璃外壳（包括玻璃泡及管）及其玻璃零件，但未装有配件”。本品目包括：①任何形状或尺寸的不带配件未封口玻璃外壳（包括玻璃泡和管），用于制造电灯泡、电灯管、电子管等，不论是供照明用或作其他用途（白炽或蒸气灯、X光管、无线电真空管、阴极射线管、整流管或其他电子管、红外线灯等）。这些玻璃壳大部分是用自动化机器批量生产的，可磨砂、着色、镀金属及涂荧光材料等。外壳的玻璃零件（如电视机阴极射线管的荧光屏或锥体，聚光灯泡反射器）仍归入本品目。②明显用于制造电灯泡的末端窄小的玻璃管，或弯曲成广告标志形状的玻璃管。③用荧光物质（如硅酸锌、硼酸镉、钨酸钙）衬里的玻璃管。

这些玻璃壳经一系列制作（包括嵌入灯丝或电极，抽出管中气体，注入一种或多种稀有气体或水银等，装上灯头或接头）可制成电灯泡、阴极射线管或第85章所列的类似物品。

本品目不包括：①仅切割成一定长度的玻璃管，不论其两端是否用火抛光或用其他方法修整平滑；以及在玻璃本体加有荧光材料（例如，铀酸钠）的玻璃管（品目70.02）。②已封装或装配件的玻璃灯泡、灯管以及成品灯泡、灯管和电子管（参见品目85.39、85.40、90.22等）。

（9）70.13“玻璃器，供餐桌、厨房、盥洗室、办公室、室内装饰或类似用途（品目70.10或70.18的货品除外）”。本品目包括下列玻璃制品（其中大部分是在模子中加压或吹制而成的）：①餐桌或厨房用玻璃器皿。例如，水杯、高脚杯、单把大酒杯、细颈冷水瓶、婴儿奶瓶、大水罐、带把小口的大壶、盘子、沙拉碗、糖缸、船形调味汁壶、水果架、糕饼架、拼盘碟、碗、盘、蛋杯、黄油碟、油瓶、醋瓶、分菜或烹煮等用的盘、炖锅、焙盘、托盘、盐瓶、调味糖瓶、餐刀架、搅拌器、餐桌手摇铃、咖啡壶和咖啡过滤器、糖食盒、刻度厨房用具、保温板、餐桌垫、家用搅乳器的某些零件、咖啡磨具用的杯、乳酪碟、柠檬挤汁器、冰桶。②盥洗用品。例如，肥皂碟、海绵篮、液皂分配器、钩和横杆（挂毛巾用）、香粉缸、香水瓶、化妆用喷雾器的零件（喷头除外）和牙刷架。③办公室用玻璃器具。例如，镇纸、墨水台和墨水池、书档、装大头针的容器、笔架、烟灰缸。④室内装饰用玻璃器及其他玻璃器（包括教堂和类似场所用的在内）。例如，花瓶、装饰性水果盘、小塑像、小精品（动物、花、叶、果等）、桌面中心（品目70.09的物品除外）、养鱼缸、香炉等以及带风景画的纪念品。

上述玻璃器具可用普通玻璃、铅晶质玻璃、低膨胀系数玻璃（如硼硅玻璃）或微晶玻璃制成（后两种玻璃特别用于制造厨房器具）。它们有无色的、着色的或镶色的，可切割、打毛、蚀刻、镂刻或作其他装饰，也可用镀面玻璃制成。

本品目包括因印有图画而不能作为镜子使用的镜子状装饰性物品；否则，它们应归入品目70.09。

玻璃与其他材料（贱金属、木料等）组合制成的物品，如果具有玻璃制品的特征，可归入本品目。贵金属或包贵金属在玻璃器皿中仅作为微小配件的仍归入本品目，超出这个范围的则不归入本品目（品目71.14）。

本品目不包括适于室内装饰用的品目70.18的物品（如玻璃珠制成的人造花和叶以及灯工装饰品）和品目96.17的保温瓶及其他保温容器。

（10）70.14“未经光学加工的信号玻璃器及玻璃制光学元件（品目70.15的货品除外）”。光学加工是先用粗磨料，然后再不断地用越来越细的磨料对玻璃表面进行研磨，其加工顺序为粗磨、修整、磨平和抛光。只对玻璃圆片或镜片的边缘进行过简单的打磨，但未作进一步加工的，不能视为进行过光学加工。经过一道或数道抛光前的工序所制得的物品仍归入本品目。但一面或多面全部或部分进行过抛光，达到了所需光学性能的玻璃件不归入本品目（根据其是否装配的情况，分别归入品目90.01或90.02）。

本品目包括下列未经光学加工且非制成品的物品：①未经光学加工的信号玻璃器（无色或着色），供安装于反光路标（如板、牌、柱等）或展示牌上，或作自行车、汽车等的简单反射器。这些物品通常是凸面的、半球形的或是具有平行槽纹平面的。它们能将射过来的光线（如车头灯光）加以反射，人们在黑暗中的远处就可见到。②未经光学加工的玻璃制光学元件（无色或着色）。本品目包括在制作中虽未经光学加工，但能产生某种所需的光学效果的元件。这类元件主要包括汽车车头灯、停车灯、方向指示灯、自行车后灯、交通路灯、某种浮标灯、聚光灯泡、小手电、手电筒、配电盘灯或仪表板灯等的透镜及类似品，某些普通放大镜所用的镜片及类似品。

本品目还包括光学元件的毛坯和需进行光学加工的光学元件。但未进行光学加工的视力矫正眼镜或非视力矫正眼镜用的玻璃不归入本品目，而归入品目70.15。

上述物品即使已镶框、装有架座或背衬反射面，仍应归入本品目，但明显成为制成品的不包括在本品目内（如品目83.10的贱金属制的标志牌、数字、字母和其他标志；品目85.12的自行车或机动车辆用的前灯、车头灯或停车灯）。

（11）70.17“实验室、卫生及配药用的玻璃器，不论有无刻度或标量”。本品目适用于一般用于实验室（研究、配药、工业等）的玻璃器，包括特种瓶（气体洗涤瓶、试剂瓶、沃尔夫瓶等）、特种管（气体洗涤管、干燥管、冷凝管、过滤管、滴定管、试管等）、搅拌器、蒸馏瓶、刻度罐、培养瓶（克氏扁瓶、鲁氏瓶等）、各种量管、蒸发盘、量瓶、特种钟形缸和接受器（真空的、缩领的等）、特种滴瓶（带刻度等）、曲颈瓶、结晶盘、干燥筒、滤扳和滤片、勺子、保干器、渗析器、承接管、冷凝器、蒸馏器的接受器、特种漏斗（带活栓漏斗、球形漏斗等）、量筒、坩埚、滤埚、特种烧瓶（锥形、多颈形等）、特种酒精灯、研钵、称量舟皿、吸管、各种类型的专用真空器皿（品目96.17的除外）、洗瓶、活栓、刮勺、缸（过滤缸、沉淀缸、多颈缸等）、马弗罩、坩埚支座板、显微镜载片和盖片等。

所称“卫生及配药用玻璃器”，是指不必专业人员指点便可使用的通用器具。本品目主要包括喷射嘴（注射器、灌肠器等用）、盛尿器、便盆、便壶、痰盂、吸杯、胸部除痛器（有或没有橡皮袋的）、洗眼杯、吸入器和压舌板。外科用羊肠线的卷轴也归入本品目。

本品目不包括：①供运输或盛装货物用的容器（品目70.10）；有时用于实验室的普通弧面表玻璃（品目70.15，参见该品目的注释）；药房专用的陈列瓶和工业用的玻璃器（品目70.20）。②第90章的玻璃仪器及装置，例如，皮下注射器、特种插管及医疗、外科、牙科或兽医用的其他仪器和器具（品目90.18）；品目90.25的液体比重计及类似的浮子式仪器、温度计、高温计及气压计；品目90.26的仪器及装置（用于液体流量等的计量和测试）；品目90.27的供理化分析等用的仪器和装置。

商品归类练习

（1）玻璃制不可闭合的玩偶假眼（未装配）。（2）玻璃制可闭合的玩偶假眼（已装配）。（3）玻璃制医用假人眼。（4）汽车用的后视镜。（5）公路隔离线用玻璃制反光块。（6）导电玻璃。（7）玻璃制的项链。

第十三类历年考题

（1）小轿车后视镜（已经镶框）（2008年）。答案：7009.1000

（4）陶制汤碗（2010年）。答案：6912.0010

3.2.15 第十四类 天然或养殖珍珠、宝石或半宝石、贵金属、包贵金属及其制品；仿首饰；硬币（第71章）

3.2.15.1 本类概述

本类商品的范围及章次分布见表3—16。

表3—16 **第十四类商品范围及章次分布**

序号	商品范围		本类章次分布
1	原料、半成品及废料	天然或养殖珍珠、宝石或半宝石	第一分章
		贵金属及包贵金属	第二分章
2	制成品	珠宝首饰、金银器及其他制品	第三分章

3.2.15.2 第71章——天然或养殖珍珠、宝石或半宝石、贵金属、包贵金属及其制品；仿首饰；硬币

1）本章商品范围

（1）商品范围。本章商品共三个分章，从加工程度和构成材料划分，可以细分为五部分：①品目71.01～71.05：天然或养殖珍珠、钻石、其他宝石和半宝石（天然、合成或再造的），不论是否加工，但未镶嵌或成串的，以及在加工宝石过程中所产生的某些废料。②品目71.06～71.12：贵金属和包贵金属，未锻造、半制成或粉末状，但未达到第三分章所述制品的加工程度，以及贵金属或包贵金属废碎料和主要用于回收贵金属的含有贵金属或贵金属化合物的其他废碎料。③品目71.13～71.16：全部或部分用天然或养殖珍珠、钻石或其他宝石、半宝石（天然、合成或再造的）、贵金属或包贵金属制成的物品

(参见章注二的规定)。④本章注释十一所述的仿首饰(品目71.17)。⑤硬币(品目71.18)。

(2)易归入其他章的货品。属于古物或收藏品的珍珠、宝石及半宝石不应归入第97章而归入本章(参见章注三(十五))。

(3)易归入本章的货品。其包括:①胶态贵金属和贵金属汞齐(品目28.43)。②根据第六类类注一(一)的规定,应优先归入品目28.44、28.45的货品,例如,放射性同位素(例如,铱192),包括含有放射性同位素的针状、线状或片状贵金属(28.44)。③专门配制作牙科填料用的合金(品目30.06)。④其他,见章注二及章注三。

2)商品知识及归类要点

(1)71.01"天然或养殖珍珠,不论是否加工或分级,但未成串或镶嵌;天然或养殖珍珠,为便于运输而暂穿成串"。本品目包括天然或养殖珍珠,不论其是未经加工,即采集和仅经清洗的(如用盐和水清洗),或经过加工,即磨掉瑕疵、钻孔或锯切(如将珠锯成一半或3/4)。本品目的珍珠可暂时穿成珠串,以便运输。已经镶嵌或分级后制成珠串的珍珠不归入本品目(酌情归入品目71.13、71.14或71.16)。

本品目不包括:①仿珍珠(塑料制的归入品目39.26;玻璃制的归入品目70.18;蜡制的归入品目96.02)。②未加工或简单整理的珍珠母(品目05.08),已加工的珍珠母(品目96.01)。

(2)71.02"钻石,不论是否加工,但未镶嵌"。钻石是碳的结晶同素异形体,纯者折射率和色散率极高,是迄今为止所知道的矿物质中最硬的一种。由于具有这些特性,钻石多用来制作装饰品,也用于工业(特别是用于拉丝)。

本品目包括未加工钻石和已加工钻石,例如,劈解、锯切、粗磨、刻面、打磨、抛光、钻孔、雕刻(包括浮雕和凹雕)、制成一对,但未镶嵌。

本品目不包括:①已加工但未装配的钻石唱针(品目85.22)。②经过加工后明显作为仪表、测量仪器或第90章所列其他物品零件的钻石(第90章)。

(3)71.03"宝石(钻石除外)或半宝石,不论是否加工或分级,但未成串或镶嵌;未分级的宝石(钻石除外)或半宝石,为便于运输而暂穿成串"。本品目仅限于其质量可用于首饰的各类石料,由于其色泽艳丽、结构稳定,也常因其产量稀少,这些通常为晶体结构的石头被首饰匠、金匠和银匠用于制作装饰品;有的由于其硬度或其他特性,还用于制钟、表或刀具,或作其他工业用途(如红宝石、蓝宝石、玛瑙、压电石英)。质量不适用于首饰、金器或银器的石料应归入第25章、第26章或第68章。

本品目不包括已成为制成品的宝石,例如,玛瑙杵和臼、玛瑙十字架和环、石榴石无柄杯和有柄杯、玉石小雕像和装饰品、玛瑙或缟玛瑙烟灰缸和镇纸、钓鱼竿环等,这些物品一般都归入品目71.16。

为了方便运输,本品目的宝石可串在一起,但是这种方法只是临时性的,而且宝石还未分级,也不适于直接用作首饰。根据本章注释一的规定,不归入其他品目的已镶嵌宝石或半宝石应归入品目71.13、71.14或71.16(参见有关注释)。但本品目不包括即使未镶嵌的下列各种宝石:①已加工但未装配的蓝宝石唱针(品目85.22)。②经过加工后明显作为仪表、测量仪器、钟表或第90章或91章其他物品零件的宝石;石英光学元件(品目90.01或90.02)。

本品目也不包括：①冻石（未加工的归入品目25.26，已加工的归入品目68.02）。②黑玉（未加工的归入品目25.30，已加工的归入品目96.02）。③用玻璃制的仿宝石或仿半宝石（品目70.18）。

（4）71.04“合成或再造的宝石或半宝石，不论是否加工或分级，但未成串或镶嵌的；未分级的合成或再造的宝石或半宝石，为便于运输而暂穿成串”。合成的宝石及半宝石是用化工方法制成的宝石，具有与天然宝石基本相同的化学成分和晶体结构。由于其色泽艳丽、结构稳定及其硬度而被首饰匠、金匠和银匠用以替代天然宝石或半宝石使用，即使它们未具有与相应天然宝石或半宝石相同的化学成分和晶体结构。例如，钇铝石榴石及合成的氧化锆立方体，两者均用作仿钻石。未加工前，合成宝石或半宝石的外形为圆柱形或梨状珠粒形，人们称为“梨晶”；它们通常纵向劈开或锯成圆片。

再造的宝石及半宝石可通过多种人工加工方法制得，例如，将天然宝石或半宝石的碎屑（通常已碎成粉末）加以粘聚、压制或熔融（一般要借助于喷焊器）制得。

合成和再造宝石一般通过显微镜检查（最好在非空气的介质中进行），可以发现其中有小气泡和条痕，从而与天然宝石加以鉴别。

（5）贵金属及贵金属合金的归类。归类时，要特别留意章注四、五、六。具体为：①根据章注四，“贵金属”是指铂、金、银，而铂包括铂、铱、锇、钯、铑、钌共6种铂族元素。这6种铂族元素，在品目归类的时候应合并计算。②根据章注六，本章所指贵金属包括贵金属合金。③根据章注五：含贵金属的合金，只要其中任何一种贵金属的含量大于或等于2%，则视为本章的贵金属合金。A. 按重量计含铂量大于或等于2%的合金，应视为铂合金；B. 按重量计含金量大于或等于2%的合金，应视为金合金；C. 按重量计含银量大于或等于2%的合金，应视为银合金。注意：以上三种贵金属合金的规定须按先后顺序使用，即归类时铂合金优先于金合金，金合金优先于银合金。若合金中的没有任何一种贵金属（铂族合并计算）含量大于或等于2%，则按贱金属合金归入第十五类。

（6）包贵金属的归类（章注七）。根据章注七解释，包贵金属是指以贱金属为底料，在其一面或多面焊接、熔接、热轧或类似机械方法覆盖（或镶嵌）一层任何厚度的贵金属材料。包贵金属的板、片、条等最常见的加工方法是用一层贵金属覆盖在基底金属的一面或双面并将两种金属“熔焊”在一起，然后加以滚轧。包贵金属丝是将一条贱金属芯子插入到一个贵金属管子内并把两种金属加以“熔焊”，然后通过拉丝模板进行拉拔。

注意区分“包贵金属”与“表面镀贵金属的贱金属”：

首先，相同点：表面都是贵金属，内部底料都是贱金属。

其次，不同点：A. 制作工艺不同。包贵金属通过焊接、熔接、热轧等机械方法制得；表面镀贵金属的贱金属通过电解、蒸汽沉积、喷镀或用贵金属盐溶液浸渍等方法镀上贵金属而制得。B. 包贵金属的覆盖层无论包多薄都应归入第71章；而表面镀贵金属的贱金属的镀层无论镀多厚都按底料贱金属来归类（品目71.17的仿首饰、品目71.18的硬币除外）。

（7）71.13“贵金属或包贵金属制的首饰及其零件”。

①“首饰”的材料要求：A. 全部或部分由贵金属或包贵金属制成；B. 所含贵金属或包贵金属必须超出仅作为首饰小配件的范围；C. 可以镶嵌珍珠（天然、养殖或仿制）、宝石或半宝石（天然、合成或再造）、仿宝石、玳瑁、珍珠母、象牙、琥珀（天然或粘聚）、黑玉或珊瑚。

②商品范围：A. 个人佩戴的小物品（不论是否镶嵌宝石），例如，戒指、手镯、项圈、饰针、耳环、项链、表链和其他作装饰用的链；怀表链及饰物、垂饰、领带针和夹、袖扣、饰纽、纽扣等；宗教性十字架或其他十字架；奖章和勋章；帽饰（针、扣、环等）；手提包装饰品；腰带、鞋等用的扣子和滑圈；发夹、头饰、发梳和其他类似发饰。B. 通常放置在衣袋、手提包或佩戴在身上的个人用品，例如，雪茄或香烟盒、鼻烟盒、眼镜盒、香粉盒、口红管、小梳、口香丸盒、带链钱包、念珠、钥匙圈等。C. 本品目也包括未制成或不完整的首饰及明显作为首饰的零件，只要它们所含贵金属或包贵金属已超出作为小配件范围，例如，装镶在戒指、饰针等上的小块图案。

③易归入本品目的货品：A. 品目71.17的仿首饰。B. 硬币，镶制成首饰的硬币除外（品目71.18或第97章）。C. 第90章的物品（如普通眼镜、长柄眼镜等及其框架）。D. 表及手表带（第91章）。E. 除品目96.01~96.06或96.15以外的第96章所列物品，例如，自来水笔、尖头自来水笔、钢笔杆、铅笔套和活动铅笔（包括其零件和配件）；打火机、烟斗、雪茄烟嘴或香烟嘴及其零件；香水喷雾器或类似的化妆用喷雾器及其喷头。F. 超过一百年的首饰（品目97.06）。

（8）71.14“贵金属或包贵金属制的金银器及其零件”。

①“金银器”的材料要求：与品目71.13相同。

②商品范围。本品目的“金银器”一般要比品目71.13的首饰大，通常不适于随时携带，包括：A. 餐具。例如，餐刀、汤匙、叉；长柄勺；肉夹、鱼叉；盘子、碟和碗；杯；酒杯；装面包、糕点、水果等的筐和架；冰酒桶；调味品瓶；糖钳；刀架、餐刀环；餐桌铃；花饰瓶塞等。B. 梳妆用具。例如，有柄镜；瓶和香粉盒（品目71.13的粉盒除外）；刷子盒、衣刷、指甲刷、头发刷、梳（装饰性发梳和随身小梳除外，其归入品目71.13）；大壶等。香水喷雾器不归入本品目（品目96.16）。C. 办公室和写字台用品。例如，墨水瓶、墨水台、书档、镇纸、裁纸刀等。D. 吸烟用具。例如，雪茄和香烟盒、烟叶罐、烟灰缸、火柴盒架等，但不包括品目96.13（香烟打火机和其他打火机）或96.14的物品（烟斗、烟嘴等）。E. 其他室内用品及类似物品。例如，室内装饰用的半身雕塑像、小雕塑像和其他雕塑像；珠宝盒；餐桌中心件、小花瓶、大花瓶；相框；灯具、灯台、烛台、枝形吊灯；壁炉台装饰品、装饰用碟盘、纪念章和大奖章（供个人佩戴的除外）；体育比赛奖品；香炉等。F. 宗教用品。例如，圣物箱、圣餐杯、荷花籽杯、圣体匣、耶稣十字架、烛台、灯具。

（9）71.17“仿首饰”。

①“仿首饰”的材料要求：A. 不能含有贵金属或包贵金属（贵金属或包贵金属仅作为镀层或本章注释二（一）所列小配件范围的除外）。B. 不能含有天然或养殖珍珠、宝石或半宝石（天然、合成或再造）。

②商品范围。本章所称“仿首饰”，仅限于章注九第一部分所述的供个人佩戴的小件物品，例如，戒指、手镯、项圈、耳环、链扣等（不包括品目96.06的纽扣和其他物品或品目96.15的发梳、发夹及类似品和发针）。

本品目还包括未制成或不完整的仿首饰（耳环、手镯、项圈等）。例如，半制成的开口环，由经过阳极化处理的铝丝构成，通常经过绞扭或表面加工，不论是否配有粗制的纽扣，有时不作进一步加工即用作耳环；贱金属制的装饰性小图案，不论是否抛光或用小链环连成不定长度的条状物。

(10) 71.18 "硬币"。本品目适用于任何金属（包括贵金属）制成的硬币。这些硬币具有官方规定的分量和图案，在政府管理下作为法定货币发行。在发行国家作为法定货币的成套或不成套的硬币，即使装于礼品盒内供一般销售用的，也归入本品目。本品目还包括已不再作为法定货币的硬币，但不包括收藏品（参见品目97.05的注释），也不包括装在胸针、领带夹或其他个人装饰品上的硬币（品目71.13或71.17）及只能作金属废、碎料的破碎、切碎或毁损的硬币（按材料属性归类）。

商品归类练习

(1) 按重量计含铁80%、铜15%、银3%的金属合金（未经锻造，非货币使用）。(2) 按重量计含铁80%、铜15%、银3%、金2%的金属合金（未经锻造，非货币用）。(3) 按重量计含铁80%、铜15%、银3%、金2%的金属合金（未经锻造，非货币使用）。(4) 按重量计，含铜80%、银10%、金7.0%、钯1.5%、铑1.5%的合金粉末。(5) 用于制钢笔尖粒的铱锇合金丝（其中含铱70%、锇30%）。(6) 银外包金且镶嵌钻石的戒指。(7) 铜镍合金制熊猫纪念硬币。(8) 蓝宝石。(9) 玛瑙手链。(10) 珍珠手链（搭扣为银质）。(11) 银质发梳，便于随身携带。(12) 银质发梳，不便于随身携带。(13) 牛角梳，便于随身携带。

第十四类历年考题

(1) 一种戴在手腕处的装饰品，用樟木制成圆珠状，再用线串成（2005年）。答案：7117.9000

(2) 铜制镀金领带夹（2006年）。答案：7117.9000

(3) 手机挂绳，编带部分以涤纶纱线用编带机织成（2008年）。答案：7117.9000

3.2.16 第十五类 贱金属及其制品（第72～83章）

3.2.16.1 本类概述

1) 本类商品范围

本类共11章（第72～83章，其中第77章为空章保留备用），分为三组（见表3—17）：①钢铁及其制品（第72～73章）。②其他贱金属及其制品，金属陶瓷及其制品（第74～81章）。③其他结构较为简单的贱金属制品（第82～83章）。

表3—17 第十五类商品范围及章次分布

序号	商品范围	本类章次分布
1	钢铁	72
2	钢铁制品	73
3	铜和铜制品	74
4	镍和镍制品	75
5	铝及其铝制品	76
6	铅和铅制品	78
7	锌和锌制品	79
8	锡和锡制品	80
9	其他贱金属；金属陶瓷及其制品	81
10	贱金属工具、器具、刀具，餐匙和餐叉及其零件	82
11	贱金属杂项制品	83

2）本类商品归类要点

（1）“通用零件”。①通用零件的货品范围。第十五类类注二对“通用零件”的范围作了明确的规定。必须注意的是，“通用零件”的范围适用于整个《协调制度》商品目录，必须熟悉“通用零件”的具体货品范围。②通用零件的归类原则。单独进出口的“通用零件”，即便其本身用途、尺寸表明其专用于某制品，仍不能作为该制品的零件归类，应根据材料归入相应章的相应品目。例如，塑料制通用零件归入第 39 章；钢铁制通用零件归入第 73 章；其他贱金属制通用零件归入第 74 ~ 83 章。

（2）贱金属合金的归类原则。结合第 71 章注释及本类注释五、六的规定，贱金属合金应按下列规则归类：①贱金属与贵金属的合金：如果合金中的任何一种贵金属（银、金、铂族元素）重量占合金重量的比例大于或等于 2%，应归入第 71 章；若小于 2%，这种合金应作为贱金属归入本类。②铁合金的归类按第 72 章章注一（三）的规定处理，铜母合金按第 74 章章注三处理。③本类其他贱金属之间形成的合金，按其所含重量最大的贱金属归类。④由本类贱金属与非本类的元素（包括非金属元素或品目 28.05 的金属元素）构成的合金，如果所含贱金属的总量大于或等于其他元素的总重量，则按本类贱金属归类；反之，通常归入品目 38.24。⑤除金属陶瓷（品目 81.13）外，金属粉末的烧结混合物及熔炼而得的不均匀紧密混合物及金属间化合物都应作为合金对待。

3.2.16.2 第 72 章——钢铁

1）本章商品范围

（1）商品范围。本章商品主要属于初级形状的钢铁及钢材，包括四部分产品：①黑色金属，即：生铁、镜铁、铁合金及其他原料（第一分章）。②钢铁工业的某些铁或非合金钢产品（锭及其他初级形状产品、半品及用它们直接生产出来的主要产品）（第二分章）。③不锈钢产品（第三分章）。④其他合金钢产品及空心钻刚（第四分章）。

（2）易归入本章的货品。其包括：①焊接的钢铁角材、型材及异型材（品目 73.01）。②管及空心异型材（品目 73.03 ~ 73.06）。

2）商品知识及归类要点

（1）钢的生产。熔融状或固体状的生铁或铸铁及直接还原法所得铁产品（海绵铁）与废碎铁混合组成炼钢的原料，在这些原料中再加入生石灰、萤石、脱氧剂（例如，镁铁、硅铁、铝）及各种合金元素等造渣添加剂进行冶炼。

根据合金元素的含量，钢分为“非合金钢”及“合金钢”（不锈钢或其他钢）；根据其特性，它们还可分为易切削钢、硅电钢、高速钢或硅锰钢等。

从加工步骤上讲，通常先加工成锭块或其他初级形状产品及半制成品，再将半制成品及在某些情况下的锭块加工制成成品即钢材，通常包括扁平材（“宽带材”，包括“齐边中厚板”、“宽带卷材”、片材、板材及带材）及长形材（不规则盘绕的热轧条、杆，其他条及杆、角材、型材、异型材及丝）。这些钢材可以通过热塑变形直接从锭或半制成品制得（通过热轧、锻造或热拉），也可以通过冷塑变形间接从热加工产品制得（通过冷轧、挤压、拉丝、光拔），在某些情况下还需后期处理（例如，通过无心磨削或精密车削制得的冷加工条、杆）。

根据本章注释三，用电解沉积法、压铸法或烧结法所得的钢铁产品，应按其形状、成分及外观归入本章类似热轧产品的相应品目。

（2）铁合金的归类。铁合金的概念参见章注一（三）。子目归类时，注意本章子目注释二的规定。

例：按重量计含硅35%、钡30%、铝3%、锰0.4%、碳0.3%的铁合金。

解析：本题是铁合金归入品目72.02。根据第72章子目注释二的规定，“品目72.02项下的子目所列铁合金，应按照下列规则归类：对于只有一种元素超出本章注释一（三）规定的最低百分比的铁合金，应作为二元合金归入相应的子目。以此类推，如果有两种或三种合金元素超出了最低百分比的则分别作为三元或四元合金。在运用本规定时，本章注释一（三）所述的未列名的‘其他元素’，按重量计单项含量必须超过10%”。根据这个规定，参见章注一（三），在本题中，硅含量（35%）已经超过注释一（三）规定的最低百分比8%，钡30%为其他未列名的其他元素，已经超过10%，因此本题有两种元素超出了百分比，作为三元合金归类，即硅钡铁合金归类。由于硅钡铁三元合金没有在一级子目中列名，因此归入一级子目“其他”，最终归入7202.9990。

(3) 钢材的归类。

第一步：根据钢材的材料性质，判断出该钢材应归入本章的哪个分章。

第二步：根据钢材的外形尺寸、报验状况，并依据第72章注一（十）判断是否属于平板轧材（品目72.08~72.12）。

第三步：若不属于平板轧材，再依次使用章注一（十一）、（十四）、（十二）、（十三）判断是不规则盘绕的热轧条、杆，丝，其他条杆还是角材、型材及异型材。

例：截面为矩形的非合金钢钢材，除冷轧外未经进一步加工，钢材宽度80毫米，厚度5毫米，盘卷状报验。

解析：本题商品厚度为5毫米，钢材宽度80毫米，不符合章注一（十）“其厚度如果在4.75毫米以下，则宽度至少是厚度的十倍”，因此不属于平板轧材；再判断是否属于章注一（十一）的情形：因为章注一（十一）解释的不规则盘绕的热轧条、杆，加工方式是经过热轧，因此也不属于章注一（十一）的情形；再来判断是否属于章注一（十四）：根据本题的条件，截面为相同形状，加工方式为冷轧，而且是盘卷状，属于章注一（十四）所说的“丝”的情形，因此按丝来归类，归入7217，再归入子目7217.1000。

商品归类练习

(1) 合金生铁（初级形状）。(2) 未经包覆、镀、涂层，厚度0.8毫米、宽度70厘米的非合金钢冷轧平板卷材。(3) 宽1米、厚2毫米的非合金钢热轧卷板，表面涂有防锈漆。(4) 截面为矩形的、非合金钢经电镀法加工而成的平板镀锌铁皮（规格为750毫米×1 500毫米，厚度为1毫米）。(5) 不规则盘卷状报验的不锈钢钢材（截面为矩形，宽为50毫米，厚为5毫米）除热轧外未经进一步加工。(6) 截面为矩形的不锈钢材，除轧制外未经进一步加工，钢材的宽度为50毫米，厚度为5毫米，冷成形笔直状报验。(7) 含碳1%、铬15%为主的钢铁角材。(8) 含碳0.6%、锰1.5%、硅2.0%的合金钢条。(9) 用狭平板钢板螺旋卷焊成的石油管道（截面为圆形，外经50公分）。(10) 空心圆截面钢管，外直径40公分，内直径15公分，适合钻探用。(11) 外径40公分、内径22公分的钻探石油无缝钢钻管。

3.2.16.3 第73章——钢铁制品

1) 本章商品范围

本章包括品目73.01~73.24具体列名的物品以及品目73.25及73.26的既未在第82

章或第 83 章具体列名又未归入本《协调制度》其他章的钢铁（包括本章注释一所述的铸铁）制品。

2）商品知识及归类要点

（1）管及空心异型材。第 73 章所称“管”，是指全长横截面相同并只有一个闭合空间的同心中空产品，其内表面及外表面形状相同。钢管主要是圆形、椭圆形或矩形（包括正方形）横截面，但也有等边三角形或其他规则外凸多边形横截面的。全长边角已经磨圆的横截面非圆形的产品以及带有法兰形端部的管子都应作为管归类。它们可以经抛光、涂层、弯曲（包括盘管）、攻丝及不论是否两管相接、钻孔、缩腰、胀口、成锥形或装法兰、颈圈或套环。

空心异型材是指不符合上述“管”定义的空心产品，主要是那些内外表面形状不同的空心产品。有关商品的归类如下：①管及空心异型材归入品目 73.03 ~ 73.06。②管子附件归入品目 73.07。③钢铁软管，不论是否带附件（包括恒温器的波纹管及膨胀接头（品目 83.07））。④明显作为制品零件的成品管子及空心异型材，应按制品归入相应品目，例如，用于结构体的管子（品目 73.08）、集中供暖散热器的管式部件（品目 73.22）、绝缘电缆导管（品目 85.47）、内燃活塞式发动机的排气集管（品目 84.09）、其他机械零件（第十六类）、第 87 章车辆的排气箱（消声器）及排气管（例如，品目 87.08 或 87.14）、自行车等用鞍座柱及车架（品目 87.14）。

（2）73.09“盛装物料用的钢铁囤、柜、罐、桶及类似容器（装压缩气体或液化气体的除外），容积超过 300 升，不论是否衬里或隔热，但无机械或热力装置”。这些容器通常固定装于加工厂、化工厂、染料厂、煤气厂、酒厂、提炼厂等供储存或生产之用，很少安装于家庭、商店等地方。仅装有龙头、阀门、液面计、安全阀、压力计等的容器仍应归入本品目。这些容器可以是敞开式或封闭式，可以用硬橡胶、塑料或有色金属衬里，也可以装有隔热层（如石棉层、矿渣棉层或玻璃棉层），不论这种隔热层是否装有金属外套。

本品目还包括利用双层壁或双层底进行隔温的容器，但双层壁之间不得装有加热或冷却液体的循环装置（具有这种循环装置的容器不归入本品目，参见品目 84.19）。本品目货品有：汽油箱或油箱；麦芽酒厂浸泡大麦用的桶；液体（酒、啤酒等）发酵桶；各种液体的倾析或澄清用大桶；金属物品回火及退火用桶；贮水罐（家用或其他用），包括集中供暖设备用的膨胀箱；固体物料容器；等等。

供盛装压缩气体或液化气体用的容器，不管容量多少均归入品目 73.11。装有搅拌器、加热或冷却盘管、电气元件等机械或热力装置的容器应归入第 84 章或第 85 章。

本品目不包括经专门设计及装备，可供一种或多种运输方式使用的运输容器（品目 86.09）。

（3）73.10“盛装物料用的钢铁柜、桶、罐、听、盒及类似容器（装压缩气体或液化气体的除外），容积不超过 300 升，不论是否衬里或隔热，但无机械或热力装置”。与前一品目不同，品目 73.09 包括通常作为固定装置安装于工厂等场所且容积超过 300 升的容器，而本品目包括容积不超过 300 升的用钢铁片及板制成的容器，其规格大小以易于移动或搬运为度，通常用于商业运输或包装货物。本品目也包括作为固定装置的上述容器。

归入本品目的大型容器包括：焦油桶或油桶；汽油罐；有盖大牛奶桶；盛装酒精、胶乳、苛性苏打、碳化钙、染料或其他化学品用的桶及罐。小型的容器包括主要供黄油、牛奶、啤酒、蜜饯、水果或果汁、饼干、茶叶、糖果、烟草、香烟、鞋油、药品等作零售包装用的盒、听、罐等。为了便于滚动或搬动，尤其是桶和罐可以加箍或加其他附件，或用其他物料加强。所有容器都可装有排放口、塞子、盖子或其他类似装置以便于装填及排空。

本品目也包括利用双层壁或双层底来进行隔温的桶等，但双层壁之间不得装有加热或冷却液体的循环装置（具有这种循环装置的容器不归入本品目，参见品目84.19）。

本品目不包括下列钢铁制容器：①品目42.02的物品。②粗腰饼干桶、茶叶罐、糖听及类似的家庭或厨房用容器及金属罐（品目73.23）。③香烟盒、粉盒、工具箱及供个人或专业用的类似容器（品目73.25或73.26）。④保险柜、钱箱或文件保险箱及类似物品（品目83.03）。⑤品目83.04的物品。⑥首饰盒（品目83.06）。⑦经专门设计及装备，可供一种或多种运输方式使用的运输容器（品目86.09）。⑧品目96.17的带壳暖水瓶及其他真空容器。

（4）73.23“餐桌、厨房或其他家用钢铁器具及其零件；钢铁丝绒；钢铁制擦锅器、洗刷擦光用的块垫、手套及类似品”。

①餐桌、厨房或其他家用钢铁器具及其零件。本组包括在《协调制度》其他品目未具体列名的，供餐桌、厨房或其他家用的钢铁制品，它们的范围很广，也包括供旅馆、餐厅、招待所、医院、食堂、兵营等用的上述物品。

这些制品可以铸造制得或用钢铁片、板、箍、带、丝、丝网、丝布等制得，也可以通过各种制造方法（模铸、锻造、模压、冲压等）制得。它们可以装有其他材料制的盖、柄、其他零件或附件，只要它们仍具有钢铁制品的特征。其主要有：A. 厨房用具，例如，长柄有盖的平底锅、汽锅、压力锅、熬酱锅、炖锅、焙盘、带柄的椭圆煮鱼锅；浅锅；煎锅、烘烤碟及盘；铁格架及不带供热元件的烤箱；烧水壶；滤锅；油炸篮；果冻及糕点模；大水壶；家用牛奶罐；厨房贮物听及罐（面包厢箱、茶叶罐、糖罐等）；生菜洗涤器；厨房用容量量具；餐具架、漏斗。B. 餐桌用具，例如，浅盘、碟、盘、汤及蔬菜盘、调味汁壶；糖盒、奶油盘；牛奶或奶油壶；分格碟；咖啡壶及渗滤壶（但不包括有加热源的家用渗滤壶（品目73.21））、茶壶；小杯、大杯、平底无脚酒杯；蛋杯、洗手钵；面包或水果盘及篮；茶壶架或类似架；滤茶器、调味品瓶；刀架；冰酒桶等、斟酒架；餐巾环、桌布夹。C. 其他家用物品，洗涤用煮锅及水锅；垃圾箱、桶、煤箱及煤斗；洒水壶；烟灰缸；热水瓶；瓶子篮；活动式靴底刮泥器；熨斗架；洗衣服、装水果、盛蔬菜等用的篮；信箱；衣架、鞋楦；饭盒。

本组也包括上面所列制品的钢铁零件，例如，盖、夹、柄、高压锅分隔格等。

②钢铁丝绒；擦锅器及洗刷擦光用的块垫、手套及类似品。钢铁丝绒是由极细的钢铁丝或带缠结而成，通常制成零售包装。擦锅器、洗刷擦光用的块垫、手套及类似品是由钢铁丝、带、钢丝绒等制成的，有时还装有手柄，只要这些货品以钢铁成分为主，不论其是否与纺织材料交织，均应归入本品目。

除钢铁丝绒有多种用途外，这些货品主要供家庭用（例如，用于擦洗厨房用具或卫生器具，用于洗刷金属制品，用于保养活动木地板、镶嵌地板等）。

本品目不包括：A. 品目73.10的听、盒及类似容器。B. 归入品目73.21的炉、灶等。C. 废纸篓（酌情归入品目73.25或73.26）。D. 具有工具特征的家用制品，如各种铲、螺丝起子、乳酪擦子等，嵌肥肉针，开罐刀，坚果钳，开瓶器，烫发钳、熨斗，火钳，打蛋器，烘蛋奶饼铁钳模，咖啡磨、胡椒磨，绞肉机，榨果汁机、蔬菜压榨机、蔬菜捣烂机（第82章)。E. 品目82.11～82.15的刀具、匙、叉、勺等。F. 保险箱、钱箱及契约箱（品目83.03)。G. 装饰品（品目83.06)。H. 家用秤（品目84.23)。I. 第85章的家用电器（特别是品目85.09及85.16的器具及设备)。J. 第94章的小型悬挂式菜橱及其他家具。K. 品目94.05的灯具及照明装置。L. 手用筛子（品目96.04)，香烟打火机及其他打火机（品目96.13)，品目96.17的保温瓶及其他真空容器。

(5) 73.24“钢铁制卫生器具及其零件”。本品目包括在本《协调制度》其他品目未具体列名的卫生用钢铁制品，它们的范围较为广泛，主要有：浴缸、净身盘、坐浴盆、洗脚盆、洗涤槽、脸盆、盥洗设备；肥皂碟及海绵篮；冲洗罐、卫生桶、尿壶、床上便盆、便壶、不论是否带机械装置的抽水马桶及贮水箱、痰盂、卫生纸架。

本品目不包括第94章的放药品及卫生洁具的小型悬挂式壁橱或其他家具。

(6) 73.25“其他钢铁铸造制品”。本品目包括《协调制度》其他品目未具体列名的各种钢铁铸造制品。其主要有：下水道及供水系统等用的检查闸门、滤栅、阴沟盖及类似铸件；消防栓及盖；饮用喷泉；邮筒、火警柱、系缆柱等；檐槽及檐槽口；矿井壁；研磨机及粉碎机用的滚珠；未装有机械或热力装置的冶金用罐及坩埚；平衡块；人造花、叶等（但品目83.06的制品除外)；水银瓶。

本品目不包括归入《协调制度》其他品目的铸件（如明显为机械设备的零件)，也不包括虽具有成品特征但需进一步加工的未制成铸件。本品目还不包括：不通过铸造方法制得的上述货品，例如，烧结制品（品目73.26)；装饰用的各种类型的铸像、瓶、瓮及十字架（品目83.06)。

(7) 73.26“其他钢铁制品”。本品目包括通过锻造、冲压、切割、模压、折叠、组合、焊接、车削、铣削或穿孔等方法加工制得的所有钢铁制品，但本章其他品目所列货品、第十五类注释一所列货品、第82章或第83章所列货品或本《协调制度》其他品目更为具体列名的货品除外。

本品目货品主要有：①蹄铁；鞋靴护铁，不论是否有尖钉；攀树用铁钉助爬器；非机械式的通风装置；软百叶帘；木桶箍；电线钢铁配件（如撑条、夹子、托架)；绝缘子串的悬吊或连接装置（悬杆、钩环、长臂、带接线柱的眼或环、球支座、吊夹、闲端夹等)；未校准的钢珠（参见第84章注释六)；栅栏柱、帐篷桩、拴畜桩等；花坛边箍、树木及香豌豆植物等的培育器；绞紧栅栏钢铁丝用的松紧螺旋扣；瓦片及檐槽；将软管夹紧于硬管或龙头等上的夹紧带或环（软管夹)；固定管子用的挂钩、撑条及类似支撑物（专用于装配金属结构件管状元件的夹子及其他装置除外，这些货品应归入品目73.08)；容量量具（品目73.23的家用量具除外)；顶针；路钉；锻造吊钩，例如，供起重机用的；各种用途的弹簧扣；梯子及台阶；支架；铸模芯用支撑物或芯撑（模工用钉除外，参见品目73.17)；钢铁锻制的人造花或叶（但不包括品目83.06的制品及品目71.17的仿首饰)。②钢铁丝制品，例如，圈套、陷阱、捕鼠器、捕鳗篓及类似品；捆扎饲料等用的扎铁丝；轮胎杆；由两根钢铁丝焊合而成的用于制织机综的双股钢铁丝；动物鼻环；床垫钩、屠宰钩、挂瓦钩等；废纸篓。③某些箱及盒，例如，未制成专门形状或内部装有配件以适合盛装特定工具（不论是否带附件等）的工具箱或工具盒（参见品目42.02的注释)；植物学家等用的收集箱或标本箱、小件饰物箱；化妆品盒及粉盒；香烟盒、口香糖盒等，但不包括品目73.10的容器以及家用容器（品目73.23）和装饰品（品目83.06）。④本品目也包括由一个底座、一个手柄、一个真空杆及多个橡皮圆盘组成的真空吸取器（吸夹)，用于暂时性地附着于物体（特别是玻璃）之上使之能被移动。

商品归类练习

(1) 内径为70公分的下水道铸铁管（圆截面）。(2) 涂锌薄钢板，宽1.3米，长2米，厚0.5毫米。(3) 铸铁圆井盖（下水道用）。(4) 供气焊用氧气钢瓶（非零售包装)。(5) 钢铁制搪瓷脸盆。(6) 不锈钢制的饭盒。(7) 不锈钢制的餐匙。(8) 不锈钢制碗（盘）。(9) 不锈钢制的双层保温杯。(10) 不锈钢制水龙头。(11) 不锈钢制果皮桶（用于公共场所存放垃圾)。(12) 不锈钢制的烧水壶（非电热）。(13) 铸铁浴缸。(14) 搪瓷钢板浴缸。(15) 未校准的钢珠（最大及最小直径与标准直径相差为0.08毫米)。(16) 图钉（钢铁制)。(17) 钢铁制带铜头的钉。(18) 钢铁制大头针。(19) 缝衣针。(20) 针灸用针。(21) 缝纫机用机针。(22) 铝织针（手工织毛衣用)。(23) 针织机用钩针（28号以下)。(24) 浴室淋浴用不锈钢软管。

3.2.16.4 第74~81章——其他贱金属、金属陶瓷及其制品

第74~81章的商品范围与第72、73章类似，不再赘述。

商品归类练习

(1) 黄铜管（用于冰箱冷凝器及蒸发器）。(2) 铜制的钥匙坯片（配钥匙用）。(3) 铜制的戒指。(4) 铜阳极（电解精炼用)。(5) 铜阳极（电镀铜用)。(6) 青铜制的轴瓦。(7) 铝制的易拉罐盖。(8) 飞机用铝合金型材。(9) 铝制家用饼干桶。(10) 按重量计算含磷为16%的铜母合金。(11) 铜制纽扣。

3.2.16.5 第82章——贱金属工具、器具、利口器、餐匙、餐叉及其零件

1) 本章商品范围

本章包括具有工具、器具、刀具、餐具等性质的某些贱金属制品，这些制品不归入第十五类本章以前的各章，也不属于第十六类的机器或器具（参见下文)、第90章的仪器或设备和品目96.03或96.04的制品。本章注释对本章货品的范围作了详细的规定。

本章不包括：①作为医疗、牙科、外科或兽医用的器械或器具的工具、剪刀或其他利口器（品目90.18)。②明显具有玩具特征的工具（第95章)。

2) 商品知识及归类要点

(1) 82.01"锹、铲、镐、锄、叉及耙；斧子、钩刀及类似砍伐工具；各种修枝用剪刀；镰刀、秣刀、树篱剪、伐木楔子及其他农业、园艺或林业用手工工具"。本品目包括主要用于农业、园艺或林业的手工工具，这些工具不论是否配有手柄均归入本品目，尽管其中有些工具也可用于其他方面（例如，用于筑路、挖掘、采矿、采石、木工或家务工作)。例如：①锹及铲，包括家用煤铲及特种锹及铲（例如，野营、士兵等用的挖壕工具)。②叉，包括干草叉。③镐、锄及耙，包括草坪耙、联合锄耙、挖根锄、除草耙及耕耘耙。④斧子、钩刀及类似砍伐工具，包括伐木斧、手斧、短柄斧、砍刀、横口斧、长柄砍刀及大砍刀。⑤修枝剪及类似的单手操作剪刀（包括家禽剪)。这些剪通常由两支手柄铰接构成，在其长度的四分之三处有一枢轴，其中一支手柄的末端通常为凹状切割刃，而另一支则成凸状切割刃（"鹦鹉嘴")。另外，它们不带指环，因而与品目82.13的剪刀不

同。这些工具通常装有弹簧，能使手柄剪切后分开，同时还装有一个钩或其他扣件，以便剪刀能用单手分开或闭合。剪切时用单手操作，其剪切力很强。本品目包括园艺修枝剪、花卉或果树修枝剪；带有狭窄锥形刀片的葡萄园修枝剪等。本品目也包括明显作为这些工具零件的贱金属制品。本品目不包括带有修枝剪刀片但具有指环的修枝剪式剪刀（参见品目82.13）。⑥树篱剪、双手修枝剪及类似的双手操作剪刀，包括草剪及长柄修枝剪。⑦用于农业、园艺或林业的其他手工工具。它们包括长柄大镰刀、镰刀（包括装袋、收割或割草用镰刀）、秣刀或割稻草用的各种刀；种植器、播种器、点播器、泥铲及移植器；摘果器；牛梳、马梳及猪刮子；刮树皮器及剥树皮刀；伐木楔子、伐木工人搬运木材用的工具（木钩、木钳、木镐、翻木钩）；草坪修边刀；羊毛剪。

本品目也不包括：绵羊耳朵及其他动物用的标记钳（品目82.03）；劈裂道路或石头用的楔子；修整大镰刀片用的铁砧（品目82.05）；整枝刀（品目82.11）；庭园滚压机、机械耙、割草机及类似器具，包括用手推或手拉的机械在内（第84章）；破冰斧（品目95.06）。

（2）82.05“其他品目未列名的手工工具（包括玻璃刀）；喷灯；台钳、夹钳及类似品，但作为机床附件或零件的除外；砧；轻便锻炉；带支架的手摇或脚踏砂轮”。本品目包括本章其他品目或本《协调制度》其他章未列名的所有手工工具（参见本章总注释），以及本品目具体列名的其他工具或器具。其主要有：

①钻孔或攻丝工具，如手摇曲柄钻（包括棘轮式的）、胸压式手摇钻及手钻；板牙绞手、丝锥扳手及搓丝板，用于这些手工工具的互换工具，例如，钻头、钎头、丝锥及板牙不归入本品目（参见品目82.07）。

②锤子，如锻工、锅炉工、木工、钉马掌的铁匠、采石工人、石匠、装玻璃工、泥瓦匠及圬工等用的锤子、碎石锤、大木锤、石材修整锤以及带鹤嘴及拔钉器等附件的锤。

③木工用刨子、凿子及类似切削工具，如各种刨子，包括槽刨（光刨、开槽刨、边刨、大刨等），木工、细木工、家具工、修桶工、木雕工等用辐刀、木刨刀、刻刀及拉刮刀。

④螺丝刀（包括棘轮式的）。

⑤其他手工工具（包括玻璃刀）。其包括：A. 许多家庭用具，包括一些带有切割刀片的工具，但机械式的除外（参见品目82.10），这些用品具有工具性质，因而不归入品目73.23。例如，熨斗（用煤气、煤油、木炭等的，但不包括品目85.16的电熨斗）、卷发钳；开瓶器、螺旋拔塞器、简易开听器（包括开罐钥匙）；坚果脱壳器；樱桃脱核器（弹簧式）；纽扣钩；鞋拔；“钢”磨刀器及其他金属制的磨刀器；糕点割刀及锯刀；干酪等的磨碎器；“闪电”式绞肉机（带切割轮）；干酪切片器、蔬菜切片器；蛋奶烘饼铁钳模；奶油或蛋搅拌器、切蛋器；卷黄油器；碎冰锥；蔬菜捣烂器；填肥肉馅用针，供炉、灶或壁炉用的拨火棒、火夹、火耙及揭盖器。B. 钟表匠用工具，例如，压钻工具、摆轮平衡器、铆砧、主发条卷绕器、枢轴抛光工具、摆轮平衡螺钉安装工具及校准工具。C. 玻璃刀，包括装有分度尺的圆规式金刚石玻璃刀（供切割外圆用）及在玻璃上画图案用的金刚石刻划刀。单独报验的金刚石不归入本品目（品目71.02）。D. 锻工工具，例如，平头錾、陷型模、套锤、方柄凿及冲头。E. 采矿、筑路等用的工具，例如，撬杆、钢钎、截石錾、冲头及楔块。F. 圬工、制模工、水泥工、抹灰工、油漆工等用的工具，

例如，镘刀、镘板、托盘、刮刀、铲刀、整平针及清洁器、凹纹滚子、带有切割轮的玻璃割刀、调色刀及油灰刀。G. 杂项手工工具，例如，钉马蹄用的削皮刀、斜切刀、蹄签及蹄割刀、冷凿、冷冲子；铆工用圆凿、铆头模及冲头；非钳式拔钉器、开箱器及尖冲头；撬胎棒；皮匠锥（没有眼的）；木工及书籍装钉工用的冲头；烙铁及烙印铁；金属刮刀；非钳式锯齿修整器；铺锯箱；干酪采样器及类似品：夯土器；砂轮修整器；板条箱等用打包工具，但品目 84. 22 的机器除外；供包裹、纸板等装订用的弹簧操作“手枪式”工具；铆接、打墙孔等用的药包操作工具；玻璃灯工用管子；人工吹管；油罐及油壶（包括带泵或螺旋机件的）、滑脂枪。

⑥喷灯（如供软焊或硬焊用，供去除油漆用，供启动半柴油机用）。这种喷灯有两种类型，都是独立式的，只是所用燃料种类不同，装有一个贮存矿物油或其他液体燃料的贮存罐（常带有小泵）或一个可更换的蓄气筒。在某些情况下，喷灯顶端还装有烙铁、烙印铁或其他附件。本品目不包括气体焊接装置（品目 84. 68）。

⑦台钳、夹钳及类似品，包括供细木工、木工、锁匠、军械师、钟表匠等用的手钳、针钳、台钳，但不包括构成机床附件或零件的台钳。本组还包括像台钳一样，但用于夹持工具的夹钳及台式夹固件（如细木工用夹钳、紧板马铁及工具修理工用夹钳）。本组包括为了防止被夹件受损而用非金属（木、纤维等）做钳口面的金属台钳。但本品目不包括真空吸杯夹持器（吸夹），这种夹持器由一个贱金属底座、一个贱金属手柄、一条贱金属真空杆及多个橡皮吸盘构成，用于暂时附着于物体之上以便于物体移动（如品目 73. 25、73. 26 或 76. 16）。

⑧砧；轻便锻炉；带支架的手摇或脚踏砂轮。但机动砂轮归入第 84 章或第 85 章。单独报验的砂轮及类似品应归入品目 68. 04。含有金属材料但带有橡胶、皮革、毡呢等制的工作部件的工具，应按其构成材料归类（第 40 章、第 42 章、第 59 章等）。

本品目不包括：品目 73. 19 的手工缝纫用针及其他制品；供手工工具（不论是否机械式）、机床、手提式动力工具用的可互换工具（例如，螺丝刀头及凿岩钎头）（品目 82. 07）；液体或粉末的喷射、散布或喷雾器具（即使是手工操作的）（品目 84. 24）；手工工具用夹具（品目 84. 66）；手提式风动工具、液压工具及本身装有动力装置的手提式工具（品目 84. 67）；第 90 章的划线、测量、检验或校准仪器（例如，划线规、打印冲子、中心冲孔机，中心划线器，卡尺及量规）。

（3）82. 07“手工工具（不论是否有动力装置）及机床（例如，锻压、冲压、攻丝、钻孔、镗孔、铰孔及铣削、车削或上螺丝用的机器）的可互换工具，包括金属拉拔或挤压用模以及凿岩或钻探工具”。本章前面各品目主要包括可直接使用或装手柄后即可使用的手工工具（机器用锯片等少数货品除外），而本品目则包括不能单独使用，但可装于其他货品上使用的工具。

但是，除本品目列名的货品以外，机器或器具用的模具、冲头、钻头或其他可互换工具，应按所属机器或器具的零件归类。

（4）成套货物的归类。具体为：①由品目 82. 05 中不同种类的货品构成的成套货品归入此品目下的 8205. 9000；②由品目 82. 02 ~ 82. 05 中两个或多个品目所列工具组成的零售包装成套品目归入品目 82. 06；③由品目 82. 11 中不同种类的刀构成的成套货品仍归入此品目下的 8211. 1000；④由品目 82. 11 中一把或多把刀具与品目 82. 15 至少数量相同的物品构成的成套货品，及由品目 82.15 中不同种类的贱金属货品构成的成套货品归入品目 82.15。

商品归类练习

(1) 零售包装的成套工具（内有钳子、锤子、螺丝刀、扳手、钢锉、凿子、白铁剪）。(2) 皮革机器中切皮革的刀片。(3) 花园切草机用刀片。(4) 手动理发推剪。(5) 木锉。

3.2.16.6 第 83 章——贱金属杂项制品

1）本章商品范围

第 73～81 章的货品均按不同的金属分类，而本章则与第 82 章一样，包括某些特定类型的物品，不论其由何种贱金属构成。总的来说，本章货品的贱金属零件应与其制品一同归类（参见本章注释一）。但本章不包括弹簧（即使制成供锁等专用）、链条、缆索、螺母、螺栓、螺钉或钉子，这些货品应分别归入第 73～81 章的相应品目（参见第十五类注释二及本章注释一）。

2）商品知识及归类要点

(1) 83.01“贱金属制的锁（钥匙锁、数码锁及电动锁）；贱金属制带锁的扣环及扣环框架；上述锁的贱金属制钥匙”。本品目包括：①各种类型的挂锁，供门、行李箱、钱箱、袋子、自行车等用，包括用钥匙开启的搭扣锁。②供门、信箱、保险柜、盒或匣、家具、钢琴、行李箱、手提箱、手提袋、公文递送箱等用的锁；供汽车、铁路车辆、有轨电车等用的锁；供电梯、百叶窗、拉门等用的锁。③带锁的扣环及扣环框架。④明显为上述制品用的贱金属零件（如锁壳、栓销、锁舌片及锁插座、螺纹锁眼盖、面板、锁孔榫舌、机械装置及圆筒体）。⑤上述物品用的贱金属钥匙，不论是否已制成（包括粗铸件、锻坯件或冲压坯件）。

但本品目不包括简单门闩、插销等（品目 83.02），也不包括手提包、公文包、公文箱等用的扣件及钩环（不用钥匙或组合数码开启的）（品目 83.08）。

(2) 83.04“贱金属制的档案柜、卡片索引柜、文件盘、文件篮、笔盘、公章架及类似的办公用具，但品目 94.03 的办公室家具除外”。本品目包括供信件、索引卡片或其他文件存放、归档、分类用的档案柜、卡片索引柜、分类箱及类似的办公室用具，但它们不得是落地式的，也不符合第 94 章注释二的规定（品目 94.03）。本品目也包括文件分类用的文件盘、打字员用文件篮、写字台上的架子及类似的办公用具（例如，书挡、镇纸、墨水台及墨水瓶、笔盘、公章架及吸墨用具）。

但本品目不包括废纸篓，它们应按其构成金属归类（例如，归入品目 73.26）。

(3) 83.05“活页夹、卷宗夹的贱金属附件，贱金属制的信夹、信角、文件夹、索引标签及类似的办公用品；贱金属制的成条钉书钉（如供办公室、室内装饰或包装用）”。本品目包括供活页夹、卷宗夹用的夹子、绳、弹簧杆、环、螺钉等贱金属附件。本品目也包括供账簿或其他文具书本用的护环、护带及护角；用于文件扣扎或索引标记的办公室金属文具（如信夹、文件夹、文件扣件、信角、卡片索引标签、分档标签、穿钉文件夹）；订书机用的成条订书钉，供办公室、室内装饰、包装等用。

本品目不包括图钉（品目 73.17 或 74.15），书籍、账簿等用的夹子及扣件（品目 83.01 或 83.08）。

(4) 83.06“非电动的贱金属铃、钟、锣及类似品；贱金属雕塑像及其他装饰品；贱金属相框或画框及类似框架；贱金属镜子”。

①非电动的铃、钟、锣及类似品。本组包括非电动的贱金属铃、钟、锣。它包括宗教场所、学校、公共场所、工厂、船舶、消防车等用的铃、钟；门铃；台铃；手摇铃；牛及其他动物身上的铃；自行车、踏板车、小儿摇篮车或钓具用铃；门用编钟、台锣等；用作旅游纪念品等的装饰钟。本品目也包括铃舌、铃柄及铃碗等金属零件（包括同样适合作电铃或其他铃用的）。本品目还包括非电动台铃或门铃用的金属按钮及总控键。

本品目不包括：品目85.31的电铃及其他信号装置；时钟的谐音器及铃（品目91.14）；具有品目92.06或92.07乐器性质的钟琴及锣；配有铃的物品，例如，狗颈上的项圈（品目42.01）、某些乐器（如铃鼓）（第92章）、玩具（品目95.03）。

②雕塑像及其他装饰品。本组包括主要作装饰用的一系列贱金属装饰品（不论是否附带非金属零件），用于家庭、办公室、会议室、宗教场所、花园等。但应注意，本类不包括本《协调制度》其他品目列名更为具体的物品，即使这些物品按其性质或加工可作装饰品用。

本组包括除装饰用途外没有实用价值的物品，以及只用来容纳或支撑其他装饰品或增加其装饰效果的物品。例如：A. 半身像、小雕塑像及其他装饰人像；供壁炉台、搁架等用的装饰品（包括钟座零件）（动物、象征性或寓意性人像等）；运动奖品或艺术纪念品（奖杯等）；装配有悬挂配件的墙壁装饰品（饰板、碟、盘、非供个人佩戴的大奖章）；通过铸造或锻造金属（通常为熟铁）制得的人造花、圆花饰及类似装饰品；供书架或家庭陈列柜用的小装饰品。B. 宗教用品，例如，圣骨箱、圣餐杯、荷花籽杯、圣物盒或十字架等。C. 餐钵、小花瓶、壶、大花瓶（包括用景泰蓝制的）。

本组还包括符合以下情况的下列两类物品，尽管它们具有一定的实用价值：A. 对于不论是否可归入某些具体列名品目（即品目73.23、74.18及76.16）或归入“其他制品”品目（例如，此类情况主要是镍及锡制品）的家用物品。这些家用物品通常具有实用性，相比之下其装饰性通常是第二位的，因而不致影响其实用性。因此，这些经过装饰的物品如其实用性与其未装饰的同类物品相等，则应作为家用物品归类而不应归入本组。另一方面，如果这些物品的实用性明显地从属于其装饰性，则应归入本组，例如，实际上已丧失了实用价值的布满浮雕的盘子；带有纯属附件的盘或容器的装饰品，所带附件可作装饰盘或烟灰缸；没有真正使用价值的微缩模型（微型厨房用具）。B. 对于可归入贱金属各章最后非具体列名品目的非家用物品（如成套吸烟用具、首饰盒、香烟盒、香案、香炉、火柴盒），如果这些物品明显地主要用作装饰品，则应归入本组。

③相框、画框及类似框架；贱金属镜子。本组包括各种形状及规格的贱金属制相框、画框及镜框等。这些货品如果装有支架或配有纸板、木板或其他材料制的背板，仍应归入本组。本组包括装有平面玻璃的框架，但不包括带金属框架的玻璃镜（品目70.09）。报验时用贱金属镶框的印刷图画及相片，如果其框架具有整件物品的主要特征，应归入本品目；否则应归入品目49.11。

对于镶框油画、手绘画、粉画、拼贴画及类似装饰板，以及雕版画、印制画及石印画的原本，如何确定这些镶框物品是否作为整体归类，或者将其框架单独归类，参见第95章、第97章的注释。

本组还包括金属镜（光学元件除外，参见品目90.01及90.02的品目条文），例如，壁镜、袖珍镜及后视镜，通常由钢或镀铬、镍、银的钢或铜制成。它们可以镶框、衬背或装配支架，也可以与皮革、纺织品或其他材料制的盒或带一起报验。

（5）83.07“贱金属软管，不论是否有附件”。本品目的金属软管按其加工工序的不同主要分成下列两大类：①由成形的金属带螺旋盘绕制成的软管，不论带边是否固定。这类软管可裹上橡胶、石棉、纺织物等以防漏水或漏气。因此，这类软管可用作电缆或挠性传输系统的防水保护层；真空吸尘管；在发动机、机床、泵、变压器、液动或气动设备、高炉等中用作压缩空气、蒸汽、煤气、水、汽油、油类或其他液体的导管。不能防水的类似管子则用作砂、谷物、灰土、刨屑等的导管，在某些情况下，也用于保护电缆、其他挠性传送管、橡胶管等。②将表面平滑的管子经变形加工制得的波纹软管。这种管本身是水、气不透的，因此不需经进一步加工便可用于上述第①款所述的用途。

为了增强其耐压能力，这两种类型的软管均可用一层或数层金属丝或金属带制的编织外套进行加强或装备。这些外套有时用螺旋盘绕的金属丝保护，也可用塑料、橡胶或纺织材料包覆。

本品目也包括装配有管套、接头等的软管。本品目不包括：其外部用金属加强的橡胶管（品目40.09）；已制成机器或车辆零件等的软管，例如，与其他材料组合制成的软管（第十六类及第十七类）。

（6）83.08“贱金属制的扣、钩、环、眼及类似品，用于衣着、鞋靴、天篷、提包、旅行用品或其他制成品；贱金属制的管形铆钉及开口铆钉；贱金属制的珠子及亮晶片”。本品目包括：①钩、环及眼，用于衣着、鞋靴、天篷、帐篷、风帆。②各种管形铆钉及开口铆钉。这些物品用于衣着、鞋靴、天篷、帐篷、旅行容器、皮革制品、带料等；它们也用于工程技术上（例如，用于建造飞机）。本品目也包括断芯埋头铆钉，这些铆钉在装配时，芯棒拉入或紧靠铆钉体，在芯棒杆与芯棒杆粗镦端相接处或附近断开。③钩、扣及带扣的框架，用于手提包、钱包、公事包、公文箱或其他旅行容器、书籍或手表；但本品目不包括锁（含锁扣）及带锁的扣环框架（品目83.01）。④环扣（带针或不带针）及扣夹，不论是否装饰性的，用于衣着、腰带、吊裤带、吊袜带、手套、鞋靴、绑腿、手表、背囊、旅行容器及皮革制品。⑤金属珠子及亮晶片，主要用于制仿首饰或供纺织品、刺绣品、衣着等装饰用。它们通常用铜、铜合金或铝制成（一般镀金或镀银），并用胶粘或缝缀等方法加以固定在所需位置上。珠子通常是球形或管形，有时为多面体；亮晶片通常呈几何形状（圆形、六角形等），用金属箔切成，一般穿有孔眼。

以上第①、③及④款所述物品，只要具有贱金属制品的基本特征，可以含有皮革、纺织品、塑料、木材、角质材、骨材、硬质橡胶、珍珠母、象牙、仿宝石等制的零件。它们也可通过对本身金属进行加工后具有装饰性。

本品目不包括：供帽子、手提包、鞋、皮带等用的装饰品，但环扣除外（品目71.17）；金属片状粉末（主要归入第74～76章）；铆钉，但管形铆钉及开口铆钉除外；弹簧钩（通常归入第73～76章）；揿扣及按扣（品目96.06）；拉链及其零件（品目96.07）。

（7）83.10“贱金属制的标志牌、铭牌、地名牌及类似品、号码、字母及类似标志，但品目94.05的货品除外”。除其他品目未列名的装有固定光源的发光标志、发光铭牌或类似品及其零件应归入品目94.05以外，本品目包括载有标志牌、铭牌、广告牌、地址牌及类似品所需基本内容的字句、字母、数码或符号（通过搪瓷、油漆、印刷、雕刻、穿孔、冲压、模制、压花、造型或其他任何加工制成）的贱金属牌。此类货品的特点是通常设计为可供永久性固定安装（如道路标志牌、广告牌、机器铭牌）或可反复使用（如衣帽间取物牌及标签）。

有些牌子除标有主要内容外，另外还有一些具体项目需日后加上（如在标明机器主要情况的铭牌上，再加上机器的序号）。

本品目不包括：只印有次要内容而主要内容需日后用手或其他方法填入的牌、“标签”、标志及类似品（如归入品目73.25、73.26、76.16、79.07）；品目86.08的信号板、信号盘及臂板信号装置。

商品归类练习

（1）塑料（玻璃钢）浴缸。（2）陶瓷浴缸。（3）按摩浴缸。（4）领带夹（贱金属制，表面镀金）。（5）汽车车厢内铝合金制行李架。（6）钢铁制车辆专用螺旋弹簧。（7）浴室淋浴用的不锈钢制软管。（8）铝合金制的鞋眼。（9）钢铁制的保险箱。（10）钢铁制的档案柜。（11）铁皮制门牌。（12）电焊条（贱金属表面涂有焊剂，电弧焊用）。（13）订书机用钢铁制成条的订书钉。（14）带有铃铛的贱金属制狗颈圈。

第十五类历年考题

（1）高速钢（一种合金钢）热轧制的圆钢，截面为实心圆形，直条状，直径4厘米，长4米（2007年）。答案：7228.1000

（2）汽车发动机（点燃式内燃发动机）排气门用的螺旋弹簧（材料为合金钢）（2007年）。答案：7320.2090

（3）螺纹钢，由非合金钢经热轧扭曲成表面起螺纹的实心直条状，直径2厘米，长4米（2006年）。答案：7214.2000

（4）废电动机，大小、形状不一，混装在一起，都已损坏，只能用于拆解并回收铜、铁等原材料，以回收铜为主（2008年）。答案：7404.0000

（5）屈服强度为400牛顿/平方毫米的经酸洗的热轧非合金钢板（规格：宽800毫米、长2 000毫米、厚4毫米）（2009年）。答案：7208.5310

（6）外径20厘米、内径12厘米的钻探石油的无缝钢钻管（2009年）。答案：7304.2290

（7）汽车遮阳板，其规格为130厘米×70厘米，可折叠，两面反光铝箔，内部衬以聚乙烯发泡材料（2010年）。答案：7616.9910

3.2.17 第十六类 机器、机械器具、电气设备及其零件；录音机及放声机、电视图像、声音的录制和重放设备及其零件、附件（第84~85章）

3.2.17.1 本类概述

1）本类商品范围

第十六类主要是机械电子产品，包括大多数的用机械及电气方式操作的机器、装置、器具、设备及其零件，同时也包括某些既不用机械方式，也不用电气方式进行操作的装置和设备，例如核反应堆、蒸汽发生锅炉及其辅助设备、过滤装置等。

本类共有两章：第84章和第85章（见表3—18）。两章的区别是：第84章主要是非电气的机器、机械器具——能产生、转换、利用动力能或机械能的机器；第 85 章主要是电气电子产品——产生、利用和传输电能、电磁能的设备。但这种区分界限并非绝对，只是大致如此。

表 3—18 **第十六类商品范围及章次分布**

序号	商品范围	本类章次分布
1	核反应堆、锅炉、机器、机械器具及其零件	84
2	电机、电气设备及其零件；录音机及放声机、电视图像、声音的录制和重放设备及其零件、附件	85

需要注意的是，第 84 ~ 92 章（以及其他某些章次）也包含很多机电产品及其零部件，在归类时注意查看各类类注及各章章注。

2）本类商品归类要点

（1）优先归类原则。

第一，功能优先：当出现既可按功能归入 8401 ~ 8424 或 8486，又可按用途归入 8425 ~ 8480的情况时，根据第 84 章注释二优先按功能列名归入 8401 ~ 8424 或 8486。例如农用水泵，本商品按功能应归入品目 8413（液体泵）；按用途可归入 8436（农用机器）。根据第 84 章章注二的优先归类原则，应按其功能归类，优先归入 8413。

第二，特种机床优先：当出现既可按特种加工机床归类又可按普通机床归类时，根据第 84 章注释三优先按特种加工机床归入 8456。

第三，当出现既可归入 8501 ~ 8504 又可归入 8511、8512、8540 ~ 8542 的情况时，可根据第 85 章章注二，优先归入后者。

（2）机械、电气设备零部件归类步骤（参见类注二）。

第一步：查看第十六类注释一、第 84 章注释一、第 85 章注释一的“本类不包括”及“本章不包括”的商品范围，据此确定待归零部件是否被排除在本类之外。如是，则依注释规定归入其他类的相应品目；否则进行第二步。

第二步：查看是否属第 84、85 章品目列名的货品，有则归入第 84、85 章；如果品目没有具体列名，则进行第三步。

第三步：看是否是专用于或主要用于某机械设备的零部件，如是，则与该种机器一并归类，或者酌情归入第 84 章 8409、8431、8448、8466、8473 及第 85 章 8503、8522、8529、8538；但能同时主要用于 8517 和 8525 ~ 8528 所列机器的零件，应优先归入品目 8517。

第四步：所有其他零件应酌情归入第 84 章 8409、8431、8448、8466、8473 及第 85 章 8503、8522、8529、8538；如果不能归入上述品目，则归入 8487 或 8548。

（3）组合机器和多功能机器的归类方法（第十六类类注三）。

第一，由两部及两部以上机器装配在一起（并非简单连接，各台机器要永久性连在一起，或装在同一机壳内、同一底座上或支架上）形成的组合式机器，或具有两种及两种以上互补或交替功能的多功能机器，除条文另有规定的以外，应按具有主要功能的机器归类。

第二，当不能确定其主要功能时，运用归类总规则三（三）进行从后归类。例如，数码打印、复印、传真一体机，由于8443已经列名了该种组合机器，则直接归入8443。又如：MP3播放机，既属于声音录制与重放设备（8519），又属于数据存储器件（8523），但依据上述规定，应按其主要功能归入8519。

（4）功能机组的归类方法（第十六类类注四）。

其一，由不同独立部件（不论是否分开或由管道、传动装置、电缆或其他装置连接）组成的机器（包括机组），如果组合后明显具有一种第84章或第85章某个品目所列功能，则全部机器应按其功能归入有关品目。

其二，当功能机组没有有关品目可归时（找不到具体列名的品目时），各独立部件应分别归类（注意：功能机组不能归入8479和8543）。例如，主要由水泵、水管及各种喷嘴、彩灯和控制装置等组成的音乐喷泉设备，它们组合起来后具有8424“喷射设备”的功能，属于功能机组，因此归入8424。又如，一同进口的组合音响设备，由CD唱机、音频放大器、传声器、扬声器组成，第十六类并无品目适合这整套设备，则应分开归类。其中CD唱机归入8519，而其他三种设备可以合并归入8518。

3.2.17.2　第84章——核反应堆、锅炉、机器、机械器具及其零件

1）本章商品范围

第84章包括大部分机器及机械器具。但某些机器则具体列入了第85章电气设备的有关品目中（例如，手提式电动工具及家用电动器具），有些应归入第86~92章或其他章（参见类注一和本章章注一）；同时，第84章也包括某些非机械设备（例如，蒸汽发生锅炉及其辅助设备，以及过滤装置）。

（1）通用机械（8401~8424）：主要按货品所具有的功能列目。其包括：各种动力机器（发动机）、液体泵、气体泵、压缩机、风扇、风机、能量（热能）转换机器（如干燥机、空调、冰箱。注意：空调、冰箱不按电器归入第85章，而是按其功能归入第84章）、其他按功能列名的机器（研光机、离心机、过滤装置、包封机械、饮料充气机、喷射装置）等。

（2）行业机械（8425~8479，8486）：按货品所应用的产业部门（用途）列目。其包括：工程机械（起重机、采矿等）、食品加工机械、印刷机械、纺织加工机械、办公机械、自动数据处理设备、矿山机械、自动售货机器、橡胶或塑料及烟草加工机械及本章品目未列名的具有独立功能的机器（8749）等。注意第84章章注二的优先归类规定。

（3）通用机械零部件（8480~8485，8487）：热加工用的模具；通用的机械零部件。其具体包括：金属铸造、塑料、玻璃热加工等的模具；各种通用零件，例如阀门、轴承、各种传动件、密封元件等。

2）商品知识及归类要点

（1）84.13“液体泵，不论是否装有计量装置；液体提升机”。本品目包括用以提升或连续排出液体（包括熔融金属或未硬化混凝土）的大部分机器及设备，不论其是手动的或利用各种动力装置驱动的，也不论其是否是一体化设备。本品目也包括装有计量或计价装置，在修车厂等地方供应汽油及其他油类的输油泵，还包括专供其他机器、车辆等使用的泵（包括内燃机用的汽油泵、油泵及水泵，以及化学纤维纺丝机用的泵）。

本品目不包括：陶瓷材料制的泵（例如，用于抽吸腐蚀性流体）（品目69.09）；手动加油壶及润滑脂枪（品目82.05）及压缩空气润滑脂枪（品目84.67）；品目84.22所列的装瓶机等；液体的喷射、散布或喷雾用设备（品目84.24）；机动救火车（品目87.05）。

（2）84.15“空气调节器，装有电扇及调温、调湿装置，包括不能单独调湿的空调器”。本品目包括在密闭的空间内保持所需的温度及湿度用的某些设备。这些机器也可装有空气净化装置。

本品目仅包括同时符合下列三个条件的机器：①装有电动的风扇或鼓风机；②既可调节空气的温度（装有加热或冷却装置或两者兼有），又可调节空气的湿度（装有增湿或干燥装置或两者兼有）；③上述两项所列装置一同报验。

在这些机器中，空气的增湿或干燥装置与加热或冷却装置可以分离。但某种类型的空调器为单机形式，既可调节空气的温度，又可通过冷凝作用调节空气湿度。

但本品目不包括用以使某一封闭箱体（如卡车、挂车或集装箱）内的温度保持在0℃以下某一固定温度的制冷设备。此类设备还配有加热系统，当外部温度很低时，这些加热系统可在一定范围内使箱体内的温度升高。此类设备应作为冷藏或冷冻设备归入品目84.18，其加热功能对此类设备的基本功能起辅助作用，它适用于在运输过程中冷藏易腐产品。

本品目不包括：兼可散布新鲜空气或调节空气的品目73.22所列的空气加热器及暖气分布器；热泵（品目84.18）；虽装有电扇，但只具有空气调温或调湿的其中一种功能的装置（品目84.79、85.16等）。

（3）84.23“衡器（感量为50毫克或更精密的天平除外），包括计数或检验用的衡器；衡器用的各种砝码、秤砣”。本品目不包括：比重天平（或静水天平）（品目90.16）；机械零件的平衡试验机（品目90.31）；专供测量牵引力或压缩力等，而非供衡量货物、人畜等用的测力计等仪器（品目90.24或90.31）。

本品目也包括供各种衡器用的任何材料制的砝码、秤砣，不论其是否成套。供品目90.16所列的精密衡器用的砝码，单独报验时也归入本品目；但如与精密衡器一起报验，则应按精密衡器归类。游标砝码（包括白金制的）也应归入本品目。

商品归类练习

（1）用于小型船舶柴油机上的活塞。（2）活塞式内燃机用汽油泵（输出功率90马力）。（3）柴油滤清器。（4）空气滤清器。（5）人工肾脏透析器。（6）普通空调用压缩机（电动机额定功率为800瓦）。（7）汽车空调用的压缩机。（8）装于机动车辆上的压缩式空调系统。（9）中央空调用冷水机组（该设备主要由压缩机、蒸发器、冷凝器、制冷剂组成，用于对循环水的制冷）。（10）中央空调用风机。（11）仪器散热风扇（电机输出功率不超过125瓦）。（12）脚踏式打气筒。（13）橙汁灌装机（用于安装在灌装生产线上）。（14）重量为16千克的家用电动洗碟机。（15）由液体泵、进水管、出水管、过滤器、多彩玻璃组成的喷泉装置。（16）大型超市用自动扶梯。（17）履带式挖掘机（挖斗可整周回转）。（18）柑橘分选机，采用多空式旋转滚筒分出大小不等的柑橘。（19）绿豆种子分选机。（20）涤纶短纤维纺丝机。（21）涤纶短纤维卷曲机。（22）喷丝头。（23）抄纸机。（24）一次性（可口可乐用）纸杯加工机。（25）纺织用圆网印花机。

(26) 喷码机。(27) 铝箔精轧机。(28) 玻璃刻花机。(29) 电脑绣花机。(30) 弹簧卷绕机。(31) 能对金属进行车削、钻削、铣削、磨削等多种加工的机床（备有刀具库，并能在电脑控制下自动更换刀具，其旋转主轴呈竖直形式)。(32) 分度头。(33) 邮政信件分拣设备。(34) 邮政包裹分拣设备。(35) 微电脑用主机板（不带 CPU)。(36) 微电脑用主机板（带 CPU)。(37) 微电脑用主机箱（箱内只有电源)。(38) 微电脑用声卡。(39) 微电脑用网卡。(40) 激光打印机光电导鼓。(41) 投币式自动售票机。(42) 光纤拉丝机。(43) 塑料造粒机。(44) 变速箱（车床用)。(45) 变速箱（大型客车用)。(46) 木纤维成型挤压机。(47) 燃气快速热水器。(48) 电热快速热水器。(49) 太阳能热水器。(50) 眼镜片镜面抛光机。(51) 轮胎外胎成型机。(52) 汽车内胎气门。(53) 机器用密封圈（由橡胶制成)。(54) 手动简易播种机。(55) 笔记本电脑机壳组件。

3.2.17.3 第 85 章——电机、电气设备及其零件；录音机及放声机、电视图像、声音的录制和重放设备及其零件、附件

1）本章商品范围

本章包括电机及电气设备，但下列货品除外：①第 84 章所列的机器及器具。这些机器及器具即使是电气的，仍应归入第 84 章。②从整体上看不归入第十六类的某些货品（参见类注)。③第 85 章注释一所述货品。

与第 84 章相反，本章所列的货品即使由陶瓷材料或玻璃制成，仍应归入本章；但品目 70.11 所列的玻璃外壳（包括玻璃泡及玻璃管）除外。

2）商品知识及归类要点

(1) 85.06“原电池及原电池组”。这些电池通过化学反应产生电能。原电池基本上是由一个容器装入碱性或非碱性电解质（例如，氢氧化钾、氢氧化钠、氯化铵，或氯化锂、氯化铵、氯化锌和水的混合物)，再浸入两个电极而构成。正极一般用锌或锂制成，负极（去极化电极）用二氧化锰（与碳粉混合)、氧化汞或氧化银制成。锂原电池以锂作正极，以例如亚硫酰氯、二氧化硫或硫化铁等作负极。锌空气原电池一般采用碱性或中性电解质，以锌作正极，氧扩散在电池中作为负极。每个电极用接线柱或其他接头与外电路相连。原电池的主要特点是难以有效地再充电。

原电池适于为各种用途供电（电铃、电话、助听器、无线电收发机、手电筒、赶牛的电刺棒等)。原电池可用串联、并联或两者结合的方法组成电池组。原电池及原电池组不论其用途如何，均归入本品目（如供实验室用的产生已知恒压的标准电池，应归入本品目)。

各类电池包括：①湿电池，其电解质为液体。②干电池，其电解质混有琼脂、面粉等增稠剂而形成糊状物，主要用于便携式器具。③惰性电池，这种电池必须加入水和部分或全部电解质才能使用。④浓差电池，这种电池每个电极周围的电解质浓度互不相同。某些电池（如湿电池）在报验时往往未装有电解质，但仍应归入本品目。

本品目不包括可再充电的电池或电池组，其上接头往往为一个穿孔黄铜帽。这类物品应按蓄电池归入品目 85.07。

除零件的归类总原则另有规定的以外（参见第十六类总注释)，本品目包括原电池或原电池组的零件，其中也包括电池容器在内。

本品目不包括：碳电极（品目 85.45)；废原电池、废原电池组及其废碎料（品目

85.48)。子目号 8506.10、8506.30 及 8506.40 的归类应根据其负极（去极化电极）的构成材料确定。但是，以二氧锰作负极、以锂作正极的原电池应作为锂原电池归入子目 8506.50

（2）85.12“自行车或机动车辆用的电气照明或信号装置（品目 85.39 的物品除外）、风挡刮水器、除霜器及去雾器”。

本品目包括专供自行车或机动车辆使用的电气照明或信号装置及器具；但不包括干电池（品目 85.06）、蓄电池（品目 85.07），也不包括品目 85.11 的直流发电机及永磁直流发电机。本品目还包括机动车辆用的电动风挡刮水器、除霜器及去雾器。其主要包括：①直流发电机，由一只摩擦轮在自行车（或在极少数情况下在摩托车）轮胎钢圈或轮辋上运转带动发电。②电池座，装有开关、接线柱、触点等供自行车照明装置使用；电池灯，装于自行车上使用的。③各种类型的车头灯，包括装有变暗或倾斜装置的车头灯；漫射驾驶灯；防雾灯；聚光灯；警车或类似车辆用的探照灯（包括装有一节电缆，可用作手提电灯或放置在道路上使用的探照灯）。④边灯、尾灯、停车灯、车牌照明灯。⑤刹车灯、转向指示灯、倒车灯及类似灯。⑥由上述某些灯装配在一个壳套内组成的组合灯。⑦车辆内部照明灯。例如，顶灯、壁灯、踏板指示灯、门框灯及仪表板灯。⑧停车设备。这种设备由车身外部的探测装置操纵。当探测装置触及路边或其他物体时，可发光或发出其他信号以警告驾驶员。⑨发光超车信号装置。当有车辆超车时，这种装置可自动（有时使用光电池）发出信号，告知驾驶员。⑩其他电气视觉信号设备。例如，挂有拖车的车辆用三角形发光装置；出租汽车、警车、消防车等用的发光标志。⑪喇叭、汽笛及其他电气音响信号装置。⑫风挡刮水器，由电动机驱动的，包括双刮水器。⑬除霜器及去雾器。这些器具是将电阻丝装在一个框架上而构成的，可安装在风挡上。⑭除注释另有规定的以外，本品目所列货品的零件也归入本品目。

（3）85.13“自供能源（如使用干电池、蓄电池、永磁发电机）的手提式电灯，但品目 85.12 的照明装置除外”。本品目包括依靠自供电源（如干电池、蓄电池或永磁直流发电机）进行工作的手提式电灯。这类电灯由两个部分组成（即电灯本身及电源），两者通常直接相连并装于同一壳体内；但在某些类型的手提式电灯中，两者是分离的，仅以电线相连。

本品目所称“手提式电灯”，仅指使用时握在手中或随身携带的电灯（即电灯及其电源）。这类电灯一般均带有把柄或紧固器件，并可从其特有的外形及较轻的重量加以确认。因此，所称“手提式电灯”，不包括机动车辆或自行车用的照明装置（品目 85.12），也不包括连接于固定设施的检验灯及类似电灯（品目 94.05）。

本品目的电灯包括：①手电筒。有些手电筒（“直流电灯”）依靠一个用手拨动弹簧杆操纵的磁电机进行工作。②其他手提电灯（包括可调光束的手提电灯）。手提电灯常装有一些简单装置，使其能暂时悬挂于墙上或放置在地上。③莫尔斯信号灯。④矿工安全灯。矿工安全灯的照明器件通常装在矿工的安全帽上，而其电源（蓄电池）通常钩挂在腰带上。⑤通用检查电灯，装于头带（通常为弧形金属带）上。这种电灯只有在带有自供电源（例如，干电池装在使用者的衣袋中）时，才归入本品目。本品目的电灯供医生、钟表匠、珠宝商等使用。但是，医疗专用（如用于咽喉或耳朵检查）的检查灯不归入本品目（品目 90.18）。⑥以手枪、钢笔等为其造型的花式电筒。电灯或手电筒与钢笔、螺丝刀、钥匙圈等组成的组合物品，如果以照明为其主要功能，仍归入本品目。

（4）85.31“电气音响或视觉信号装置（如电铃、电笛、显示板、防盗或防火报警器），但品目85.12或85.30的货品除外”。除自行车或机动车辆所用信号装置（品目85.12）及道路、铁道等的交通管理信号设备（品目85.30）以外，本品目包括所有其他电气信号装置，不论其是以音响（电铃、电蜂音器、电笛等）或是使用视觉显示（灯、活片、发光号码等）发出信号，也不论是人工操作（如门铃）或自动操作（如防盗报警器）。

但是，静态的标志，即使是电气照明的（如灯、提灯、发光板等），也不作为信号设备归类。因此这种标志不归入本品目，而应归入其相应品目（品目83.10、94.05等）。

本品目主要包括：

①电铃、电蜂音器、电门钟等。电铃主要由一个电磁装置构成。电磁装置引起一个小锤振动并敲击铃碗。蜂音器与门铃相似，但没有铃碗。两者广泛用于家庭（如作为门铃），也用于办公室及旅馆等。本品目还包括电门钟及教堂电钟，但不包括弹奏音乐用的电子钟琴（第92章）。电门钟装有一个或多个金属管，当被敲击时，可发出一种或一组音调。电铃及电门钟一般使用低压电（原电池或原电池组），但有时装有变压器，用以降低电源电压。

②电气音响信号装置、喇叭、电笛等，其声响由电气操作的振簧或旋转圆盘运动时发出。这类装置包括工厂用的电笛、空袭警报器、船用电笛等。

③其他电气信号装置（如闪烁信号灯或间歇信号灯等），用于飞机、船舶、火车或其他运输工具（品目85.12的自行车或机动车辆用的电气信号装置除外），但不包括品目85.26的无线电或雷达装置。

④显示板及类似物品。这类物品适于在办公室、旅馆及工厂等场所，用以呼唤工作人员，指示何处需要某人或某项服务，显示房间是否空余。这类物品包括：A. 房间显示器。这是一种大型显示板，显示板上的号码与房间号码相同。按动有关房间的按钮时，显示板上有关房间的号码即会发光，或者使遮片或活片落下，显出号码。B. 号码显示器，其信号以发光数字的形式在一个小盒子的面上显示出来。这种显示器中有些使用电话拨号盘操作。另有一种时钟型的号码显示器，利用一根指针绕着号码盘移动以指示号码。C. 办公室显示器。例如，表示一个办公室内有关人员是否有空闲的显示器。这种显示器有些只是简单的“请进”或“免进”标志，这些标志可由办公室内人员随意操纵发光。D. 电梯显示器。这种显示器可在一块发光板上显示出电梯所在的楼层及升降。E. 船舶机舱传令装置。F. 车站显示板，用于显示火车的时间及站台。G. 赛马场、足球场、滚木球场等用的显示器。

在上述各类显示板中，有些还装有电铃或其他音响信号装置。

本品目不包括道路或铁路公共地图。按动相应的按钮，地图上有关的地点、道路、路段或路线即会发光。本品目也不包括电气广告标志。

⑤防盗报警器。这种报警器由两部分组成：探测装置及信号装置（电铃、电蜂音器、视觉显示器等）。信号装置由探测装置操纵自动启动。防盗报警器可利用各种方法操作。例如：A. 电接触：当脚踩在地板上某一部分，开启门户，折断或触碰到细小的电线等的

时候，即可引起电接触。B. 电容效应：这种方法常用于保险箱防盗设备。把保险箱作为一块电容器板，当有人接近时，其电容会受影响，从而干扰电路并引发警报。C. 光电装置：一束光线（通常为红外线光）聚焦于光电管上，当光线被遮断时，光电管线路上电流的变化可引发警报。

⑥防火报警器，为自动报警器，也由探测装置及信号装置（电铃、电蜂音器、视觉显示器等）两部分组成。这类报警器包括：A. 使用易熔制品（蜡或特殊合金）工作的装置。当温度升高到超过某一点时，该类装置中的易熔制品便会熔化，从而接通电路并引发警报。B. 利用双金属片、液体或气体的膨胀作用工作的装置。膨胀超过某一程度时即引起警报。有一种防火报警器，其气缸内的气体膨胀时，可推动气缸内的活塞。这种报警器还装有一个阀门，从而使气体缓慢膨胀时不至于引起警报，只有在温度骤然升高，气体突然膨胀时，才引发警报。C. 利用电阻变化工作的装置。这类装置中元件电阻的变化是由温度变化引起的。D. 利用光电管工作的装置。一束光线聚焦于光电管，当这束光线被浓烟所遮变暗，达到预定程度时，即引起警报。装有刻度指示器或记录器的类似装置应归入第 90 章。

除自动防火报警器外，本品目还包括非自动报警器，例如，安装在街道上，用于呼唤消防队的装置。

⑦电气气体报警器，由探测装置及音响或视觉报警装置组成。当有毒气态混合物（如天然气、甲烷）存在时，可发出警报。

⑧火焰报警器（火焰探测器）。它装有光电管，当火焰点燃或熄灭时，光电管可通过继电器引起警报。未装有电气音响或视觉报警装置的探测器归入品目 85. 36。

（5）85. 39“白炽灯泡、放电灯管，包括封闭式聚光灯及紫外线灯管或红外线灯泡；弧光灯”。电灯是由各种形状的玻璃或石英容器，装上必要的元件制成，可将电能转换成光线（包括红外线或紫外线）。本品目包括各种电灯，不论是否具有特种用途（包括放电闪光灯）。

①封闭式聚光灯。封闭式聚光灯有时装在车身上，由装有透镜、反射镜及灯丝的封闭式充气灯泡或真空灯泡构成。

②其他白炽灯泡，但不包括紫外线灯管或红外线灯泡（参见下述第④部分）。白炽灯泡是灯丝（金属丝或碳丝）通电后发热至白炽而发光的。它的玻璃外壳（有时是彩色的）内是真空的，或者充满低压惰性气体。灯头为必备的接触器件，可以是螺旋式或卡口式的，以便于装在灯座上。电灯的外形多种多样，例如，球形（不论是否带有颈状部分）；梨子形或洋葱形；火焰形；管形（直的或弯曲的）；照明、装饰、圣诞树等用的各种花式。本品目还包括卤素灯。

③放电灯管，但紫外线灯管除外（参见下述第④部分）。放电灯管由一个玻璃外壳（一般是管状的）或石英外壳（一般装有玻璃外壳）装上电极而构成，壳内充有低压气体，放电时可发光，或者装有某种物质，放电时可产生具有类似光的蒸气。某些灯可同时充有气体和产生上述蒸汽的物质。有些放电灯管装有一些阀门，用以排除气体对电极起作用时产生的化合物。其他放电灯管是真空套或水冷式的。在有些情况下，放电灯管的内壁涂有一层特殊物质，可将紫外线变成可见光，从而提高放电灯管（荧光灯）的效率。有些灯使用高压电，其他灯则使用低压电。

放电灯管的主要类型有：A. 气体放电灯管，灯管内充有氖、氦、氩、氮或二氧化碳等气体，包括摄影或频闪观测检验用的放电闪光灯。B. 钠蒸气灯。C. 汞蒸气灯（水银灯）。D. 充气双重灯，可由白炽灯丝及气体放电共同发光。E. 金属卤化物灯。

放电灯管具有广泛用途。例如，家庭照明；街道照明；办公室、工厂、商店等的照明；机器的照明及装饰或宣传广告照明。本品目包括简单的直灯管或曲灯管，还包括各种复杂形状的灯管（如涡卷形、字母或数字图案形状或星状的）。

④紫外线灯管及红外线灯泡。紫外线灯管用于医疗、实验、杀菌或其他用途，通常是一种装有水银的熔凝石英灯管。这种灯有时密封于玻璃外壳中。有些紫外线灯管被称为黑光灯管（如舞台用的紫外线灯管等）。红外线灯泡为专门用于产生红外线的白炽灯泡，在许多情况下，灯泡的内壁镀有铜或银的反射层。红外线灯泡可用于医疗，也可在工业上作热源用。

⑤弧光灯。弧光灯是由电弧放射发光，或由保持在电极间的电弧及一个或两个白炽电极发光的。电极常用碳或钨制成。有些弧光灯配有一个自动装置，可使两个电极靠拢，从而触发电弧，随后把两个电极分开，尽管电极逐渐消耗，它们之间仍保持适当的距离。使用交流电的弧光灯装有辅助电极，以便启动。敞开式弧光灯的电弧在空气中发光；其他弧光灯的电弧是在玻璃外壳内发光，玻璃外壳配有适当的分隔板与空气相通。必须注意，弧光灯是一种复杂装置，而不仅仅是简单的发光元件。在这方面弧光灯与本品目所列的其他货品不同。

除注释另有规定的以外（参见第十六类注释），本品目所列货品的零件也应归入本品目。

本品目不包括：电灯玻璃外壳及具有外壳主要特征的玻璃零件（例如，聚光灯泡反射器）（品目70.11）；启动荧光灯用的自动热电开关（启辉器）（品目85.36）；热电子管（品目85.40）；弧光灯碳精制品及碳灯丝（品目85.45）；品目90.06的摄影用闪光灯。

（6）85.46“各种材料制的绝缘子”。本品目的绝缘子用于固定、支承或引导带电导体，同时使各带电导体之间及导体与地面等之间保持相互绝缘，但不包括电气机器、器具或设备用绝缘零件（品目85.47）。

绝缘子的大小一般与电压有关，大的绝缘子用于高电压，小的绝缘子用于低电压。同样，各种绝缘子的形状要考虑电力、热力及机械条件等因素。绝缘子外表非常光滑，以防止非绝缘物质（如水、盐、灰尘、氧化物及烟雾等）沉积在绝缘子上面。绝缘子常呈碗形、手风琴形、裙状、槽形、圆筒形或其他形状。某些绝缘子定位后可盛装油类，以防止导电材料污染其表面。

绝缘子可由各种绝缘材料制成，一般使用坚硬无气孔的绝缘材料，例如，陶瓷材料（瓷器、块滑石）、玻璃、熔融玄武岩、硬化橡胶、塑料或混合绝缘材料。绝缘子可装有配件，以利装配（例如，金属支架、螺丝、螺栓、夹子、系带、悬带、针销、十字构件、帽、棒、供悬挂或支承用的夹子）。装有金属角、保护铠装层或其他器件，从而构成避雷器的绝缘子不归入本品目（品目85.35）。

绝缘子可用于户外电缆上，例如，用于电信业、供电网及电气牵引系统（火车、电车、无轨电车等），也可供户内设施或某些机器及器具使用。

本品目的绝缘子包括：①悬垂绝缘子。还可细分为链式悬垂绝缘子和其他悬垂绝缘子。链式悬垂绝缘子主要用于户外电网上，由多个绝缘元件构成。这些绝缘子悬挂在适当的支承物上（塔臂、吊缆等），电缆或电线可装在这些绝缘子的底部。链式悬垂绝缘子包括帽罩式绝缘子、双裙式绝缘子、链式绝缘子、连杆式绝缘子。其他悬垂绝缘子（如球形、碗形、滑轮等形状的绝缘子）用于火车、无轨电车、起重机等的架空电路或用于天线。②刚性绝缘子。这类绝缘子可装有支架（如金属钩、针销或类似品）。有些绝缘子没有支架，但可用钉、螺丝、螺栓等装在电力或电报电线杆等上，或装在墙壁、天花板或地板等上面。装有支架的绝缘子由两个或多个元件组成。没有支架的绝缘子常为一个单一器件。刚性绝缘子有多种形状（如碗形、锥形、圆筒形、钮状或滑轮状）。③导引式绝缘子。这类绝缘子可用以导引电缆或电线穿过墙壁等，它们具有各种形状（如锥形或双锥形绝缘子，盘式绝缘子，套管式、管式及曲管式绝缘子）。

本品目不包括绝缘电路导管及其接头（品目85.47）。

（7）家用电动器具的归类（章注三）。品目85.09包括的家用电动器具有：①任何重量的真空吸尘器、地板打蜡机、食品研磨机及食品搅拌器、水果或蔬菜的榨汁器。②重量不超过20千克的其他家用电动器具。例如，食品用绞肉机。A. 小于或等于20千克的电动绞肉机归入品目85.09；B. 大于20千克的电动绞肉机则按工业上用的食品加工机器归入品目84.38；C. 不超过10千克的家用手摇绞肉机则应按手工工具归入品目82.10。

另外还要注意，有些货品虽然通常称为家用电器，但是归类的时候，如果其他的品目有具体列名，则归入该品目，而不归入品目85.09。

（8）干燥机、干衣机的归类。①只有明显用于干燥纺织品的干燥机才能归入品目84.51；②用于干燥非纺织品的干燥器应归入品目84.19；③离心式的干燥机应归入品目84.21。

（9）灯、照明装置的归类。①各种灯泡、白炽灯等照明装置应归入品目85.39；②自行车和机动车辆用的照明、信号灯归入品目85.12；③某些自供能源的电灯应归入品目85.13（如手电筒）；④交通管理用信号灯应归入品目85.30（如红绿灯）；⑤照相用的闪光灯及灯泡归入品目90.06；⑥带灯座的灯具归入品目94.05（如台灯、床头灯）；⑦火车和飞机的前灯应归入品目94.05；⑧非电气的汽灯、手提灯、防风灯归入品目94.05。

商品归类练习

（1）玩具用电动机（输出功率为8瓦）。（2）风扇电动机（单相交流型）。（3）永磁直流发电机（汽车用）。（4）直流发电机（自行车用，由一只摩擦轮在自行车轮胎钢圈或轮辋上运转带动发电）。（5）变频器（它与异步电动机连接，用所提供的变频电流来控制电机的旋转速度）。（6）家用（电动）磨豆浆机。（7）家用的电动按摩椅。（8）电动榨汁机（家用，重量小于20千克）。（9）电动榨汁机（非家用，重量大于20千克）。（10）手动（手摇）榨汁机（重量小于10千克）。（11）手工操作的地板清扫器。（12）手动简易播种机。（13）装有小型内燃机的手提式割草机。（14）园林绿化（草坪）用的割草机（装有小型内燃机，非手提式）。（15）家用电热的蒸汽熨斗。（16）电热的纸浆干燥器。（17）VCD（内有国外故事片）。（18）锂电池（手机用）。（19）锂电池（石英表用）。（20）废的原电池。（21）光电池。（22）汽车音响的机芯（盒式磁带录音机用）。（23）单独报验的无绳电话用副机（子机）。（24）可编程序控制器。(25)"步步高"牌外语复读机。(26)等离子体电视机（彩色，显示屏幕尺寸为52厘米）。(27)手机线路板。(28)光电感烟探测器。(29)以太网交换机。(30)普通照明用日光灯管（40瓦，非节能型）。(31)医疗用红外线灯泡。(32)闪光灯用灯泡。(33)写字台灯。(34)飞机用前灯。(35)汽车用刹车灯。(36)十字路口的交通信号灯。(37)节日用的灯笼。(38)传真机用打印头（热敏记录头）。(39)针式打印机用打印头。(40)深水摄像机。(41)电磁继电器（机床控制用，220伏电压）。(42)离子注入机（用于对半导体材料掺杂）。(43)金属探测器（利用接近金属物体时产生的磁通变化进行工作）。(44)臭氧发生装置（用于消毒）。(45)邻近卡（内有一块带读写存储器的集成电路，该电路连接于印制天线上）。(46)公用电话用的IC卡。(47)储蓄用的牡丹卡（磁卡，未使用，内无任何信息）。(48)电子音乐贺卡。(49)电视机用的遥控器。(50)高压输电用绝缘瓷制套管。(51)彩电用液晶显示器。(52)手机用液晶显示屏。(53)手机用液晶显示板。

第十六类历年考题

(1)"宝马"2.8升轿车用的汽油滤油器（2007年）。答案：8421.2300

(2)"惠普"静电感光式多功能一体机，具有复印、扫描、打印和传真功能，可通过与电脑连接进行激光打印，与电话网连接发送传真（2007年）。答案：8414.6010

(3)吊秤，最大称重为1 000千克（2006年）。答案：8423.8290

(4)带有录音功能的MP3音乐播放器（不能接收无线广播）（2006年）。答案：8519.8131

(5)"日立"牌彩色等离子电视机（显示屏幕74厘米）（2005年）。答案：8528.723

(6)"摩托罗拉"G20型手机专用天线（2007年）。答案：8517.7070

(7)索尼笔记本电脑重3千克（2008年）。答案：8471.3000

(8)电子防丢器，由子机和主机组成，工作时子机发出稳定的无线电波，主机接收到子机的无线电信号时不报警，当主机和子机之间的距离超过预定的距离时，主机接收不到子机的无线电信号，立即发出报警声，提醒使用者的注意。用于手机、钱包、箱包、宠物、小孩等物品或人身上，防丢及防偷（2008年）。答案：8531.1000

(9)汽车GPS导航仪，装于汽车上为驾驶员提供道路导航（2008年）。答案：8526.9110

(10)不需接电源的电子计算器的套装散件（2009年）。答案：8470.1000

(11)皮革机器用滚压机（2009年）。答案：8420.1000

(12)手提式应急灯（2009年）。答案：8513.1090

(13)电动睫毛刷（装有纽扣电池）（2010年）。答案：8509.8090

(14)ABS塑料制小轿车空调用的风向转动板（2010年）。答案：8415.9090

3.2.18 第十七类 车辆、航空器、船舶及有关运输设备（第86~89章）

3.2.18.1 本类概述

1）本类商品范围

本类包括运输工具及其零件、附件（第89章货品的零件、附件不归入本类），另外还包括与运输设备有关的具体列名的货品，例如集装箱、降落伞等（见表3—19）。

表3—19 第十七类商品范围及章次分布

序号	商品范围	本类章次分布
1	铁道及电车道机车、车辆及其零件； 铁道及电车道轨道固定装置及其零件、附件； 各种机械（包括电动机械）交通信号设备	86
2	其他车辆及其零件、附件	87
3	航空器、航天器及其零件	88
4	船舶及浮动结构体	89

2）本类商品归类要点

（1）第86~88章“零件”、“附件”的归类原则。归入本类的零件、附件，必须同时满足以下三个条件：①不属于本类注释二所列“不包括”的货品范围；②在其他类中，品目没有具体列名；③明显可确定为专用于或主要用于第86~88章所列货品的零件、附件，同时符合这几章内两个或两个以上品目规定的零件、附件，应按其主要用途归入相应的品目（类注三）。

（2）多用途运输工具的归类。参见类注四、五。

3.2.18.2 第86章——铁道及电车道机车、车辆及其零件；铁道及电车道轨道固定装置及其零件、附件；各种机械（包括电动机械）交通信号设备

1）本章商品范围

本章包括各种铁道或电车道（包括窄轨铁道、单轨铁道等）用的机车、车辆及其零件，以及某些轨道固定装置及附件。本章还包括经特殊设计、装备适于一种或多种运输方式的集装箱，以及各种机械（包括电动机械）信号、安全或交通管理设备（包括停车场用的在内）。

2）商品知识及归类要点

（1）不完整或未制成的车辆的归类。不完整或未制成的车辆，只要具有完整品或制成品的基本特征，应与相应的完整或已制成车辆一并归类。这些车辆包括：①未装有动力装置、测量仪器、安全装置或维修设备的机车或铁道或电车道用的机动车辆。②未安装座位的客车。③已装有悬架及车轮的货车底架。

但是，未装在车架上的铁道或电车道用机动客车、货车、敞车、煤水车的车身，应作为铁道或电车道机车或车辆的零件归类（品目86.07）。

（2）“铁道”及“电车道”。本章所称的“铁道”及“电车道”，不仅指普通的钢制轨道，还指磁力悬浮轨道或混凝土轨道等类似导轨系统。

（3）86.02“其他铁道机车；机车煤水车”。

①机车。包括各种铁道机车（由外部电源或蓄电池驱动的除外，参见品目86.01），不论其配有何种动力装置（蒸汽机、柴油机、汽轮机、汽油机、气动机等）。

②机车煤水车。机车煤水车是挂接于蒸汽机车上的车辆，用于承载锅炉用水及燃料。机车煤水车主要是由承载于两根或多根车轴上的车架及具有密封水柜和燃煤舱或燃油舱并用薄钢板封面制成的上部结构所组成。

可兼在道路及铁轨上行驶的牵引车不归入本品目（品目87.01）。

(4) 86.03“铁道及电车道用的机动客车、货车、敞车，但品目86.04的货品除外”。铁道或电车道用的机动客车、货车及敞车与机车的区别在于它们不但配有动力装置，而且可以载运客、货。这类车辆可以单独行驶，也可挂接在一辆或多辆同类型车辆或挂车上。这类车辆的主要特点是它的驾驶室设在车辆的一端或两端，或设在车辆中部的凸起部位（驾驶指挥塔）。注意：本品目货品也包括用电力驱动的。

(5) 86.05“铁道及电车道用的非机动客车；行李车、邮政车和其他铁道及电车道用的非机动特殊用途车辆（品目86.04的货品除外）”。本品目包括铁道或电车道用的非机动车辆（含电车道用大客车挂车及载客缆车），这些车辆常可挂接在客运列车上。例如卧车、餐车、厢式客车、娱乐车（专供娱乐、跳舞等用）等。

(6) 86.06“铁道及电车道用的非机动有篷及无篷货车”。本品目包括在铁道网（不论轨距宽窄）上载运货物的车辆；也包括在矿区、建筑工地、工厂、仓库等处的轨道上运输货物的小型车辆或敞车。后者与真正铁路货车、客车等的区别，一般在于它们不装弹簧。

(7) 86.07“铁道及电车道机车或其他车辆的零件”。零件、附件的归类详见“本类归类要点”。品目86.07主要适用于：①轴、轮、行走机构、金属轮箍、轮圈、毂及轮子的其他零件；②车架、底架、转向架；③轴箱，制动装置；④车辆缓冲器，钩或其他联结器及车厢走廊联结装置；⑤车身。

3.2.18.3　第87章——车辆及其零件、附件，但铁道及电车道车辆除外

1）本章商品范围

(1) 商品范围。除第十六类所列的某些移动式机器以外，本章包括下列各种车辆：①牵引车、拖拉机（品目87.01）。②机动客车（品目87.02或87.03）、货车（品目87.04）或特种机动车（品目87.05）。③未装有提升或搬运设备，适用于工厂、仓库、码头或机场短距离运输货物的机动车辆；火车站月台上用的牵引车（品目87.09）。④机动的装甲战斗车（品目87.10）。⑤摩托车及边车；脚踏车及残疾人用车，不论是否机动（品目87.11~87.13）。⑥婴孩车（品目87.15）。⑦挂车、半挂车及其他非机动车辆，不论是人力推拉、用畜力拖拉，还是用车辆牵引（品目87.16）。

本章还包括在陆上行驶或兼可在陆上及某些水域（沼泽地带等）行驶的气垫车辆（参见第十七类注释五）。必须注意，水陆两用的机动车辆应作为本章的机动车辆归类。但经特殊制造也可作为道路车辆使用的飞机，仍应作为航空器归类（品目88.02）。

(2) 易归入本章的货品。①滑车、装有起重机的工作车、跨运车、叉车等装有升降、搬运、装卸设施的机械，以及推土机、挖掘机、滚压机、收割机等作业机械（品目84.25~84.33）；②专供示范而无其他用途的剖面车辆样品及其零件（品目90.23）；③儿童乘骑的带轮玩具及儿童脚踏车（品目95.01）；④冬季运动设备，如长雪橇、平底雪橇及类似品（品目95.06）；⑤装在旋转木马上的车辆及其他作为游乐场娱乐设备用的车辆（品目95.08）；⑥其他，见类注二。

2）商品知识及归类要点

(1) 87.01“牵引车、拖拉机（品目87.09的牵引车除外）”。本品目所称的牵引车、拖拉机，是指主要用于牵引或推动其他车辆、器具或重物的轮式或履带式车辆。除了上述主要用途以外，它们可配有装运工具、种子、肥料或其他货品的辅助装置，也可装有作业

工具，以进行辅助性工作。本品目不包括经特殊设计、制造和加固，使其成为起重、挖掘、平整土地等机器的组成部件的推进底座，尽管这些推进底座在机器工作时起牵引或推动作用。

装有其他工作机器的牵引车、拖拉机的归类：本品目包括装有绞车的拖拉机（例如，用以拖出陷入泥沼的车辆、拔起和拖走树木、远距离牵引农具等）。必须注意，装在拖拉机上作为可互换工具的农业机械（如犁、耙、锄等），即使在报验时已经装在拖拉机上，仍应归入其相应品目，而拖拉机本身则应归入本品目。本品目不包括装有起重机、起重滑车、绞车等的机动抢修工程车（品目 87.05）。

（2）客运机动车的归类（品目 87.02 ~ 87.03）。品目 87.02 ~ 87.03 包括各种载人的机动车辆（包括水陆两用机动车辆），可装有各种发动机（活塞式内燃机、电动机、汽轮机等），可以是轮式或履带式的；也包括结构比较简单的轻型三轮车，例如，装有摩托车发动机及车轮等的三轮车。根据其机械结构，它们已具有普通汽车的特征，即装有汽车驾驶系统或倒挡及差速器；装在 T 形底盘上的三轮车。这种三轮车底盘的两个后轮是由各自的电池电动机分别驱动的。它们通常用单一的中心控制杆操纵，驾驶员用以使车辆启动、加速、制动、停止或倒退，也可通过对主动轮施加差速力矩或摆动前轮使车辆左转或右转。

本品目还包括：汽车（如小轿车、出租汽车、运动车及赛车）；特种运输车辆（如救护车、囚车及灵车等）；旅宿汽车（野营汽车等），这是一种专门配有起居设施（如卧室、厨房、卫生间等）的载客车；雪地行走专用车（如雪地越野汽车）；高尔夫球车及类似车辆。品目 87.03 所称的“旅行小客车”，是指最大载客量为 9 人（包括驾驶员），车内无需作结构上的变动即兼可载运客、货的车辆。

（3）货运机动车的归类（品目 87.05）。货运机动车主要包括：普通卡车及货车（平板式、油布篷式、封闭箱式等）；各种送货汽车、搬家具车；配有自动卸货装置的货车（自动卸货车等）；液罐车（不论是否配有泵）；保温或冷藏货车；装运酸坛、丁烷罐等用的多层卡车；配有装卸踏板的低车架重型卡车，供装运液罐、起重或挖掘机器、变压器等用；经专门设计适用于运输新拌混凝土的货车。其不包括：品目 87.05 所列的混凝土搅拌运输车；垃圾收集车，不论是否配有装载、压紧、倾倒等装置。

（4）特殊用途车辆的归类（品目 87.05）。品目 87.05 包括经特制或改装，配有各种装置，使其具有某些非运输性功能的机动车辆，也即本品目所列车辆不是以载人或载物为主要目的。其主要有：①机动拖修车，由货车底盘（不论是否装有底板）与非旋转起重机、支架、滑轮、绞车等提升装置配置而成，用于提升及拖带发生事故的车辆。②带泵机动车，装有通常由车辆本身的发动机驱动的泵（如火车）。③装有云梯或升降平台的车辆，供维修架空电缆、路灯等用；装有可调悬臂及平台的车辆（摄影机移动车），供拍摄电影或电视用。④清洁街道、明沟，机场跑道等用的车辆（如清扫车、洒水车、洒水清扫车、粪罐车）。⑤配有内装式设备的犁雪车及吹雪车，即经特制专供扫雪用的车辆，这种车一般装有涡轮机及旋转叶片等，由车辆本身的发动机或另设的发动机驱动。但可互换的扫雪或吹雪装置，不论报验时是否装在车上，均不归入本品目（品目 84.30）。⑥各种喷洒车，不论是否配有加热设备，供摊铺沥青或沙砾用，或供农业等用。⑦起重车，这种车不适用于运货，由一个驾驶室及一个旋转起重机固定装在一个机动车底盘上所组成。但装有起重机的工作车（品目84.26）及配有自动装料装置的货车（品目87.04）除外。⑧移动式钻机（即装有钻探装置、绞车及其他设备供钻井等用的车辆）（非移动式钻机归入品目84.30）。⑨配有堆装机械装置的车辆（即这种车配有可沿垂直支柱移动的平台，该平台一般由车辆本身的发动机驱动）。但本品目不包括装有绞车、升降装置等的自动装货机动车，这种车的结构主要用于运货（品目87.04）。⑩混凝土搅拌车，由一个驾驶室及一个机动车底盘组成，混凝土搅拌机固定装在底盘上。这种车可兼用于搅拌及运输混凝土。⑪流动发电机组，由一台发电机装在一辆载重汽车上所组成，发电机由车辆本身的发动机或专门的发动机驱动。⑫流动放射线检查车（如装有检查室、暗室及整套的放射设备）。⑬流动诊疗车（医疗及牙科用），设有手术室，并配有麻醉设备及其他外科器具。⑭探照灯车，车上装有一部探照灯，由汽车发动机驱动的发电机供电。⑮户外广播车。⑯电报、无线电报或无线电话收发车；雷达车。⑰赛马赌金计算车，装有计算机器，用以自动计算赛马场上的赢面。⑱流动实验室（如用于检验农用机械的操作性能）。⑲测试车，装有记录仪器，可测定其牵引车的牵引力。⑳装备齐全的烘面包车（装有揉面器、烘箱等）；野外厨房车。㉑工场搬运车，装有各种机器及工具、焊接器具等。㉒流动银行车、流动图书馆车、展览货品用的流动展览车。

必须注意，凡带有起重或搬运机器、土地平整、挖掘或钻探机器等的车辆，至少必须配备下列机械装置，在实质上构成了一台基本完整的机动车底盘或货车，才能归入本品目：推进发动机、变速箱及换挡操纵装置、转向及制动装置。另一方面，装在轮式或履带式底盘上的自推进式机器（如起重机、挖掘机），如果上述一种或多种推进或中心部件装在作业机器的驾驶室内，则不论整台机器是否可以依靠自身的动力在道路上行驶，仍应归入品目84.26、84.29或84.30等。

（5）87.06“装有发动机的机动车辆底盘，品目87.01～87.05所列车辆用”。本品目包括装有发动机，传动机构、转向机构及驱动桥（不论是否装有车轮），品目87.01～87.05所列机动车辆用的底盘车架或底盘车身整体式车架。换言之，归入本品目的货品为不带车身的机动车辆。本品目的机动车底盘可装有发动机罩、挡风玻璃、叶子板、脚踏板及仪表板（不论是否装有仪表）。机动车底盘不论是否装有轮胎、化油器、蓄电池或其他电气装置，仍应归入本品目。但完整的或基本完整的牵引车、拖拉机或其他车辆不归入本品目。

本品目也不包括：①装有发动机及驾驶室的机动车底盘，不论其驾驶室是否完整（如未装有座位的）（品目87.02～87.04）（参见本章注释四）。②未装有发动机的机动车底盘，不论是否装有各种机械零件（品目87.08）。

（6）87.07“机动车辆的车身（包括驾驶室），品目87.01～87.05所列车辆用”。本品目不仅包括预备装在机动车底盘上的车身，也包括无底盘车辆的车身（这种车的发动机及驱动桥由车身本身支承）。本品目还包括组合式车身，其底盘的某些部件也装在车身内。这些车身可以配备齐全（如装有仪表板、行李箱、座位、坐垫、地席、行李架及电气装置等各种配件及附件）。不完整的车身也归入本品目，例如，未装配挡风玻璃或车门等零件的车身或内部装饰及油漆作业尚未完成的车身。驾驶室（如货车、牵引车及拖拉机用的）也归入本品目。

（7）87.08“机动车辆的零件、附件，品目87.01～87.05所列车辆用”。零件、附件的归类参见“本类商品归类要点”。

(8) 87.09“短距离运输货物的机动车辆，未装有提升或搬运设备，用于工厂、仓库、码头或机场；火车站台上用的牵引车；上述车辆的零件”。本品目包括在工厂、仓库、码头或机场短距离运输各种负载（货物或集装箱）或在火车站月台上拖带小型挂车用的机动车辆。这种车辆种类很多，大小各异，有些是由蓄电池供电的电动机驱动，有些则是由活塞式内燃机或其他类型的发动机驱动。

本品目的车辆区别于品目87.01、87.03或87.04所列车辆的一些主要特征可归纳如下：①这些车辆的结构及其主要设计特点是不适于在马路或其他公用道路上载运客、货的。②满载时其最高速度一般不超过每小时30~35公里。③其转弯半径约等于车辆本身的长度。

本品目所列的车辆通常没有封闭式驾驶室，只设有一个工作台，供驾驶员站着驾驶车辆。有些车辆在驾驶员座位的上面装有保护支架及金属护板等。本品目的车辆可以是步行操纵的。

(9) 87.11“摩托车（包括机器脚踏两用车）及装有辅助发动机的脚踏车，不论有无边车；边车”。本品目包括主要供人乘骑的两轮机动车辆。三轮车（如送货三轮摩托车）也归入本品目，但它们不得具有品目87.03所列机动车辆的特征（参见品目87.03的注释）。

本品目还包括各种边车。这是一种专用于载运客货但不能单独使用的车辆。它的一边装一个车轮，另一边装有一些接合配件，使其附在脚踏车或摩托车上与脚踏车或摩托车并排行驶。

本品目还包括单人用两轮电动交通工具，用于人行道、小路及自行车道等低速行驶区域。该交通工具上有一个由多个陀螺传感器和机载微处理器构成的系统，它使站立在交通工具上的骑乘者在两个独立而且是非前后串列的轮子上保持平衡。挂在脚踏车或摩托车上的挂车不归入本品目（品目87.16）。

(10) 87.12“自行车及其他非机动脚踏车（包括运货三轮脚踏车）”。本品目包括非机动脚踏车，即装有一个或多个车轮的脚踏车〔如自行车（包括儿童用自行车）、三轮脚踏车、四轮脚踏车〕。除了普通脚踏车以外，本品目还包括下列各种专用车辆：①运货三轮车，通常为铰接式，在其两个主导车轮上装有一容器（有时是保温的）。②双人自行车。③杂技演员专用的独轮脚踏车及自行车，其特点是车身较轻，装有固定车轮等。④残废人专用自行车（例如，装有一种特殊装置，以便用一只脚也能踏动自行车）。⑤后轮轮毂上装有辅助支地轮的自行车。⑥比赛用自行车。⑦四轮车，装有几个座位及几副脚踏板，整部车装在一个轻型构件内。装有边车的脚踏车仍归入本品目，但单独报验的边车除外（品目87.11）。

本品目不包括：①检查轨道用的轨道脚踏车（品目86.04）。②装有辅助发动机的脚踏车（品目87.11）。③儿童脚踏车（儿童自行车除外）（品目95.01）。④仅适于在游乐场使用的特种脚踏车（品目95.08）。

(11) 87.16“挂车及半挂车或其他非机械驱动车辆及其零件”。本品目包括装有一个或多个车轮，供载运客、货用的非机械驱动车辆（前面各品目所列的车辆除外）；还包括未装有车轮的非机械驱动车辆（如滑板车、在木制滑道上行驶的特制滑橇等）。本品目的车辆是用其他车辆（牵引车、卡车、货车、摩托车、自行车等）牵引、用人力推拉或用畜力拖曳的，如各种手推（拉）车、手拉雪橇、畜力拖曳的车辆、畜力滑橇等。但冬季运动器械，如平底雪橇、长雪橇等，不归入本品目（品目95.06）。凡固定装有机器或器具的车辆，应按整套设备的基本特征归类。因此，本品目包括以车辆本身为基本特征的设备；另一方面，以所配有的机器或器具为基本特征的设备，不归入本品目。据此，装有油罐的手推车、畜力车或挂车，不论其是否配有灌油或抽油的辅助泵，均应归入本品目。

下列设备不归入本品目，而应按有关机器或器具归类：①品目84.24所列的手推车式、畜力车式或挂车式喷雾器。②安装在简单的轮式底盘上以备拖带的机器或器具，如移动式泵及压缩机（品目84.13及84.14）及移动式起重机及机动梯（品目84.26或84.28）。③牵引式混凝土搅拌机（品目84.74）。

3.2.18.4 第88章——航空器、航天器及其零件

1）本章商品范围

（1）商品范围。本章包括：气球、飞艇及无动力航空器（品目88.01）；其他航空器、航天器（包括卫星）及其运载工具（品目88.02）；某些相关装置，如降落伞（品目88.04）；航空器的发射装置、甲板停机装置及地面飞行训练器（品目88.05）；以及上述设备的部分零件、附件。不完整或未制成的航空器（如未装有发动机或内部设备的航空器），只要它们具有完整品或制成品的基本特征，应按相应的完整的或制成的航空器归类。

（2）易归入本章的货品。①主要用于记录飞行员在恶劣飞行条件下（如高速、缺氧等）所作反应的装置不应归入品目88.05。这种装置（如装在旋转臂上模拟超音速飞行的座舱）实际上是一种反射能力测试装置，因此应归入品目90.19。②非供飞行员飞行训练专用，仅适用于对机组人员进行一般教学的设备（如大型回转仪模型）也不归入本品目（品目90.23）。

2）商品知识及归类要点

子目8802.11～8802.40所称“空载重量”，是指航空器在正常飞行状态下，除去机组人员、燃料及非永久性安装设备后的重量。

3.2.18.5 第89章——船舶及浮动结构体

1）本章商品范围

本章包括船、艇及其他各种船舶（不论是否自航的）和浮动结构体，如潜水箱、浮码头、浮筒等。本章也包括专供在水上（海洋、港湾、湖泊）行驶的气垫运输工具（气垫船），不论其是否能够在海滩或浮码头登陆，或是否能够在冰上行驶（参见第十七类注释五）。

2）商品知识及归类要点

与第十七类其他各章所列运输设备的规定相反，本章不包括单独报验的所有船舶或浮动结构体的零件（船体除外）及附件，即使它们可明显确定为船舶或浮动结构体的零件及附件，也不包括在内。这些零件及附件应归入《协调制度》其他适当的品目，例如：①第十七类注释二所指的零件及附件。②木制的橹及桨（品目44.21）。③纺织材料制的缆绳（品目56.07）。④帆（品目63.06）。⑤具有品目73.08所列金属结构体特征的船桅、舱口、舷梯、栏杆、舱壁及船体的零件。⑥钢铁制的缆索（品目73.12）。⑦钢铁制

的锚（品目73.16）。⑧推进器及明轮（品目84.85）。⑨舵（品目44.21、73.25、73.26等）及其他船舶转向及操舵装置（品目84.79）。

商品归类练习

(1) 铁道非机动冷藏货车。(2) 机场停机坪用作接送旅客的30座客车。(3)“桑塔纳”牌轿车，排气量1.8升。(4) 流动献血车。(5) 混凝土搅拌车底盘（装有柴油发动机和驾驶室，无混凝土搅拌系统，总重量为15吨，用于制造混凝土搅拌车）。(6) 摩托车用链条。(7) 碰碰车。(8) 卡丁车。(9) 电动自行车（又称电动单车）。(10) 汽车空调冷凝器冷却用风扇（输出功率为120瓦）。(11) 车辆用风挡刮水器。(12) 火花塞。(13) 未装配的汽车刹车片（以石棉、矿物质为基本成分）。(14) 汽车点烟器。(15) 汽车用门锁（可中央控制）。(16) 汽车中控门锁控制器（用于控制车门同时上锁或开锁）。(17) 汽车驾驶员座椅用调角器。(18) 汽车空调压缩机皮带轮。(19) 汽车用调频调幅立体收放机。(20) 汽车收放机用的扬声器（单喇叭）。(21) 汽车内顶灯。(22) 汽车转向信号灯开关。(23) 汽车喇叭。(24) 汽车后风窗玻璃刮水器电机（直流）。(25) 汽车发动机（输出功率为90马力）启动电动机。(26) 汽车油箱。(27) 轿车五挡手动变速器。(28) 轿车四挡自动变速器。(29) 手动轮椅。(30) 自行车用的制动胶（又称闸皮）。(31) 航空母舰。(32) 脚踏船。(33) 儿童乘骑的两轮自行车。

第十七类历年考题

(1) 装有高压水泵，并配有水炮、云梯等装置的救火车（2005年）。答案：8705.3010

(2)“丰田”轿车用电动天窗（2006年）。答案：8708.2941

(3) 为道路清障的牵引车（2008年）。答案：8701.9090

(4) 未安装座位的5座小客车（装有汽油发动机，排气量为800毫升）（2009年）。答案：8703.2130

3.2.19 第十八类 光学、照相、电影、计量、检验、医疗或外科用仪器及设备、精密仪器及设备；钟表；乐器；上述物品的零件、附件（第90~92章）

3.2.19.1 本类概述

本类商品的范围及章次分布见表3—20。

表3—20 第十八类商品范围及章次分布

序号	商品范围	本类章次分布
1	光学、照相、电影、计量、检验、医疗或外科用仪器及设备、精密仪器及设备；上述物品的零件、附件	90
2	钟表及其零件	91
3	乐器及其零件、附件	92

3.2.19.2 第90章——光学、照相、电影、计量、检验、医疗或外科用仪器及设备、精密仪器及设备；上述物品的零件、附件

1) 本章商品范围

本章包括范围很广的各种仪器及设备，一般来说，它们均具有深加工和高精度的特

征，主要供科学研究（实验室研究工作、科学分析、天文学研究等）、各种专业技术或工业方面（计量、检验、监测等）及医疗方面使用。

本章的货品主要为精密仪器及装置，但也有某些例外，例如，本章也包括普通护目镜（品目 90.04），简单的放大镜及不放大影像的潜望镜（品目 90.13），以及不论其精确度如何的分度尺和学生用尺（品目 90.17）、带装饰性的温度计（品目 90.25）等。

2）商品知识及归类要点·

（1）零件及附件的归类。参见章注二。

（2）功能机组的归类。按照本章注释三，第十六类注释三、四的规定也适用于本章。

（3）90.02“已装配的各种材料制透镜、棱镜、反射镜及其他光学元件，作为仪器或装置的零件、配件，但未经光学加工的玻璃制上述元件除外”。本品目包括已作固定装配（即已装在底座、框架等托架上的），适于安装在仪器或装置上的物品，但眼镜片除外（它们一经装配即成为品目 90.04 的眼镜、长柄眼镜或类似品）。因此，本品目的物品主要是用于与其他零部件一起装配成某种仪器或者仪器的部件。

本品目不包括其本身已构成器具的已装配光学元件，如品目 90.13 的手持放大镜及品目 90.18 的医疗或牙科用镜。

根据上述条件，本品目包括：①照相机、电影摄影机或投影机用的物镜、附加镜、滤色镜、取景器等。②显微镜或偏振计用的偏振滤光镜。③天文仪器、双筒望远镜或折射望远镜、显微镜等用的目镜及物镜（包括偏振的）。④用于作理化分析的仪器或装置（偏振计等）上的已装配棱镜。⑤用于望远镜、投影仪、显微镜，医疗或外科仪器等的已装配反射镜。⑥用于灯塔或航标上，并且已安装在底板或筒鼓上的光学元件（透镜或棱镜）。⑦明显作为光具座配件的已装配透镜。⑧已装配的半色调网屏或类似的网目印刷网屏。

（4）90.03“眼镜架及其零件”。本品目包括品目 90.04 所列眼镜及其他物品的镜架及其零件（参见品目 90.04 的注释）。它们一般用贱金属、贵金属、包贵金属、塑料、玳瑁壳或珍珠母制成，也可用皮革、橡胶或织物制成，如护目镜的框架。

镜架零件包括眼镜脚及眼镜脚芯、铰链或接头、镜圈、鼻梁架、托叶、夹鼻眼镜的弹簧装置、长柄眼镜的柄把等。贱金属制的螺丝、链条（无挂扣件）及弹簧不应作为镜架零件，而应归入其各自所属的品目（参见本章注释一（五））。

（5）90.06“照相机（电影摄影机除外）；照相闪光灯装置及闪光灯泡，但品目 85.39 的放电灯泡除外”。

①照相机（电影摄影机除外）。本组包括各种照相机（电影摄影机除外），不论是专业用或是业余用，也不论报验时是否带有光学元件（镜头、取景器等）。但不包括数码照相机（品目 85.25）和 X 射线衍射照相机（与 X 射线设备配套，用于检验晶体）及射线照相设备（品目 90.22）。照相机有多种类型，但传统类型的照相机基本是由不透光的机箱、镜头、快门、光圈、照相底片或胶卷暗盒及取景器构成，这些基本部件的差异构成了各种不同的照相机。

本组包括的照相机有：

·立体照相机，具有两个匹配的镜头和一个能使两幅底片同时曝光的快门。

·全景照相机，用于拍摄宽广的全景照片或长列的人物集体照。这类照相机以恒速围绕垂直轴转动，使垂直窄缝经过底片或胶卷，使之曝光。

·记录照相机。这类照相机一般无快门，通过使胶卷在镜头后连续行进的方式进行拍摄。它们通常与其他仪器连用（如阴极射线示波器），以记录瞬间或超速现象。

·一次成像照相机（便携式或箱式），这种照相机在感光片完成曝光后自动进行冲洗，因此在短时间内即可取得拍成的照片。

·配有可拍摄大视场角景物的广角镜头的照相机，特殊的广角镜头可用于摄取地平线上全方位的景物。

·配有气密或水密罩的照相机，用于水下摄影。

·带快门自动释放装置的照相机（如有电子操纵快门的照相机）。它们用时钟机构进行控制，可有规律地在每段时间里进行一连串的拍摄。这类照相机还包括专门用于进行偷拍的照相机，其快门释放装置的电路中装有一只光电管，有的外形就像一只小手表。

·航空测量照相机，可按预定的时间间隔进行连续拍摄，用重叠拍摄的方法获得条幅式的形象片。某些航空测量照相机配备有几个镜头，可进行垂直或倾斜航空拍摄。这类摄影机也包括用于航空摄影测量的。

·大地摄影测量用照相机，由固定在三脚架上的两部相连照相机构成，用于进行同步拍摄。这类照相机主要用于考古学研究、古迹维修及道路事故拍摄等。

·供法庭或犯罪学用的比较照相机，这种照相机可同时拍摄两个物体并进行图像比较，它们用于鉴定指纹、查验伪造文件等。

·医疗或外科用照相机，如可插入胃中，用于检查并诊断胃病的胃镜照相机。

·缩微照相机。

·复制文件（信函、收据、支票、汇票、订单等）用的照相机，也包括将文件照相记录到缩微胶卷、缩微胶片或其他缩微品以及感光纸上的摄影仪。

·以照相制版法制取印版或印版滚筒用的照相机，这类设备的体积一般都较大，并且与上述其他类型的照相机有较大差别。

单独报验的照相机，即使是某一设备（望远镜、显微镜、摄谱仪、摄影经纬仪、频闪观测器等）的专用附件，仍应归入本品目，而不作为该设备的零件归类。

②照相闪光灯装置及闪光灯泡。本组货品包括供专业或业余摄影、照相室或照相凹版制版车间用的照相闪光灯装置及闪光灯泡。这类装置能发出瞬间强光（闪光），因而可与品目 94.05 的照相照明装置加以区别。

·单独的闪光灯泡。这种灯泡内装有活性材料及燃点装置（灯丝或电极），由电流引发化学反应，产生闪光。它只能使用一次。

·方形闪光灯。这种方形装置有四个闪光灯泡和四个反光碗，它们依次由以通电或机械方式引发的导火材料点燃。

·电池闪光灯。这种灯装有电池和以放电激发的闪光灯泡或闪光灯管，并通常由照相机快门内的同步装置控制。

不带闪光灯灯座及反射镜的电源装置，如带有放电元件和闪光触发装置及可能附有的变换闪光强度及持续时间的辅助装置，可视为已具备完整品基本特征的不完整品归入本品目。

③零件及附件。根据本章注释一及注释二的规定，本品目包括本品目所列货品的零件及附件。这些零件及附件有：照相机机身、皮腔、三脚架、球窝式云台、快门及光圈、自

拍机（包括延时释放器）、底片或胶卷暗盒、遮光罩。但不包括照相测距器（品目90.15）及测光表（品目90.27），不论其是否可装于照相机上使用。

（6）90.13“其他品目未列名的液晶装置；激光器，但激光二极管除外；本章其他品目未列名的光学仪器及器具”。按照本章注释五的规定，计量或检验用的光学仪器、器具及机器不归入本品目，而应归入品目90.31。但本章注释四却规定，某些折射望远镜归入本品目而不归入品目90.05。另需注意：光学器具及仪器不仅有归入品目90.01～90.12的，也有归入本章其他品目的（特别是品目90.15、90.18或90.27）。

本品目主要包括：

①液晶装置，由液晶层夹于两片玻璃或塑料板片中制成，不论是否装有电气连接件，但报验时已为零件状或切成特殊形状，而且未构成在本《协调制度》其他品目更为具体列名的物品。

②激光器，它可通过控制受激发射方式产生或放大波长在1毫微米到1毫米范围内（紫外、可见光及红外光谱区）的电磁辐射。当激光工作物质（如晶体、气体、液体、化学品）被电光源发出的光或外来能量的加入所激励时，即在工作物质中产生光束并被不断反射和放大，成为一道相干光束（可见或不可见的），从激光器具有部分透射性能的一端射出。

本品目不仅包括供装配在机器或器具上的激光器，也包括单独使用（如用于科研、教学、实验检测等各种目的）的小型激光器或激光器系统。但是，本品目不包括已改装为具有专门功能的激光器，由于这些激光器加有特殊装置（如工作台、工件夹具、工件进给及定位装置、对操作进程观察和检测的装置等），因而应作为加工机器、医疗设备、控制装置、计量装置等归类。带有激光器的机器和器具也不归入本品目。这类机器和器具如果在本《协调制度》中未具体列名，则应与具有类似功能的机器和器具一并归类。例如：以激光切割方式加工各种材料（如金属、玻璃、陶瓷或塑料）的机床（品目84.56）；医学方面专用的激光装置（如眼科手术用的）（品目90.18）等。

③手持式放大镜及放大器（如袖珍型或办公室用型）、织物分析镜、双目放大镜（通常安装于座架上）。双目放大镜和品目90.11的立体显微镜不同，只有目镜而没有物镜。

④朝门外观察用的“门眼”及装有光学系统的类似物品。

⑤单独报验的折射式或反射式武器用望远镜瞄准具；已装配于武器上或与配用的武器一起报验的光学装置，则应与武器一同归类（参见第93章注释一（四））。

⑥作为本章其他品目所列仪器的部件（如作为测量仪器的部件）或第十六类机器的部件的望远镜。

⑦体视镜（包括手动式体视镜），可使彩色照相反底片显现三维视觉效果，由装有两个固定透镜和一个摇把卷绕机构的塑料壳组成（用于转动装在可更换转盘上的胶卷，更换画幅）。

⑧万花筒，但玩具万花筒除外（第95章）。

⑨潜艇或坦克用放大潜望镜，以及非放大潜望镜（如在战壕里使用的潜望镜）。

⑩不适于装在仪器设备上的，经过光学加工并已装配的玻璃镜（如某些后视镜，烟囱及下水道检视镜，以及风洞观察用的特种镜）。

⑪光学光束信号设备，用于进行远距离光束信号的传递（如使用摩尔斯电码）。

⑫幻灯片观片器，装有一个放大透镜，用于检查幻灯片。

⑬零件及附件：根据本章注释一及二的规定，本品目所列设备及器具的零件及附件仍应归入本品目。

(7) 90.14 定向罗盘；其他导航仪器及装置。

①定向罗盘。本组包括各种定向罗盘，从供徒步或自行车旅行者等使用的简单类型到采矿、导航等专用类型不等（如磁罗盘、陀螺罗盘、陀螺磁罗盘、航海罗经、定位罗盘）。

②其他导航仪器及装置：

·船舶定位仪器，如六分仪、八分仪、方位角仪等。

·其他海洋或内河航行专用导航仪器，如自动操舵仪（陀螺操舵仪）；航线记录装置，用于在船舶航行中对航线（及航线的任何改变）作精确记录；倾斜仪，用于测量摇摆度；计程仪；测深锤，用于测量水深及海底地形；回声测深仪器；超声波探测或搜索设备，如防潜仪、声纳及类似设备，用于普通测深、海底地貌测绘、搜索潜艇、失事残骸、鱼群等。

·航空专用仪表，例如：高度表，一种标有高度单位的气压表，根据气压随高度增加而降低的现象进行工作；空速指示器，这种仪器通过测量飞机艉流所形成的压差显示飞机相对周围空气的运动速度；升降速度表，指示飞机下降或上升时的垂直速度的压差式仪表；仿真地平仪或陀螺地平仪及转弯倾斜仪，它们都是利用陀螺特性工作，前者参照横轴或纵轴指示飞行角度，后者则参照飞机竖轴指示飞行角度；马赫计，显示真实空速与飞机所在高度上的音速之比的仪器，该比值称为“马赫数”；加速度计，用于检测飞机在高速运动时由加速度所产生推力的最大值（不能超过的值）；自动驾驶仪，用于暂时代替驾驶员，保持稳定飞行以及使飞机按给定参数（高度、航向等）飞行的装置，主要由直接操作或伺服马达控制机构（通常为替代驾驶员动作的液压马达）以及调整仪表读数和伺服机构动作的自动感应装置（高速陀螺仪）构成。

③零件及附件。本品目不包括雷达设备、无线电导航设备及无线电遥控设备（品目85.26）。

(8) 90.16“感量为50毫克或更精密的天平，不论是否带有砝码”。本品目包括感量为50毫克或更精密的天平，以及和天平一起报验的砝码。但单独报验的砝码除外（品目84.23）。本品目的天平主要是作精密计量用，以抗腐蚀金属或轻合金制成，装有玛瑙制的刀口、轴承及平面。本品目包括：分析天平（如微量化学天平、微量天平、阻尼分析天平），主要用于定量化学分析；试金天平，用于贵金属检验；宝石称量天平，以克拉为称量单位；药物天平、纱线天平、样品天平（用于确定纸张、纺织品等的重量）；静水（或比重）天平，用于确定液体或固体的比重。本品目不包括感量低于50毫克的天平（品目84.23）。

(9) 90.18“医疗、外科、牙科或兽医用仪器及器具，包括闪烁扫描装置、其他电气医疗装置及视力检查仪器”。本品目包括种类繁多的仪器及器械，这些仪器及器械主要是供各专科医务人员（如医生、牙医、兽医、助产士等）专门用于疾病的预防、诊断、医治或手术治疗等。本品目也包括解剖实验、解剖检验等用的仪器及器械，以及符合某些条件的牙科诊疗仪器及器械（参见下述第②部分）。本品目的仪器及器械可以用任何材料

(包括贵金属) 制成。

必须注意，一些医疗或外科(包括兽医的) 器械实际上和普通工具或刃具没有多大区别，如锤、槌、锯、凿、钳、镊、压舌板、剪刀、刀具等，这些器械只有通过如形状上的某些特殊之处、宜于拆卸消毒、生产质量上乘或者所用金属材料的性质及其配套组成(常常是装于箱盒中的接生、解剖、妇科、耳外科及牲畜生产等专用的成套器械) 等情况，可确定为明显用于医疗或外科方面的，才能归入本品目。

①医疗或外科用仪器及器械。

·具有相同名称但用途不同的器械，例如：针(缝合针、结扎针、接种针、验血针、皮下注射针等)；柳叶刀(接种用、放血用等)；套针(穿刺用套针、胆囊套针、普通套针等)；各种外科手术刀及解剖刀；探子(前列腺探子、膀胱探子、尿道探子等)；窥器(鼻窥器、口腔窥器、喉镜、直肠窥器、阴道窥器等)；检镜及反光镜(用于检查眼、喉、耳等)；剪、钳、平头镊、凿、锤、槌、锯、刮器、压舌板；套管、插管、导管、吸管等；烙器(热烙器、电烙器以及微型烙器等)；尖头镊子；敷料夹、拭子夹、海绵夹或持针器(包括镭针持器)；牵开器(唇、颌、腹部、扁桃体、肝等的各种牵开器)；扩张器(喉、尿道、食管、子宫等的各种扩张器)；夹子(缝合用夹等)；各种注射器(玻璃、金属、玻璃及金属、塑料等制)，如普通注射器，穿刺注射器，麻醉注射器，冲洗注射器，伤口清洗注射器，吸引器(带或不带唧筒)，眼、耳或喉的注射器，子宫及其他妇科注射器。

·诊断专用仪器及器械，包括：听诊器；用于测定基础代谢率的呼吸率检测仪器；血压计、表面张力计及示波计(用于测量血压)；测定肺活量的肺量计；测颅器；骨盆测量器。

·眼科仪器，包括：手术仪器，如角膜环钻、角膜刀；诊断仪器，如检眼镜，头戴式双目放大镜及双目显微镜，眼压计(用于测量眼球内压)，开睑器，视轴矫正或视力检查用设备(包括弱视镜、眼膜曲率器、视网膜镜、斜视镜、角膜散光计、角膜镜、放置验光镜片的验光镜箱、支承验光镜片的试镜架、视力测定尺、测试表)，但印制在纸张、纸板或塑料膜片上，用于色盲检查的色觉测定图卡除外(第49章)。本品目也包括眼科治疗用的电热敷布及吸出眼内金属碎屑用的电磁铁。

·耳科仪器，如耳镜，但各种不论是否医用的音叉不归入本品目(品目92.09)。

·麻醉器械及仪器(面罩、面具固定套、气管插管等)。

·鼻、喉或扁桃体的医疗仪器：夹具(用于夹直鼻软骨)、透照器具(用于窦道及鼻前庭)、扁桃体刀及铡除刀、喉镜、喉刷等。

·咽喉、食道、胃或气管医疗仪器：食管镜、支气管镜、胃唧筒、插管等。

·尿道或膀胱医疗仪器：尿道刀、碎石仪器、膀胱碎石吸引设备、前列腺切除术所用仪器。

·人工肾(透析) 装置。

·妇产科医疗仪器：切除子宫用仪器、产科听诊器、检查生殖器官的专用光学仪器、钳、穿孔器、碎胎仪器(用于毁胎)、碎颅钳(用于钳碎子宫内死胎的头颅)、体内量器等。

·便携式人工气胸装置、输血装置、人工吸血器。本品目也包括无菌密闭式塑料容器，这类抽真空容器装有少量抗凝剂并带有输血管和静脉穿刺针，可用于全血的采集、贮存及输送，但专用玻璃血瓶除外（品目70.10）。

·治鸡眼用的电动研磨器。

·针灸用针（金、银或钢制）。

·内窥镜：胃镜、胸腔镜、腹腔镜、支气管镜、膀胱镜、尿道镜、前列腺切除器等。但非医用的内窥镜除外（品目90.13）。

·带有自动数据处理机，专用于计算放射治疗的剂量及分布情况的设备。

②牙科仪器及器械。除本组及前一组的通用器械外（如面罩及其他牙科麻醉器械），本组所包括的仪器及器械主要有：

·外科医生用指套（不论是否有活关节的）及张口器、颊或唇牵开器、压舌器及夹子。

·各种镊子、牙挺、牙钳（用于拔除错位牙、矫直桩牙等）、切割器（用于剖割、敷裹、充填及刮削等）、根钳。

·治疗神经用器械（拔髓针及其他拔出器、神经钩、神经针、神经探寻器等）。

·骨剪及骨挫、用于切除颌骨及上颌窦的骨凿和骨锤、骨刮、手术刀、特种刀剪、牙医专用镊、"挖匙"及探针。

·清洁牙龈及牙槽的专用器械、治疗牙石、牙垢的牙刮器、刮匙及牙釉质凿。

·各种探子、针（脓肿针、皮下注射针、缝合针、棉花针等）、棉卷夹及拭子夹、吹入器、口腔镜。

·填充金用的器械（充填器、锤等）、填充用器械（粘固剂或树脂调拌刀、汞合金充填器及锤、汞合金输送器等）、印模托盘。

·牙钻机专用的牙钻、金刚砂片及刷子。本品目还包括假牙修复时牙科医师或技工所用的工具和器械，例如：刀具，调拌具及其他模制工具，各种钳子及镊子（用于固定夹具和假牙冠、切割柱牙冠等）、锯、剪、锤、锉、凿、刮具、磨光器、锤打制造金属牙冠的金属成模器。但本品目不包括通用工具或物品（炉具、铸模、焊接工具、熔勺等），它们应归入其各自相应的品目中。

下列物品也归入本品目：

·带有旋转伸臂的牙钻机，不论是安装在分离的基座上、墙壁上或者以下项所述的设备上的。

·安装在一个台体上的综合牙科治疗台（固定式或移动式），一般在台体中装配有空气压缩机、变压器、控制板及其他电气装置，并且通常还装有下列器械：带旋转伸臂的牙钻、痰盂及漱口杯、电热器、热风吹入器、喷雾器、烙器盘、冷光手术灯、无影灯、通风机、透热治疗装置、X射线装置等。某些类型的这种设备使用研磨料（一般为氧化铝）代替牙钻，研磨料通常是用压缩气体（如二氧化碳）喷射到牙齿上。

·通常连接有温水给水装置的漱具，不论是安放在座架、支架或者旋转支臂上的。

·带有牙科医疗设备或其他任何可归入本品目的牙科器械的牙科椅。本品目不包括未带有本品目所列牙科器械的牙科椅，不论其是否带有照明器具等的装置，这类牙科椅均应归入品目94.02。

必须注意，本品目不包括单独报验的上述第二项所述的某些牙科设备装置，它们应归入其各自相应的品目中，如压气机（品目84.14）、X射线等装置（品目90.22）。品目90.22也包括安装在分离的基座或墙上的牙外科用X射线等装置。但单独报验的透热疗法用设备作为电气医疗设备仍归入本品目（参见下述第④组）。还应注意，牙科粘固剂及其他牙科填充材料归入品目30.06；成套、零售包装或制成片状、马蹄形、条状及类似形状，通称为“牙科蜡”或“牙科造型膏”的制品，以及以熟石膏（煅石膏或硫酸钙）为基本成分的牙科用其他制品归入品目34.07。

③兽医仪器及器械。本组包括与以上第①组或第②组所述物品相类似，但属兽医用的各种物品，也包括兽医专用的仪器及器械。

④电气医疗设备。本品目包括除品目90.22的X射线等设备以外的各种防治或诊断用电气医疗设备，这类货品包括：

·电气诊断设备，包括：心电图记录仪；心音描记器；心脏检查器（与前述两种仪器连用，用以同时观察心电图和心音图）；心电阻描记器（测量由心功能所引起的电阻变化用的电气设备）；脑电流描记器；脉搏描记器；电子眼压描记器；视网膜电描记器（用于测定视网膜的动脉压）；听力计及类似设备；带有或与自动数据处理机连用的诊断设备，用于处理和显示临床检查的数据结果等；带有闪烁计数器的设备，可将所测数据转换成模拟信号供医疗诊断用（如γ照相机、闪烁扫描器）；超声波诊断设备；核磁共振（NMR）装置。

·电疗设备，除用于诊断外，这些设备也用于治疗如神经炎、神经痛、偏瘫、静脉炎、内分泌、贫血等疾病。

·离子电渗治疗设备，通过电流将活性药物（水杨酸钠、水杨酸锂、碘化钾、组胺等）透过皮肤导入病灶。

·透热治疗设备，用于医治某些可采用热作用治疗的疾病（如风湿病、神经痛、牙科疾病），采用高频电流（短波、超声波、超短波等电流）和使用各种形状（如片状、环状、管状）的电极进行工作。

·电击治疗设备，用于治疗精神或神经疾病。

·电外科设备，利用高频电流工作，并以针、探子等作为电极之一，可用于组织切除（使用高频手术刀（电刀）所施行的电切术）及止血（电凝法），某些组合设备可通过脚踏控制器进行功能转换，既可用作电切割器械，也可用作电凝器。

·射线疗法设备，这类设备使用可见光，但更多的是使用非可见光（红外光、紫外光）进行某些疾病的放射性治疗或诊断（使用特种光源进行皮肤病检查），它们一般装有灯具，红外光射线装置则配有带反射器的热电阻器或电热极板。

·婴儿人工保温箱，主要由透明塑料制的箱体、电气加温装置、安全报警装置、氧气及空气过滤和调节装置组成。它们大部分是安装在推车上并内装婴儿磅秤。

装有供上述设备使用的电极及其他装置的箱子也包括在本组货品中。

⑤零件及附件。根据本章注释一及注释二的规定，本品目所列设备及器具的零件及附件仍归入本品目。

商品归类练习

(1) 一次性纸制偏光镜。(2) 眼科用验光镜（成套）。(3) 家用照相机遮光罩。(4) 普通双筒望远镜。(5) 用于潜艇的潜望镜式望远镜。(6) 眼底照相机。(7) 用于印刷行业的PS版冲版机。(8) IT行业使用的分步重复光刻机。(9) 血压计。(10) 体温表(管内充有水银)。(11) 牙科用椅(带牙科用器械)。(12) 牙科用椅(不带牙科用器械)。(13) 外科专用手锯。(14) 人造血管(由桑蚕丝织造而成)。(15) 心脏监视仪。(16) 心脏起搏器。(17) X射线胸透机。(18) 血细胞分离机(采用离心原理将所需血液成分如血浆、血清等通过离心分离出来)。(19) 温度、湿度组合记录计。(20) 照相机用曝光表。(21) 化验室检验血液的分析仪。(22) 数字、模拟集成电路测试台。

3.2.19.3 第91章——钟表及其零件

1) 本章商品范围

(1) 商品范围。本章包括主要用于计时或进行与时间有关的某些操作的器具，其中包括适于个人随身佩带的时计(手表及秒表)、其他时计(普通钟、装有表芯的钟、闹钟、航海时计、机动车辆用钟等)、时间记录器、时间间隔测量仪以及定时开关，通常还包括它们的零件。

(2) 易归入本章的货品。①日晷(日规)仪、沙漏及水漏(按其构成材料归类)。②音乐自动装置(机械鸣禽及类似品)及没有钟表面的百音盒(品目92.08)。③玩具钟表及制成钟表状的圣诞树装饰品，如没有钟表机芯的钟表饰物(品目95.03或95.05)。④商店橱窗装饰用的自动模型及其他活动陈列品(品目96.18)。⑤艺术品、收藏品及古物(第97章)。⑥其他，见章注一。

2) 商品知识及归类要点

零部件的归类参见章注四。

商品归类练习

(1) 带有时钟的定时开关。(2) 围棋赛用时间记录器。(3) 上足发条可走15天的台钟。(4) 纸制钟面(刻度盘)。

3.2.19.4 第92章——乐器及其零件、附件

1) 本章商品范围

(1) 商品范围。本章包括乐器及其零件、附件。

(2) 易归入本章的货品。①门铃、台铃、自行车车铃等(品目83.06或85.31)。②电动的其他声音信号设备或器具(酌情归入品目85.12或85.31)。③电子音乐组件(品目85.43)。④由于所用材料的性质、粗糙的加工、音质的次劣或其他特征而可明显确定为作玩具用的乐器(第95章)，如某些口琴、小提琴、手风琴、小喇叭、鼓、百音盒等。⑤其他，见章注一。

2) 商品知识及归类要点

带有电气或电子设备的乐器的归类：某些乐器(钢琴、吉他等)可以带有电气拾音器及扩音器，其归类分两种情况：①如果在没有电气装置时仍可像普通的同类乐器一样演奏，则该乐器仍应归入本章的相应品目(如品目92.01~92.06)。但是，其中的电气设备本身如果未构成乐器不可分割的部分或未与乐器装于同一机壳内，则应单独归入品目85.18(见章注一(二))。②如果没有电气或电子设备即不能演奏的(品目92.01的自动钢琴除外)，应归入品目92.07。因此，品目92.07包括静电或电子的吉他、风琴、钢琴、手风琴、钟琴及类似乐器。

商品归类练习

(1) 吉他。(2) 小提琴 (1900 年制造)。(3) 萨克斯管。(4) 电吉他 (没有共鸣箱)。(5) 电子音乐组件。(6) 木制架座 (供安放萨克斯管用)。(7) 与自动竖式钢琴一同报验的自动竖式钢琴用穿孔纸带。

第十八类历年考题

(1) 立体显微镜 (2007 年)。答案: 9011.1000

(2) 电子眼压记录仪, 通过记录眼动脉压、眼静脉压的变化, 对眼睛进行诊断 (2005 年)。答案: 9018.1990

(3) 外科手术刀, 不锈钢制 (2006 年)。答案: 9018.9090

(4) X 射线断层检查仪 (2009 年)。答案: 9022.1200

(5) 液晶显示的电子手表 (表壳镀金) (2009 年)。答案: 9102.1200

3.2.20 第十九类 武器、弹药及其零件、附件 (第 93 章)

3.2.20.1 本类概述

本类商品范围及章次分布见表 3—21。

表 3—21 **第十九类商品范围及章次分布**

序号	商品范围	本类章次分布
1	武器、弹药及其零件、附件	93

3.2.20.2 第 93 章——武器、弹药及其零件、附件

1) 本章商品范围

(1) 商品范围。

本类只有一章即第 93 章, 共 7 个品目, 主要包括:

①军事武装部队、警察或其他有组织的机构 (海关、边防部队等) 在陆、海、空战斗中使用的各种武器。

②个人自卫、狩猎及打靶用的武器 (例如, 用于小型靶场、室内靶场或游乐场射击台的)。

③靠爆炸药进行发射的其他装置 (例如, 抛缆枪及维利式信号枪)。

④弹药及导弹 (第 36 章的物品除外)。

⑤除少数例外情况外, 本章也包括武器的零件、附件及弹药零件。

(2) 易归入本章的货品。

其他章已经有具体列名的武器及零件不应归入本章:

①枪盒 (品目 42.02) 等;

②钢盔及其他军用帽类 (第 65 章);

③第 87 章的坦克、装甲车;

④人体防护服, 例如, 护胸铁甲、铠甲衣、防弹衣等 (按其构成材料归类);

⑤其他, 见章注一。

2) 商品知识及归类要点

(1) 武器用的望远镜瞄准具及其他光学装置的归类。此类光学装置如果安装在武器上或与有关武器一同报验的, 应与武器一并归类; 单独报验的此类光学装置应归入第

90章。

（2）装有武器的运载工具的归类。任何运载工具，即使是军事专用的，不论是否装有武器，均不归入本章。因此，本章不包括铁路装甲车辆（第86章）、坦克及装甲车（品目87.10）、军用飞机（品目88.01或88.02）及军舰（品目89.06）等。

但这些运载工具上使用的武器（枪炮、机枪等）如单独报验，应归入本章。

（3）93.07“剑、短弯刀、刺刀、长矛和类似的武器及其零件；刀鞘、剑鞘。”本品目包括剑（包括藏有剑的手杖）、短弯刀、刺刀、长矛、梭镖、戟、曲刀、短剑及匕首等武器。这些武器通常用优质钢作刃，有时还配有精致的护罩或护手板

这些武器即使只作仪仗或装饰用，或只用作舞台道具，也应归入本品目。

本品目还包括本品目兵器的零件。例如，剑身（包括坯件，即使只经锻制的）、柄、护罩、把手，以及剑、刺刀、短刀等的鞘和套。

本品目不包括：

①佩挂剑、刺刀等用的挂带及类似装备，皮革制的（品目42.03）或纺织材料制的（品目62.17）；剑结（一般归入品目42.05或63.07）。

②作为刃具的狩猎、露营以及其他用途的刀（品目82.11）及其刀鞘（通常归入品目42.02）。

③贵金属或包贵金属制的鞘和套（品目71.15）。

④钝头击剑（品目95.06）。

商品归类练习

（1）飞毛腿导弹。（2）信号弹。（3）抗冰雹火箭。（4）装有武器的坦克车。

3.2.21　第二十类　杂项制品（第94~96章）

3.2.21.1　本类概述

本类商品范围及章次分布见表3—22。

表3—22　**第二十类商品范围及章次分布**

序号	商品范围	本类章次分布
1	家具；寝具、褥垫、弹簧床垫、软坐垫及类似的填充制品；未列名灯具及照明装置；发光标志、发光铭牌及类似品；活动房屋	94
2	玩具、游戏品、运动用品及其零件、附件	95
3	杂项制品	96

本类货品的材料：除章注注明不包括的范围外，本类货品可用各种材料制成，但天然或养殖珍珠、宝石或半宝石（天然、合成或再造）、贵金属或包贵金属除外。

（1）第94、95章：包括天然或养殖珍珠、宝石或半宝石（天然、合成或再造）、贵金属或包贵金属仅作为小零件的物品；如果货品中配有的贵金属或包贵金属超出小配件（小配件如小标志、条纹、套圈等）范围的，该货品则应归入第71章。

（2）第96章，分两种情况：①96.01~96.06、96.15这7个品目的材料同上；②其他品目：可全部或部分用贵金属、包贵金属、天然或养殖珍珠、宝石或半宝石（天然、合成或再造）制成。

3.2.21.2 第94章——家具；寝具、褥垫、弹簧床垫、软坐垫及类似的填充制品；未列名灯具及照明装置；发光标志、发光铭牌及类似品；活动房屋

1）本章商品范围

除本章注释所列不包括的货品以外，本章包括：

（1）各种家具及其零件（品目94.01~94.03）。

（2）弹簧床垫、床褥及其他寝具或类似用品，装有弹簧、内部用任何材料填塞、衬垫或用海绵橡胶或泡沫塑料制成，不论是否包面（品目94.04）。

（3）用各种材料制成的（第71章注释一所列的材料除外）未列名灯具和照明装置、装有固定光源的发光标志、发光铭牌和类似品；上述货品的未列名零件（品目94.05）。

（4）活动房屋（品目94.06）。

2）商品知识及归类要点

（1）家具（品目94.01~94.03）。品目94.01~94.03包括任何材料（木、柳条、竹、藤；塑料、贱金属、玻璃、皮革、石、陶瓷等）制成的家具。这些家具不论是否内部填料或外部包面，也不论是否已作表面加工、雕刻、镶嵌、油漆装饰或装有镜子、其他玻璃配件及脚轮等，均应归入上述各有关品目。但应注意，如果家具中配有的贵金属或包贵金属超出小配件（如小标志、条纹、套圈等）范围的，该家具则不可归入本章（应归入第71章）。

报验时已拆卸或未组装的家具，如果其零部件是同时报验的，可作为组装家具归类。本规定同样适用于不论是否装有玻璃、大理石或其他材料制的板片、配件或其他零件的家具（如装有玻璃台面的木台、装有镜子的木制衣橱、装有大理石台面的餐具柜）。

"家具"是指下列货品：

①任何"可移动"的物品（不包括《协调制度》中其他品目更为具体列名的货品）。其主要特征是供放置在地上，并具有实用价值，用于民宅、旅馆、戏院、电影院、办公室、教堂、学院、咖啡馆、饭店、实验室、医院、牙医诊所等，以及船舶、飞机、铁道车厢、机动车辆、拖挂篷车及其他运输工具。必须注意，有些用螺栓等固定在地板上的物品，如船用椅子，也可作为"可移动"的家具归入本章。用于庭园、广场、散步场所等地方的类似品（凳子、椅子等）也归属于本类。

②下列物品（章注二）：A. 悬挂的、固定在墙壁上的、叠摞的或并置的碗橱、书柜、其他架式家具及组合家具，供放置各种物品（书籍、陶器、厨具、玻璃器皿、织物、药物、梳妆用具、收音机或电视机、装饰品等）以及单独报验的组合家具各件。B. 悬挂或固定在墙壁上的坐具或床。

除上述第②款所列的货品以外，所称"家具"，不适用于虽作家具使用，但其结构只适于放置在其他家具上或架子上，或悬挂在墙壁或天花板上的物品。

因此，本章不包括其他固定在墙上的装置，如衣帽架及类似品、挂匙板、衣刷挂钩及报纸架；也不包括陈设品，如散热器屏罩。同样，本章还不包括非落地式的以下货品：小型精细木器及小型木制装饰品（品目44.20）、塑料或贱金属制的办公室设备（如文件分类箱、文件格）（品目39.26或83.04）。

已安装于或准备安装于品目94.06的活动房屋内，并与之成为一个整体的设施（橱柜、散热器屏罩等），如果与活动房屋一同报验，也应归入品目94.06。

(2) 零件的归类。本章只包括品目 94.01～94.03 及 94.05 所列货品的零件，不论是否是坯件，但根据其形状或其他特征可确定为专用于或主要用于上述品目所列家具的零件。如果没有其他更为具体列名的品目，它们应归入本章。品目 94.06 所列活动房屋的部件，如果单独报验，均应归入其各自适当的品目中。

本章不包括：①品目 44.09 的串珠状缘饰及装饰线条。②用塑料或其他材料包覆的带槽木质碎料板条，经切槽后可沿切口折成 U 形以构成家具的零件（如抽屉隔板）（品目 44.10）。③玻璃片（包括镜片）、大理石板、其他石板或第 68 章或第 69 章所列其他材料的板片，不论是否切割成形，除非它们与其他零件组合并明显作为家具的零、部件（如衣橱的镶镜橱门）。④第十五类注释二所指的贱金属制弹簧、锁和其他通用零件（第十五类）以及塑料制的类似品（第 39 章）。⑤作玩具用的家具及灯具或照明装置（品目 95.03）。⑥收藏品及古物（第 97 章）。

(3) 94.01“坐具（包括能作床用的两用椅，但品目 94.02 的货品除外）及其零件”。除了以下列明不包括的货品以外，本品目包括所有坐具（含车辆用的坐具，只要其符合本章注释二的规定）。例如，躺椅、扶手椅、折叠椅、帆布睡椅、幼童高脚椅及专供挂于其他坐具背面的童椅（包括车辆座椅）、高背椅、长凳、长沙发椅（包括配有电热装置的）、长靠椅、沙发、有垫矮凳及类似品、凳子（如钢琴凳、绘图凳、打字凳及坐具梯级两用凳）。扶手椅、长沙发椅、长靠椅等即使可作床用，仍应归入本品目。

但本品目不包括：梯级（通常归入品目 44.21 及 73.26）；带座手杖（品目 66.02）；品目 87.14 的货品（如鞍座）；可调整速度的反射试验用旋转椅（品目 90.19）；品目 94.02 的椅子及坐具；用以搁脚的凳及脚凳（不论是否摇动式）及可兼作坐具用的内衣箱及类似箱子（品目 94.03）。品目 94.02 的医疗、外科、牙科或兽医用的家具不能带有医疗器械。例如，带有牙科器械的牙科用椅不能归入品目 94.02，而是按医疗器械归入品目 90.18。

单独报验的软坐垫及褥垫，不论是否装有弹簧，内部用任何材料填塞、衬垫，或用海绵橡胶或泡沫塑料制成，也不论是否包面，即使它们明显作为坐具（如长靠椅、长沙发椅、沙发）的软垫，也不归入本品目（品目 94.04）。但如果这些物品与坐具的其他零件组装在一起，或与有关坐具一同报验，它们仍可归入本品目。

(4) 94.03“其他家具及其零件”。本品目适用于不归入上述各品目的家具及其零件，不但包括通用家具（如橱柜、陈列柜、桌、电话架、书桌、组合写字台、书橱及其他搁板家具等），也包括有特殊用途的家具。①住宅、旅馆等用的家具。例如，橱柜、被服箱、面包箱、木柴箱；五斗橱、高脚柜；各种底座、花木架；梳妆台；台座式桌子；衣柜、衣橱；衣帽架、伞架；餐具柜、食具柜、碗碟橱；食物橱；床头柜；床（包括衣柜床、行军床、折叠床、帆布床等）；刺绣桌；脚凳、壁炉防火屏；屏风；落地式烟灰缸；乐谱柜、架或台；婴儿围栏；食物推车（不论是否装有加热板）。②办公室用的家具。如衣帽柜、文件柜、档案推车、卡片索引柜等。③学校用的家具，如课桌、讲坛、黑板架（挂黑板等用）。④教堂用的家具，如圣坛、忏悔厢、布道坛、教友长凳、读经台等。⑤商店、车间等用的家具，如柜台，服装架，组合货架，装有分格或抽屉的橱、工具橱等，印刷用特制家具（带有柜架或抽屉）。⑥实验室或技术室用的家具，如显微镜台、实验室工作台（不论是否装有玻璃箱、气体喷嘴、龙头装置等）、排烟橱、无绘图仪器的绘图台。

本品目不包括：不具备家具特征的旅行箱、衣箱及类似品（品目42.02）；不具备家具特征的梯子及梯级、支架、木工凳及类似品，它们应根据其构成材料归类（品目44.21、73.26等）；壁柜等用的配件（如框架、门及搁架）（木制的应归入品目44.18）；废纸篓（塑料制的应归入品目39.26；篮筐编结品应归入品目46.02；贱金属制的应归入品目73.26、74.19等）；吊床（一般归入品目56.08或63.06）；落地镜，如鞋店、时装店等用的穿衣镜、旋转镜（品目70.09）；装甲或加强的保险箱（品目83.03）；其结构仅能防火、防撞、防压，但尤其是箱壁不能防钻、防切等破坏性开启的箱柜，仍应归入本品目；电冰箱、雪糕机等（即既具备家具特征，内部又装有制冷装置或制冷装置的蒸发器，或者可供安装有关设备的箱柜）（品目84.18）（参见本章注释一（五））；作为缝纫机台架用的家具，不论在缝纫机不使用时是否可作为家具用；这种家具的盖、抽屉、延长板或其他零件（品目84.52）；机器设备专用的家具，品目85.18所列设备用的（品目85.18）；品目85.19～85.21设备用的（品目85.22）；品目85.25～85.28用的（品目85.29）；装有缩放仪等仪器的绘图台（品目90.17）；牙科用漱口盂（品目90.18）；弹簧床垫（品目94.04）；落地灯、其他灯具及照明装置（品目94.05）；品目95.04的桌球台及其他专供游戏用的特制家具，以及品目95.05的魔术用台。未装配或不能装配有源制冷装置，而仅用玻璃纤维、软木、羊毛等使之隔热的冷藏箱、柜及隔热柜，仍应归入本品目。

（5）94.04“弹簧床垫；寝具及类似用品，装有弹簧、内部用任何材料填充、衬垫或用海绵橡胶、泡沫塑料制成，不论是否包面，（如褥垫、棉被、羽绒被、靠垫、坐垫及枕头）”。

本品目包括：

①弹簧床垫，即床上装有弹簧的部分，通常为装有弹簧或钢丝网络的木制或金属制框架（弹簧垫或钢丝垫），或是内部装有弹簧及填充材料并以纺织物包面的木制框架（弹簧座）。但本品目不包括供椅子或其他坐具用的已组装螺旋弹簧垫（品目94.01），也不包括未组装的钢铁丝网（品目73.14）。

②寝具及类似用品，它们装有弹簧或内部填充、衬垫任何材料（棉花、羊毛、马毛、羽绒、合成纤维等），或以海绵橡胶或泡沫塑料制成（不论是否用机织物、塑料等包面）。例如：A. 褥垫，包括装有金属框架的褥垫；B. 被褥及床罩（包括童车被褥）、鸭绒被（不论是否用羽绒或其他任何填料制）、褥垫护罩（一种置于褥垫及弹簧床垫之间的薄褥垫）、长枕、枕头、靠垫、坐垫等；C. 睡袋。这类物品不论是否是电热式，均应归入本品目。但本品目不包括：水褥垫（一般归入品目39.26或40.16）；充气褥垫或枕头（品目39.26、40.16或63.06）或充气靠垫（品目39.26、40.14、40.16、63.06或63.07）；坐垫的皮革套（品目42.05）；毯子（品目63.01）；枕头套及鸭绒被套（品目63.02）；靠垫套（品目63.04）。

（6）94.05“其他品目未列名的灯具及照明装置，包括探照灯、聚光灯及其零件；装有固定光源的发光标志、发光铭牌及类似品，以及其他品目未列名的这些货品的零件”。

①其他品目未列名的灯具及照明装置。本组灯具及照明装置可以用任何材料制成（不包括第七十一章注释一所述的材料），使用任何光源（烛、灯油、汽油、煤油、煤气、

乙炔、电等)。本品目的电气灯具及照明装置可以配有灯座、开关、花线及插头、变压器等。对于荧光灯,还可有启辉器或镇流器。

·通常用于室内照明的灯具及照明装置,如吊灯、碗形灯、棚顶灯、枝形吊灯、壁灯、落地灯、台灯、床头灯、书桌灯、夜间灯、防水灯。

·户外照明用的灯具,如街灯,门廊及大门灯,专门用于公共建筑、纪念碑、公园的照明灯。

·特殊用途灯,如暗室灯、机器用灯(单独报验的)、摄影室用灯、飞机场用的不闪灯标、橱窗用灯、电气彩灯串(包括装有花灯,供狂欢节、娱乐或圣诞树装饰用的灯串)。

·飞机、船舶或第86章所列车辆用的灯具及照明装置(品目85.12的物品除外),如火车前灯、机车及铁路车辆用灯、飞机前灯、船舶用灯。但应注意,密封式聚光灯应归入品目85.39。

·便携式灯具(品目85.13的物品除外),如防风灯、马厩灯、手提灯、矿灯、采石矿工用灯。

·枝形烛台、烛台、烛架,如弹钢琴用的烛台。本组也包括探照灯及聚光灯。它们用反射镜及透镜,或只用反射镜把聚焦的光束(通常可以调节)投射到一定距离以外的某一点或面上。反射镜通常用镀银玻璃制成,也有用抛光、镀银或镀铬的金属制成。透镜通常是平凸的或阶梯形的(菲涅耳透镜)。探照灯是供防空等用,而聚光灯则供舞台布景及照相馆或电影制片厂用。

②发光标志、发光铭牌及类似品。本组包括用各种材料制成的广告灯、牌、发光铭牌(包括路标)及类似广告牌及门牌等的物品,只要它们装有永久性的固定光源。

③本品目所列物品的非电气零件,如果与电气零件组合在一起的,仍应归入本品目。单独报验的电气配件(如开关、灯座、花线插头、变压器、起辉器、镇流器)应归入第85章。

本品目不包括:蜡烛(品目34.06);树脂火炬(品目36.06);不发光或不是通过永久性固定光源发光的标志、铭牌及类似品(品目39.26、第70章、品目83.10等);内装有照明装置的印刷球仪(品目49.05);用纺织材料机织、编织或针织而成的灯芯(品目59.08);用串成的玻璃圆珠或喇叭形珠制成的玻璃珠串及花式玻璃品(如缘饰),供装饰灯罩用(品目70.18);自行车及机动车辆用的电气照明及信号装置(品目85.12);白炽灯泡、放电灯管(包括制成各种复杂形状的灯管(如盘卷形、字母形、图案形、星形等))及弧光灯(品目85.39);照相用闪光灯(包括电气点火的照相闪光灯泡)(品目90.06);光学光束信号装置(品目90.13);医疗用诊断、探查、照射用灯(品目90.18);装饰品,如中国灯笼(品目95.05)。

(7) 94.06"活动房屋"。本品目包括各种材料制成的活动房屋,也称为"工业化房屋"。这些房屋可适用于各种用途,如住房、工地住所、办公室、学校、商店、货棚、车房及温室。本品目的房屋可以配有其他设备,但只有作为正常应固定装在房屋里的设备才能与房屋一同归类。这些设备包括电气配件(电线、插座、开关、断路器、门铃等)、暖气及空调设备(锅炉、暖气散热器、空调机等)、卫生设备(浴缸、淋浴器、热水器等)、厨房设备(洗涤槽、抽油烟罩、炉灶等)及固定装于或准备装于房屋内的家具(橱柜等)。

组装或装修活动房屋用的材料（如钉、胶水、石膏、灰浆、电线及电缆、管道、油漆、壁纸、地毯)，只要与活动房屋一同报验并数量合理，可与活动房屋一并归类。单独报验的活动房屋零件及设备，不论其是否明显用于活动房屋，均不能归入本品目，而应归入各自相应的品目。

(8）灯具及照明装置的归类总结。①贵金属、包贵金属制的灯具及照明装置应归入第71章；②自行车及机动车辆用的其他电气照明装置应归入品目85.12；③自供电源的手提式电灯应归入品目85.13；④白炽灯、放电灯及弧光灯应归入品目85.39；⑤密封式聚光灯应归入品目85.39；⑥照相用闪光灯应归入品目90.06；⑦医疗用诊断、探查、照射用灯应归入品目90.18；⑧装饰品中国灯笼应归入品目95.05；⑨其他品目未列名的灯具及照明装置（可以使用任何光源或燃料；烛、灯油、煤气、电等）应归入品目94.05。

商品归类练习

(1）真皮沙发（木框架)。(2）木制餐桌椅（不带软垫)。(3）不锈钢制餐桌。(4）塑料制象棋。(5）玻璃钢作的活动房屋。(6）圣诞树用成套灯具。(7）塑料制的灯罩。(8）钢铁制棺材。

3.2.21.3 第95章——玩具、游戏品、运动用品及其零件、附件

1）本章商品范围

(1）商品范围。本章包括各种玩具，不论是供儿童或供成人娱乐用，还包括户内及户外游戏用设备，运动、体操、竞技用具及器械，某些钓鱼、狩猎或射击用具，旋转木马和其他游乐场用娱乐设备。本章各品目也包括明显为专用于或主要用于本章所列货品的零件、附件（章注三)，只要它们不是本章注释一所列不包括的物品，例如小型活塞式内燃发动机及其他发动机（品目85.01的电动机除外)，用于飞机、船舶模型，其特征是气缸容量小、马力小、重量轻、体积小。本章物品一般可用各种材料制成，但天然或养殖珍珠、宝石或半宝石（天然、合成或再造)、贵金属或包贵金属除外。装有上述材料制的小配件的物品仍可归入本章。

(2）易归入本章的货品。儿童用颜料（品目32.13)；儿童娱乐用塑型膏（品目34.07)；品目49.03的儿童图画书；转印贴花纸（品目49.08)；品目83.06的铃、锣或类似品；品目96.09的儿童用粉笔及彩色蜡笔；品目96.10的石板及黑板；围栏用网及装足球、网球等用的网兜（一般归入品目56.08)；第61章或第62章的纺织材料制的运动服装；品目63.06的供船、帆板或滑行车用的帆；品目90.18的电气医疗装置及其他仪器和器具；机械疗法器具（品目90.19)；与氧气或压缩空气瓶一起使用的呼吸器具（品目90.20)；第91章的运动用品。其他参见章注一。

2）商品知识及归类要点

(1）供儿童乘骑的带轮玩具（品目95.03)。这些玩具通常由儿童自己推进。它可用脚踏板、手摇杆或其他简单装置通过链条或连杆把动力传送到轮子上去。某些踏板车直接由儿童用脚蹬地推动。其他供儿童乘骑的带轮玩具则可由他人推动或拉动，或由马达驱动。包括：①儿童脚踏三轮车及类似品，但品目87.12的自行车（如儿童两轮车）除外；②踏板车；③动物形状的脚踏或手摇带轮玩具；④脚踏车，通常为微型运动车、吉普车、卡车等形状；⑤手杆摇动的带轮玩具；⑥靠推动或拉动的其他带轮玩具（未装有机械传

动装置)，其大小足可供儿童乘骑；⑦马达驱动的儿童玩具车。

(2) 玩偶（品目 95.03）。其不仅包括儿童娱乐用玩偶，而且还包括装饰用玩偶（如闺房玩偶、吉祥玩具）、普通木偶戏及提线木偶戏用的玩偶或滑稽玩偶。玩偶通常用橡胶、塑料、纺织材料、蜡、陶瓷、木材、纸板、铸纸品制成或用多种上述材料制成。它们可以装接有肢体、头或眼部活动机械装置以及人造发音装置等，还可以穿上衣服。玩偶的零件及附件包括头、身体、四肢、眼（但未装配的玻璃眼珠应归入品目 70.18)、眼睛活动装置、发音装置或其他机械装置、假发、玩偶衣服、鞋及帽。但配有玩偶人像的音乐盒不归入本章（品目 92.08)；人体活动模型及橱窗装饰用的自动模型归入品目 96.18。

(3) 其他玩具（品目 95.03)。本部分包括主要供人（儿童或成人）娱乐用的除上述第 (1)、(2) 款外的玩具。但是，根据其设计、形状或构成材料可确认为专供动物（如宠物）玩赏的玩具不归入本品目，而应归入其各自的相应品目。本品目包括：①动物或非人类生物形状的玩具，即使明显带有人的物理特征（如天使、机器人、魔鬼、妖怪）也属于本组，包括木偶戏中用的玩具动物。②玩具手枪及其他枪炮。③建筑玩具（建筑套具、积木等)。④玩具车辆（品目 95.01 所列的货品除外)、火车（不论是否电动)、飞机、船舶等及其附件（如车轨道、信号)。⑤非电动玩具马达、玩具蒸汽机等。⑥玩具气球及风筝。⑦锡制玩具兵及类似品、玩具武器。⑧玩具运动器材，不论是否成套（如成套的高尔夫球、网球、射箭、台球用具、棒球棒、板球棒、曲棍球棒)。⑨玩具工具及器具、儿童独轮手推车。⑩玩具电影放映机、幻灯机等，玩具眼镜。⑪玩具乐器（钢琴、喇叭、鼓、留声机、口琴、手风琴、木琴、音乐盒等)。⑫玩偶房屋及家具，包括床上用品。⑬玩偶茶具、咖啡具、玩具商店及类似品、农场用具等。⑭玩具计算器（算盘)。⑮玩具缝纫机。⑯玩具钟表。⑰玩具教具（如化学、印刷、缝纫及编织的成套玩具)。⑱铁球、跳绳、抖空竹用的空竹及棒、旋转及嗡声陀螺、球（品目 95.04 或 95.06 的货品除外)。⑲主要为图画、玩具、模型的书及单页，供剪裁及组合用；有“站立”或活动人物的书，以玩具为其主要特征的。⑳玩具弹子（例如，各种形状的条纹玻璃弹子或供儿童娱乐用并已装成小包的各种玻璃球)。㉑玩具钱箱、婴儿摇鼓、玩偶盒、玩具戏院，不论其是否带有人物等。

以上某些物品（玩具枪、工具、园艺用具、锡制玩具兵等）通常是成套包装的。成套货品的某些物品如果单独报验，应归入《协调制度》的其他品目，但包装成套，明显用作玩具（如化学、缝纫等的成套教学玩具）的，则应归入本章。某些玩具（如电熨斗、缝纫机、乐器等）可具有极为有限的“实用价值”，但它们一般以其规格及有限的实用性与真正的缝纫机等物品相区别。

(4) 95.04 “游艺场所、桌上或室内游戏用品，包括弹球机、台球、娱乐专用桌及保龄球自动球道设备”。

①各种类型的台球桌（不论是否带脚）及其附件（如击球杆、击球架、球、台球粉、球式或滑动式记分牌)，但本品目不包括机械记分器（滚筒式及类似样式的记分器）（品目 90.29)、装有钟表机芯用以表示游戏时间或根据游戏时间支付费用的记录器（品目 91.06)，以及台球杆架（归入品目 94.03 或根据其构成材料归类)。

②视频游戏控制器，其图像再现在电视机、视频监视器或其他外部显示屏或面板上；自身装有显示屏的视频游戏机，无论是否是便携式的；以及用硬币、纸币、银行卡、代币

或其他任何支付方式使其工作的视频游戏控制器或游戏机。视频游戏控制器和游戏机，如果其客观特性及主要功能均显示其专供娱乐（游戏）用，无论其是否符合第84章注释五（一）所列关于自动数据处理设备的条件，仍应归入本品目。本品目也包括视频游戏控制器和游戏机的零件及附件（如磁带盒、游戏卡、游戏操纵杆、游戏控制器、方向盘等），只要其符合本章注释三所列条件。但本品目不包括：符合第84章注释五（三）所列条件的选配外围设备（键盘、鼠标、盘（片）式存储部件等）（第十六类）；录制了游戏软件并仅用于本品目所列游戏机的光盘（品目85.23）。

③专供游戏用的家具式桌子（如有跳棋盘桌面的桌子）。

④赌博及室内游戏专用桌（如用于轮盘或微型赛马游戏）。

⑤赌博用的钱耙等。

⑥桌式足球或类似游戏用具。

⑦娱乐室、咖啡馆、游艺场等靠技巧或碰运气的投币式游戏机（如旋转机器、各种弹球机）。

⑧保龄球自动球道设备，不论是否装有马达及电动机械装置。本品目所称的“保龄球自动球道设备”，不仅适用于把木柱排成三角形的设备，也适用于把木柱排成其他形式的设备（如把木柱排成方形的设备）。

⑨九柱戏及室内槌球游戏用具。

⑩带有竞技性质的遥控赛车及轨道成套设备。

⑪投镖及投镖板。

⑫各种纸牌游戏用品（桥牌、图纸牌、“词汇游戏”等）。

⑬用于象棋、跳棋、骨牌、麻将、骰子游戏、蛇梯棋等的棋盘或棋子（如象棋子、跳棋子等）。

⑭本品目所列多种游戏的通用附件，如骰子、骰子盘、计数器、纸牌花色显示器、专供游戏用的特制布（如供轮盘游戏用的）。

但本品目不包括：彩票、“刮擦幸运卡”、销售抽彩券及奖券（通常归入品目49.11）；符合第84章注释五（一）所列条件的机器及设备，不论是否可以输入电子游戏程序的（品目84.71）；第94章的玩牌桌；智力游戏（品目95.03）。

（5）95.06“一般的体育活动、体操、竞技及其他运动（包括乒乓球运动）或户外游戏用的本章其他品目未列名用品及设备；游泳池或戏水池”。

①一般的体育活动、体操或竞技用品及设备，如吊架及吊环、单杠及双杠、平衡木、鞍马，跳马、跳板、爬绳及爬梯、墙杠、火棍、哑铃及杠铃、实心皮球、划船器、骑车器及其他锻炼用器械、扩胸器、握力器、助起跑器、跳栏、跳高架及架座、撑竿跳高撑竿、落地保护坑垫、标枪、铁饼、链球、铅球、拳击练习用吊球及吊袋、拳击或摔跤台、训练用攀登墙。

②其他运动及户外运动用具（品目95.03的单独或成套报验的玩具除外）。例如，滑雪屐及其他滑雪设备（如滑雪屐扣件（绑带）、制动器、滑雪杖）；滑水板、冲浪板、帆板及其他水上运动用具，如跳水台（平台）、滑水梯、潜水用橡皮脚掌及不带氧气或压缩空气瓶的呼吸面具，以及游泳或潜水用的简单水下呼吸管（一般称为通气管）；高尔夫球棍及其他高尔夫球用具，如高尔夫球及球座；乒乓球运动用品及设备，如球桌（不论是

否带脚)、球拍(球板)、乒乓球及网;网球、羽毛球拍或类似的球拍(如小橡皮球网拍),不论是否拉线;各种球,但高尔夫球及乒乓球除外,如网球、足球、橄榄球及类似球(包括这些球的球胆及外壳);水球、篮球及类似的有气门阀的球;板球。溜冰鞋及旱冰鞋,包括装有冰刀的溜冰靴;曲棍球、板球、长曲棍球等球类使用的棍和拍;柳条勺(回力球勺);冰球用的球;溜石游戏用的石墩;各式球赛(网球、羽毛球、排球、足球、篮球比赛等)用的网;击剑用具、击剑用钝头剑、军刀、轻剑及其零件(如剑片、护手、手柄及端头)等;射箭用具,如弓、箭及箭靶;儿童游乐场设施(如秋千、滑梯、跷跷板、旋转秋千);体育运动及比赛用保护用具(如击剑面具及护胸、护肘及护膝、板球护垫、护胫);其他用品及设备,如甲板网球、抛圈游戏、滚木球用品、滑板、球板夹、马球或槌球用木槌、飞镖、破冰斧、泥制蝶形靶及其发射器具、长雪橇、单人平底雪橇及供滑雪或滑冰用的非马达驱动的类似车辆。

③游泳池及戏水池。

(6) 95.08"旋转木马、秋千、射击用靶及其他游乐场的娱乐设备;流动马戏团、流动动物园及流动剧团"。游乐场、流动马戏团、流动动物园及流动剧团,只要其带有正常开业所必需的关键项目,就可归入本品目。本品目还包括与上述游乐场等同时报验并作为它们的一个组成部分的附属设备。如果这些附属设备(如帐篷、动物、乐器、发电机、马达、灯具、座位、武器及弹药)单独报验,则应归入《协调制度》的其他品目。

商品归类练习

(1) 芭比娃娃。(2) 长毛绒狗熊。(3) 滑板车(带有车把)。(4) 航模组件。(5) 儿童娱乐用的橡皮泥。

3.2.21.4　第 96 章——杂项制品

1) 本章商品范围

本章包括雕刻和模塑材料及其制品、某些扫把、刷子和筛、某些缝纫用品、某些书写及办公用品、某些烟具、某些化妆用具及《协调制度》其他品目未具体列名的其他物品。

根据章注四的规定,品目 96.07～96.14 及 96.16～96.18 所列物品可以全部或部分由贵金属或包贵金属、天然或养殖的珍珠、宝石或半宝石(天然、合成或再造)制成。品目 96.01～96.06 及 96.15 所列物品只允许装有上述材料制成的小配件。

2) 商品知识及归类要点

(1) 已加工的动物质、植物质和矿物质等雕刻材料及制品。品目 96.01 和 96.02 所称的"已加工",是指其加工程度超出了某些品目所允许对有关原材料进行简单整理的范围(对于未加工的雕刻材料则要按材料性质归入相应品目,如玳瑁壳、兽牙、骨等归入品目 05.06～05.08)。据此,本品目包括已切割成形(包括正方形和长方形),抛光或用磨、钻、铣、车等方法制成板、片、棒等形状的兽牙、骨、玳瑁壳、角、鹿角、珊瑚、珍珠母等。但明显作为某些制品的零件,如果为《协调制度》的其他品目所包括,则不能归入本品目。因此,钢琴键板和用于镶嵌在枪托上的板块应分别归入品目 92.09 和 93.05。如果不能确定是否某种物品零件的已加工材料,仍应归入本品目(如简单的圆片、镶嵌用或加工后方可用于制作钢琴键的板或条)。

(2) 96.05"个人梳妆、缝纫或清洁鞋靴、衣服用的成套旅行用具"。本品目包括成套旅行用具,它们由归入《协调制度》不同品目的物品或同一品目但不同品种的物品组成。其包括：①成套梳妆箱，由模制塑料盒、刷子、梳子、剪子、镊子、指甲锉、镜子、剃刀架及修剪指甲工具组成，装于皮革、织物或塑料等制的箱子内一同报验。②针线盒，由剪刀、卷尺、穿针器、缝纫针、线、别针、顶针、纽扣及按扣组成，装于皮革、织物或塑料等制的盒子内一同报验。③擦鞋套具，由刷子、盒装或支装鞋油及擦鞋布等组成，装于皮革、织物、塑料或过塑纸板等制的箱子内一同报验。本品目不包括修剪指甲套具(品目82.14)。

商品归类练习

(1) 带壳的玻璃内胆保温瓶。(2) 玻璃保温瓶胆。(3) 牙刷（柄由聚丙烯制成，毛刷由尼龙制成)。(4) 由一把梳子、剪子、镊子、指甲钳、指甲锉、镜子、剃须刀、剃须膏组成的成套出售的个人梳妆用品。(5) 玳瑁壳（未雕刻)。(6) 玳瑁壳（已雕刻)。

第二十类历年考题

(1) 高尔夫球（2007 年)。答案：9506.3200

(2) 卧室用家具，红木制（2006 年)。答案：9403.5010

(3) 海绵橡胶制粉扑，用于化妆时施敷香粉（2005 年)。答案：9616.2000

(4) 一款家庭两用沙发，(晚上放开可当床睡觉)，由木框架、弹簧加上软垫和化纤布面制成（2008 年)。答案：9401.4090

(5) 羽毛球（2010 年)。答案：9506.9900

3.2.22 第二十一类 杂项制品（第97章）

3.2.22.1 本类概述

本类商品范围及章次分布见表3—23。

表3—23 第二十一类商品范围及章次分布

序号	商品范围	本类章次分布
1	艺术品、收藏品及古物	97

3.2.22.2 第97章——艺术品、收藏品及古物

1) 本章商品范围

(1) 某些艺术品：完全用手工绘制的油画、绘画及粉画；拼贴画及类似的装饰板(品目97.01)；版画、印制画及石印画的原本（品目97.02)；雕塑品的原件（品目97.03)。

(2) 邮票、印花税票及类似票证、邮戳印记、首日封、邮政信笺（印有邮票的纸品）及类似品，使用过的或虽未使用过但不是指运国流通或新发行的（品目97.04)。

(3) 具有动物学、植物学、矿物学、解剖学、历史学、考古学、古生物学、人种学或钱币学意义的收集品及珍藏品（品目97.05)。

(4) 超过一百年的古物（品目97.06)。

但应注意，这些物品如不符合本章注释或本章内各品目所列的条件，应归入本《协调制度》的其他章。

品目97.01~97.05的物品即使超过一百年，也仍应归入这些品目内。

2）商品知识及归类要点

（1）97.04“邮票、印花税票、邮戳印记、首日封、邮政信笺（印有邮票的纸品）及类似品，但品目49.07的货品除外”。本品目货品必须符合下列条件之一：①已经用过。②若未使用过，则必须不是指运国流通或新发行的。本品目货品包括：①各种邮票，即通常贴在信件或包裹上的票证；欠资邮票等。②各种印花税票，即收据税票、登记税票、流通许可税票、领事税票、印花税票带等。③邮戳印记，即在邮票使用以前盖有邮戳但没有邮票的信件。④附在信封和明信片上的邮票，包括首日封（这些信封上注有“首日”字样，附有一枚邮票或一套邮票并盖有发行当天的邮戳）及集邮大型张（即附有一枚邮票及该邮票图案复制品的卡片，邮票上盖有标明设计地及发行日的普通或特别日期邮戳）。⑤邮政信笺（印有邮票的纸品），即盖有免费邮戳的信封、封缄信片、明信片、邮寄报纸的包皮等。

本品目的物品可以呈散装形式报验（零散邮票、盖有日期邮戳的信角、整张的物品），或成套报验。内装有成套上述物品的集邮簿，如其具有收藏价值的，可作为上述物品的组成部分归类。本品目不包括：未附有邮票的集邮大型张及首日封（不论是否有插图）（品目48.17或第49章）；指运国流通或新发行的新邮票、印花税票、邮政信笺（印有邮票的纸品）及类似品（品目49.07）；私人团体或商业团体对顾客发行的“储蓄邮票”及零售商有时发给顾客的优惠货券（品目49.11）。

（2）97.05“具有动物学、植物学、矿物学、解剖学、历史学、考古学、古生物学、人种学或钱币学意义的收集品及珍藏品”。这些物品通常没有什么内在价值，但由于其稀少、类别或外观而具有意义。其包括：

①具有动物学、植物学、矿物学、考古学意义的收集品及珍藏品。例如，通过干燥或液体浸泡保存的各种动物标本；作为收集品的剥制动物；吹或吸空的蛋；装在盒子、框架等内的昆虫（作为仿首饰及小饰物的除外）；空贝壳（供工业用的除外）；干的或液体浸泡保存的种子或植物；植物标本集；矿物标本（归入第七十一章的宝石或半宝石除外）；化石标本；骨学标本（骨骼、颅骨、骨）；解剖学及病理学标本。

②具有历史学、人种学、古生物学、考古学意义的收集品及珍藏品。例如，供研究古代人类活动用的人类活动遗物，如木乃伊、石棺、兵器、偶像、衣着、著名人物的遗物。供研究原始人的活动、礼仪、习惯及特点的物品，如工具、兵器或偶像。研究化石用的地质标本（即已灭绝的生物在地质层中留下的残骸或印迹），不论是动物的还是植物的。

③具有钱币学意义的收集品及珍藏品。这类物品报验时为成套的或零散的硬币及纪念币。对于零散的硬币及纪念币，每批货物通常只有少量几个某种硬币或纪念币的样品。这些样品只有明显作为收集成套使用才能归入本品目。本品目不包括不属于收藏品和不具有钱币学收集意义的硬币及纪念币（如一种硬币或纪念币的大宗货），它们通常归入第71章；但那些破旧不堪并只能作金属回收等用的“硬币”及“纪念币”，则可归入金属废碎料的品目。在发行国作为法定货币使用的硬币，即使置于礼品盒中供正常销售用，也应归入品目71.18。本品目不包括装镶成为首饰的硬币或纪念币（第71章或品目97.06）。作为商业行为，为纪念、庆祝、展示或描述某一事件或其他事情而生产的物品，不论其产量多么有限，也不论其是否流通，均不能作为具有历史学意义或钱币学意义的收集品或珍藏品而归入本品目，除非这些物品由于本身生产的年份或稀少而具有历史学意义或钱币学

意义。

(3) 97.06“超过一百年的古物”。本品目包括所有超过一百年的古物，但品目97.01~97.05的物品除外。它们的价值在于本身的年代久远，因而十分珍稀。本品目包括经过修理或修复但仍保持其原有特性的古物。例如，本品目包括：带有现代零件（如加固件及修补件）的古家具；装镶在现代木架上的古壁毯、皮革或织物。本品目不包括品目71.01~71.03的天然或养殖珍珠、宝石或半宝石，不论其年代多么久远。

商品归类练习

(1) 实验用蝴蝶标本。(2) 19世纪制造的钢琴。(3) 19世纪英国发行的邮票。(4) 超过一百年的水墨画原件，有收藏价值。(5) 超过一百年的石印画原本（未使用机械或照相制版方法制作），有收藏价值。

第二十一类历年考题

(1) 超过一百年的水墨画原件，有收藏价值（2000年）。答案：9701.1010

(2) 超过一百年的石印画原本（未使用机械或照相制版方法制作），有收藏价值（2001年）。答案：9702.0000

附录

中华人民共和国海关进出口货物商品归类管理规定

中华人民共和国海关总署令
第158号

《中华人民共和国海关进出口货物商品归类管理规定》已于2007年2月14日经署务会议审议通过，现予公布，自2007年5月1日起施行。2000年2月24日海关总署令第80号发布的《中华人民共和国海关进出口商品预归类暂行办法》同时废止。

署长　牟新生

二〇〇七年三月二日

中华人民共和国海关进出口货物商品归类管理规定

第一条　为了规范进出口货物的商品归类，保证商品归类结果的准确性和统一性，根据《中华人民共和国海关法》（以下简称《海关法》）、《中华人民共和国进出口关税条例》（以下简称《关税条例》）及其他有关法律、行政法规的规定，制定本规定。

第二条　本规定所称的商品归类是指在《商品名称及编码协调制度公约》商品分类目录体系下，以《中华人民共和国进出口税则》为基础，按照《进出口税则商品及品目注释》、《中华人民共和国进出口税则本国子目注释》以及海关总署发布的关于商品归类的行政裁定、商品归类决定的要求，确定进出口货物商品编码的活动。

第三条　进出口货物收发货人或者其代理人（以下简称收发货人或者其代理人）对进出口货物进行商品归类，以及海关依法审核确定商品归类，适用本规定。

第四条　进出口货物的商品归类应当遵循客观、准确、统一的原则。

第五条　进出口货物的商品归类应当按照收发货人或者其代理人向海关申报时货物的实际状态确定。以提前申报方式进出口的货物，商品归类应当按照货物运抵海关监管场所时的实际状态确定。法律、行政法规和海关总署规章另有规定的，按照有关规定办理。

第六条　收发货人或者其代理人应当按照法律、行政法规规定以及海关要求如实、准确申报其进出口货物的商品名称、规格型号等，并且对其申报的进出口货物进行商品归类，确定相应的商品编码。

第七条　由同一运输工具同时运抵同一口岸并且属于同一收货人、使用同一提单的多种进口货物，按照商品归类规则应当归入同一商品编码的，该收货人或者其代理人应当将有关商品一并归入该商品编码向海关申报。法律、行政法规和海关总署规章另有规定的，按照有关规定办理。

第八条　收发货人或者其代理人向海关提供的资料涉及商业秘密，要求海关予以保密的，应当事前向海关提出书面申请，并且具体列明需要保密的内容，海关应当依法为其保密。

收发货人或者其代理人不得以商业秘密为理由拒绝向海关提供有关资料。

第九条　海关应当依法对收发货人或者其代理人申报的进出口货物商品名称、规格型号、商品编码等进行审核。

第十条　海关在审核收发货人或者其代理人申报的商品归类事项时，可以依照《海关法》和《关税条例》的规定行使下列权力，收发货人或者其代理人应当予以配合：

（一）查阅、复制有关单证、资料；

（二）要求收发货人或者其代理人提供必要的样品及相关商品资料；

（三）组织对进出口货物实施化验、检验，并且根据海关认定的化验、检验结果进行商品归类。

第十一条　海关可以要求收发货人或者其代理人提供确定商品归类所需的资料，必要时可以要求收发货人或者其代理人补充申报。

收发货人或者其代理人隐瞒有关情况，或者拖延、拒绝提供有关单证、资料的，海关可以根据其申报的内容依法审核确定进出口货物的商品归类。

第十二条　海关经审核认为收发货人或者其代理人申报的商品编码不正确的，可以根据《中华人民共和国海关进出口货物征税管理办法》有关规定，按照商品归类的有关规则和规定予以重新确定，并且根据《中华人民共和国海关进出口货物报关单修改和撤销管理办法》等有关规定通知收发货人或者其代理人对报关单进行修改、删除。

第十三条　收发货人或者其代理人申报的商品编码需要修改的，应当按照《中华人民共和国海关进出口货物报关单修改和撤销管理办法》等规定向海关提出申请。

第十四条　海关对货物的商品归类审核完毕前，收发货人或者其代理人要求放行货物的，应当按照海关事务担保的有关规定提供担保。

国家对进出境货物有限制性规定，应当提供许可证件而不能提供的，以及法律、行政法规规定不得担保的其他情形，海关不得办理担保放行。

第十五条　在海关注册登记的进出口货物经营单位（以下简称申请人），可以在货物实际进出口的45日前，向直属海关申请就其拟进出口的货物预先进行商品归类（以下简称预归类）。

第十六条　申请人申请预归类的，应当填写并且提交《中华人民共和国海关商品预归类申请表》（格式文本见附件1）。

预归类申请应当向拟实际进出口货物所在地的直属海关提出。

第十七条　直属海关经审核认为申请预归类的商品归类事项属于《中华人民共和国进出口税则》、《进出口税则商品及品目注释》、《中华人民共和国进出口税则本国子目注释》以及海关总署发布的关于商品归类的行政裁定、商品归类决定有明确规定的，应当在接受申请之日起15个工作日内制发《中华人民共和国海关商品预归类决定书》（以下简称《预归类决定书》)，并且告知申请人。

第十八条 申请人在制发《预归类决定书》的直属海关所辖关区进出口《预归类决定书》所述商品时，应当主动向海关提交《预归类决定书》。

申请人实际进出口《预归类决定书》所述商品，并且按照《预归类决定书》申报的，海关按照《预归类决定书》所确定的归类意见审核放行。

第十九条 《预归类决定书》内容存在错误的，作出《预归类决定书》的直属海关应当立即制发《中华人民共和国海关商品预归类决定书撤销通知单》(以下简称《通知单》，格式文本见附件3)，通知申请人停止使用该《预归类决定书》。

作出《预归类决定书》所依据的有关规定发生变化导致有关的《预归类决定书》不再适用的，作出《预归类决定书》的直属海关应当制发《通知单》，或者发布公告，通知申请人停止使用有关的《预归类决定书》。

第二十条 直属海关经审核认为申请预归类的商品归类事项属于《中华人民共和国进出口税则》、《进出口税则商品及品目注释》、《中华人民共和国进出口税则本国子目注释》以及海关总署发布的关于商品归类的行政裁定、商品归类决定没有明确规定的，应当在接受申请之日起7个工作日内告知申请人按照规定申请行政裁定。

第二十一条 海关总署可以依据有关法律、行政法规规定，对进出口货物作出具有普遍约束力的商品归类决定。

进出口相同货物，应当适用相同的商品归类决定。

第二十二条 商品归类决定由海关总署对外公布。

第二十三条 作出商品归类决定所依据的法律、行政法规以及其他相关规定发生变化的，商品归类决定同时失效。

商品归类决定失效的，应当由海关总署对外公布。

第二十四条 海关总署发现商品归类决定存在错误的，应当及时予以撤销。

撤销商品归类决定的，应当由海关总署对外公布。被撤销的商品归类决定自撤销之日起失效。

第二十五条 因商品归类引起退税或者补征、追征税款以及征收滞纳金的，按照有关法律、行政法规以及海关总署规章的规定办理。

第二十六条 违反本规定，构成走私行为、违反海关监管规定行为或者其他违反《海关法》行为的，由海关依照《海关法》和《中华人民共和国海关行政处罚实施条例》的有关规定予以处理；构成犯罪的，依法追究刑事责任。

第二十七条 本规定由海关总署负责解释。

第二十八条 本规定自2007年5月1日起施行。2000年2月24日海关总署令第80号发布的《中华人民共和国海关进出口商品预归类暂行办法》同时废止。

主要参考文献

[1] 海关总署报关员资格考试教材编写委员会:《进出口商品名称与编码》, 北京, 中国海关出版社, 2011。

[2] 海关总署公告: 2011 年第 13 号 (关于公布 2011 年商品归类决定 (Ⅰ)) 附件——《2011年商品归类决定 (Ⅰ)》, 2011-03-04。

[3] 海关总署公告: 2011 年第 26 号 (关于公布 2011 年商品归类决定) 附件——《2011 年商品归类决定 (Ⅱ)》, 2011-04-25。

[4] 海关总署公告: 2011 年第 25 号 2007 版《进出口税则商品及品目注释》修订本 (第二期)。

[5] 海关总署公告: 2010 年第 75 号 (关于公布世界海关组织 2009 年至 2010 年商品归类决定) 附件——《中华人民共和国海关总署商品归类决定 (世界海关组织 2009 年至 2010 年商品归类决定)》, 2010-12-03。

[6] 海关总署公告: 2010 年第 87 号 (关于公布 2010 年商品归类决定) 附件——《2010 年商品归类决定》, 2010-12-28。

[7] 刘文丽:《商品归类基础》, 北京, 中国商务出版社, 2010。

[8] 海关总署公告: 2009 年第 83 号 (关于公布 2009 年商品归类决定 (Ⅳ)) 附件——《2009年商品归类决定 (Ⅳ)》, 2009-12-23。

[9] 海关总署公告: 2009 年第 32 号 (关于公布 2009 年商品归类决定 (Ⅱ)) 附件——《2009年商品归类决定 (Ⅱ)》, 2009-06-12。

[10] 海关总署关税征管司:《中华人民共和国海关总署商品归类决定汇编——中国海关 1999—2006 年归类决定 (Ⅱ)》, 北京, 中国海关出版社, 2007。

[11] 海关总署关税征管司:《进出口税则商品及品目注释》(上下册), 北京, 中国商务出版社, 2007。

[12] 海关总署令第 158 号:《中华人民共和国海关进出口货物商品归类管理规定》, 2007-03-02。

[13] 海关总署关税征管司:《中华人民共和国海关总署商品归类决定汇编——中国海关 1999—2006 年归类决定 (Ⅰ)》, 北京, 中国海关出版社, 2006。

[14] 海关总署令第 80 号:《中华人民共和国海关进出口商品预归类暂行办法》, 2000-02-24。